영어의 마음을 읽는 법

김성우 지음

영어의 마음을 읽는 법

김성우 지음

How to read the mind of English:

the ways the English language loads

and creates the world in our mind

영어가 세계를 로딩하고
또 다른 세계로 접속하는 방식

생각의힘

차례

5장 단어의 의미와 문장에 대한 새로운 시각

6장 영어와 생각은 어떤 관계를 맺고 있을까?

영어의 마음을 읽는 여정에 여러분을 초대합니다

"의미 있는 단어는 인간 의식의 소우주이다."

-레프 비고츠키Lev Vygotsky

"영어는 암기과목"이라는 말이 싫었습니다. 영어는 분명 살아 있는 언어인데 이것이 늘을 넘어서면 앙상하기 짝이 없는 암기과목이 되는 현실에 저항하고 싶었습니다. 하지만 중고등학교 시절, 영어는 어쩔 수 없는 암기의 대상이었습니다. 영단어와 한국어 해석을 1:1로 짝지어 외우고, 문법서에 담긴 문장의 형식을 외우고, '가정법', '분사구문', '복합관계대명사'와 같은 용어를 외우고, 시험에 자주 나오는 문법사항을 외웠습니다. 틀린 문장으로 제시될 가능성이 큰 후보들을, 단골 시험문제의 유형을 외웠습니다. 열심히 외운 결과 그럭저럭 괜찮은 점수를 받았습니다. 하지만 새로운 세계를 경험하게 하고, 문화적 지평을 넓히며, 다르게 생각하는 방식을 열어주는 삶을 위한 영어공부는 언제나 뒷전이었습니다. 영어는 생각과 감정, 기억과 상상, 사람들과 세상을 만나지 못하고 내내 교과서와 문제집과 시험 속에 갇혀 있었습니다.

영어교육과에 진학하면 달라질 줄 알았습니다. 살아 숨 쉬며 펄떡이는 말, 가슴 벅찬 언어를 만나리라 믿었습니다. 안타깝게도 그런 기대는 채워지지 않았습니다. 노엄 촘스키와 동료들을 중심으로 하는 변형생성문법과 교실에서 유용한 학교문법, 의사소통 중심의 교수법 등 새로운 이론을 접하면서 언어교육에 대한 지식은 쌓여갔지만, 영어공부의 중심은 여전히 '유용한 표현과 문법의 암기'였습니다. 가르침의 현장에 새로운 교수법을 도입하려 노력했지만 오랜 시간 경험했던 영어수업의 경직성에서 온전히 벗어나지 못했습니다. 적어도 제가 공부한 영어교육학의 언어로는 삶과 영어를 엮어 배우고 가르치지 못하고 있다는 마음속 응어리를 해소할 수 없었습니다. 고민은 깊어갔습니다.

'나는 영어교육학을 선택했어. 이 분야를 좀 더 깊이 이해하고 싶어서 학업을 이어왔지. 그런데도 종종 자괴감에 휩싸여. 배움도 가르침도 예전 내 모습에서 한 발짝도 나아가지 못한 것 같달까. 외우는 것 중요해. 암기가 없는 공부, 기초를 다지지 않는 공부가 있을 리 없을 테니까. 하지만 주어진 시간에 최대한 많은 어휘와 문법을 습득하는 게 외국어를 배우는 궁극적인 목적일까? 외국어는 새로운 사고와 문화로 가는 길이 되어야 한다는데, 당장 나부터 그런 영어공부를 하고 있나? 스스로도 잘 못 하는 일을 다른이들에게 강요하고 있는 건 아닐까? 학생들을 만날 때도 마찬가지야. 그들을 있는 그대로 존중하고 마음을 헤아리며 다양한 방법을 시도하려고 노력하지만 내가 무엇을 가르치고 있는가, 즉 교과의 본질에 대한 질문에 이르면 자신이 없어져. 결국 내가 하는 일이 **배운 대로 가르치는 것**에 불과한 것 같거든. 학창시절 배웠던 내용을 답습하는 수업이라면, 내가 여태껏 고민하고 공부하고 연구한 건 뭐가 되는 거지?'

    오랜 화두에 대한 해결의 실마리를 던져준 건 러시아의 발달심리학자 레프 비고츠키였습니다. 그는 자신의 저서《생각과 말 Thought and language》에서 생각과 말의 관계에 대한 연구가 인간 의식의 본질을 이해하는 데 핵심적인 역할을 한다고 주장합니다. 언어가 말을 매개로 한 생각임과 동시에 의미를 담은 말임을 강조하며, 의식의 발달을 이해하기 위해서는 언어의 발달을 이해하는 작업이 필수적이라고 본 것입니다.

    이러한 비고츠키의 생각은 "의미 있는 단어는 인간 의식의 소우주이다The meaningful word is a microcosm of human consciousness" 라는 말에서 잘 드러납니다. 이에 따르면 '사랑'을, '자유'를, '공정'이나 '친구', '정치'나 '교육'을 어떤 관계와 맥락에서 어떻게 쓰는지 관찰하고 그 변화를 면밀히 추적한다면 발화자의 의식이 어떻게 발달하는지 엿볼 수 있습니다. 사소해 보이는 일상의 대화라 할지라도 그 안에 대화자의 의식이 고스란히 들어 있습니다. 우리는 그렇게 말을 매개로 의식을 주고받음으로써 또 다른 말과 생각의 세계로 나아갑니다.

    언어를 말과 생각의 유기적 통합체로 본다면 영어학습의 성격이 달라집니다. 영어가 의사소통의 수단일 뿐 아니라 생각이 거하는 처소임에 주목해야 하는 것이죠. 하지만 그간의 영어교육이 '의미meaning'를 협소하게 다루어왔음을 부인하기는 힘듭니다. 일례로 적지 않은 학습자들은 사전이나 번역기를 통해 한국어 해석을 찾아냄으로써 주어진 영단어의 뜻을 알 수 있다고 여깁니다. 거기에서 끝이지요. 그런데 'independence'를 '독립'으로 해석하면 이 단어의 의미를 온전히 이해한 것일까요? 사전이 'independence'를 '독립'이라고 풀이한다고 해서 이 두 단어를 발화하는 사람의 생각마저 같은 것일까요?

조금만 생각해보아도 그렇지 않음을 알 수 있습니다. 예를 들어 대부분의 한국인과 미국인은 각각 '독립'과 'independence'를 들었을 때 전혀 다른 의미를 떠올립니다. 저는 '독립'을 들으면 자동으로 "대한독립 만세"와 3·1운동, 이와 관련된 사건과 이미지를 떠올리지만, 미국인은 대개 미국독립전쟁American War of Independence 그리고 흔히 "the Fourth of July"(7월 4일)로 불리는 독립기념일Independence Day을 떠올립니다. 식민지배를 받았던 많은 나라에서 '독립'에 해당하는 어휘가 가지는 의미는 또 다릅니다. 단어는 사전 내부가 아닌 삶과 역사, 문화와 사회 속에서 의미를 획득하는 것입니다.

이 같은 접근은 영어공부의 주요 활동 중 하나인 '문장 해석하기'의 성격 또한 바꿉니다. 널리 알려져 있듯이 이민진 작가의 소설 《파친코》는 "History has failed us, but no matter"라는 문장으로 시작합니다. 흥미로운 것은 처음 나온 번역서는 이를 "역사가 우리를 망쳐놨지만 그래도 상관없다"로 옮겼으나, 이후 새롭게 나온 번역서에서는 "역사는 우리를 저버렸지만, 그래도 상관없다"

로 바뀌었다는 사실입니다. 소설의 주제의식을 담은 첫 문장이 사뭇 다르게 번역된 것입니다. 두 역자는 전체 작품 속에서 'fail'의 의미를 확정하기 위해, 이에 대응하는 적절한 한국어 어휘를 찾기 위해 많은 고민을 했을 것입니다. 그렇다면 'fail'의 번역어인 '망쳐놓다'와 '저버리다'는 우연히 달라진 것이 아니라, 작품에 대한 전체적인 이해와 한국어 어휘의 의미에 대한 깊은 고민에서 나왔다고 봐야 합니다. 단어 안에 두 사람의 의식이 고스란히 녹아든 것이지요. 자동번역의 기능이 날로 향상되는 시대, '번역은 번역기가 해주는데 뭘 더 해야 하는가?'라는 질문에서 벗어나 단어를 고르는 일에 수반되는 노동, 영어에 대응하는 한국어 어휘 간의 어울림과 어긋남, 특정 단어가 불러일으키는 이미지와 감정, 두 언어를 횡단하는 과정에서 새롭게 드러나거나 감추어지는 측면 등을 폭넓게 논의할 때 더욱 풍성한 언어 학습의 길이 열립니다.

언어와 사고가 뫼비우스의 띠와 같이 엮여 있다는 깨달음은 미국의 인지언어학자 조지 레이코프George Lakoff와의 만남을 통해 더욱 넓고 깊어졌습니다. 미국 정치의 진보와 보수 프레임을 날카롭게 분석한 《코끼리는 생각하지 마》로 국내에 널리 알려진 그는 마크 존슨Mark Johnson과의 공저 《삶으로서의 은유 Metaphors we live by》를 통해 말과 생각 간의 연결고리를 설득력 있게 제시합니다. 저자들에 따르면 언어는 본질적으로 은유적입니다. 우리가 세계를 있는 그대로 표현하는 문자적 언어를 기본으로 사용하고 필요에 따라 은유 표현을 쓴다는 통념은 인간이 생각하는 방식에 대한 오해에서 비롯됩니다. 세계를 이해하는 방식이 은유에 기반하고 있기에 언어는 은유로 가득할 수밖에 없기 때문

프롤로그

입니다.

예를 들어 '중심'을 나타내는 'center'를 생각해봅시다. 물리적 중심을 가장 잘 표현하는 예는 아마도 원의 중심일 것입니다. 피자의 고정핀에 해당하는 지점이지요. 하지만 윤리학 강의에서 발화되는 "No one is the center of the universe"(그 누구도 우주의 중심은 아니야)라는 말은 물리적 중심을 의미하지 않습니다. 인간의 의무와 책임, 자유를 생각할 때 특정한 개인을 기준으로 삼을 수 없다는 뜻에 가깝지요. "She is the center of the project"(그는 프로젝트의 중심이야)도 마찬가지입니다. 프로젝트팀이 입주한 사무실의 구석에 자리를 잡고 있는 사람이라 할지라도 얼마든지 'the center'가 될 수 있습니다. 새롭게 부상하는 학문 분야에서 뛰어난 업적을 계속해서 생산해내는 학자들에 대해 "They are the center of this emerging field"(그들은 새롭게 부상하는 이 분야의 중심이야)라고 말한다면 또 다른 의미가 됩니다. 그런데 이 세 문장에 'center'가 등장한 것이 우연일까요? 레이코프와 존슨에 따르면 그렇지 않습니다. 'center'가 반복적으로 등장하는 것은 이 세 문장을 관통하는 생각, 즉 "중심은 중요하다/영향력이 있다/권력을 지닌다" 등의 사고패턴이 존재하기 때문입니다. 인간이 중심을 개념화하는 방식이 갖가지 문장들로 드러나게 되는 것이지요. 이렇게 보면 중심에 대한 우리의 이해 방식, 즉 **개념화**는 수면 밑에 잠겨 있는 빙하의 몸통이요 **문장**은 수면 위로 드러난 빙하의 일각이라고 볼 수 있습니다.

이후 꾸준히 인지언어학을 공부하면서 배운 바가 적지 않습니다. 은유는 단지 이론적 탐구의 대상이 아니라 삶을 살피고 사회를 바꾸는 프레임이며, 공부의 핵심은 새로운 은유의 체계를 만들어가는 일입니다. 문법용어는 우리를 괴롭게 하는 고약한 한자어가 아니라 언어와 세계를 통합적으로 바라볼 수 있게 하는 유용한 도구이며, 수십 년 스쳐 지나기만 했던 관사의 용법은 언어와 맥락, 개념화가 어떻게 상호작용하는지를 생생하게 보여주는 흥미진진한 배움의 장입니다. 단어는 자기 내부에 뜻을 담고 있기보다는 사회문화적 맥락과 지식, 청자와 화자의 경험체계 속에서 역동적으로 의미를 생성하고, 문법과 어휘는 칼로 무 베듯 구분할 수 없는 스펙트럼상의 개념입니다. 무엇보다 우리가 사용하는 말은 생각지도 못한 방식으로 마음과 소통에 영향을 미칩니다. 이런 내용을 담아 2013년부터 2021년까지 전국영어교사모임에서 발간하는 〈함께하는 영어교육〉에 '인지언어학 이야기'를 연재하였습니다. 아홉 해의 원고를 모아 울퉁불퉁한 내용을 다듬고 수정한 후 상당량의 원고를 보강하여 세상에 내놓습니다.

책은 모두 여섯 개의 장으로 구성되어 있습니다. 1장 '촘스키 언어학에서 인지언어학까지'는 촘스키 언어학과 인지혁명과의 관계 속에서 인지언어학의 탄생 궤적을 다룹니다. 2장 '생각의 근간, 은유'에서는 의미와 사고의 체계를 만들어내는 데 핵심적인 역할을 하는 은유를 다양한 언어표현과 함께 논의합니다. 3장 '문법 그리고 품사에 숨겨진 비밀들'은 시제, 명사, 동사, 서법 조동사 등의 용어를 생각과 경험, 세계와 연결시킴으로써 재미와 깊이 어느 것 하나 포기하지 않고 문법을 배우고 가르칠 수 있는 방안을 논의합니다. 4장 '영어 관사의 원리 이해하기'는 한국 영어학습자들이 가장 힘들어하는 관사의 용법을 실타래 풀듯 차근차근 풀어내며, 5장 '단어의 의미와 문장에 대한 새로운 시각'에서는 문법 및 어휘에 대한 전통적인 관점을 비판하고 구문construction, 접근지점으로서의 단어, 틀 의미론 등의 개념을 통해 새로운 이해를 도모합니다. 마지막 6장 '영어와 생각은 어떤 관계를 맺고 있을까?'에서는 언어가 사고에 미치는 흥미로운 영향을 다각도로 탐구합니다. 어떤 순서로 읽어도 상관이 없지만, 해당 장 내에서는 처음부터 끝까지 읽어주시기를 권합니다.

책을 집필하며 언어를 사랑하는, 그리하여 교재와 시험 안에 갇힌 언어를 사고와 감정, 삶과 실천으로 해방시키고자 하는 모든 분을 염두에 두었습니다. 학습자들은 이제까지의 영어학습을 돌아보며 새로운 공부방법을 경험하고, 교사들은 영어교육에 깊이를 더할 수 있는 방안을 모색할 수 있을 것입니다. 인문사회과학 연구자들은 언어를 인지와 엮어 탐색하는 작업에 필요한 영감을 얻고, 대학의 강의자들은 영어교육과 언어학개론, 응용언어학이나 사회언어학 등의 보조 텍스트로 활용하실 수 있습니다. 이 책에 담긴 인지언어학의 세계관이 한국의 언어교육 생태계를 풍요하게 하는 데 작은 도움이 되기를 소망합니다.

책이 나오는 데 도움을 주신 많은 분께 감사를 전합니다. 먼저 저를 인지언어학의 세계로 이끌어주시고 응용언어학에 있어 단단한 언어이론의 중요성을 깨닫게 해주신 제임스 랜톨프James P. Lantolf 선생님께 감사합니다. 무명의 연구자에게 귀한 지면을 내어주신 전국영어교사모임의 집행부와 모든 회원들께 고맙습니다. 선생님들의 신뢰가 아니었다면 10년 가까이 영어교육과 인지언어학을 연결하는 글쓰기를 지속하지 못했을 것입니다. 몸도 마음도 소진되어 가던 시절 환대와 격려로 힘을 주신 장인철, 이정아 선생님을 비롯한 한국영어교육학회 비판적 교수법 분과 선생님들께 애정의 마음을 보냅니다. 아울러 삶을 나누며 더 나은 교사 그리고 연구자의 길을 함께 모색해온 이준섭, 유기쁨, 권경원, 이소희, 마이클 체스넛Michael Chesnut, 김미소, 조은혜, 이은정 선생님 고맙습니다. 인지언어학의 세계를 여행하는 데 좋은 친구가 되어준 명지대와 서울대의 학생들과 나눈 소중한 대화를 기억합니다. 무엇보다 따스하고도 날카로운 눈으로, 정성 어린 노동으로《영어의 마음을 읽는 법》을 함께 만들어주신 생각의힘 정혜지 편집자님, 책이 나오는 데 지원을 아끼지 않으신 김병준 대표님께 감사드립니다. 누구보다 가까이에서, 또 오랜 시간 저의 삶과 배움을 응원해준 성욱과 성진에게 깊은 고마움의 인사를 보냅니다. 마지막으로 원고의 탄생에서 책의 마무리까지 묵묵히 함께하며 굳건한 쉼이 되어준 란란에게 사랑과 존경의 마음을 전합니다. 늘 말하듯 타이핑을 한 건 저이지만, 책을 쓴 건 저와 연결된 수많은 이들입니다.

이제 영어의 마음을 읽어내는 여정에 나섭니다. 모쪼록 말 속에 담긴 '의식의 소우주'를 발견하는 기쁨을, 더 멋진 말과 생각을 만들어갈 동력을, 그리하여 우리의 삶을 가치 있고 아름답게 지어갈 수 있다는 희망을 경험하는 시간이 되기를 빕니다.

1장
인지언어학, 언어학에 마음을 더하다

언어의 본질은 '형식'일까요, '의미'일까요?
언어학을 '언어' 안에 가두지 않는 것이
무엇보다 중요합니다.

촘스키 언어학에서
인지언어학까지

언어 습득을 논하면 대개 어휘와 문법을 떠올립니다. 어휘를 알고 문법을 알면 언어를 제대로 배울 수 있다는 가정이지요. 하지만 언어는 그 구성 요소인 단어와 구조를 넘어 수많은 요인이 동시에 작동하는 복잡계complex system 현상입니다. 언어 습득에 영향을 미치는 요인들은 무척 다양하고 그들의 관계 또한 다면적이지요. 언어의 역사와 진화, 개개인의 경험, 대화 참여자 간의 관계, 인간의 생물학적 특성, 사회문화적 환경, 권력의 지형, 제도적이고 교육적인 맥락 등이 언어의 습득과 사용에 영향을 미칩니다. 그렇기에 언어학이 관심을 갖는 영역은 다양할 수밖에 없고 언어학 내부에도 여러 분파가 존재합니다. 그런 의미에서 여러 주제를 살피기 전에 이 책이 취하고 있는 인지언어학적 관점이 기존의 언어학, 그중에서도 촘스키 언어학과 어떤 면에서 다른지를 짚어보는 작업은 큰 의미가 있을 것입니다. 이에 촘스키 언어학의 출현 배경과 핵심적인 가정, 인지언어학의 비판과 주요 관심사를 살펴보려고 합니다. 본격적인 논의를 시작하기에 앞서 촘스키 언어학과 인지언어학 두 학파 내부에도 다양한 관점이 존재한다는 점, 두 학파가 명확한 경계를 두고 갈라진다기보다는 일종의 '연속선 continuum'상에 놓인다는 점, 아래의 논의는 하나의 '스케치'로서 광범위한 분석은 아니라는 점을 염두에 두고 읽어주시기를 부탁드립니다.

행동주의 심리학과 촘스키 언어학의 탄생

20세기 초반 행동주의 심리학behaviorist psychology이 학계와 교육계를 휩쓸고, 1930년대와 1940년대에는 레너드 블룸필드 Leonard Bloomfield를 비롯한 일군의 학자들의 노력으로 페르디낭 드 소쉬르Ferdinand de Saussure를 효시로 하는 구조주의 언어학 structural linguistics이 꽃을 피웠습니다. 1950년대 말 이후 촘스키 언어학의 급격한 부상을 이해하기 위해서는 당시 언어 습득의 주요한 이론이었던 행동주의 심리학의 기본 개념을 간단히 짚고 넘어가야 합니다.

행동주의 심리학에서 인간의 언어 습득은 기본적으로 자극과 반응 그리고 강화라는 원리로 설명됩니다. 심리학의 역사에서 가장 유명한 실험 중 하나인 '파블로프의 개'를 고안한 러시아의 생리학자 이반 파블로프Ivan Pavlov는 행동주의 심리학의 선구자로 알려져 있습니다. 동물의 소화계를 오랜 시간 연구하여 노벨 생리학상을 수상하기도 한 그는 개가 침을 흘리는 현상을 새로운 관점에서 파악합니다. '동물이 맛있는 음식 냄새를 맡고 침을 흘리는 건 자연스러운 본능 아니야?'라고 할 수도 있겠죠. 하지만 그는 음식을 줄 때마다 다른 종류의 자극을 함께 제시하면 그 자극만으로도 침을 흘리게 된다는 것을 실험으로 보여줌으로써 침을 흘리는 원인이 반드시 음식일 필요는 없다는 사실을 증명합니다. 예를 들어 딸랑딸랑 종을 울리고 바로 음식을 주기를 반복하면 이후에는 종소리만으로도 침을 흘리게 되죠. 이러한 학습 메커니즘을 '연합학습associative learning'이라고 부릅니다. 종소리와 음식이 엮여서, 즉 둘이 연합하여 일종의 자극을 형성하고 이것이 침을 흘리는 반응으로 연결되는 것이니까요. 파블로프가 밝힌 학습방식은 심리학계 내에서 고전적 조건형성classical conditioning이라는 이름으로 통용되고 있습니다.

20세기 중반 행동심리학계의 또 다른 스타가 탄생하는데요. 바로 B. F. 스키너B. F. Skinner입니다. 그는 파블로프가 개척한 연합학습이 전혀 다른 방식으로 이루어질 수 있음을 보여주었는데, 이를 조작적 조건형성operant conditioning이라고 합니다. 학습의 주체가 특정한 행동을 했을 때 주어지는 반응에 따라 행동이 강화될 수도 혹은 약화될 수도 있다고 생각한 것이죠. 이를 실험적으로 증명하기 위해 '스키너 상자Skinner Box'로 불리는 특별히 고안된 장치에 쥐와 같은 동물을 넣은 후, 버튼을 누르면 보상을 제시했습니다. 생존에 가장 중요한 먹이가 나오도록 한 것이지요. 쥐는 얼마 가지 않아 버튼을 누르는 행위와 먹이가 나오는 반응을 연합association하게 되었고, 이는 쥐의 버튼 누르기 행동을 강화했습니다. 특정한 행위가 보상reward으로 이어지는 긍정적인 강화

positive reinforcement였죠. 이 외에도 특정한 행위를 했을 때 성가신 자극이 사라지는 부정적 강화negative reinforcement나 특정한 행위에 대해 처벌punishment을 내리는 방식 등이 학습의 중요한 메커니즘으로 제시되었습니다.

이처럼 파블로프와 스키너에게 있어서 학습은 자극과 반응, 보상과 처벌 등이 엮여 특정한 행동이 형성되는 과정입니다. 그리고 이러한 과정을 연구하기 위해서는 관찰 가능한 행동만을 심리학의 대상으로 삼아야 한다고 주장했죠. 그래서 대부분의 행동주의 심리학자들은 내성introspection, 즉 주체가 자신의 내면 상태를 곰곰이 생각하여 기술하는 것은 지극히 주관적이며 비과학적일 수밖에 없다고 여겼습니다. 관찰 가능하지 않으니 과학적으로 검증할 수 없다는 생각이었지요.

이런 논리는 언어 습득 연구에도 그대로 적용되었는데요. 인간이 언어를 습득하는 과정을 이해하기 위해서는 아이가 어떤 발화를 하고 그에 대해 어떤 반응이 주어지는지를 면밀히 관찰해야 한다고 주장하였습니다. 뇌 영상 촬영 등 인간 내부를 통계적으로 시각화할 수 있는 기술이 발달하지 않았던 시절, 아동의 머릿속에서 일어나는 일들은 주관적인 영역으로 치부되었고 언어 습득 연구의 주요한 영역으로 인식되지 못했습니다. 자연스레 언어 습득은 습관 형성과 강화라는 기존의 연구방법론으로 충분히 규명될 수 있다는 주장이 도출되었죠. 결국 행동주의 심리학의 관점에서 언어 습득은 악기를 배우거나 운동 습관을 들이는 일과 크게 다르지 않은 학습 과정으로 이해되었습니다.

1950년대 후반 노엄 촘스키Noam Chomsky는 이에 반발하여 새로운 언어학을 주창합니다. 언어 습득을 단순히 자극-반응이나 강화 메커니즘으로 보고 언어를 인간 외부에 존재하는 구조로서 파악하는 행동주의 심리학의 관점을 넘어서려는 촘스키의 시도는 큰 의미가 있었고 많은 이들에게 환영을 받았습니다. 학문의 세계에서 나이가 중요한 것은 아니지만, 이제 막 학술 활동을 시작한 신진학자였던 그가 학계의 스타였던 스키너의 입장을 정면으로 반박했다는 점도 널리 회자되었습니다. 무엇보다 그의 언어관은 '보이는 것'이 아니라 '보이지 않는 것'에 주목해야 한다는 주장에 기반해 있습니다. '관찰 가능한 행동'만을 과학의 영역에 남겨두려 했던 행동주의 심리학자들의 견해와는 완전히 반대의 이야기를 펼쳐낸 겁니다.

행동주의 심리학과 촘스키 언어학을 가르는 가장 중요한 지점은 바로 '태어난 이후에 학습한 것'과 '가지고 태어나는 것'에 대한 이해입니다. 당시 많은 행동주의 심리학자들은 인간의 마음을 '빈 서판tabula rasa'으로 파악했습니다. 이에 따르면 인간은 그 어떤 지식이나 개념도 갖고 있지 않은 채로 세상에 나오게 되죠. 언어도 예외는 아닙니다. 우리는 주변과의 상호작용을 통해 언어를 습득하게 되는 것이지, 언어에 대한 지식을 가지고 태어나는 것이 아니죠. 시쳇말로 '맨땅에서 시작하는' 것입니다. 경험이 쌓인다는 건 이 텅 빈 판에 지식과 개념이 하나하나 새겨지는 과정이고요.

하지만 촘스키는 그렇게 생각하지 않았습니다. 인간 언어의 정수는 출생 후의 상호작용에 있는 것이 아니라, 생물학적으로 가지고 태어나는 능력에 있다는 견해를 제시했습니다. 인간은 누구든 언어를 습득할 수 있는 능력을 가지고 태어나며 언어 습득의 청사진은 긴긴 진화의 과정에서 이미 완성되어 있는 것입니다. 본성과 양육 중 어느 쪽이 더 중요한가 묻는다면 촘스키는 분명 "인간의 유전적 특성이 이후의 언어 습득 과정을 정의한다는 점에서, 본성이 훨씬 더 중요하다"고 대답했을 것입니다. 따라서 언어학과 언어 습득 이론은 인간 언어의 핵심인 '타고난 언어능력innate linguistic competence'을 규명하는 데 집중해야 합니다. 결국 촘스키가 보기에 이제까지의 모든 언어 습득 이론, 그중에서도 행동주의자들의 학습 이론은 완전히 헛다리를 짚고 있었던 셈입니다. 가지고 태어나는 능력에 대해서는 아무 관심도 없이 출생 이후의 상호작용이 전부라고 믿어왔으니까요.

언어의 단원성

촘스키 언어학, 특히 그의 언어 습득 이론의 토대는 언어가 다른 인지기능과 분리되어 독립적인 모듈module을 형성하고 있다는 가정입니다. 이를 보통 언어기능의 단원성modularity이라고 부릅니다. 단원성을 이해하기 위해 간단한 예를 들어봅시다. 인간은 시각과 청각 능력을 가지고 있지만 두 시스템은 독립적으로 존재하며 큰 영향을 주고받지 않습니다. 약간의 상호작용이 존재하긴 하지만, 시각의 손상이 청각의 손상으로 바로 이어지는 상황이나 뛰어난 청각이 뛰어난 시각으로 직결되는 경우는 없지요. 이때 두 개의 시스템은 독립된 구성 요소, 즉 모듈로 존재하는데요. 이렇게 개별적인 기능과 구조를 담당하는 영역을 '단원적'이라고 합니다. 언어는 단원성을 지니고 있는 것이죠.

촘스키 및 그의 언어관에 동의하는 학자들이 언어능력의 단원성을 믿는 이유는 그렇게 해야만 인간의 언어 습득을 이해하고 설명해낼 수 있다고 생각하기 때문입니다. 이들에 따르면 아이들은 빠르게 말을 배웁니다. 오로지 모방으로 배운다고 하기에는 그 속도가 엄청나지요. 게다가 개인은 어느 곳에서 태어나더라도 해당 지역의 언어를 습득하는 데 큰 어려움이 없습니다. 신경학적 손상 등 특수한 경우를 제외하면 인간은 본능적으로 언어를 습득합니다. 또한 인간의 경험은 많은 양의 언어적·비언어적 정보로 이루어지는데 여기에서 언어의 규칙을 '귀신같이' 뽑아내는 능력을 갖고 있지요. 마지막으로 아동은 언어의 창의성을 일찌감치 발휘하여, 어른이 가르쳐주지 않은 말들을 스스로 만들어 사용합니다. 이런 점들을 볼 때 말을 배우는 특별한 구조가 존재할 수밖에 없다는 것입니다. 촘스키는 이런 맥락에서 언어능력이 인간의 DNA에 존재하는 생물학적 기제라는 주장을 담은 보편문법Universal Grammar, UG 개념을 제안합니다.

언어를 구성하는 요소들의 단원성

언어기능의 생물학적 구조뿐만 아니라 언어 시스템 내에도 단원성이 존재합니다. 언어는 논리 형식logical form, 음성 형식 phonological form, 통사syntax 등의 모듈을 포함하는 복합적 구조이지만, 이 형식들이 상호작용하지는 않습니다. 다시 말해 언어의 논리적 의미를 담당하는 영역, 음성을 담당하는 영역, 문법 구조를 담당하는 영역들은 각자의 내부에 구성 요소와 법칙을 갖고 있으나 다른 요소들과 직접 소통하지 않습니다. 개념적으로 소리와 문법은 철저히 다른 영역에 있고, 문법과 의미 또한 서로 다른 영역에 존재합니다.

하지만 인지언어학자들은 촘스키의 언어관에 반대하며 철학, 심리학, 신경과학, 컴퓨터공학 등 다양한 학문 분야가 보여주는 복합적이며 다면적인 정신기능의 특징이 언어에 그대로 나타난다고 생각합니다. 즉 언어는 인지과정, 뇌 영역 간의 관계, 시청각 등의 지각체계, 심지어는 제스처나 동작과도 밀접한 연관을 맺고 있다고 보는 것입니다. 언어는 독립적으로 존재하는 단원적 기능이 아니라, 수많은 영역과 상호작용하는 복합적인 기능이라는 논리입니다.

이런 배경에서 인지언어학은 그동안 형식언어학의 주변부에 놓였던 의미의 문제를 언어학의 중심으로 가져옵니다. 촘스키 언어학의 뼈대는 문법 구조의 본질을 밝히는 통사부syntax였고, 언어현상의 기저에 대한 논의에서 의미 정보는 최대한 배제되었습니다. 언어의 본질을 형식의 논리로 해명하려는 시도였지요. 이렇게 구조를 담당하는 통사부가 뜻을 담당하는 의미부semantics와 관계없이 자신만의 법칙을 가지고 있다는 가정 아래 이론을 전개하였기에, 언어학의 중심은 형식이지 의미가 될 수 없었던 것입니다. 반면 인지언어학자들은 이런 관점이 언어를 이해하는 데 분명한 한계를 지닌다고 생각합니다. 그들은 언어현상을 꿰는 핵심은 인간이 의미를 만드는 존재라는 사실이고, 의미를 중심으로 언어의 형태가 발달한다고 봅니다. 물론 일단 만들어진 형식체계가 의미에 영향을 미친다는 점을 부인하진 않습니다만, 형태와 의미 중에서 의미가 더 근원적이라고 보는 것입니다.

그렇기에 언어의 하위 기능들(음성, 의미, 문법 등) 또한 각각 독립적으로 움직이지 않는다고 생각하며, 이들 사이에 공통으로 나타나는 특징을 찾아내려고 노력합니다. 음성과 의미, 문법 모두에서 두루 발견되는 다의구조polysemy가 좋은 예입니다. 이는 하나의 형태가 다양한 뜻을 가짐을 의미하는데요. 좀 더 구체적으로 살펴봅시다.

먼저 단어 수준에서 다의어가 있습니다. 사전을 찾으면 한 단어가 꽤 여러 뜻을 담고 있는 것이 좋은 예가 되겠지요. 그런데 뜻을 가진 최소한의 개체인 형태소 수준에서도 다의구조가 발견됩니다. 3인칭 단수 s와 복수를 나타내는 s를 생각해보면 같은 '-s'가 여러 의미를 가졌음을 알 수 있지요. 동명사와 현재분사의 ~ing는 또 다른 예가 되겠습니다. "~ing"라는 형태가 '~하는 것'(동명사)의 의미로 쓰이기도 하고 '~하는 중인'(현재분사)의 의미로 쓰이기도 하니까요. 흥미로운 것은 문법에 있어서도 다의구조가 발견된다는 것입니다. 예를 들어 동사 다음에 목적어 두 개가 나오는 '동사+목적어1+목적어2' 형태를 생각해보시죠. 아래 세 문장은 모두 동사 뒤에 대명사가 나오고 명사가 나오는 소위 '이중타동구문'입니다. 목적어가 두 개라서 '이중타동'이라고 이름을 붙였죠. 즉 구조상으로는 동일한 특성을 갖고 있습니다.

○ He forgave me my sin. (그는 나의 죄를 용서해주었다.)

○ She gave me the car. (그녀는 나에게 차를 주었다.)

○ He denied me access to the system. (그는 내가 그 시스템에

접속하는 권한을 박탈했다.)

하지만 의미를 보면 세 문장이 사뭇 다르다는 것을 알 수 있습니다. 첫 번째는 그가 나의 죄를 용서한 경우입니다. 별도의 정보가 없으므로 일종의 심리적인 변화를 의미합니다. 그가 나의 죄에 대해 갖고 있던 마음이 변한 것이니까요. 두 번째는 소유권의 이전을 나타냅니다. 원래 그녀의 소유였던 차가 나에게로 넘어온 것이죠. 마지막은 권리의 박탈을 의미합니다. '나에게서 시스템에 접근할 수 있는 권한을 배제했다'는 뜻이 담겨 있기 때문입니다.

위의 예시들이 보여주는 것처럼 하나의 형태가 여러 의미를 나타내는 현상을 묶어서 다의구조라 부를 수 있고, 이는 형태소, 어휘, 문법 등 다양한 영역에서 관찰됩니다. 이상에서 알 수 있는 것은 언어체계의 하위 구조들은 서로 독립되어 단원적으로 기능하는 것이 아니라, 인간이 가진 인지구조의 특성에 따라 서로 밀접히 연결되어 있다는 사실입니다. 그러한 인지구조 중 대표적인 것이 하나의 형태를 여러 의미에 사상mapping하는 '다의성'인 것이고요.

인지언어학과 영어교육

인지언어학의 부상이 언어교육, 그중에서도 외국어 교육에 대해 갖는 함의는 큽니다. 전통적인 보편문법의 틀에서 외국어 습득 연구는 문법성grammaticality의 획득에 초점을 맞춰왔습니다. 즉 한 언어의 문법체계를 넘어 다른 문법체계를 습득하는 과정에서 인간이라면 누구나 가지고 태어나는 보편문법이 어느 정도 역할을 하는지, 그 영향은 어느 정도인지, 한계는 어떠한지 등이 주요 관심사였던 것입니다. 이런 주제를 다루는 연구들은 개인적·문화적 경험이나 지식체계, 언어와 개념concept의 상호작용 등이 언어 습득에 미치는 영향에 대해서는 관심을 크게 두지 않았고, 결과적으로 영어를 외국어로 배우고 가르치는 분들께 전해줄 메시지가 별로 없습니다.

하지만 외국어를 배워본 사람이라면 제2언어 학습이 단순한 언어적 경험을 넘어선다는 것을 몸으로 깨닫습니다. 새 언어를 배우는 일은 언어 자체의 문제로만 설명될 수 없으며, 언어발달이 다른 인지적·정서적 발달과 동전의 양면처럼 붙어 있다는 사실을 누구나 체감하는 것이지요. 이 같은 맥락에서 인지언어학은 새로운 언어를 배우는 일이 모국어로 이루어진 기존 개념체계의 토대 위에 새로운 문화적 개념체계를 쌓는 일이며, 이 과정에서 가장 중요한 과제 중 하나는 "문화가 사고하는 방식"을 보여주는 다양한 은유metaphor를 익히는 것이라고 주장합니다. 따라서 외국어 교수방법론은 학습자가 서로 다른 의미체계를 이해하며 문화적 지평을 넓히고, 이를 바탕으로 자신의 의미를 만들어내는 방향으로 발전되어야 한다는 것입니다.

인지언어학의 어제와 오늘

학문으로서의 인지언어학은 크게 두 가지 영역을 담고 있습니다. 학문명에서도 드러나듯, '인지cognition'와 '언어language'

입니다. 국제인지언어학회International Cognitive Linguistics Association, ICLA에 따르면 인지언어학은 1970년대 월리스 체이프Wallace Chafe, 찰스 필모어Charles Fillmore, 조지 레이코프, 로널드 랭애커Ronald Langacker 그리고 레너드 탈미Leonard Talmy 등의 학자들이 주도한 언어와 마음mind에 관한 작업으로부터 시작되었습니다. 인지언어학의 선구자들이라 불러도 좋을 학자들이지요(ICLA, 2018).

다양한 연구의 흐름 속에서도 이들은 한 가지 점에서 뜻을 같이하였으니, 언어를 언어 안에서 이해하려고 하는 시도는 실패할 수밖에 없다는 견해였습니다. 언어를 이해하기 위해서는 마음을 이해해야 하고, 마음을 이해하기 위한 가장 좋은 방법 중 하나는 언어를 살피는 일이라 믿었던 것입니다. 언어와 마음 사이의 유기적이고 변증적인 관계에 주목했던 것인데요. 결국 이들이 주도한 인지언어학은 언어학을 '언어'에 가두어 두지 않겠다는 움직임이었다고 할 수 있습니다. 이 흐름은 1980년대를 거치면서 본격적인 학문 분야로 발전되며, 조지 레이코프 등의 공헌으로 비로소 '인지언어학cognitive linguistics'이라는 명칭을 얻게 되는데요. 레이코프는 대중적으로 가장 잘 알려진 인지언어학자이기도 합니다.

인지언어학의 발달은 큰 틀에서 20세기 중반 이후 진행된 '인지혁명cognitive revolution'의 연장선상에서 볼 수 있습니다. 조지 밀러George Miller에 따르면 인지혁명은 심리학과 인류학 그리고 언어학이 학문적 정체성을 새롭게 정립해나가고 전산학과 신경과학이 태동했던 1950년대의 산물입니다. 이는 지성사에서 하나의 혁명이었습니다. 과학자들은 인간의 마음을 이해하는 것이 개별 학문의 힘으로는 불가능하다는 점에 동의하고 다양한 학제 간 대화를 시작했습니다. 인간을 알기 위해서는 마음을 알아야 하고, 마음을 알기 위해서는 문화를 알아야 하며, 문화의 이해는 언어를 빼놓고는 달성할 수 없는 과업이었죠. 나아가 이 모든 것을 관장하는 신체 기관인 인간의 두뇌를 이해해야 했고, 인간의 인지과정을 밝히는 데에는 컴퓨터과학의 기여가 필수적이었습니다. 인간이 복잡한 만큼 인간을 이해하려는 시도 또한 복잡해야 했던 것입니다. 인지과학cognitive science은 이러한 시대정신 속에서 탄생하게 되었습니다(Miller, 2003).

인지과학과 인지언어학

그렇다면 인지과학이란 무엇일까요? 이영의(2015, p. 103)는 인지과학을 다음과 같이 정의하고 있습니다.

"마음, 그리고 마음과 관련된 인지, 기억, 학습, 언어, 지각, 정서 등을 연구하기 위해 철학, 언어학, 사회학, 교육학, 심리학, 인류학, 생물학, 인공지능, 신경과학과 같은 관련 분야들이 관여된 매우 학제적 분야이다. 인지과학을 구성하는 여러 분야들 중에는 인공지능과 신경과학을 중심으로 하는 '딱딱한' 축과 심리학과 언어학을 중심으로 하는 '물렁한' 축이 있는데 철학은 그 두 축과 연합하여 인지이론을 생산하는 동시에 그렇게 생산된 이론들의 토대를 비판적으로 검토하는 역할을 담당한다."

그렇습니다. 인지과학은 기본적으로 마음에 관한 학문입니다. 마음의 작용을 둘러싼 일체의 과정을 규명하고자 하는 분야이지요. 사실 마음을 정의하는 일은 쉽지 않습니다. 한국어의 '마음'이 영어 'mind'와 정확히 대응하는 것도 아니고, 동서양이 마음이나 생각에 접근하는 방식도 제각각입니다. 하지만 서양의 학문 전통에서 논의되는 '마인드mind'와 이의 작용인 '인지cognition'를 포괄하는 용어로서 가장 적절한 번역어는 '마음'이라고 할 수 있습니다.

마음을 이해하기 위해서는 우선 그것이 무엇인지 정의해야 하는데, 위 설명에서 보자면 "인지, 기억, 학습, 언어, 지각, 정서" 등이 마음의 영역에 포함됩니다. 따라서 다양한 학문 간의 협업이 필요할 수밖에 없습니다. 장난처럼 "내 마음을 나도 잘 모르겠다"고 말하기도 하지만, 사실 마음은 심리학이 알 수 있는 것도 아니고 언어학이 이해할 수 있는 것도 아닙니다. 철학이 모든 답을 내려줄 수도 없고 신경과학이 그 과정을 속속들이 시각화할 수도 없습니다. 컴퓨터공학이 마음을 완벽히 복제할 수도 없죠. 그저 이 모든 노력이 모여야 마음이라는 신비한 영역에 빛을 비출 수 있는 것입니다.

여기에서 한 가지 짚고 넘어갈 것이 있습니다. 우리가 정신의 작용으로 보는 인지는 좁은 의미로는 지적인 과정들을 가리키지만 넓은 의미로는 정서적 요소까지 포함할 수 있다는 것입니다. 인지언어학에서의 '인지'는 후자의 넓은 의미로 보는 것이 타당하나, 그간의 학문적 발전은 감정, 동기, 정서와 같은 영역보다는 개념화conceptualization와 같은 지적 영역에 집중되었습니다. 이는

1장 인지언어학, 언어학에 마음을 더하다

비단 인지언어학에 국한되는 경향은 아니며 심리학을 포함한 인지과학 전반이 갖는 경향으로 보아야 할 것입니다.

인지언어학의 부상과 발전

인지과학의 탄생과 비슷한 시기에 혜성같이 나타난 것이 변형생성문법과 보편문법을 필두로 하는 촘스키의 언어학이었습니다. 하지만 위에서 언급한 1970년대 초기 인지언어학의 흐름은 촘스키의 언어학 및 언어 습득 이론이 인간의 언어를 이해하는 데 분명한 한계가 있음을 지적하였습니다. 이에 더는 인간의 머리에 언어를 가두지 않고 심리학, 나아가 인지과학 등 다양한 학문과 연계하여 이해해보려는 움직임이 본격화됩니다. 인지언어학이 언어학의 전통 속에서 독립성을 유지하면서도 인지과학의 한 분과로 발전하기 시작한 것입니다.

인지언어학은 1970~1980년대의 태동기를 지나 1990년대에 이르러 본격적 중흥기에 접어듭니다. 주요 연구 영역도 구획되기 시작하죠. 이와 관련하여 디르크 헤라르츠Dirk Geeraerts가 1995년 제시한 인지언어학의 관심 분야는 지금까지도 종종 언급됩니다 (Geeraerts, 1995, pp. 111~112).

"인지언어학이 언어를 인간의 전반적인 인지능력에 내재하는 것으로 보기 때문에, 인지언어학이 특별히 관심을 갖는 분야는 다음을 포함한다: (1)자연어의 범주화categorization가 갖는 구조적인 특성들 (2)언어 조직의 기능적 원리들 (3)통사론과 의미론의 개념적 인터페이스."

이를 간단히 살펴봅시다. 먼저 '자연어의 범주화'입니다. 우리는 부지불식간에 언어가 자연을 반영하고 있다고 생각합니다. 말이라는 게 세상을 비추는 거울이라고 여기는 것이죠. 하지만 말은 인간의 인지, 정서, 움직임 등에 근거하여 세상을 범주로 나눕니다. 예를 들어봅시다. 우리에겐 '나무', '줄기', '잎', '뿌리' 등의 단어가 있고 이들은 일정한 범주category를 이룹니다. 하지만 적어도 일상어에는 '줄기'와 '뿌리'를 동시에 가리키는 단어는 존재하지 않습니다. 이는 인간이 식물을 지각하는 방식, 나무를 활용해온 역사 등과 무관하지 않습니다. 다시 말해 '줄기+뿌리'를 나타내는 하나의 단어가 존재하지 않는다는 것은, 그저 자연의 반영이 아니라 인간의 삶과 인식을 반영한 결과이지요. 인지언어학은 이렇게 인간의 어휘와 문법, 글의 구조 등이 어떻게 세계를 범주화하는지에 관심을 가집니다. 인간의 감정은 왜 기쁨, 슬픔, 분노, 행복, 경멸 등으로 분류될까요? 왜 어떤 언어는 지나간 모든 사건을 하나의 과거시제로 표현하지 않고, 방금 있었던 일, 며칠 전 있었던 일, 오래전 있었던 일 등을 구분하여 별도의 시제로 표시할까요? 왜 우리는 발전을 앞으로 나아가는 일로, 퇴보를 뒤로 물러서는 일로 개념화할까요? 슬플 땐 "다운down되었다"고 말하고, 기쁠 땐 "업up되었다"고 말하는 이유는 무엇일까요? 이 상하 방향은 인류 모두의 개념화일까요? 아니면 몇몇 문화권의 특성일까요?

두 번째는 '언어 조직의 기능적 원리들'입니다. 일례로 '가리키기' 혹은 '지시reference'가 어떻게 명사와 상호작용하는지 살펴봅시다. 우리가 '노트북'이라고 부르는 것을 영어에서는 보통 'laptop' 혹은 'laptop computer'라고 합니다. 따라서 영어 사용자에게 'laptop'은 이 세계에 있는 모든 노트북 컴퓨터를 의미하게 되지요. 이 단어가 특정한 상황에서 쓰이기 위해서는 이것이 무엇에 해당하는지를 알려줄 수 있는 언어적 장치가 필요합니다. 그 laptop은 'my laptop'일 수도 'her laptop'일 수도 'your laptop'일 수도 있습니다. 소유격을 붙여서 누구의 노트북인가를 알려주는 것입니다. 물론 'a laptop'이라는 표현으로 세계의 수많은 노트북 컴퓨터 중 하나라는 것을 말해줄 수도 있지요. 'the laptop'이라고 한다면 화자와 청자가 모두 인지하는 특정한 컴퓨터가 될 것입니다. 'this laptop'이라고 하면 화자와 물리적으로 가까운 거리에 있는 노트북을 의미하겠지요. 이처럼 'laptop'이라는 단어는 특정한 지시표현과 결합하여 실제 상황에서 쓰이게 됩니다. 소유격이나 관사, 지시어 등이 명사와 함께 쓰일 때 해당 명사의 의미가 명확해지는 것이죠. 영어를 통해 특정한 단어를 가리키는 기능을 적절히 수행하기 위해서는 명사와 지시표현의 결합에 대한 지식이 반드시 필요합니다.

마지막으로는 '통사론과 의미론의 개념적 인터페이스'입니다. '인터페이스'는 서로 소통하는 통로라는 의미인데요. 저는 지금 마우스와 키보드, 모니터라는 인터페이스를 통해 컴퓨터와 소통하고 있습니다. 이들 인터페이스가 있기에 계산 장치로서의 컴퓨터와 인간인 제가 커뮤니케이션할 수 있는 것입니다. 따라서 '통사론과 의미론의 개념적 인터페이스'라는 말은 통사론과 의미론이 연결되어 있으며 서로 영향을 주고받고, 이 과정에서 개념의 역할이 크다는 것을 의미합니다. 이에 대해서는 책의 후반부에서 살필 '구문constructions'이라는 개념을 통해 더욱 상세히 들여다볼 예정입니다. 구문의 개념이 기존의 문법 설명과 다른 부분을 간략히 설명하자면 단어가 들어가 있지 않은 문법 구조 자체에도 의미가 있고, 특정한 의미체계는 특정한 문법체계로 구현될 가능성이 높다는 것입니다. 문법은 문법대로 연구하고 의미는 의미대로 연구하는 언어학의 전통적인 접근법과는 대별되는 접근 방식이지요.

인지언어학, 새로운 전기를 마련하다

2000년대에 들어서면서 인지언어학은 또 다른 전기를 맞게 됩니다. 바로 인지언어학계에서 가장 널리 읽히는 두 학술지인 〈인지언어학 연간 리뷰the Annual Review of Cognitive Linguistics〉와 〈인지언어학Cognitive Linguistics〉이 2003년부터 발간되었기 때문입니다. 참고로 학술지의 역사로만 따지면 인지언어학은 영어 이외의 언어를 제1언어로 사용하는 사람들에게 영어를 가르치는 것을 의미하는 TESOL(Teaching English to Speakers of Other Languages)이나 응용언어학applied linguistics 분야보다 훨씬 젊다고 할 수 있습니다. 이 둘을 대표하는 학술지인 〈티솔 쿼털리TESOL Quarterly〉와 〈응용언어학Applied Linguistics〉은 각각 1967년, 1980년에 창간호를 냈습니다.

이와 함께 2000대 이후 인지언어학은 신경과학neuroscience 과의 접점을 지속적으로 만들어가고 있습니다. 언어 데이터와 분석을 통한 학문적 작업, 기존의 심리언어학 방법론의 확장과 함께 뇌 영상 기술 등의 연구방법론을 앞세운 신경과학의 성과들을 적극적으로 수용함으로써 학문의 엄밀성을 더함과 동시에 그 범위를 확장해가고 있는 것입니다.

2장
생각의 근간, 은유

비유적 의미를 통해,
우리의 삶은 한층 다채롭고 풍성해집니다.
나만의 은유를 담아 새로운 세계를 엮어볼까요?

언어는
은유로 가득합니다

음료의 온도가 낮을 때 '차다'고 합니다. 날씨를 이야기할 때는 '춥다'는 표현을 쓰고요. 사람이 냉정해도 '차갑다'는 표현을 쓸수가 있죠. 그런데 '차다', '춥다', '차갑다' 모두 영어에서는 'cold'라는 단어로 표현할 수 있습니다. "The water is really <u>cold</u>"(물이정말 차다), "It was a freezing <u>cold</u> day. We all stayed home"(얼어붙을 정도로 추운 날이었어. 우린 모두 집에 머물렀지), "The editor seems <u>cold</u> but actually is a warm-hearted person"(냉정한 편집자처럼 보이지만 실은 마음이 따뜻한 사람이야)"과 같이 말입니다.

cold와 반대의 뜻을 가진 'hot'도 마찬가지입니다. 커피가 뜨겁다고 할 때도 또 어떤 가수가 대중의 관심과 사랑을 받고 있을 때도 'hot'이라고 말할 수 있죠. 즉, 음식의 온도를 나타낼 때는 "The coffee was too <u>hot</u> for me"(커피가 나한테 너무 뜨겁더라)라고 할 수 있고, 인기를 나타낼 때는 "The female singer-songwriter is very hot among teenagers"(그 여성 싱어송라이터는 10대들 사이에서 인기가 꽤 높아요)라고 할 수 있습니다. 의미는 사뭇 다르지만 둘 다 hot이라는 단어로 표현할 수 있지요.

이를 '단어가 다른 세계와 만날 때 다른 의미를 생산해낸다'라고 표현할 수 있을 것입니다. 예를 들어 물리적 세계에서 'high'는 높이를 표현합니다. 하지만 심리적 세계에서는 다른 의미를 갖게 됩니다. 'high'가 기대하는 행위와 연결되면 'high expectation'이 되어 '자신이 원하는 것을 얻을 수 있다거나 특정한 사건이 일어나리라는 강한 확신'의 의미가 되죠. 마음속 기대의 행위가 높거나 낮을 리는 없는데 말입니다. 사회적 세계로 넘어가면 뜻이 또 달라집니다. 'high status'는 '높은 지위'를 의미합니다. 이는 'low status'(낮은 지위)와 대립쌍을 이루며 사회적 지위가 위계화되어 있음을 드러냅니다. "지위고하를 막론하고"라는 한국어 표현도 같은 맥락에서 이해할 수 있습니다. 마지막으로 윤리적 세계로 가면 high가 고귀한 품성을 나타내곤 합니다. 예를 들어 'a worker of high principles'는 고귀한 원칙을 가진 노동자를 의미합니다. 이렇듯 몸의 감각을 통해 경험할 수 있는 물리적 높이의 개념이 심리, 사회, 윤리 등의 세계에 적용되어 새로운 의미가 된다는 것을 알 수 있습니다. 인간이 물리세계와 추상세계를 자유자재로 연결할 수 있는 능력, 즉 은유능력metaphorical competence을 지니고 있기에 가능한 일이지요.

이렇게 유연한 단어의 뜻은 말장난pun의 단골 소재입니다. 몇 해 전, 김밥에 곁들여 먹는 국물을 500원에 판매하는 김밥집을 나오면서 "국물도 없는 집은 진짜 국물도 없다. 다신 안 가"라고 중얼거린 적이 있습니다. 여기에는 두 번의 '국물'이 등장하는데, 첫 번째는 실제로 먹을 수 있는 국물이고 두 번째는 비유적인 의미의 국물입니다. 손님이 음식점 주인에게 진짜로 국물을 건넬 일은 없으니까요. 겨울이 지나고 봄이 완연해지면 "넌 이제 아웃out이야"라고 말하며 점퍼를 옷장 안in에 던져 넣을 수도 있습니다. 옷을 상대로 "아웃이야"라고 말할 때의 '아웃'은 더는 사용하지 않겠다, 더는 입을 일이 없다는 뜻을 가진 비유적 용법이지만 '옷장 안'은 옷을 보관하는 물리적 공간을 의미하죠. 이렇게 놓고 보면 '아웃'은 비유적인 뜻으로, '안'은 물리적인 뜻으로 사용된 것입니다. 옷에 대고 "아웃이니 들어가!"라고 말하는 재미난 상황이 펼쳐지는 것입니다.

언어를 배울 때 우리는 보통 '문자적 의미literal meaning'와 '비유적 의미figurative meaning'를 구분합니다. 위의 예를 통해 보자면 "김밥 국물"의 '국물'은 문자 그대로의 의미로 쓰였음에 반해, "국물도 없다"의 '국물'은 비유적이죠. 전통적인 언어학 이론에 따르면 이 둘 중에서 의미의 토대를 이루는 것은 문자적 의미이며 은유나 직유, 환유 등의 비유적 표현은 말글을 꾸미는 수사적 장치입니다. 시쳇말로 '있어 보이게 만드는 도구', 장신구라는 것이죠. 결국 문자적 의미가 기본이고 비유적 의미는 부가적으로 따라온다는 견해입니다.

문자적 의미가 먼저고 비유적 의미는 나중인가?

그러나 앞으로 상세하게 살펴볼 인지언어학의 관점에서 보면, '문자 그대로의 언어'가 먼저 존재하고 '비유적인 것'이 뒤따라오지 않습니다. 오히려 언어는 기본적으로 비유적입니다. 언어는 물리적 세계를 넘어 심리적 세계, 추상적 세계, 개념적 세계, 상상의 세계 등을 모두 담기에 비유적인 표현은 언어의 필수불가결한 요소이자 구성 원리가 된다는 것입니다. 이러한 견해를 본격적으로 논의하기 전에 고 김광석이 부른 〈서른 즈음에〉의 첫 부분을 통해 비유적 의미에 대해 살펴봅시다.

또 하루 멀어져 간다
내뿜은 담배 연기처럼
작기만 한 내 기억 속에
무얼 채워 살고 있는지
점점 더 멀어져 간다
머물러 있는 청춘인 줄 알았는데
비어가는 내 가슴 속엔
더 아무것도 찾을 수 없네

가사가 참 아름답습니다. 한 소절만 불러도 마음이 아려오지요. 한국어로 되어 있어 감상을 위해 많은 노력이 필요하지 않으며 한 줄 한 줄 바로바로 의미가 전달됩니다. 하지만 우린 정말 "문자 그대로"의 의미를 술술 이해하고 있는 것일까요?

자연스럽게 이해되는 가사라도 **낯설게 읽기**를 통해 새로운 측면을 발견할 수 있습니다. 인류학자들이 특정 문화를 이해하려고 할 때 '화성인이 지구에 내려와서 이 상황을 접한다면 세계를 어떤 방식으로 이해하게 될까?'와 같은 사고실험을 하듯이, 모국어 화자의 텍스트에 대한 직관과 지식을 잠시 숨겨보는 것이지요. 예를 들어 한국어를 처음 배우는 외국인이 사전을 찾아가며 위 가사를 이해하는 상황을 가정해본다면 다음과 같은 생각의 흐름을 엿볼 수 있을지도 모릅니다.

"한국어에서 '하루'라는 시간은 화자에게서 '멀어져' 갈 수 있구나. 마치 입 안의 담배 연기가 대기로 흩어져 버리듯이. 얼마 전에 배운 '멀어지다'는 사람이나 자동차 같은 게 물리적으로 멀어지는 거였는데, 시간에도 쓸 수 있었네. 그럼 '멀어지는 열차'뿐만 아니라 '멀어지는 시간'도 가능하다는 이야기구나. 그런데 기억이 '작기만 하다'는 건 무슨 뜻일까? 뇌의 크기가 작다는 뜻은 아닐 텐데. 채운다는 걸 보니, 기억을 일종의 용기container 혹은 그릇이라고 생각하는 것 같아. 다음 가사를 보니 기억만 채우고 비우는 게 아니라 '가슴'도 '비어'가는구나. 하긴 나의 모국어에도 비슷한 표현들이 있는 듯해."

이 사고실험을 통해 알 수 있는 것은 우리가 말글을 이해할 때 비유적인 표현을 막힘없이 술술 처리한다는 것입니다. 멀어지는 하루, 작기만 한 기억, 비어가는 가슴 어느 하나 어색하게 들리지 않지요. 그렇기에 언어를 안다는 것은 단순히 단어를 문법적으로 연결해서 정확히 말하는 능력만을 뜻하지 않습니다. 언어에 스며들어 있는 비유적 표현을 이해함과 동시에 이를 자유자재로 구사할 수 있어야 한 언어를 제대로 안다고 말할 수 있을 것입니다.

이상에서 살펴본 바와 같이 비유적인 표현은 언어에서 예외적 현상이라기보다는 본질적 특성에 가깝습니다. 이런 생각은 아리스토텔레스 이후 서구 지성사를 관통해왔던 은유에 대한 관점, 즉 은유는 언어의 기본의미를 유려하게 꾸며주는 부가적 장치라는 관점을 깨뜨린 《삶으로서의 은유》에 상세히 소개됩니다. 조지 레이코프와 마크 존슨의 이 저서를 시작으로 1980년대 개념적 은유 이론conceptual metaphor theory이 형성되고 이후 인지언어학의 가장 중요한 분과로 자리 잡게 됩니다.

● 관계는 여정,
논쟁은 전쟁

　　은유가 예외적인 현상이 아닌 언어의 근간을 이루고 있는 만
큼, 영어에서도 다양한 은유를 찾을 수 있습니다. 영어에서 은유
의 쓰임을 본격적으로 살펴보도록 하겠습니다. 아래 예를 보시죠
(Lakoff & Johnson, 1980).

　　1. They are <u>at a crossroads</u> in their relationship. (그들은 관
계의 갈림길에 놓여 있다.)

　　2. This relationship <u>isn't going anywhere</u>. (그들의 관계는 어디
로도 갈 수가 없다. 즉, 성공적이지 못할 것이다. 관계의 발전이 없는
교착 상태이다.)

　　3. They're in a <u>dead-end</u> relationship. (그들은 관계의 막다른
길에 있다.)

추상적 의미인 '관계'는 한 컷의 만화로 온전히 시각화하거나 아메리카노 커피처럼 향기를 맡을 수 없습니다. 관계는 수많은 행위와 반응, 기억, 서로에 대한 평가, 주고받는 말 등이 엮이고 엮여 만들어지는 것이지요. 연인 간이라면 첫 만남, 속삭인 언어, 신체적인 교감, 함께한 순간들, 같이 방문했던 장소, 주고받은 문자메시지, 서로를 그리는 마음, 신뢰와 갈등, 애틋함과 돌봄 등의 감정이 모두 모여 '관계'라는 것을 형성하게 됩니다. 그런 의미에서 그 많은 요소를 '관계'라는 단어 하나로 표현하는 것은 삶을 지극히 추상화하는 일입니다.

그런데 은유는 이렇게 추상화된 '관계'를 우리가 직접 경험할 수 있는 구체적인 현상으로 묘사합니다. 그래서 관계가 갈림길에 놓이면 더는 전진하지 못하게 될 공산이 크고(1번 문장), 관계가 어느 쪽으로도 나아가지 못한다면 그 이상 발전이 없는 것이며(2번 문장), 막다른 곳에서는 전진이 불가능하기에 관계도 더는 진전될 수 없는 것입니다(3번 문장). 길을 가다 만나는 갈림길, 전진하지 못하고 헛도는 바퀴, 막다른 골목 등은 우리가 오감을 통해 직접 경험할 수 있는 물리적 실체인데, 이것을 통해 추상적인 관계를 이해하게 되는 것이죠.

다른 예를 들어봅시다. 논쟁argument은 전쟁에 자주 비유됩니다. 예를 들어 "논쟁에서 유리한 고지를 점하다", "논쟁에서 상대방을 폭격하듯 몰아붙였다" 혹은 "논쟁에서 승리하다" 등의 표현은 모두 논쟁을 일종의 전투나 전쟁으로 보고 있습니다. 학문의 세계에서도 학파 간의 '전쟁'이 있고, 정치세력의 대립 또한 전쟁에 종종 비유됩니다. 영어에서도 "He attacked my idea"(그는 나의 생각을 공격했다), "I defended my position"(나는 내 입장을 방어했다), "I won the argument"(나는 논쟁에서 이겼다) 등의 표현에서 논쟁을 전쟁으로 이해하는 패턴을 발견할 수 있습니다.

새로운 은유는 불가능한가?

학술적이고 정치적인 대립이 전쟁으로 그려지는 것은 한국어나 영어나 마찬가지입니다. 그런데 그러한 논쟁이 꼭 상대방을 적으로 규정하는 전쟁이어야 하는 걸까요? 상상력을 발휘해서 춤추기에 비유한다면 어떤 표현이 가능하게 될까요? "그들의 논쟁은 스텝이 잘 맞지 않았다"라거나 "이번 논쟁은 유난히 박자가 잘 맞아떨어졌다"라는 표현이 생겨날 수 있을 것입니다. 논쟁을 중창이나 합창에 비유한다면 "두 정치인 간에 불협화음이 있었지만 아름다운 하모니를 이루는 순간도 많았다"와 같은 표현도 가능하겠지요. 이런 상상력은 기존의 관점을 넘어 새로운 관점에서 논쟁을 바라보는 기회를 제공할 수 있을 것입니다.

여기에서 주목해야 할 것이 있습니다. 레이코프와 존슨에 따르면 "관계의 발전은 물리적 전진이다" 혹은 "논쟁은 전쟁이다"는 단순히 말로 된 명제에 그치지 않습니다. 그보다는 우리가 어떤 대상을 이해하는 사고방식, 즉 인지패턴이라고 할 수 있습니다. 위에서 제시한 관계를 표현하는 세 문장이 우연히 등장하게 된 것이 아니라는 이야기입니다. 저자들에 따르면 앞서 제시한 "at a crossroads", "isn't going anywhere", "dead-end"를 포함한 세 문장은 "관계의 발전은 앞으로 나아가는 것"이라는 생각을 언어적으로 표현하고 있습니다. 관계의 발전이 함께 앞으로 나아가는 행위라면 갈림길에서 각자의 길을 가는 것은 같이 전진하는 관계가 끝남을 의미합니다. 따라서 갈림길에 서 있는 상태는 관계의 지속을 결정해야 하는 결단의 순간을 의미하게 됩니다. 아무 곳으로도 가지 못한다는 것은 관계가 교착 상태에 빠져버린 것을 뜻하고, 막다른 골목에 다다랐다는 것은 관계를 지속하는 것이 불가능한 상황에 맞닥뜨렸다는 의미입니다. 이렇게 보면 이 세 표현은 하나의 사고패턴에 기반하고 있다고 할 수 있습니다. 문장을 다채롭게 꾸미려다가 우연히 생겨난 표현이 아니라 같은 생각의 뿌리에서 자라난 말이라는 것입니다.

개념적 은유 이론

레이코프와 존슨이 제시한 은유 이론은 흔히 '개념적 은유 이론'으로 불립니다. 이는 영어 conceptual metaphor theory를 번역한 용어로, 은유를 단지 언어적 차원에서 보지 않고 개념 concept, 즉 사고의 영역에서 이해하려는 시도입니다. 앞서 설명한 예시를 다시 살펴보자면 '(관계의) 갈림길에 선'이라는 의미를 가진 "at a crossroads"는 말을 멋들어지게 만들기 위해 표현하는 방식을 넘어, 인간이 관계를 이해하는 사고방식의 산물입니다. 요컨대 은유는 '인간이 세계를 어떻게 개념화하는가'와 깊이 연관되어 있으며, 개념화의 패턴이 언어로 표출된다는 것이죠. 그렇기에 은유는 단지 말과 관련된 것이 아니라 우리가 세상을 이해하는 방식, 특정한 사건을 인식하는 방법, 생각을 조직하는 패턴 모두에 영향을 미칩니다. 사랑, 분노, 권력, 시간, 발전 등 인간이 갖고 있는 개념이 은유에 의해 조직된다는 것은 우리의 삶 자체가 은유적이라는 것을 의미합니다.

한국어에 담긴 군사문화의 잔재

은유적 사고의 패턴은 사회문화적인 경향으로 나타나기도 합니다. 어느 수업에서 있었던 일입니다. 한 학생이 제출한 쪽글에서 다음 구절이 눈에 띄었습니다.

"예전에 한 토론에서 한국인들은 전쟁용어를 많이 쓴다는 의견이 나왔다. 책을 안 가져온 학생에게 '전쟁에 총을 놓고 나가느냐'고 질문하거나, 여유자금이나 투자금을 '총알'이라는 은유로 표현한다는 것이었다. 이건 의대에 다니는 친구에게 들은 이야기인데, 의대과정에서는 6년간 다 같이 가까이에서 공부하고 지내기 때문에, 캠퍼스 커플이 될 수 있는 기회가 단 한 번뿐이라는 뜻으로 선배들이 '총알은 딱 한 발만 있다. 정말 확신이 들 때에만 쏴야 한다'고 조언해주었다고 했다."

이 의견만 가지고 타 문화권에 비해 한국 사회에 유독 전쟁 관련 비유가 많다는 주장을 하기는 힘듭니다. 하지만 타 문화권에서도 교과서를 총에 빗대어 말하는 은유를 쓰는지 궁금해진 저는 다음 질문을 던졌습니다.

나: (캐나다 학생에게) 혹시 캐나다에서 이런 비유를 쓰나요? 수업
은 전쟁터battlefield, 교과서는 총guns.

캐나다 학생: (크게 놀라며) 아뇨, 절대요. 그런 표현은 들어본 적
이 없습니다.

나: 이상한가요?

캐나다 학생: 네, 정말 이상해요.

영국 학생: 음… 영국 이야기를 해보자면… 이해를 하는 사람도
있을 수 있겠지만 저런 비유를 쓰는 사람은 없을 것 같아요.

나: (대만 학생에게) 대만에서는 어떤가요?

대만 학생: 쓸 수도 있을 것 같지만 전 못 들어봤어요.

나: (카자흐스탄 학생 쪽을 향하며) 카자흐스탄에서는요?

카자흐스탄 학생: 어, 저런 비유는 안 쓰고요. 카자흐스탄에서는
'차라리 머리를 놓고 오지'라는 표현을 많이 써요.

좌중: ㅎㅎㅎㅎㅎ

나: 머리요?

카자흐스탄 학생: 네, 머리head요.

이처럼 서로 다른 문화는 서로 다른 은유를 만들어냅니다. 군
사문화로 점철된 한국 사회에 다양한 군대 은유가 존재하는 건 당
연하다 할 것입니다. 하지만 그러한 은유를 자연스럽다고 받아들
이는 이상 학생들은 계속 '총'을 가지고 '전투'에 참가하는 '군인'일
수밖에 없게 되겠지요.

개념적 은유:
몇 가지 예시

레이코프와 존슨은 은유가 단순히 언어표현이 아니라 사고의 패턴이고 구조라는 점을 강조하기 위해 많은 지면을 할애합니다. 앞서 지적한 바와 같이 특정한 사고의 패턴이 다양한 언어로 표출된다는 것이지요. 다음 예문들을 봅시다(Lakoff & Johnson, 2003).

- He <u>ran out</u> of ideas. (그는 아이디어가 고갈되었다.)
- Don't <u>waste</u> your thoughts on small projects. (사소한 프로젝트에 네 생각을 허비하지 말아라.)
- We've <u>used up</u> all our ideas. (아이디어를 다 써버렸다, 아이디어가 다 떨어졌다.)
- He's <u>a resourceful</u> man. (그는 자원이 풍부한 사람이다, 아이디어가 많은 사람이다.)

저자들은 이러한 언어적 표현들에 IDEAS ARE RESOURCES(아이디어는 자원이다)라는 사고가 내재해 있다고 주장합니다(참고로 개념적 은유 이론에서 이렇듯 대문자로 표시하는 것은 언어화된 문장이 아니라, 생각의 패턴입니다. '아이디어=자원'이라는 사고를 지칭하는 것이지요). "아이디어가 떨어졌다", "사소한 프로젝트에 네 생각을 허비하지 말아라", "우리 아이디어를 다 써버렸다"라는 표현들이 이를 보여주지요. 자원이 떨어지고, 이를 허비하고, 모두 써버리는 일과 같이 아이디어도 그렇게 할 수 있다는 것입니다. 아이디어가 많은 사람을 "자원이 풍부한resourceful 사람"이라고 표현하는 것을 보면 이들의 주장에 더욱 무게가 실립니다. 이어서 아이디어를 묘사하는 표현 몇 가지를 추가로 살펴보시죠.

- That's an <u>incisive</u> idea. (날카로운/예리한 생각이다.)
- That <u>cuts right to</u> the heart of the matter. (정확히 문제의 핵심을 가르는 생각이다.)
- That was a <u>cutting</u> remark. (베는/상처를 주는 발언이었다.)

여기에서 나타나는 사고패턴은 아이디어를 자원으로 보는 것과는 사뭇 다른 것 같습니다. 혹시 이 예문들을 읽으면서 마음에 떠오르는 이미지가 있으신가요? 저는 '날카롭다', '가르다', '베다' 등의 표현 때문에 칼이 생각났습니다. 저자들은 이들 예문에 흐르는 사고를 IDEAS ARE CUTTING INSTRUMENTS(아이디어는 자르는 도구다)라는 명제로 표현하였고요. 칼과 같은 물리적 도구의 성격이 아이디어라는 추상적 개념을 설명하는 데 적용된 것으로 볼 수 있다는 것입니다. 아이디어를 칼에 빗대는 것은 자원에 빗대는 경우보다 조금 생소하지만, "He's sharp"(그 사람은 예리하다) 같은 표현은 그리 낯설지 않습니다. 우리말로도 "그 사람 참 샤프해"라는 표현을 쓰는 경우가 있어서 그런지 의미가 쉽게 이해되지요.

그간의 인지언어학 관련 연구들은 사고패턴을 이용한 어휘교수가 개별적인 어휘교수에 비해 더 효과적이라는 점을 보여줍니다. 즉, 'incisive', 'cut right to', 'sharp' 등의 표현을 독립적으로 학습하기보다는 "아이디어를 칼과 같이 자르는 도구에 빗대어 사용하는 경우가 종종 있다"라는 개념 아래 여러 개의 표현을 묶어서 학습하는 편이 좋다는 것입니다. 사고의 패턴과 언어표현을 통합적으로 다루는 교수학습방법론의 필요성이 제기되는 이유입니다.

문자적 의미와 은유적 의미를 함께

영어에서 은유가 어떻게 쓰이는지 알아보는 간편한 방법 중 하나는 "영어에서 ○○할 수 있는 것은?"이라는 질문을 던지는 것입니다. 예를 들어 "영어에서 high할 수 있는 것은?"과 같은 질문입니다. high는 물리적으로 높은 것들을 표현하기 위해 사용되지만, 실제 용례를 살펴보면 이에 해당할 수 있는 개체는 훨씬 다양합니다. '품질이 좋다'고 말할 때 'high quality'라는 말을 쓸 수 있습니다. 속도가 빠르다고 할 때도 'high speed'라고 할 수 있겠죠. 고주파수는 'high frequency'라고 하고, 누군가를 높게 평가한다고 할 때는 'high opinion'을 사용할 수가 있죠. 잠재력이 크다고 말할 때 'high potential'을 쓰거나 관직이 높은 사람을 'high official'이라고 칭할 수도 있습니다.

이들 예시에서 "어휘를 공부할 때 문자 그대로의 의미와 은유적 의미를 같이 생각하는 습관을 기르자"라는 교훈을 얻을 수 있습니다. 우리말에서 '다리'가 기본적으로 교량을 의미하지만, "두 사람 사이에 다리를 놔주었어"와 같이 비유적으로 사용될 수 있듯이, 영어 단어 'bridge'도 그렇게 사용할 수 있음을 기억하는 것입니다. head가 머리뿐 아니라 기관의 대표, 행렬의 앞부분 등을 의미하고, hand가 팔에 붙어 있는 신체 기관일 뿐 아니라 일손이나 도움이라는 뜻으로 사용된다는 것에 주목합니다. 이렇게 물리적 의미와 비유적 의미를 연결하며 어휘를 깊이 이해하는 습관을 들이다 보면 보다 풍부한 이해와 표현이 가능해집니다.

이상에서 배울 수 있는 것은 단지 언어 학습의 전략만이 아닙니다. 궁극적으로 우리의 언어가 **직접 경험할 수 있는** 영역에서 **다소 추상적인** 영역을 지나 **지극히 추상적인** 개념까지를 포괄한다는 사실입니다. 우리는 산을 보고 높음을 경험하지만, 이런 경험을 토대로 기준의 높음이나 안목의 높음을 이해할 수 있게 되는 것이지요. 물리적 세계를 거쳐 심리의 세계를 지나 고도로 추상화된 개념적 세계로의 여행을 가능하게 해주는 것이 바로 은유적 사고입니다. 은유야말로 인간 사고의 핵심 중 핵심이라고 볼 수 있는 것입니다.

개념적 은유 이론의
출발

"은유는 단순히 언어를 다채롭게 만드는 장치가 아니라 사고
의 패턴"이라는 《삶으로서의 은유》의 핵심 주장을 살펴보았습니
다. 흥미롭게도 레이코프는 한 강연에서 개념적 은유 이론에 대한
연구가 어떻게 시작되었는지 이야기합니다. 아래는 해당 강의의
주요 내용입니다(tonyberber, 2019).

1978년이었습니다. 미국의 버클리 대학에서 레이코프가 이끄
는 학부 수업이 있었죠. 딱 다섯 명이 듣는 강의였습니다. 당시 그
는 행위예술performance art에 관심을 갖고 있었고요. 강의는 언어
학에서의 행위예술에 관한 것이었습니다. 여러 자료를 읽어가면
서 세미나 수업이 진행되었습니다. 그중 은유에 관한 읽기 자료도
포함되어 있었습니다. 몹시 춥고 비가 내리던 어느 날, 한 여학생
이 수업에 조금 늦게 왔습니다. 흠뻑 젖은 채로 교실에 들어섰죠.
놀랍게도 그는 울고 있었습니다. 교실에 있던 사람들은 그런 모습

을 못 본 척하려 했습니다. 수업이 진행되던 중 그가 입을 열었습니다.

"오늘은 수업을 할 수가 없습니다. 남자친구와 은유 문제meta-phor problem가 있어요. 아마 여러분들이 도와줄 수 있을 것 같아요."

수업을 듣던 사람들은 돕고자 하는 마음에 문제가 무엇인지 말해보라고 요청했죠. 그때 여학생은 남자친구가 사용했던 은유를 이야기합니다. 그가 명확히 이해할 수 없었던 은유였죠.

"Our relationship had hit a dead-end street." (우리 관계는 막다른 길에 다다랐어.)

그러자 사람들이 이를 해석하기 시작합니다.

"막다른 길에 맞닥뜨리면 진행하던 방향으로 계속 갈 수가 없죠. 다시 돌아와야 할지도 몰라요."

그 순간 사람들은 깨달았습니다. 사랑이 여정journey으로 개념화되는 표현들이 영어에 꽤나 많다는 것을요. 다음과 같은 표현들이었죠.

○ It was a long, bumpy road. (길고도 울퉁불퉁한 길이었어.)

○ We're going in different directions. (우리는 다른 방향으로 가고 있어.)

○ We're at a crossroads in the relationship. (우리는 관계의 갈림길에 서 있어.)

○ The marriage is on the rocks. (결혼이 위기에 봉착했어.)

○ It's off the track. ([관계가] 탈선했어.)

○ We're spinning our wheels. (바퀴가 헛돌고 있어.)

레이코프는 이런 표현들을 모두 메모했습니다. 그리고 물었죠. "이 목록에서 어떤 것을 일반화할 수 있을까?" 그리고 모든 경우에 사랑이 일종의 여정으로 이해된다는 것을 발견했습니다. 사랑하는 사람은 여행자이고, 사랑의 관계는 일종의 탈것vehicle입니다. 자동차가 대표적이지만 보트가 될 수도 있습니다. '바위 위에 on the rocks' 있다는 표현은 배가 암석에 부딪쳐 좌초되었음을 의미하지요. 기차가 될 수도 있습니다. '탈선한off the track'이라는 표현에서 볼 수 있듯 말입니다. 그렇다면 여행의 목적지destination는 어떨까요? 이는 공통의 인생목표common life goals에 해당합니다. 막다른 골목에 다다르거나 헛바퀴가 도는 상황은 어떨까요? 사랑의 관계에서 경험하게 되는 어려움difficulties일 수 있습니다. 즉 사랑의 관계에서 겪는 어려움은 여정에서 만나게 되는 어려움에 대응하는 것이지요. 여행의 걸림돌이 되는 다양한 상황들, 사건들 말입니다.

놀라운 점은 이 모든 것이 매우 체계적이라는 것입니다. 거의 수학적인 대응, 인지언어학의 용어로는 사상mapping을 보여주는 것이지요. 다음 꼭지에서 상세히 살펴보겠습니다.

레이코프는 작은 에피소드를 흘려보내지 않고 그 안에 담긴 비밀을 간파하였습니다. 이를 통해 개념적 은유 이론을 정립하고 인지언어학의 주요 분야 중 하나로 발전시키지요. 이는 우리가 수천 년간 은유를 이해해왔던 방식을 혁명적으로 변화시켰습니다. 개념적 은유 이론을 주제로 마크 존슨과 함께 집필한《삶으로서의 은유》는 2022년 현재 구글 학술검색Google Scholar에서 7만 9,000건이 넘는 인용횟수를 기록하고 있죠. 학문의 지형을 바꾸는 이론도 그 시작은 아주 작은 일상의 깨달음이었던 셈입니다.

은유, 세계 그리고
인지의 비밀

영어의 여러 은유와 함께 개념적 은유 이론의 시작을 살폈으니, 이번에는 좀 더 정교하게 은유의 작동방식을 논의할 차례입니다. 개념적 은유 이론은 오랜 시간 발전을 거듭했지만, 레이코프와 존슨에 의해 처음 정립된 은유 이론에서는 은유의 작동원리를 두 영역 간의 연결로 설명합니다. 이에 대해 자세히 살펴보겠습니다.

오랜만에 친구를 만났습니다. 오랜 시간 준비한 일이 원치 않는 방향으로 끝났죠. 낙담하고 슬퍼하던 친구는 이렇게 말합니다.

"요즘 내 마음은 사막이야. 오아시스도 없는."

"내 마음은 사막"이라는 구절은 "A=B"라는 전형적인 은유의 구조를 취하고 있습니다. A에 "내 마음"이, B에 "사막"이 들어가게 될 거고요. 여기에서 사고의 구조를 살펴보면 '사막'이라는 대상에 대한 경험과 지식, 이해를 통해 '내 마음'을 이해하려는 시도라고 볼 수 있습니다.

사막을 떠올리면 그려지는 그림이 있습니다. 건조한 날씨, 사람들이 거주하기 힘든 조건, 안정적인 상수원이 거의 없는 환경 등이죠. 마음과 사막 둘 중에서 '사막'이 구체적이고 경험 가능한 대상이라면 '마음'은 그보다 훨씬 추상적이고 직접 경험하기 힘든 대상이라고 할 수 있습니다. 특히 상대방에게 자신의 마음이 어떤 상태인지 전달하려고 한다면 '내 마음'을 보다 구체적인 대상으로 표현할 필요가 있죠.

개념적 은유 이론에서는 이 두 대상을 '영역domain'이라는 개념으로 설명합니다. 먼저 '내 마음'은 우리가 이해하고 싶은 영역에 속합니다. 즉, 우리의 언어로 표현하고자 하는 대상이 되는 영역이지요. 이것을 '목표영역target domain'이라고 칭합니다. 화자가 표현해내고자 하는 대상, 즉 타깃이 되는 영역입니다. 이에 비해 '사막'은 목표영역을 이해하고 표현하기 위해 동원하는 영역입니다. 여기에서는 '사막'을 가져왔지만, 마음은 폭풍일 수도 있고 호수일 수도 있고 심지어 탭이 수십 개 열려 있는 인터넷 브라우저일 수도 있죠. 여기에서 '사막', '폭풍', '호수', '브라우저' 등은 '마음'을 표현하기 위해 동원되는 개념적 자원입니다. 그런 의미에서 이들은 '근원영역source domain'이라고 부릅니다. 목표가 되는 영역을 이해하기 위해 동원하는 소스source가 되는 영역이지요.

"내 마음은 사막"에서 '내 마음'은 우리가 이해하고 표현하고 싶지만, 직접 들여다보거나 사진을 찍거나 만져보거나 냄새를 맡을 수 없습니다. 마음 그 자체는 습도를 가지고 있지도 않고 낙타를 타고 횡단할 수도 없지요. 하지만 사막은 그렇지 않습니다. 비디오를 촬영해서 영상으로 만들 수도 있고, 연평균 강수량을 잴 수도 있습니다. 해당 지역의 인구밀도를 측정하는 것도 가능하고 실제로 들어가서 야영을 할 수도 있지요.

"내 마음은 사막"에서 우리는 '사막'을 통해 '내 마음'에 접근합니다. 그리고 이를 가능하게 해주는 언어적 표현은 "A=B"라는 아주 단순한 구조를 갖습니다. 이렇게 A와 B, 두 영역이 연결되는 것을 인지언어학의 용어로 사상이라고 합니다. 대응되는 영역을 연결하고 이들 간의 관계를 설정하는 것을 의미합니다. 임지룡 (1996, p. 10)은 화와 액체 사이의 관계를 통해 사상을 설명합니다 (표 참조).

이 사상을 만들어내는 것은 "화는 그릇 속의 액체"라는 개념 은유입니다. 앞서 살폈듯 '개념 은유'라는 용어가 의미하는 것은 "화는 그릇 속의 액체"라는 명제가 단지 단어의 결합이 아니라 우리가 화에 대해서 생각하는 방법, 화를 개념화하는 방식이라는 것입니다. '화'가 발현되는 방식에 대해서는 심리적·생리적 현상이라

근원영역: 액체의 열	목표영역: 화
그릇	몸
액체의 열	화
열 척도	화 척도
그릇의 압력	경험화된 압력
끓는 액체의 소동	경험화된 소동
그릇의 저항에 대한 한계	화를 참는 사람 능력의 한계
폭발	자제력 상실

액체의 열과 화 사이의 관계

는 측면에서 과학의 언어로 기술할 수 있지만, 우리가 일반적으로 생각하는 '화'는 다양한 경험과 증상의 복합체로 추상적입니다. 그래서 우리는 다양한 은유를 써서 표현하게 됩니다. 대표적인 것이 화를 일종의 액체로 생각하는 것입니다. 이 은유에 따라 우리 몸은 액체를 담고 있는 그릇 혹은 용기가 됩니다. 화가 난 정도는 액체의 열을 재는 척도가 되지요.

예를 들어보겠습니다. '부글부글'이라는 말은 적잖이 화가 난 경우에 사용하는데, 이는 물이 끓을 때 나는 소리입니다. 분노를 끓는 액체에 빗대어 이해하는 것이죠. 화가 날 때 경험하는 압력은 그릇의 압력에 대응하고, 화가 나서 자제력을 상실하는 행위는 끓는 액체를 담고 있는 용기가 폭발하는 사건에 대응합니다. '뚜껑이 열린다'나 '폭발 일보 직전이다'라는 표현은 이러한 개념화에 잘 대응합니다. 화를 내 몸 안에 더는 담아둘 수 없어 뚜껑이 열리고 급기야 폭발에까지 이르게 될 상황이라는 뜻이니까요.

근원영역과 목표영역, 이 두 영역 간의 사상으로 설명되는 은유의 작동방식에는 인간이 생각하는 방식에 대한 놀라운 비밀이 숨어 있습니다. 친구가 "내 마음은 사막이야"라고 했을 때 '마음'은 결코 '사막'이 아닙니다. 하지만 이 둘을 등호로 연결한 "내 마음은 사막"이라는 명제를 우리는 아무런 거부감 없이 받아들입니다. 즉, 마음은 사막이 아니지만 사막이라고 이해할 수 있는 것이지요. "사장의 모욕적인 말에 알바가 폭발했지"라는 문장에서 사람이 정말 폭발한 것은 아니지만 한편으로는 폭발한 것도 사실입니다. 도저히 참을 수 없어 화를 표출하는 행위와 무엇인가가 폭발하는 현상을 자연스럽게 연결할 수도 있죠.

요컨대 우리는 마음과 사막, 화와 그릇에 담긴 액체를 서로 다른 영역으로 인지할 수도 있지만, 순식간에 연결해 동일한 것으로 이해할 수 있습니다. 이렇게 우리는 세계의 수많은 영역을 머릿속에서 엮어낼 수 있고, 이를 은유적 언어로 표현할 수 있으며, 소통의 방식으로 활용할 수 있는 것입니다. 아이들은 꿈나무가 되고, 이론의 수립은 건축물을 짓는 행위가 되며, 심리적인 고통은 무거운 짐을 지는 일이 됩니다. 사랑은 여정이 되고, 발전은 전진이 되며, 기업의 성장은 인간의 성장이 됩니다. 이렇게 보면 은유는 구획된 세계를 종횡무진 오가며 새로운 질서와 감각, 상상의 세계를 만들어내는 힘입니다. 우리는 은유를 통해 세계를 엮어 또 다른 세계를 창조하고 있는 것입니다.

경제와
은유

　인간은 숨 쉬는 동안 계속해서 생각하는 동물입니다. 그래서 사고의 패턴을 이루는 은유는 늘 우리 곁에 머물게 되지요. 일상은 은유로 가득 차 있고, 그 안에서 자주 사용되는 은유는 사고의 근간을 이루게 됩니다. 이 같은 관점에서 이른바 '시대정신'은 일상에 은밀하게 스며든 강력한 은유의 체계로 이해할 수 있습니다. 시대를 규정하는 은유는 단지 신문과 잡지, 영화와 서적, 교육과 정치를 통해 전달되는 것이 아니라 우리의 두뇌 속에서 일상의 세밀한 결정들을 만들어가는 것입니다.

　자본주의 사회에서는 거의 모든 것을 사고팔 수 있습니다. 재화와 서비스가 화폐로 매개되는 시스템은 피도 없고 눈물도 없는 것처럼 보입니다. 이런 시대를 반영하는 것일까요? 언어를 살펴보면 사람은 상품이 되고 경제는 기계가 되어갑니다. 정말로 사람이 법적 매매의 대상이 된다거나, 다양한 주체들의 경제 생태계가 기름 치고 때 빼고 광내는 기계가 된다는 뜻은 아닙니다. 하지만 인간을 상품에 빗댈 때 서로를 상품처럼 평가하는 일이 자연스러워지고, 경제를 기계에 빗댈 때 경제 문제를 대함에 있어 기계 고장을 다루는 태도를 취하는 경우가 많아진다는 사실을 부인하기 힘들 것 같습니다.

사람은 상품이다?

자기계발의 홍수 속에서 많은 이들이 '스펙을 쌓아야 한다'는 강박에 시달리고 있습니다. 물론 개개인의 잘못은 아닙니다. 스펙을 쌓지 않으면 생존의 위협을 받게 되는 사회경제적 구조의 문제가 엄연히 존재하기 때문입니다. 하지만 '스펙specification'이라는 용어의 사용에 대해서는 깊이 생각해볼 필요가 있습니다. 이 단어는 원래 기술상세technical particular, 즉 하드웨어나 소프트웨어 등 특정한 상품이 갖추어야 할 조건들을 뜻합니다. 크기나 재질, 색상이나 높이 등이 대표적인 스펙이죠. 제품과 관련하여 쓰여야 할 용어가 사람에게 적용되고 있는 셈입니다.

같은 맥락에서 "셀링 포인트", "몸값" 등의 표현에서 드러나는 것은 인간 스스로 상품화하는 경향입니다. 그저 말뿐이라고 대수롭지 않게 여길 수도 있겠지만, 은유가 사고에 영향을 미친다는 사실을 잊어서는 안 됩니다. "How to sell yourself"는 '자신의 장점을 적극적으로 알리는 방식'으로 이해할 수 있지만, 그 이면에는 '우수한 상품이 되어 자본주의 사회에 성공적으로 편입하는 법'이라는 뜻이 숨어 있는 것이니까요. 한 경제지의 기사는 이런 경향을 압축적으로 보여줍니다.

"There's you—imperfect, conflicted, fallible—and then there's the "you" you're selling—awesome, cool, superhuman.

Don't sell yourself well? Think of "you" as a superhero version of yourself. Make a list of your best qualities. Dress the way SuperYou would dress. Talk the way SuperYou would talk. Be SuperYou. Role play. It's a part. Experiment. This is play."

(당신이 있습니다—불완전하고, 갈등을 겪고 있으며, 실수하는 존재입니다. 그리고 당신이 파는 "당신"이 있습니다—멋지고 쿨하고 초인적인 존재죠.

자기를 잘 팔지 못하시겠다고요? "당신"을 자신의 슈퍼 히어로로 버전으로 생각해보세요. 자신의 가장 좋은 면들을 나열해보세요. 최고의 자신SuperYou이 입을 만한 옷을 입어보세요. 최고의 자신이 말하는 방식으로 말해보세요. 그렇게 최고의 자신이 되어 보세요. 역할극을 하는 겁니다. 배역을 맡는 거죠. 실험해보세요. 이것은 연극입니다.)

(〈포브스〉, 2012.06.08)

아마도 취업에 어려움을 겪고 있는 사람에게 도움을 주려는 취지에서 쓰인 글 같습니다. 불완전하고 갈등에 쌓여 있으며 실수하는 자신을 바라보기보다는, 최고로 멋진 슈퍼 휴먼의 모습을 키

2장 생각의 근간, 은유

위 자기를 '팔아보라'는 조언이지요. 씁쓸한 것은 이 조언의 이면에 "진짜 자신"과 "상품으로서의 자신"을 철저히 분리하는 일이 필요하고, 자신의 상품성을 극대화하지 않으면 직업을 얻지 못하고 사회에서 도태될 수밖에 없다는 메시지가 담겨 있다는 사실입니다. 취업할 때 우리는 모두 '직업 시장job market'에 나가는 상품이라는 점을 잊지 말라는 경고인 셈이죠. 당신은 그 시장에서 잘 팔리는 '슈퍼 휴먼' 버전의 자신을 키워가고 있나요? 그 '몸값'은 어느 정도인가요?

경제는 사람이다?

사람을 상품에 빗대어 표현하듯 경제의 발전은 종종 인간의 발전과 연관됩니다. 예를 들어 어떤 회사가 "in its infancy"(유아기에 있다)라고 표현된다면 발전 초기 단계에 있다는 뜻이죠. 이에 비해 특정 시장이 여러 면에서 발달한 상황이라면 "mature market"(성숙한 시장)이라고 쓸 수 있을 것입니다. 특정 경제체제가 발달이 둔해지고 쇠락하는 상황이라면 "an aging economy"(쇠락하는 경제)라고 할 수 있겠지요.

경제는 인간의 신체에 비유되기도 합니다. "The heart of the economy"는 경제의 심장, 즉 중심을 의미하며 "the backbone of the economy"라고 하면 경제를 떠받치고 있는 축을 이야기하겠지요. 척추backbone가 인간의 몸을 지탱하듯 말이지요. 경제적 변동을 신체의 행위로 빗대는 경우도 많습니다. 그래서 시장이 떨 수도 있고markets tremble, 경제가 깨어날 수도 있습니다the economy

will wake up. 시장의 조건을 인간이 살아가는 조건에 빗대는 경우
도 빈번합니다. 사람을 치료하듯 경제를 치료remedy할 수도 있고,
특정한 산업이 더욱 건강해질 수도 있습니다healthier. 특정한 조
치가 경제에 골칫거리headache가 되기도 하죠(Jue, 2009). 사람에
게 질병이 있듯이 경제에도 질병이 있는 것입니다.

경제는 기계다?

경제 메커니즘은 기계에 비유되기도 합니다. 물론 특정한 기
관이나 금융, 군사, 혹은 권력구조 또한 종종 기계에 비유됩니다.
경제를 기계에 빗대 표현하는 일은 흔해서 쉽게 그 예를 찾을 수
있는데요. 다음에서 몇 가지를 살펴보겠습니다(Boers, 2000).

- the exchange-rate <u>mechanism</u> | 환율 메커니즘. °환율의 변
  동을 기계장치에 비유하고 있습니다.
- <u>fine-tuning</u> economic growth | 경제 성장을 미세하게 조정
  하기. °원래 fine-tune은 기계를 조정하는 것인데 상당히 넓은
  의미로 사용되죠. 경제 분야에도 사용 가능합니다.
- economic <u>tinkering</u> | 경제 정책을 이것저것 시도해보기. °본
  래 tinker라는 말은 기술도 없고 전문성도 없는데 기계를 고치
  려고 이것저것 해보는 것을 말합니다. 예: tinkering with the
  economy by trying various fiscal policies. (여러 가지 재정
  정책을 시도해서 어쭙잖게 경제 문제를 해결해보려고 하다.)
- the economy is <u>sputtering</u> | 경제가 덜컹거리고 있다. °sput-

ter라는 단어는 "make a series of soft explosive sounds"라는 의미입니다. 작은 폭발음을 연속해서 만들어낸다는 뜻이죠. 예를 들어 "The engine sputtered and stopped"라고 하면 "엔진은 털털거리더니 멈춰버렸다"가 됩니다. 따라서 경제에서 작은 폭발음이 연달아 난다면 여러 가지 문제가 순차적으로 터지는 것을 말합니다.

- the economy is <u>overheating</u> | 경제가 과열되고 있다. °기계를 너무 심하게 돌리면 열을 받는 현상을 경제에 적용한 사례입니다.

- the monetary lever has <u>rusted</u> | 레버가 녹슬었다. °통화를 조절하는 것을 monetary lever라고 표현했네요. 통화조절 기능이 제대로 작동하지 않는 것을 "통화조절 레버가 녹슬었다"는 식으로 표현했습니다.

- <u>tightening the screws on</u> the economy | 경제를 바짝 죄어야 한다. °경제라는 기계에 나사를 단단히 죈다는 의미로, 여러 가지 정책을 빈틈없이 시행한다는 의미입니다.

- <u>overhaul</u> the system | 경제 시스템을 전반적으로 손보다. ° overhaul은 기계를 자세히 분석하고 필요하면 분해해서 문제를 해결하는 것을 말합니다.

이처럼 경제를 기계로 여기는 표현은 넘쳐납니다. 사실 우리는 경제체제를 이웃과 더불어 생활하는 동네 혹은 온갖 생물과 자연이 함께 살아가는 생태계보다는 여러 가지 부속으로 만들어진 기계에 비유하는 관행에 너무나 익숙해져 있죠. 여기에서 얻을 수 있는 교훈은 특정한 은유(경제=기계)는 현실의 한 면을 크게 부각하면서 다른 은유(경제=동네 혹은 생태계)를 상상하고 이를 기반으로 대안적 실천을 도모할 수 있는 가능성을 막는다는 것입니다. 문제는 경제가 기계라는 지배적 은유 속에서 경제의 주체들, 즉 사람들은 기계 속 부속으로 이해될 위험이 있다는 것이지요. 경제 현상이 가지고 있는 기계적인 측면을 면밀히 이해함과 동시에 그 안에 있는 사람들의 삶을 함께 살피는 일이 필요한 이유입니다.

은유와 프레임

경제를 기계에 빗대어 이야기하는 것을 아예 피할 수는 없습니다. 하지만 경제가 서로 돕는 동네이자, 상생의 생태계라면 어떨까요? 현재 자본주의 인력 '시장'에서 개개인의 노동이 상품이 되는 것을 피할 수는 없습니다. 하지만 특정 기업에 고용되는 일을 '팔려가는' 것이 아니라, 특정 공동체의 주인이 되는 과정이라고 생각할 수는 없을까요? 그런 엉뚱한 상상에서 시작하여 시스템을 그쪽으로 조금씩 변화시키는 것은 불가능할까요?

최근 인지언어학의 많은 연구들은 어떤 은유를 사용하는지가 특정한 개념이나 사건에 대한 태도를 바꿀 수 있다고 말합니다. 조지 레이코프는 "tax relief"(세금 구제)와 "tax bomb"(세금 폭탄)의 예를 통해 적어도 최근 수십 년간의 세금 관련 담론에서 민주당은 공화당에 끌려다녔다고 말합니다. relief는 구원투수relief pitcher에서처럼 '구원'의 의미가 있고, '폭탄'은 사람을 살상하고 재산을 파괴하지요. 공화당이 '세금 부과=폭탄', '세금 감면=구원'이라는 은유를 통해 사람들의 마음을 얻는 동안, 민주당은 제대로 된 대항 담론 하나 변변히 내놓지 못했다는 지적입니다. 은유의 전략적 사용에 실패한 민주당은 세금 관련 프레임 전쟁에서 열세를 면치 못한 것이죠.

마케팅과
은유

"Sell yourself."

사람까지도 '사고파는' 시대에 장사를 위한 은유를 찾는 건 어렵지 않습니다. 시장분석에 기반하여 적절한 은유를 고객에게 각인시키고, 이들 은유가 고객의 입을 통해 전파되도록 하는 일은 기업의 생존과 발전에 결정적인 역할을 합니다. 당장 떠오르는 사례들로는, "Budweiser, the king of beers"(맥주의 왕, 버드와이저), "Chevrolet, the heartbeat of America"(미국의 심장 박동, 쉐보레), "Pioneer, the art of entertainment"(엔터테인먼트의 예술, 파이오니어) 등이 있습니다(Bremer & Lee, 1997). 자연히 브랜딩이나 기업 아이덴티티의 영역에서 은유를 이용한 커뮤니케이션의 역할은 클 수밖에 없고, 마케팅 및 홍보 담당 부서들은 최상의 은유를 만들기 위한 연구를 진행합니다.

물론 고객 커뮤니케이션 영역에서의 은유 연구는 학문적인 연구와는 성격이 다릅니다. 마케팅과 기업 아이덴티티 분야의 전문가들은 중장기적 기업 이미지 강화와 매출 신장에 초점을 맞추어 은유를 분석, 개발, 적용합니다. 사람들의 마음속에 특정한 이미지를 심기 위해 은유를 연구하는 것이죠. 은유가 생각하는 방식에 근거를 둔다면, 적절한 은유를 만드는 것은 소비자의 마음을 움직이는 데 핵심적인 역할을 할 수 있습니다.

마케팅과 은유

기업은 어떤 과정을 거쳐 소비자에게 각인시킬 은유를 생산할까요? 여러 가지 접근이 있겠지만, 관심집단에 대한 초점집단 인터뷰Focus Group Interview, FGI를 통해 소비자의 이야기를 수집하고, 그 내용과 구조를 분석하는 방식이 자주 사용됩니다. 그런데 여기에 은유 분석을 더하면 더 깊은 인사이트를 얻을 수 있습니다. 예를 들어 한 소비자가 다음과 같은 이야기를 했다고 해봅시다.

"Planning for my golden years is an uphill, rocky road." (노년을 위해 계획을 세우는 일은 언덕을 오르는, 울퉁불퉁한 길이에요.)

이 문장은 "Planning for my golden years is difficult"(노년을 계획하는 일은 어렵다)와 비슷한 의미를 지니지만, "difficult" 한 단어로 표현되는 바와는 다른 함의를 갖고 있습니다. "an uphill, rocky road"(언덕을 오르는, 울퉁불퉁한 길)라는 은유에는 좌절

frustration, 도전challenge, 실망disappointment, 근면hard work, 운 luck 등의 요소가 관여하기 때문이지요(Zaltman & Zaltman, 2008, p. 12). 다시 말해 은유를 사용하지 않은 'difficult'라는 표현보다는 "an uphill, rocky road"가 좀 더 두텁고 풍부한 의미와 생각을 드러내는 셈입니다. 이 은유를 사용한 화자의 마음 깊은 곳에서는 노년을 대비한 계획을 세우는 일이 하나의 고된 여정으로 그려지고 있는 것이죠.

오랜 시간 은유 분석을 경영 및 마케팅에 도입하려는 시도가 있어왔습니다. 대표적인 예로 하버드 비즈니스 스쿨의 제럴드 잘트만Gerald Zaltman과 고객관리 전문가인 린지 잘트만Lindsay Zaltman의 작업을 들 수 있는데요. 이들은 약 1만 2,000건의 방대한 소비자 FGI 데이터베이스를 분석한 결과, 성별과 연령, 국가 등 사회문화적 배경과 관계없이 보편적으로 사용되는 심층 은유 일곱 가지seven deep metaphors를 발견했습니다(Zaltman & Zaltman, 2008). 각각 균형balance, 변형transformation, 여행journey, 용기 container, 연결connection, 자원resource, 통제control 키워드로 표현할 수 있는데요. 아래에서 하나씩 살펴보겠습니다.

1. 균형: FGI 데이터를 분석한 결과, 신체적·윤리적·사회적·미적 혹은 심리적 균형과 관련된 은유가 자주 등장했습니다. 예를 들어 사회적 불균형의 은유는 결혼할 때 자기 지위보다 '위'나 '아래' 배우자를 얻는다는 표현marrying above or below one's status 에서, 심리적 불균형은 '불편하다feeling out of sorts', '마음이 가라앉아 있다feeling down', 혹은 '상태가 별로 좋지 않다feeling

2장 생각의 근간, 은유

off'라는 표현 등에서 나타납니다. 다양한 관점에서 균형을 유지해야만 좋은 삶이라는 인식이 광범위하게 나타나는 것입니다. 이같은 은유를 염두에 둔다면 특정 서비스나 제품이 삶의 다양한 균형을 유지할 수 있도록 도와준다는 것이 마케팅의 핵심 메시지 중 하나가 되겠지요.

2. 변형/변신: 다양한 경험을 통한 태도 변화, 자녀가 성장하면서 겪는 신체적·정서적 변화, 삶의 여러 단계를 거치면서 변화하는 자신, 주변 사람들의 변화 및 성장을 이야기할 때 변형 혹은 변신의 은유가 자주 사용됩니다. "He has become a totally different person"(완전히 다른 사람이 되었어) 같은 표현을 생각하시면 되겠지요. 가장 극적인 예로는 애벌레가 허물을 벗고 나비가 되는 모습을 들 수 있습니다. 이와 같이 살아가면서 겪는 변화는 새로운 존재로의 변형 혹은 변신으로 이해됩니다. 이렇게 보면 소비자의 변신을 응원하며 그 과정의 일부가 되겠다는 마케팅 캠페인은 성공할 가능성이 높겠지요.

3. 여행: 삶을 여행의 과정으로 보는 은유입니다. "Be at a crossroads"(갈림길에 서다), "A journey of a thousand miles begins with a single step"(천 리 길도 한 걸음부터) 등은 삶을 여정으로 이해하는 표현들입니다. 로버트 프로스트Robert Frost의 〈가지 않은 길The Road Not Taken〉은 인생을 여정에 비유한 대표적인 문학작품이죠. 인생이 여정이라면 출발지와 도착지와 경유지가 있을 것이고, 길을 막아서는 방해물이 있을 수 있으며, 누구와 함

께하는지가 매우 중요할 겁니다.

4. 용기/컨테이너: 용기는 어떤 것을 담아두거나, 잠시 담았다가 다른 곳으로 흘려보내는 역할을 합니다. 컨테이너는 집처럼 우리를 보호할 수도 있고, 감옥처럼 가둘 수도 있죠. "be in love, in sorrow, in happiness, in trouble"을 직역하면 "사랑, 슬픔, 행복, 어려움 안에 있다"라는 뜻이 됩니다. 감정을 나타내는 말 앞에 전치사 'in'이 쓰여 해당 감정을 느끼고 있음을 표현하는 셈인데, 우리가 해당 감정 안에 있다고 표현하는 점이 흥미롭지요. "stuck in a rut"(판에 박힌 생활을 하다, 일상에서 한 치도 벗어나지 못하다)라는 표현도 있습니다. 'rut'은 홈, 혹은 골을 의미합니다. 농경지에 파종을 하기 위해 만든 긴 골을 의미할 수도 있지요. 때로는 우리 자신이 그릇이 되기도 합니다. "I feel empty"(텅 빈 느낌이야, 허무해), "We feel fulfilled"(꽉 채워진 느낌이야, 성취감을 느껴)라는 표현에서 이를 확인할 수 있습니다. 감정이나 당면한 상황 등을 표현하기 위해 용기를 매개로 한 은유가 자주 사용됩니다.

5. 연결/유대(↔단절Disconnection): 특정한 집단이나 이메일 수신자 목록에 들어 있거나 제외될 때 "be kept in the loop" 혹은 "be kept out of the loop" 등의 표현이 사용됩니다. 서로가 연결되어 있음을 고리의 이미지를 이용해 표현한 것이죠. 고리 안에 있으면 해당 커뮤니티 내부에 있는 것이고, 밖에 있다면 커뮤니티의 외부에서 단절된 상태를 말하는 것이고요. 감정적인 상

태는 "drawn to celebrities"(유명인에게 끌리는)처럼 끌림이나, "close to someone"(누군가와 가까운, 친밀한)과 같이 근접으로 묘사됩니다. 연인과 헤어지는 것은 관계의 단절break up a relationship로 표현하죠. break up은 말 그대로 '깨지다'라는 뜻을 가진 동사인데 한국어의 '(연애가) 깨지다'와 상응한다는 점이 흥미롭습니다. 연결의 은유는 결혼과 이혼, 입양, 자녀를 대학에 보내는 상황 등에서 특히 자주 발견됩니다. 소유격의 사용은 "나의 팀my team", "내 브랜드my brand" 등에서 볼 수 있듯이 대상과의 유대를 효과적으로 표현합니다. 그러고 보면 인생은 끊임없이 어떤 존재나 관계에 접속할 것인가, 어떤 단절을 감수할 것인가에 대한 결단을 요구합니다.

6. 자원: 우리를 돕는 사람들, 유용한 지식, 심지어는 시간까지도 물질적 자원에 빗대어 표현됩니다. 자본주의 체제에서의 상품과 서비스는 특별한 지위를 가진 자원으로 인식됩니다. 예를 들어 소비자가 휴대전화를 생명줄lifeline에 비유할 때, 휴대전화는 먹거리와 같이 생존에 반드시 필요한 자원으로 인식되는 것이죠. 기업이나 개인의 주요 수익원은 "bread and butter"(빵과 버터)라고 표현할 수 있고, 정보와 지식이 많은 사람을 "a fountain of knowledge"(지식의 샘)라고 부르기도 합니다. 이처럼 삶은 끊임없이 자원을 생산, 소비, 공유하는 과정으로 볼 수 있으며, 자원과 관련된 은유는 마케팅에 있어 필수적인 레퍼토리가 됩니다.

7. 통제/제어: 자신이 삶의 주인이라는 느낌, 상황을 제어할 수

있다는 생각은 인생을 살아가는 데 매우 중요합니다. 많은 것들이 자신의 통제 아래 있을 때, 즉 자신이 원하는 대로 될 때 삶이 순조롭다고 느끼게 되죠. "out of our hands now"(이제 우리 손을 떠났어)와 같이 말할 때 어떤 일은 우리의 통제권 밖으로 가버린 것입니다. 어찌할 수 없는 분노, 중독, 습관 등에 대해 이야기할 때는 "out of control"(통제할 수 없는)이라는 표현이 자주 사용되지요. 통제할 수 없는 요소가 많아진다는 것은 인생이 점점 어려워진다는 뜻일 겁니다. 모든 것이 잘 통제되고 있다고 말하려면 "Everything is in control"을 사용하면 됩니다.

이 외에도 운동이나 움직임movement/motion, 힘force, 자연nature, 시스템system 등은 소비자가 즐겨 사용하는 심층 은유deep metaphor입니다. 일례로 오도 가도 못 하고 끼어 있는stuck 상태를 피하고 싶다고 말할 때 우리는 삶을 지속적인 운동과 움직임의 상태로 파악하고 있습니다. 계속 일들을 진행시키는keep things going 일을 바람직하다고 생각하는 것이죠.

고객의 은유 사용과 효과적 마케팅 은유

이들 은유를 모든 소비자가 같은 방식으로 사용하는 것은 아닙니다. 은유가 구체적으로 묘사하는 사건이나 상황도 매우 다양하고요. 예를 들어 '균형'을 이야기할 때 일과 놀이의 관계를 염두에 둘 수도 있지만, 여러 가지 일들 사이의 균형을 이야기할 수도 있습니다. 특정한 경험을 균형 잡힌 인간이 되어가는 점진적 과정으로 묘사할 수도 있지만, 전혀 다른 존재로의 변화에 방점을 두고 변신의 은유를 적용할 수도 있겠지요.

저자들은 위에서 언급한 일곱 가지 주요 은유가 분석 대상 FGI에서 발견된 은유의 약 70퍼센트를 설명할 수 있다고 주장합니다. FGI라는 특수 상황에 대한 분석 결과라는 점, 사람들마다 은유를 조금씩 다르게 사용한다는 사실을 고려하더라도 꽤나 높은 비율입니다. 그렇다면 균형, 변형, 여행, 용기, 연결, 자원, 통제라는 개념을 적절히 사용한 마케팅 은유를 사용할 때 고객의 마음에 가장 큰 울림을 줄 것이라는 예상이 가능합니다. 이 글을 읽으시는 여러분도 한 가지 서비스나 상품을 떠올려보세요. 그리고 이를 홍보하기 위한 마케팅 문구를 만들어보세요. 거기엔 어떤 은유가 숨어 있나요? 왜 그런 은유를 담아 메시지를 작성하셨나요?

●
분노와 행복의
은유

개념적 은유와 관련하여 인지언어학자들이 가장 광범위하게 연구해온 영역 중 하나는 감정의 비유적인 표현입니다. 감정은 생물학적인 측면과 사회문화적인 측면을 모두 갖고 있는 복합적 현상입니다. 예를 들어 화(분노)를 생각해봅시다. 화가 나는 이유(사소한 실수, 아픔, 오해, 사회 부조리 등), 분노의 영향(지적·정서적·사회적·생리적 영향 등), 분노가 표출되는 방법(내적 긴장, 표정의 변화, 예술적 표현, 정치 집회, 신체적 행동 등) 등에 대해 조금만 생각해보아도 분노라는 감정의 원인, 과정, 결과가 매우 복잡함을 알 수 있습니다. 동일한 행동에 대해 개인이나 특정한 사회집단, 문화권별로 다른 해석과 반응을 예상하는 것도 어렵지 않습니다. 이렇게 복잡다단한 감정이 언어로 표현될 경우 대개 은유를 수반합니다.

분노는 폭풍이다

언어는 감정의 수많은 특성을 모두 담지는 않습니다. 이리저리 얽혀 있는 감정을 언어로 완벽하게 표현하는 것은 불가능하죠. 그렇기에 감정의 여러 측면 중에서 특정 부분을 선택적으로 개념화하여 표현합니다. 다시 말해, 감정이라는 복합체의 한 부분에 집중하여 우리가 손쉽게 이해할 수 있는 대상으로 '번역'해주는 것입니다. 분노의 원인과 과정, 결과를 상세히 이야기하기보다는 '분노로 끓어올랐다'라고 표현하듯 말이지요. 은유는 이 번역의 과정에서 매우 중요한 역할을 합니다. 예를 들어 졸탄 퀘베체시Zoltán Kövecses는 분노를 폭풍과 연결시킨 표현들에 관해 다음과 같이 설명합니다(Kövecses, 2010).

"분노는 폭풍이다"라는 은유를 생각해보세요. 구체적으로 "It was a stormy meeting"(폭풍 같은 회의였다) 혹은 "He stormed out of the room"(그는 문을 박차고 나갔다)이라는 표현을 떠올릴 수 있습니다. 하지만 우리는 "폭풍은 분노한 사람이다"라는 은유 또한 갖고 있습니다. 예를 들어 "angry waves"(성난 파도)라든가 "The storm was raging for hours"(폭풍은 몇 시간 동안이나 으르렁거렸다)와 같은 표현이 있을 수 있습니다(p. 28). 이렇게 보면 사람이 폭풍이 되고 폭풍은 사람이 되는 셈이죠. 은유는 변신의 귀재입니다.

단어의 분신술: the nation의 경우

한 가지 흥미로운 것은 직설적인 표현과 비유적인 표현이 동일한 목적어를 취할 수도 있다는 것입니다. 한 단어가 동시에 직설과 비유의 대상이 되는 것이죠. 예를 들어 허리케인이 전국을 휩쓸고 갔는데, 국가의 재난구조 조치가 늦어져서 많은 사람이 죽었고, 이에 대해 국민들이 분노했다면 다음과 같은 표현을 사용할 수 있겠지요.

People's anger as well as the hurricane swept the nation. (허리케인뿐 아니라 사람들의 분노가 전국을 휩쓸었다.)

여기에서 재미있는 것은 목적어 "the nation"이 "people's anger"와 조응할 때와 "the hurricane"과 조응할 때 그 의미가 미세하게 달라진다는 것입니다. 전자의 경우 "the nation"은 사람들, 구체적으로 국민들의 마음(심리적 대상)을 의미한다면, 후자의 경우에는 특정한 위치를 점하고 있는 땅덩이(지리적 대상)를 지칭한다고 할 수 있겠습니다. 분노가 휩쓴 국가와 허리케인이 휩쓴 국가 모두 '국가the nation'를 사용하고 있지만 둘은 분명 다르죠. 이같은 의미의 역동성은 면밀한 분석을 통해 드러나지만, 평소에는 잘 의식하지 못합니다.

이렇게 단어는 어떤 대상과 짝을 맺느냐에 따라 그 의미가 달라지게 됩니다. 이상의 예시에서 "the nation"이 심리적인 측면과 지리적인 측면을 모두 담고 있듯이 말입니다. 어찌 보면 "the nation"이 '분신술'을 사용해서 두 영역을 커버하고 있다고 생각할 수도 있겠네요.

분노는 광기이며 폭발이다

맥밀란 사전이 발행하는 맥밀란 영어 사전 매거진MacMillan English Dictionary Magazine을 참고하여 분노에 대응되는 개념 몇 가지를 더 찾아보았습니다(Nicholls, 2014). 먼저 분노는 종종 'go crazy' 혹은 'go mad'와 같은 어구로 표현되는데요. 이 경우 "ANGER IS MADNESS"(분노는 광기다)라는 은유가 담겨 있다고 볼 수 있겠죠. go bananas(열광하다, 머리가 홱 돌다), go berserk(광 폭해지다), go crazy(돌다, 미치다), go loopy(심히 화나다, 미쳐버 리다), drive somebody bonkers(누군가를 괴롭혀 극노하게 하다), madden(미치게 만들다), drive somebody nuts(돌게 하다) 등도 분 노를 광기로 표현하는 예에 해당합니다. 그러고 보니 우리말에서 도 "아, 정말 미치겠네"라든가 "돌겠네" 등은 격식을 차리지 않아 도 되는 상태에서 분노를 표현하기 위해 사용되곤 하지요.

물론 이런 표현은 분노뿐 아니라 다른 감정에도 적용할 수 있습니다. 예를 들어 "Hate welled up inside her when she was reminded of the attacker"(자신을 공격한 사람을 떠올리자 그녀의 마 음속에서 증오가 솟아올랐다)에서는 분노 대신 증오가 주어로 쓰였 습니다. well up과 함께 gush도 비슷한 의미로 사용할 수 있는데 요. 이처럼 분노를 폭발에 빗대어 묘사하는 어구에는 다음과 같은 예들이 있습니다.

blow up; blow a fuse/gasket; blow your top/stack; erupt (like a volcano); fume; hit the roof/ceiling; go through the roof; go ballistic(like a missile); blow off steam; vent; give vent to

기쁨은 차오르는 것

감정의 주체를 용기에 비유하는 것은 분노에 국한되지 않습니다. "I was full of joy at that time"(나는 그때 너무나 기뻤어)이나 "The victory filled us with joy"(우린 승리로 너무나도 기뻤어) 등의 문장을 보면, 기쁨을 느끼는 주체가 채우거나 비울 수 있는 용기로 개념화되는 것을 볼 수 있습니다. full과 filled의 쓰임이 이를 방증하지요. 컵 혹은 그릇의 끝부분까지 채운다는 뜻의 단어 brim도 "My son was brimming over with joy when he saw the dinosaur set"(공룡 세트를 보는 아들은 기쁨이 넘치는 모습이었죠)에서처럼 사용할 수 있습니다. 이 외에도 다양한 표현들이 감정의 주체를 용기로 개념화하는데요. 몇 가지 유용한 표현들을 열거해 봅니다(Kövecses, 1991, p. 33).

- She couldn't contain her joy any longer. (그녀는 더는 기쁨을 담아둘 수 없었다.)
- The sight filled them with joy. (그 장면을 본 그들은 기쁨으로 가득 찼다.)
- He was overflowed with joy. (그는 기쁨이 흘러넘쳤다.)

행복과 슬픔의 은유

쾨베체시는 영어의 다양한 감정 은유 중에서 분노anger, 공포 fear, 행복happiness, 슬픔sadness, 사랑love, 탐욕lust 등의 은유를 상세히 설명합니다. 여기에서는 그중 행복과 슬픔의 은유가 어떻게 표현되는지를 살펴보도록 하겠습니다(Kövecses, 2000).

행복과 슬픔은 의미상 반대편에 있기에 상반된 은유를 취하는 경우가 많습니다. 먼저 행복은 '위up'로 개념화되곤 합니다. 우리말로도 "너 오늘 왜 이렇게 업up되어 있니?"라는 표현을 종종 들을 수 있죠. 그래서 "cheer someone up"이라고 하면 누군가의 기분을 즐겁게 만든다는 뜻이 됩니다. 이에 비해 "bring someone down"이라고 하면 "누군가를 실망시키다, 슬프게 하다"는 뜻이 됩니다. "feel down"은 말 그대로 기분이 다운된, 의기소침한 상황을 말하죠.

또한 행복은 종종 따스함으로 표현됩니다. "That warmed my spirits"라고 표현하면 어떤 일로 인해 기분이 좋아졌다는 의미가 되죠. 좋아하는 밴드의 신곡을 듣고 나서 기운이 나는 느낌을 받았다면 이 표현을 쓸 수 있을 겁니다. 저도 누군가 응원의 말을 건넸을 때 "마음이 따스해졌다"는 표현을 쓰곤 합니다. 반대로 슬픔은 열기를 빼앗긴 상태, 온기가 사라진 상태로 표현됩니다. 예를 들어 "Losing his father put his fire out; he's been depressed for two years"라고 하면 "그는 아버지를 잃고 기운이 빠졌다. 지난 2년간 우울함을 겪었다" 정도의 의미가 됩니다. 연료를 연소시켜 나온 증기로 달리던 열차에 갑자기 연료가 바닥나서 멈춰버린 상태, 에너지가 급격히 고갈된 상황이 그려지네요.

행복은 빛으로 종종 표현되는 반면에 슬픔은 어두움으로 표현됩니다. "She brightened up at the news"라고 하면 "그녀는 그 소식에 마음이 밝아졌다"로 행복감을 표현하고, "He was in a dark mood"는 "그는 마음이 어두웠다", 즉 슬퍼했다는 뜻이 됩니다. 우리말에도 "어두워진 마음"과 같은 은유가 존재하죠.

행복과 슬픔이 비슷한 구조로 표현되는 경우도 물론 있습니다. 분노의 은유에서도 논의되었듯 우리의 몸을 감정의 용기, 그릇으로 개념화하는 경우입니다. 예를 들어 "He was full of joy"라고 하면 "그에겐 기쁨이 가득했다"고 번역할 수 있고, 지극히 행복한 상태에 있음을 의미합니다. 비슷하게 "I am filled with sorrow"라고 말한다면 "나는 슬픔으로 가득 차 있어", 즉 매우 슬픈 상태라는 것을 의미합니다.

이상에서 분노와 행복, 슬픔의 은유를 살펴보았습니다. 이들 은유는 그저 현란한 말, 꾸미는 말에 그치지 않고 문화에 스며든 사고패턴임을 확인할 수 있었습니다. 한편으로는 'down'된 상태에서 기쁨과 행복을 느끼고 'up'된 상황에서도 차분함과 슬픔을 경험했던 기억이 떠오르기도 했습니다. 문화적으로 널리 쓰이는 표현이 우리를 완전히 규정할 수 있는 것은 아닐 테니까요.

은유와
도덕

    은유가 우리가 사용하는 말의 근간을 이루는 사고방식이라는 점을 여러 영역의 예시를 통해 살펴보았습니다. 자연히 많은 인지언어학자들이 사고방식 중에서 가장 중요한 영역들을 탐구하기 시작했습니다. 1990년대 이후 많은 이들이 관심을 가진 영역으로 '도덕'과 '정치'를 들 수 있는데요. 관련 연구에 따르면 도덕과 정치도 은유라는 틀을 통해 그 뼈대가 형성됩니다. 조지 레이코프(1995)에 따르면 우리는 웰빙well-being을 일종의 부wealth로 개념화합니다. 차곡차곡 '쌓이는' 것이며, 재산처럼 '증식할 수 있다'고 이해하는 것이죠. 반대로 줄어들 수도 있겠고요. 그래서 웰빙의 증가는 일종의 '소득gain'으로, 감소는 일종의 '상실loss'이나 '비용cost'으로 인식하게 됩니다. 레이코프는 또한 우리가 도덕을 이해하는 데 있어 기업의 대차대조표와 같은 일종의 도덕적 회계moral accounting가 동원된다고 말합니다. 통장에 돈이 쌓이고 줄어들 듯 우리 삶의 도덕 장부도 증감을 겪게 된다는 사고방식입니다. "덕을 쌓는다"거나 "쌓은 덕도 다 깎아 먹는다"는 표현이 생각나는 대목입니다. 도덕이라는 장부를 지탱하는 대표적인 개념으로 보답, 응보, 보상, 복수, 이타주의 등이 있는데요. 예를 들어 '보답reciprocation'에는 다음과 같은 두 원칙이 작동합니다.

첫 번째 원칙: 도덕적 행동은 긍정적인 가치를 지닌 무언가를 주는 것이고, 부도덕한 행동은 부정적인 가치를 지닌 무언가를 주는 것이다.
두 번째 원칙: 도덕적 빚을 갚아야 하는 도덕적 의무가 있다. 도덕적 빚을 갚지 않는 것은 비도덕적이다.

이에 따르면 우리가 도덕적 행위를 한다는 것은 누군가에게 가치 있는 일을 하는 것입니다. 영어로는 'giving'(주는)으로 표현되는 행위입니다. 반대로 상대에게 경제적 피해나 심리적 위해를 일으키는 일을 한다면 부도덕적인 행위를 하는 것이 되겠죠. 이렇듯 도덕적 행위가 '주고받음'으로 개념화되기에 도덕에 있어서도 빚debt이라는 개념이 작동합니다. 돈을 빌렸으면 갚는 것이 당연한 도리이듯, 비도덕적 행위를 저질렀다면 이에 대해 '빚을 갚는' 행위를 해야 하는 것입니다. 범죄자가 감옥에서 형량을 마치고 나와 "나는 나의 죗값을 다 치렀다"고 말할 때 '죗값'이라는 말이 사용되는 게 우연은 아닌 것입니다. 죄를 지었으면 빚이 생긴 것이고, 그에 상응하는 형기를 다 채웠으면 그 '값'을 지불한 셈이 되는 것이죠.

2장 생각의 근간, 은유

도덕과 힘

도덕을 어떻게 개념화하는가는 정치적 관점과 세력을 가르는 데 결정적인 역할을 합니다. 다시 말해 진보와 보수는 '좋은 삶' 혹은 '도덕적인 삶'을 다르게 보고, 다른 은유를 사용해 표현한다는 것입니다. 레이코프에 따르면 보수파conservatives에게 가장 중요한 도덕 관련 은유는 '도덕적 힘moral strength'과 관련이 깊습니다. 대표적으로 다음과 같은 은유가 보수주의자의 도덕을 개념화하는 데 작동합니다.

선한 것은 곧 꼿꼿한upright 것이다.
나쁜 것은 낮은low 것이다.
악을 행하는 것은 추락fall하는 일이다.
악은 (내면 혹은 외부의) 세력forces이다.
도덕은 힘strength이다.

이러한 은유는 결국 "도덕적으로 약한 사람은 타락하고, 악에 굴복하고, 부도덕한 행동을 하고, 따라서 악의 세력의 일부가 될 가능성이 높다"라는 판단으로 이어지는 것입니다. 힘strength이 없으니 외부 세력forces과의 대결에서 넘어지고 쓰러질fall 수밖에 없으며 이것은 낮은low 자리로 자신을 이끈다는 것이죠. 낮은 자리는 나쁜 것이 깃드는 장소입니다. 우리말에서도 '하류 인생'이라고 하면 종종 도덕적으로 올바르지 못한 삶을 가리킵니다. 만약 누군가 도덕적으로 옳지 않은 일을 했을 때 "이런 나약한 것 같으니라고"라며 힐난한다면 그것은 강인한 힘을 도덕의 핵심 토대로 파악하는 보수주의적 세계관의 영향을 받은 것이라 할 수 있습니다. 자신을 강하게 키우지 못해 약해졌고, 약한 정신이 외부의 악한 세력에 굴복한 것이라는 이야기입니다. 이에 대한 책임은 나약하기 짝이 없는, 더 강해지지 못한 개인에게 있습니다.

도덕적 힘과 '엄격한 아버지 모델'

이런 사고의 패턴에서 아래와 같은 표현들이 나올 수 있습니다. 밑줄로 표시한 'upstanding'(곧게 선, 강직한), 'on the up and up'(정직하고 믿을 만한), 'low'(비열한) 세 표현 모두 위아래에 대한 개념을 담고 있는데, 이는 도덕적 힘을 유지하느냐 못 하느냐와 관련이 있죠. 도덕적으로 힘이 있는 사람은 반듯하게 자신을 세우고 높은 곳으로 나아갈 수 있지만 그렇지 못한 사람은 낮은 곳low, 즉 도덕적으로 타락하여 저열한 곳에 처하게 되는 것입니다.

○ He's an <u>upstanding</u> citizen. (그는 강직한 시민이다.)

○ He's <u>on the up and up</u>. (그는 정직하며 믿을 만하다.)

○ That was a <u>low</u> thing to do. (그건 비열한 짓이다.)

물론 이런 은유가 보수주의자들의 전유물은 아닙니다. 미셸 오바마가 2016년 민주당 전당대회에서 "Our motto is 'when they go low, we go high'"(우리의 모토는 '그들이 낮게 갈 때, 우리는 높게 간다'입니다)라고 말했을 때 'low'는 윤리적으로 용납될 수 없는 낮은 수준을 의미한다면 'high'는 윤리적으로나 정치적으로나 올바른, 높은 도덕적 수준을 의미하는 것으로 볼 수 있죠. 이렇듯 두 세력의 은유가 완전히 분리되는 것은 아니라는 점을 기억해야 합니다.

그렇다면 도덕적으로 강직함을 유지하고, 삶이 느슨해지거나 나약해지지 않으려면 어떻게 해야 할까요? 그런 강인한 태도는 어떻게 키워져야 하는 걸까요? 질문에 대한 보수주의자들의 대답은 바로 "도덕적으로 바르며 강인한 아버지 밑에서 제대로 된 훈육을 받으며 커야 한다"는 것입니다. 이것을 레이코프는 '엄격한 아버지 모델the strict father model'이라고 부릅니다. 어떤 의미일까요? 조금 길지만 아래와 같은 세계관이 이 모델을 이룬다고 합니다.

"아버지가 가정의 안녕에 일차적인 책임을 지는 전통적인 핵가족. 어머니는 매일 집안을 보살피고 아이들을 양육하는 것에 대한 책임을 진다. 그러나 아버지는 전반적인 가족 정책을 수립하는 데 일차적인 책임이 있으며, 어머니의 일은 아버지를 지지하고, 해야 할 일에 대한 아버지의 견해를 수행하는 데 도움을 주는 것이다. (엄격한 아버지 모델이 작동하는 경우, 아버지의 입장에서 볼 때) 이상적으로는, 그녀는 그의 견해를 존중하고 지지한다.

인생은 근본적으로 어렵고, 세상은 근본적으로 위험하다고 여겨진다. 악은 이 세상에 존재하는 하나의 세력force으로 개념화되며, 가족을 부양하고 악으로부터 보호하는 것이 아버지의 일이다. 외부적으로도 내부적으로도 모두 그렇다. 외부의 악에는 적과 고난, 유혹이 포함된다. 내부의 악은 통제할 수 없는 욕망의 형태로 나타나며 외부의 악만큼이나 위협적이다. 아버지는 세상에서 성공하고 가족을 부양하는 데 필요한 가치를 체화하고 있다. 그는 도덕적으로 강하고, 자기 수양이 잘 되어 있으며, 검소하고, 온화하고, 절제된 삶을 영위한다. 그는 자신을 높은 기준에 맞춤으로써 모범을 보인다. 그는 자신의 도덕적 권위를 주장하며 복종을 명하고, 복종을 얻지 못할 때 그가 아는 방법 내에서 공정하고 정당한 보복을 가한다. 가족을 보호하고 부양하는 것이 그의 일이고, 그는 안전이 힘에서 나온다고 믿는다.

가족을 지지하고 보호하는 일 외에 아버지의 일차적 의무는 자녀들에게 옳고 그른 것을 알려주고, 잘못을 저질렀을 때 벌을 주고, 자녀들로 하여금 스스로 단련하고 자립하도록 키우는 것이다. 자기 부정을 통해 아이들은 내적인 악에 대항할 힘을 기를 수 있다. 이런 식으로 그는 자녀들에게 자기 훈육을 수행하며, 근면하고 예의 바르고 신뢰할 수 있는 존재가 되며, 권위를 존중하도록 가르친다.

엄격한 아버지는 가족을 부양하고 보호함으로써, 또 그만큼 중요하게 엄격한 도덕의 한계를 설정하고 강제하며 근면과 자기 부정을 통해 자기 수양과 자립을 고취함으로써 가족에 대한 양육을 제공하고 헌신을 표현한다. 이것이 바로 인격character을 쌓는 일이 된다. 엄격한 아버지에게 엄격함은 양육과 사랑의 한 형태이다. 강인한 사랑 말이다.

엄격한 아버지는 애정과 감정을 노골적으로 드러내는 일을 절제하며, 강하고 침착한 모습을 선호한다. 그는 자신보다 불우한 사람들에 대한 연민의 표현으로, 그리고 자기 자신의 행운에 대한 감사의 표시로 자선단체에 기부를 한다.

일단 자녀들이 성장하게 되면, 즉 자기 훈육과 자립을 성취하게 되면 그들은 자기를 책임져야 하고 스스로 성공하거나 실패해야 한다. 아버지는 자신의 삶에 외부 권위가 개입하는 것을 원하지 않듯이 자녀들의 삶에 개입하지 않는다(Lakoff, 1995)."

자애로운 양육자 모델

공화당으로 대표되는 미국의 보수 진영이 '엄격한 아버지 모델'에 따라 시민과 국가의 도덕을 틀 짓는다면, 민주당으로 대표되는 리버럴liberal 진영은 '자애로운 양육자 모델the nurturant parent model'을 통해 도덕을 이해합니다. 국가와 사회가 자애로운 부모로 기능해야 한다는 주장이죠. 조지 레이코프의 말을 계속 들어보도록 하겠습니다.

"자애로운 양육자 모델에서, 가족은 부모가 한 명 또는 두 명이다. 일반적으로 둘을 선호하지만, 언제나 가능한 일은 아니다.
이 모델의 기본 경험은 애정과 보살핌을 받고, 사랑하는 이들 사이에 일어나는 상호작용에 대한 욕구가 충족되고, 가능한 한 행복하게 살아가고, 자신이 속한 공동체와 다른 사람들을 보살피고 배려하는 일에서 의미를 이끌어내는 것이다.
사람들은 타인과의 긍정적인 관계, 공동체에 대한 공헌 그리고 자신의 잠재력을 개발하고 삶의 기쁨을 찾는 방법에서 얻는 '안정된 애착'을 통해 자신을 실현한다. 일은 이러한 목적을 위한 수단이며, 이러한 형태의 의미가 실현되는 것은 일을 통해서다. 이 모든 것에는 힘과 자기 훈육이 필요하며, 이는 당신을 사랑하고 아끼는 사람들의 끊임없는 지지와 그들에 대한 애착에 의해 길러진다.

보호는 보살핌의 한 형태이며, 외부 위험으로부터의 보호는 자애로운 부모가 기울이는 관심의 중요한 부분을 차지한다. 이 세상은 아이에게 해를 끼칠 수 있는 악으로 가득 차 있고, 이들로부터 아이들을 멀찌감치 떨어뜨리는 것은 자애로운 부모의 의무이다. 범죄와 마약은 물론 중요하지만, 담배, 안전벨트가 없는 자동차, 위험한 장난감, 인화성 섬유, 환경 오염, 석면, 납 성분이 들어 있는 페인트, 식품에 함유된 살충제, 질병, 부도덕한 사업가 등 덜 명백한 위험 또한 마찬가지로 중요하다. 이러한 악폐로부터 무고하고 무력한 아이들을 보호하는 것은 자애로운 부모의 일에서 중요한 부분을 차지한다.

아이들은 자애로운 양육의 봉사 속에서 자신을 돌보고, 현존하는 역경에 대처하고, 타인에게 책임지는 모습을 보이고, 자신의 잠재력을 실현하는 자기 훈육을 배운다. 아이들은 또한 타인과의 정서적 연결, 건강, 교육, 예술, 자연 세계와의 교감 그리고 자신을 돌보는 일에 깃든 본질적 가치인 자기돌봄self-nurturance을 배운다. 책임감과 자기돌봄에 필요한 원칙을 배우는 것 외에도 아이다운 어린 시절을 보내고, 상상력을 키우는 법을 배우고, 그저 즐겁게 지내는 것이 중요하다.

부모는 자녀와 공감하고 긍정적으로 교류함으로써 긴밀한 유대를 형성하고 타인과 사회에 대한 공감과 책임감을 가르친다. 자애로운 부모가 보는 가족은 자녀들이 헌신과 책임감을 갖춘 공동체이며, 그러한 헌신과 책임감은 타인에 대한 공감으로부터 생겨난다. 아이들의 복종은 부모에 대한 사랑과 존경에서 나오는 것이지, 처벌에 대한 두려움에서 나오는 것이 아니다. 자애로운 부모들은 자녀들이 잘못을 저지를 경우 정의의 형태로서 가능한 한 응징retribution보다는 배상restitution을 선택한다. 응징은 자신의 아이들을 해치는 자들에 대한 것이다.

자기 이익을 추구하는 방식은 위에서 논의한 가치에 의해 형성된다. 이들 가치와 일치하지 않는 것은 개인의 이익에 부합하지 않는다. 이러한 방식으로 이해되는 자기 이익을 추구하는 것은 자애로운 부모 모델의 가치를 실현하는 수단이다(Lakoff, 1995).”

레이코프는 이 두 모델이 미국의 거대 정당인 공화당과 민주당의 윤리적 방향을 결정하는 심층 은유로 작동한다고 주장합니다. ‘엄격한 아버지 모델’에서는 아버지가 세계를 가장 잘 이해하고 있고, 선과 악, 옳음과 거짓을 가장 잘 판별하며, 그러한 이해와 판단에 근거해 가족을 바른 길로 인도한다고 믿습니다. 어머니는 아버지를 돕는 역할을 맡지만 책임을 지는 자리에 있는 것은 아닙니다. 자녀는 아버지의 말에 순종함으로써 최선의 길을 가게 되고, 자신을 강하게 단련시킴으로써 세계의 악에 저항할 수 있는 힘을 기르게 됩니다.

이에 비해 ‘자애로운 양육자 모델’에서 부모는 아이들과 공감하고 그들의 필요를 파악하며 상호소통을 통해 자녀의 여정을 응원합니다. 다양한 위험으로부터 자녀들을 보호하고 자기돌봄의 실천을 중요시하며 냉철한 자기 훈육보다는 즐겁게 상상력을 신장하는 활동을 앞세웁니다(Benderev, et al., 2016). 이는 돌봄과 상호부조를 강조하는 정책으로 이어집니다.

대통령 연설과 정치담화에서의 은유

그렇다면 정치인의 입에서 나오는 말에는 어떤 은유가 동원될까요? 미국 대통령들의 은유 사용을 살펴보면서 이에 대해 답하도록 하겠습니다.

권연진(2018)은 최근 미국 대통령의 취임사 열 편을 분석합니다. 시민을 설득하고 규합하는 것은 정치의 주요한 과업이죠. 그중에서도 정권의 비전과 전략을 밝히는 대통령 취임사는 은유를 분석하기 위한 최적의 자료입니다. 저자는 로널드 레이건, 조지 H. W. 부시, 빌 클린턴, 조지 W. 부시, 버락 오바마, 도널드 트럼프 대통령의 취임사를 분석하여 가장 두드러지게 나타나는 은유로 "정치는 여행이다"를 추출합니다. 정치가 '여행'이니 국가나 국민은 '여행객'이 됩니다. '여행의 목적지'는 정치적·사회적 목표, '길이나 방향'은 정치적 전략에 대응되겠지요. '여행을 가로막는 것'들은 정치적 어려움이나 난관, '앞으로 나아가는 것'은 정치적 변화나 개혁 혹은 혁신이 되고요(pp. 299~300).

정치가 여행이라는 은유는 "America's journey"(미국의 여정)나 "America's heroic journey"(미국의 위대한 여정)라는 어구로 직접 표출되기도 하고, "moving toward democracy"(민주주의를 향해 나아가다), "go forward"(전진하다)와 같이 앞으로 나아감을 의미하는 동사 표현에 드러나기도 합니다. "many mountains yet to climb"(아직 올라야 할 많은 산들)이라는 어구로 국가가 당면한 어려움을 표현하거나, "The path will be long and sometimes difficult"(길은 길고 때로는 어려울 것입니다)라는 어구로 정치의 과정이 쉽지 않음을 나타내기도 합니다. 저자는 이처럼 대통령 취임사에서 나타나는 '정치는 여행' 은유가 함축하는 궁극적 의미로 "아메리칸 드림American dream"을 꼽습니다. 아메리칸 드림은 미국민 모두가 함께 성취해야 할 목표로 제시되고, 현재의 정치뿐 아니라 후속 세대까지 추구해야 할 지향이 됩니다. 이 꿈은 손을 내밀어 쉽게 획득할 수 있는 것이 아니라 오랜 시간 노력과 정성을 쏟아야만 얻을 수 있습니다. 이렇게 미국 사회를 떠받치고 있는 아메리칸 드림이라는 거대한 은유가 '정치는 여행'이라는 메시지에 함축적으로 드러난다는 것이 저자의 견해입니다.

여정 은유는 취임사뿐 아니라 대통령 선거 과정에도 널리 사용됩니다. 일단 "대선 레이스a presidential race"가 'race', 즉 경주라는 은유로 표현됩니다. 특정 후보의 승리가 예상될 경우 "승리를 향한 길 위에 있다"는 뜻을 가진 "on a path to victory"를 쓸 수 있죠. 마찬가지로 "be headed to one's victory"라고 하면 승리를 향해 가고 있다는 의미가 됩니다. 미국 대선에서는 조금 특이하게 "race to 270"(270표를 향한 경주)라는 표현도 종종 볼 수 있는데요. 전체 선거인단의 과반인 270표를 가져오면 대통령에 당선되는 시스템이기에 이와 같은 표현이 쓰이는 것입니다.

미국 정치에서 도덕 관련 은유

최재영과 권연진(2017)은 정치인들의 담화에 드러나는 도덕 은유를 분석합니다. 저자들은 도덕성을 개념화하는 방식이 '어떻게 가장 좋은 삶을 살 것인가'와 연결되어 있으며, 정치의 근본영역을 이룬다는 레이코프와 존슨의 의견을 제시합니다. 이어 "도덕적 이상은 인지적 무의식에 의해 은유적으로 개념화되며, 인지적 무의식은 다양한 은유적 사상들의 체계로 이루어져 있다(p. 158)"는 이들의 주장을 소개합니다. 이에 대하여 좀 더 살펴보겠습니다.

우리는 어떻게 도덕적 가치관을 형성하게 될까요? 어떤 과정을 거쳐 옳고 그름, 선함과 악함, 윤리적 행위의 범위와 주체들의 도덕적 책임을 개념화하게 될까요? 얼핏 생각하면 부모를 비롯한 양육자들의 말과 훈계, 도덕이나 윤리 등 학교에서 배우는 교과서의 내용이 개개인의 도덕을 형성하는 것 같습니다. 이 견해에 따르면 우리의 도덕적·윤리적 틀은 공식적인 훈육 및 교육을 통해 형성됩니다. 하지만 레이코프와 존슨에 따르면 우리의 도덕은 '인지적 무의식에 의해 은유적으로 개념화'됩니다. 다시 말해, 우리는 부지불식간에 수많은 은유에 노출되고 그것이 담고 있는 생각의 방식에 젖어들면서 도덕과 가치관을 형성한다는 것입니다. 도덕성은 "이것은 좋은 일이고 저것은 나쁜 일이야" 같은 이야기를 반복적으로 들음으로써 만들어지기보다는 다양한 은유체계에 자신도 모르게 물들면서 형성된다는 견해입니다.

일례로 미국에서 불법 이민과 난민에 대한 도덕적 은유가 시민들의 가치관을 형성하는 방식을 생각해봅시다. 먼저 강경 보수층의 지지를 받았던 도널드 트럼프 대통령이 생각하는 도덕적인 난민 정책이 드러나는 문장으로 "We will break the cycle of regime change, and refugee crisis, that has gone on for so many years(우리는 너무나 오랜 시간 계속되어 온 체제 변화와 난민 위기의 악순환을 깰 것입니다)"[●○]를 들 수 있습니다. 여기에서 "break the cycle of refugee crisis"라는 은유를 추출할 수 있는데요. 강력한 공권력을 통해서 이민자들로 인해 야기되는 '위기crisis'의 악순환을 꺾겠다는 의지가 표출되고 있습니다. 'crisis'는 'break'되어야 하고, 그 주범은 이민자들이죠. 이민자들의 증가를 위기에 빗대며 이에 대한 강력한 법 집행을 천명한다는 점에서 위에서 살펴본 '엄격한 아버지 모델'에 부합하는 은유라 하겠습니다.

이에 비해 민주당은 난민 관련 이슈에 대해 '보살피는 일이 도덕적이다'라는 프레임을 가지고 나오는 경우가 많습니다. 예를 들어 "Hillary knows we can insist on a lawful and orderly immigration system while still seeing striving students and their toiling parents as loving families, not criminals or rapists(힐러리 후보는 우리가 분투하는 학생들과 힘들게 고생하는 그들의 부모님들을 범죄자나 강간범이 아니라 사랑하는 가족으로 여기면서도 합법적이고 질서를 유지하는 이민 시스템을 고수할 수 있음을 알고 있습니다)"[○●]에서 나타나듯 오바마 대통령과 당시 민주당 대선후보였던 힐러리 클린턴은 합법적인 이민 시스템을 지키면서도 이민자 가족들을 "사랑하는 가족들loving families"로 대할 수 있음을 강조

●○   D. Trump, 2016.09.09
○●   B. Obama, 2016.07.28

합니다. 앞에서 살펴본 '자애로운 양육자 모델'이 이민자 정책에도 적용될 수 있음을 보여주는 예라 하겠습니다.

도널드 트럼프 대통령의 발화가 담고 있는 은유와 버락 오바마 대통령의 발화가 담고 있는 은유는 이민자들에 대해 상반된 태도와 가치를 내포하고 있습니다. 이들 발화는 미디어를 통해 수많은 시민에게 전달됩니다. 그 과정에서 시민들은 이민정책에 대한 법적·윤리적·제도적 관점을 형성하게 됩니다. 물론 대통령의 발화는 위에서 언급한 '인지적 무의식'을 형성하는 담론 중 극히 일부일 뿐입니다. 가족 내에서의 대화, 교육과정과 매스미디어, 친구들과의 상호작용, 지역사회 내에서의 소통 등이 모두 '인지적 무의식'을 만드는 데 영향을 미칩니다. 그 과정에서 이민자들이 어떤 은유로 표현되는지에 따라 사뭇 다른 견해를 갖게 되는 것이지요. 그 결과 이민자들은 '위기를 야기하는 주범'으로도, '또 다른 우리의 가족'으로도 이해됩니다.

지금까지 정치 영역에서 도덕이 어떻게 개념화되고 언어로 표현되는지를 살펴보았습니다. 정치인의 말은 그 자체로 특정한 세계관을 반영합니다. 은유는 여러 세계관을 드러내는 데 중요한 역할을 하지요. 정치적 견해가 다른 정파나 정당이 완전히 다른 은유를 사용하는 것은 아닙니다. 하지만 몇몇 은유는 정치 세력을 가르는 중요한 시금석이 될 수 있습니다. 어떤 은유를 사용하는지가 도덕적·윤리적 의식에까지 깊은 영향을 미친다는 점을 생각한다면 쉽게 아무 은유나 쓸 수는 없을 것입니다. 그런 의미에서 정치인들의 은유를 유심히 살펴보는 일은 시민으로서 정치를 비판적으로 이해하기 위해 꼭 필요한 작업입니다.

공간의
은유와 권력

10여 년 전 작고한 노벨 문학상 수상자 토니 모리슨Toni Morrison의 강연에 다녀온 적이 있습니다. 글을 시작하면서 그의 강연에서 가장 감명 깊었던 대목을 소개할까 합니다.●○

"사람들은 세상에 좋은 것/좋지 않은 것, 혹은 선한 것/악한 것이 있다고 생각합니다. 악한 것the evil은 많은 치장을 필요로 합니다. 더 많은 모자와 신발과 옷과 밴드를 필요로 합니다. 타인을 속이기 위해 많은 것들을 입고 나오죠. 그러나 악한 것은 아무리 치장을 해도 바로 알아볼 수 있습니다. 악한 것은 더 많은 피와 희생을 요구합니다. 정말 단순하지요.

●○   강연 메모를 재구성하였기에, 정확한 단어 대 단어 번역은 아니라는 점을 밝힙니다.

하지만 진정 좋은 것, 선한 것은 복잡합니다. 인간이 추구할 수 있는 수많은 영역에 존재하며 쉽게 이해되지 않습니다. 하지만 좋은 것은 추구할 수 있는 영역이 무궁무진합니다. 다양합니다. 나의 문학은 이것, 즉 복잡하지만 좋은 것을 추구해왔습니다."

잠시 후 관객 중 한 사람이 촉촉해진 눈으로 질문했습니다. "오늘 작가님은 '변방edge'에서 일하고 살아간다고 하셨는데요. 그 어려움, 눈물, 외로움을 어떻게 이기셨는지요?" 토니 모리슨이 대답했습니다. "내게 변방은 자유입니다. 그곳이 가장 자유롭습니다. 사실 우리는 모두 변방에 있습니다. 메인스트림과 변방이라는 구분은 존재하지 않습니다. 모두 변방에 살고 있으니까요. 다만 어떤 이는 경계를 넘나들고, 어떤 이는 변방에 머무르며, 또 어떤 이는 입구에서 다른 사람들이 못 들어오도록 막고 서 있습니다."

중심과 높이: 권력은 어떻게 은유적 공간을 점유하는가

어렸을 때 종종 접했던 "서울에 올라가다"는 표현이 흥미로 웠습니다. 사실 서울이 다른 지역보다 유난히 더 높은 곳에 있는 건 아닌데 왜 '올라간다'는 표현을 쓸까요? 특히 강원 산간지방처럼 서울보다 고도가 높은 곳이나 지도상으로 서울의 북쪽에 위치하는 곳에서 왜 '올라간다'고 하는지 이해가 되지 않았습니다. 정답을 확인할 수는 없었지만, 임금이 있던 곳이어서 이러한 표현이 만들어졌으리라는 설이 유력하더군요. 나라를 다스리는 왕이 있는 곳, 권력과 위엄이 있는 곳으로 가는 것이니 '내려간다'가 아니라 '올라간다'가 되는 것이지요. 세월이 흘러 사용 빈도는 대폭 줄어들었지만, 이 짧은 표현에도 위계가 숨어 있었습니다. 위/아래는 단지 공간과 위치를 나타내는 말이 아니라 권력의 상징이었던 것입니다.

지역과 지역, 도시와 도시의 관계에서도 '중심'과 '주변'의 은유가 나타납니다. 뉴욕은 미국의 동부 끝자락에 위치한 도시이지만 '경제의 중심'이죠. 할리우드는 서부 캘리포니아주에 위치하고 있지만 '영화와 엔터테인먼트 산업의 중심'이고요. 도시 내부에서도 공간과 권력의 은유가 드러납니다. 대표적인 것이 도시를 중심부와 주변부로 나누는 것입니다. 고교 시절 'CBD(Central Business District)'라고 배웠던 도심의 상업시설 그리고 '변두리'가 있죠. 도심에 나가면 인구밀도가 높고, 더 '세련된' 느낌의 상가들이 있고, 최첨단 빌딩들이 즐비합니다. '중심center'은 부와 권력의 공간이고 '주변periphery'은 그로부터 멀리 떨어진 공간입니다. 아무래도 중심부가 더 '있어 보이는' 법이죠.

건물마다 들어선 회사에도 공간의 은유가 잘 나타납니다. 그다지 좋아하지 않는 표현이지만 '윗사람'과 '아랫사람'이 있고, '상관'과 '부하직원'이 있습니다. 재미있는 것은 대기업의 경우 최고경영자는 대개 가장 높은 층에 사무실을 두고 있다는 점입니다. '가장 윗사람'은 '꼭대기'에 위치하는 셈입니다. 이에 비해 건물의 경비인력과 청소노동자를 위한 휴식공간은 주로 지하에 마련됩니다. '아랫사람'은 '맨 아래'에 머무르는 것이지요. 지위와 권력의 상하관계가 건물이라는 물리적 공간의 상하관계로 사상되는 상황입니다. 그래서인지 여러 국가 혹은 도시들은 가장 높은 빌딩을 지으려고 경쟁합니다. 가장 높은 빌딩을 소유하는 것으로 기술적인 측면을 보여주는 것을 넘어 '최고'라는 상징적 의미를 획득할 수 있기 때문입니다. 건물을 높이 높이 올리려는 욕망은 경쟁과 과시의 산물일지도 모릅니다.

공간과 권력: 몇몇 영어 표현들

영어에서도 다양한 권력관계가 공간이나 위치의 은유로 표현됩니다. 예를 들어 높낮이는 성공과 권력의 의미를 담게 됩니다. 아래 예문을 보시죠(Goatly, 2007, p. 36).

- At the <u>height</u> of his career he was giving 2 concerts a week. (그의 경력이 최고조일 때 주마다 두 번의 콘서트를 했다.)
- He was at the **peak/summit/apex/pinnacle/zenith** of his career by the age of 35. (서른다섯 살이 되었을 때 그의 커리어는 정점에 달했다.)
- You tower <u>over/above</u> them. ([다른 사람들보다 더 높이 솟아 있다는 의미에서] 너는 그들보다 훨씬 더 뛰어나다[성공했다].)

이들 표현에서 공통으로 나타나는 것은 '높은 것은 성공적이며 뛰어난 것'이라는 생각입니다. 그렇기에 높이 올라가는 것은 추구해야 할 가치가 되고, 낮은 곳에 머무는 일은 지양해야 할 일이 되죠. 이 같은 관점은 서두에 언급한 토니 모리슨의 중심/주변 은유에서도 드러납니다.

예를 들어 'centrepiece'는 가장 중요하고 두드러진 특징을 나타내고, "take the center stage"라는 표현은 "무대의 중심을 차지하다"라는 의미에서 "가장 중요한 역할을 맡다", "핵심적인 일을 수행하다" 정도의 뜻이 됩니다. 한국에서 최근 많이 사용되는 은 어인 '인싸'는 '인사이더insider'의 준말로 사회적 관계의 허브hub가 되는 사람, 특정 권력의 중심부에 있는 사람을 의미하게 됩니다. 마찬가지 의미에서 "the inner circle"은 특정 조직에서 가장 큰 권력을 쥐고 있거나 가장 중요하게 여겨지는 사람들을 지칭합니다.

이에 비해 주변을 나타내는 'side'는 중요도나 권력에서 비껴있는 개념을 표현하곤 합니다. 영화에서 'central role', 즉 주인공 역할이 아닌 2인자나 '꼬붕' 역할을 맡는 캐릭터를 'sidekick'으로 표현한다거나('배트맨과 로빈'에서 로빈과 같은 역할이 대표적인 예입니다), 중요하지 않은 이슈나 사건을 나타낼 때 'sideshow'라는 표현을 사용합니다. 이처럼 side나 periphery 같은 단어들은 core나 kernel, center나 hub가 갖는 은유적 의미와 반대되는 의미로 사용되곤 하죠(p. 40). 우리말에서도 "네가 여기의 중심이야"라고 하면 상대가 특정 공동체나 조직에서 가장 중요한 역할을 맡는다는 것을 뜻하고, "구석에 좀 찌그러져 있어라"는 말은 진짜 구석으로 가라는 말이라기보다는 주요한 역할을 맡을 생각을 하거나 의견을 적극적으로 개진하지 말라는 뜻이 됩니다.

공간을 뒤집다, 새로운 관계를 모색하다

규모가 꽤 큰 기관의 조직도를 보고 기분 좋은 충격을 받은 적이 있습니다. 일반적으로 조직도의 가장 위에는 그 조직의 수장, 대표가 자리하게 되죠. 회사라면 CEO가 위치하는 것입니다. 그런데 해당 단체는 이것을 거꾸로 뒤집은 조직도를 선보이고 있더군요. 즉, 흔히 가장 '말단'이라고 표현되는 사람들이 조직도의 맨 위에 올라와 있고, 웹페이지를 한참 스크롤해서 내려가야만 대표의 이름을 볼 수 있는 구조였습니다. 참신하고 인상적인 시도였습니다.

많은 사람들이 '중심'에 서고자, '위'에 오르고자 애씁니다. 물론 이것이 개개인의 책임이나 잘못은 아닙니다. 사회의 구조가 그곳을 지향하게 만드니까요. 올라가야 살고, 중심에 서야 인정을 받으니까요. 하지만 왜 우리는 '인사이더'로, '탑'에 서야 할까요? 그렇게 윗사람과 아랫사람을 가르고 인싸와 아싸를 가르는 게 어떤 의미가 있을까요? 변방과 낮은 곳의 사람들은 정말 덜 중요하거나 덜 가치로울까요? 혹 그 반대는 아닐까요? 변방이 있기에 중심이 있고, 아래가 있기에 위가 있으며, 토대에서 받쳐주는 수많은 이들이 있기에 건물이, 성공이, 명성이 높이 올라갈 수 있는 것 아닐까요? 정말 중요한 것은 어디(무엇)인가요?

기존의 관습에 맞게 은유를 쓰는 것도 중요하지만, 그것을 어떻게 해석할 것인가, 나아가 어떻게 그 은유를 뒤집을 것인가의 문제 또한 중요합니다. 높이와 중심의 은유에서 벗어나 낮은 변방에서의 삶과 기쁨, 그 역동성을 꿈꿔보는 것은 그 자체로 소중한 실천 아닐까 합니다.

2장 생각의 근간, 은유

공간과 시간의 은유

시간은 손에 잡히지 않습니다. 보거나 들을 수도 없지요. 중천에 뜬 해가 저물고 다시 솟는 걸 바라보면서, 시계의 초침과 분침이 움직이는 걸 보면서, 영화가 끝으로 달려가는 걸 보면서, 계절의 변화를 지켜보면서 시간의 경과를 느끼지만 우리는 시간 그 자체를 직접 경험하지는 못합니다. 이렇듯 오묘한 시간의 특성은 사용하는 언어에 그대로 녹아 있습니다. 시간을 있는 그대로 표현하지 못하니 다양한 은유를 활용하여 우회적으로 나타내는 것이지요. 다양한 방식의 시간표현 중에서 가장 두드러진 것은 '시간의 공간화'입니다. '공간화'라는 말이 의미하듯 인간의 언어는 시간을 공간으로 간주하여 표현합니다. 영어도 예외는 아니어서 공간을 나타내는 말과 시간을 나타내는 말이 겹치는 경우가 많습니다. 예를 들어 아래 표현들을 봅시다(Gentner, Imai, & Boroditsky, 2002, p. 538).

- at the corner (모퉁이에서)

- at noon (정오에)

- from here to there (여기에서 저기로)

- from two o'clock to four o'clock (두 시에서 네 시까지)

- through the tunnel (터널을 통과하여)

- through the night (밤새, 밤 시간 내내)

- He stood before the house. (그는 집 앞에 서 있었다.)

- It happened before evening. (그 일은 저녁이 되기 전 발생했다.)

- He was running ahead of me. (그는 내 앞에 달리고 있었다.)

- He arrived ahead of me. (그는 나보다 먼저 도착했다.)

예문에서 볼 수 있는 것처럼 특정한 표현이 공간과 시간 모두를 다루는 경우가 많습니다. at은 장소를 나타낼 때 특정한 좌표를 나타내지만 정확한 시간을 지정할 때도 쓰입니다. from … to는 장소와 시간 모두에 쓰이지요. through는 특정한 공간을 통과 혹은 관통한다는 의미를 지니는 말이지만, 시간을 나타내는 말 앞에 와서 '~하는 동안 내내'의 의미가 됩니다. before, ahead of me 등도 공간과 시간을 나타내는 데 모두 쓰이고 있지요.

위아래 즉 상하의 개념이 시간에 적용되는 경우도 흔합니다. 예를 들어 "Her legacy will last down through the generations"라고 하면 "그녀의 유산은 세대를 거쳐 지속될 것이다"라는 의미가 됩니다. 'down'에서 알 수 있듯이 시간은 위에서 아래로 흐르는 것으로 묘사되지요. 하지만 재미있게도 시간이 아래에서 위로 움직이는 것으로 묘사되기도 합니다. 예를 들어 "My 13th birthday is coming up. I will have a birthday party via Zoom"이라고 하면 "나의 열세 살 생일이 다가오고 있어. 나는 줌으로 생일잔치를 할 거야"라는 의미가 됩니다. 'up'이 공간을 나타낼 때는 '위로'가 되지만 이 문장에서는 현재와 가까워진다는 것을 뜻합니다. 이 경우 시간은 아래에서 위로 흐르는 셈이 되지요.

시간은 보통 한 방향으로 흘러가는 것으로 이해되지만 원을 그리는 것으로 그려지기도 합니다. 이런 '원형을 그리는 시간cyclic time'의 개념이 영어에서 자주 나타나지는 않는데, 아래와 같은 문장에서 발견할 수 있지요(Radden, 2011, pp. 11~12).

○ Guided tours are offered year-round. (가이드가 안내하는 여행이 일 년 내내 제공된다.)
○ Our shop is open round the clock. (우리 가게는 24시간 영업한다.)

'round'는 공간적으로 '둥근, 돌아가는'의 의미를 갖지만 시간과 함께 쓰이기도 합니다. 위의 두 예에서는 한 해 내내, 24시간 내내를 의미하죠. 그런데 재미있는 것은 'round the clock'이 의미하는 바입니다. 첫 번째 'year-round'에서는 'round'가 한 해라는 시간year에 직접 연결되었다면, 두 번째 문장에서는 하루라는 시간을 표현하기 위해 시계라는 물건과 결합되었다는 점입니다. 그래서 'round the clock'은 '온종일', '24시간 내내'를 의미하고 맥락에 따라서는 '늘, 항상'의 의미가 되기도 합니다.

과거는 뒤, 미래는 앞

이처럼 공간과 시간이 연결되는 표현은 도처에서 발견됩니다. 영어를 비롯한 많은 언어에서 앞을 미래에, 뒤를 과거에 비유하는 것이 대표적인데요. 우리는 미래를 향해 가고, 과거는 뒤에 남겨놓지요. '미래를 향해 달려가다'나 '과거로 뒷걸음질 치다'도 같은 개념에서 나온 표현입니다. 그렇다면 영어에서 앞뒤를 시간과 연결하는 은유에는 어떤 것들이 있을까요? 몇 가지 예를 들어봅니다.

- Nobody knows what's <u>ahead</u> in the future. (아무도 미래에 무엇이 놓여 있는지 모른다.) [●]ahead는 공간적으로 '앞'이라는 뜻이지만, 시간적으로 보면 미래라는 의미입니다.

- What lies <u>ahead</u>? (앞에 무엇이 놓여 있을까? 즉, 미래에 어떤 일이 일어나게 될까?)

- The singer has a bright future <u>ahead</u>. (그 가수에겐 밝은 미래가 있다.)

- I'm looking <u>forward</u> to seeing you in person. (직접 뵙게 되기를 고대하고 있습니다.) [●]'forward' 또한 물리적으로 '앞'이라는 뜻이지만, 시간적으로 보면 미래를 말합니다.

- The building dates <u>back</u> to the 17th century. (빌딩이 지어진 날짜는 17세기로 거슬러 올라간다.) [●]이 경우 약간의 의역을 담아 '거슬러'라는 표현을 썼습니다. 시간이 흐르는 것은 과거에서 현재, 현재에서 미래의 방향인데, 화자가 말하는 시간보다 앞선 17세기라는 시간으로 간다는 의미이기에 'back'을 쓴

2장 생각의 근간, 은유

것이지요.

o Let's go <u>back</u> a few years and imagine you made a different choice. (몇 년 뒤로 돌아가서 네가 다른 선택을 했다고 해보자.) ^ο마찬가지로 'back'은 물리적으로 '뒤'이지만 시간적으로는 과거를 말합니다.

o She is trying hard to leave her struggling years <u>behind</u>. (그는 힘겨웠던 시절을 뒤로 한 채 나아가려고 힘쓰고 있다.) ^ο여기에서 'behind'는 과거를 의미합니다. 위에서 'forward' 혹은 'ahead'가 미래를 나타내는 것과는 반대 방향이지요.

이러한 표현들에 기본적으로 내장된 사고는 '우리가 과거로부터 걸어와 현재 위치에 와 있고, 미래를 향해 걸어가는 중'이라는 것입니다. 우리의 몸은 미래를 향해 있지요. 과거는 지나온 길이므로 다시 돌아갈 수 없습니다. 우리가 할 수 있는 것은 그저 되돌아보는retrospect 것뿐이지요.

만약 인간이 360도를 모두 볼 수 있는 신체를 가졌다고 하더라도 지금과 같은 앞뒤 은유가 있었을까요? SF 소설에 나오는 '타임머신'이 개발된다면, 시간을 자유롭게 여행하는 날이 온다면, 앞과 뒤가 미래와 과거에 매칭되는 은유는 어떻게 될까요? 인간과 같은 몸을 지니고 있지 않은 먼 미래의 초고지능 AI도 앞뒤라는 은유를 발명해낼까요? 자신만의 은유를 만든다면 미래와 현재, 과거를 어떤 대상에 빗대고 싶으신지요?

away와 apart, 시공간을 넘어 새로운 의미로

공간과 시간표현이 엮이기도 하지만 그 이상의 의미를 담기도 합니다. 예를 들어보죠. away는 '떨어져 있다'는 의미로, 기본적으로 공간적 의미를 담습니다. 하지만 시간을 나타낼 수도 있습니다. 그래서 어떤 행사가 일정 시간 후에 시작된다면 a day/week/month/year away로 표현할 수 있습니다. away 앞에 시간을 나타내는 여러 명사가 오는 것입니다.

그런데 시간뿐 아니라 다른 것이 올 수도 있습니다. 예를 들어 "클릭 한 번이면 됩니다"라는 말은 'a click away'라고 할 수 있습니다. 이 구문으로 사기꾼 같은 멘트를 써본다면 "Your success is just a click away"라고 할 수 있겠네요. 클릭 한 번 하면 성공이 주어진다는 말입니다. 마찬가지로 "전화 한 통이면 됩니다"는 'a (phone) call away'로 표현할 수 있습니다. 자신의 권력을 뽐내는 사람이 쓸 수 있는 표현이네요. 어떤 사건이 순식간에 벌어질 수 있다는 뜻으로 'a breath away'나 'a heartbeat away'가 쓰이기도 합니다. 숨 한 번 쉬고 심장 한 번 뛰면 어떤 일이 일어날 수 있다는 뜻으로 사태가 임박했음을 표현하는 것입니다. "At that moment, another world war was a heartbeat away"라고 쓴다면 "그 순간 또 하나의 세계대전이 터지기 일보 직전이었다" 정도의 의미가 되겠습니다.

apart 또한 공간적 의미를 다른 영역으로 확장시키는 용법으로 쓰입니다. "a world apart"라면 세상만큼 떨어져 있다는 의미로 '완전히 다르다'는 의미입니다. 직역하면 'totally different' 정도가 되겠네요. 그래서 "The place where she works now is a world

2장 생각의 근간, 은유

apart from the small town where she attended her graduate school"이라고 하면 "그녀가 지금 일하고 있는 곳은 대학원을 다녔던 작은 도시와 완전히 다르다"는 의미가 됩니다. 한국어로는 '천지 차이'쯤으로 표현할 수 있겠네요. 시간에 따른 변화를 표현한다면 '상전벽해'라고 말할 수 있겠고요. "Who sings really matters: Yozoh's Tokyo Girl is a world apart from Kim Gwang-jin's original rendition"이라고 하면 "누가 부르는지는 정말 중요해. 요조의 〈동경소녀〉는 김광진이 원래 부른 〈동경소녀〉와 완전히 다르잖아"정도의 의미가 되겠습니다.

이론의
은유적 성격

　　2014학년도 수능영어 B형 35번 문제는 80퍼센트가 넘는 오
답률로 화제를 뿌렸습니다. 수학과 과학, 과학자의 언어와 소통
에 관한 철학적인 논의를 담고 있는 지문이어서 수험생들이 상당
한 어려움을 겪었던 것 같습니다. 여기에서 수능 문제를 풀어보려
는 것은 아니고요. 35번 지문의 내용이 과학 및 학문적 이론 전반
에 대한 인지언어학적 입장과 상충되는 부분을 잠시 생각해보고
자 합니다. 본격적인 논의를 위해 지문의 후반부를 옮겨봅니다.

"When science speaks to others, it is no longer science,
and the scientist becomes or has to hire a publicist who
dilutes the exactness of mathematics. In doing so, the sci-
entist reverses his drive toward mathematical exactness in
favor of rhetorical vagueness and metaphor, thus violating

the code of intellectual conduct that defines him as a sci-entist."(과학이 다른 사람들에게 말로 전달되면 그것은 더는 과학이 아닌 것이며, 그러한 과학자는 수학의 정확성을 약화시키는 선동자가 되거나 그런 일을 하는 선동자를 고용해야 한다. 그렇게 함에 있어서 과학자는 화려하면서 애매모호한 표현과 은유적 표현을 사용하기 위해 수학적 정확성을 추구하는 자신의 욕구를 뒤집게 되고, 그리하여 자신에게 과학자라는 자격을 부여하는 지적인 행위의 규약을 어기게 된다.)●○

위 글의 저자에 따르면 과학자들이 은유적 표현을 쓰는 것은 "애매모호한 표현"만큼이나 피해야 할 일이고, "지적인 행위의 규약"을 어겨 스스로 품위를 깎아 먹는 일이 됩니다. 진정한 과학자라면 은유를 사용할 생각 따위는 절대 해서는 안 되는 것이죠.

학문적 용어와 은유

그런데 과학이론이 중립적 언어로 기술될 수 있다는 믿음은 과연 타당한 것일까요? 은유를 제외하고 이론을 성립시킬 수 있을까요? 이 질문에 대답하기 위해서는 광범위하면서도 심도 있는 논의가 필요합니다. 하지만 과학에서 용어와 개념이 탄생하고 차용되는 방식을 살펴보면 온전히 중립적인 언어에 기반해 이론을 전

●○　해석은 EBS 공식 해설자료 〈2014학년도 대학수학능력시험 영어영역(B 형) 정답 및 해설〉 참조.

개하는 일이 매우 힘들다는 것을 알 수 있습니다. 특히 인간과 사회를 다루는 심리학이나 사회과학이라면 은유가 없는 이론의 성립은 불가능에 가깝다고 해도 과언이 아닙니다.

사람 간의 관계를 그물망, 즉 '소셜 네트워크social network'로 표현하거나 조직의 특성을 사람의 행동에 빗대어 '조직행동organizational behavior'으로 표현할 때도 학문적 언어의 비유적 특성이 그대로 드러납니다. 네트워크가 사회적 관계를 나타내는 은유가 되고 인간의 행동처럼 조직도 행동한다는 비유가 성립하니까요. 도서관library은 생물정보학과 소프트웨어 공학에서 자주 사용되는 용어가 되었지요. 언어교육 분야에서 특정한 발음이나 어휘가 굳어져 더는 발달이 일어나지 않는 경우를 일컫는 화석화fossilization라든가, 먼저 배운 언어의 특성을 이후 언어를 배울 때 그대로 적용하는 전이transfer 등의 용어를 떠올리신다면 이론 용어의 은유적 성격을 더욱 쉽게 이해하실 수 있을 것입니다. 이상에서 알 수 있는 것은 과학이 일상 언어에서 용어를 차용하면서 기존의 의미가 탈각되며 새로운 의미가 부여된다는 것 그리고 그 과정 자체가 은유적 성격을 띤다는 사실입니다.

이론의 전개와 은유

그렇다면 은유는 이론의 몇몇 개념과 용어를 생산하는 데 도움을 주는 것으로 그 역할을 다하는 것일까요? 다음의 예를 통해 그렇지 않음을 알 수 있습니다.

애덤 스미스Adam Smith는 시장에서 가격이 결정되는 메커니즘을 보이지 않는 손the invisible hand이라는 은유로 표현했죠. 그러나 '손'은 하나의 은유일 뿐, 실제 존재하는 것은 수많은 생산자와 수많은 소비자가 만나는 시장입니다. 경제학, 정치학, 생물학 등에서 널리 사용되는 이론 중 하나인 게임이론game theory은 용어 자체가 은유적입니다. 특정한 행위에 참여하는 사람들의 행동을 다양한 경우의 수를 가정한 게임으로 파악하여 기술하고 있으니 말입니다.

또 다른 예를 들어봅시다. 저명한 저술가이며 진화생물학자인 리처드 도킨스Richard Dawkins는 생물학 분야의 고전으로 꼽히는 《이기적 유전자The Selfish Gene》의 서두에서 자신이 은유를 쓰고 있다는 것을 밝히면서, 은유의 사용이 새로운 학문적 관점perspective을 가능케 한다고 말합니다. 즉, 은유가 같은 이야기를 조금 다르게 하는 수사적 장치를 넘어 세계를 새롭게 이해하는 동력이 된다는 점을 강조한 것입니다. 나아가 도킨스의 책 제목인 《이기적 유전자》 자체가 은유적이라고 할 수밖에 없습니다. 개별 유전자 각각은 '자아self'를 형성하지 않고, 따라서 이기적이거나 이타적일 수는 없으므로 '이기적selfish'이라는 수식어 자체가 은유적 성격을 띠고 있다고 볼 수밖에 없는 것이지요. 이 은유는 자기 생존과 번영을 지켜내기 위해 갖가지 수단을 동원하는 존재로서의 유전자를 효과적으로 표현하고 있습니다.

그러나 누구나 '유전자는 이기적 존재'라는 은유의 이론적 적합성에 동의하는 것은 아닙니다. 옥스퍼드 대학의 시스템 생물학자 데니스 노블Denis Noble은 생명현상 전반을 이해할 때 개별 유전자는 음악에서의 개별 음표와 같다고 말합니다. 이런 관점에서 보면 개별 유전자 하나만 놓고 이기적인지 아닌지를 논의하는 것은 무의미합니다. 개별 음표는 독립적으로 의미를 갖지 못하며, 음악의 흐름 속에서만 의미를 갖기 때문이지요. 이런 논의를 통해 그는 생명을 이해하는 가장 좋은 은유로 음악을 제안합니다. 이를 바탕으로 도킨스의 이론적 틀을 비판하면서 시스템 생물학의 핵심을 설명하는 《생명의 음악The Music of Life》을 집필하기도 했죠. 재미있는 것은 노블 교수가 뛰어난 클래식 기타 연주자이기도 하다는 사실입니다.

현실, 이론 그리고 은유

다시 수능 35번 문제로 돌아가봅시다. 지문의 필자는 진정한 과학적 언어는 은유를 철저히 배격해야 한다고 생각하는 듯합니다. 그러나 이상의 논의는 "완벽하게 중립적인 언어에 기반한 이론 전개"가 불가능하다는 것을 보여줍니다. 인간의 언어 자체가 은유적이며 이론의 전개가 언어에 의지하고 있다는 것을 인정한다면, 은유를 이론에서 '추방'하는 것은 불가능하다는 것 또한 인정해야 하겠습니다. 그렇다면 은유의 사용이 과학자로서의 의무를 저버리는 일은 아닐 겁니다. 오히려 적확한 은유를 통해 현상의 본질을 더 잘 설명하며 기존의 이론들이 갖는 한계를 뛰어넘는 통찰을 제공하는 것이, 과학자의 주요한 임무가 되겠지요. 결국 이론이 은유적이라는 것이 문제가 아니라 어떤 은유를 활용하여 이론을 전개할지가 문제입니다.

의학과 은유 그리고 코로나바이러스감염증-19

다른 영역과 마찬가지로 의학에서도 은유는 중요한 역할을 수행합니다. 코로나바이러스감염증-19(이하 코로나19) 감염병 재난의 시대, 의학과 사회의 연결 지점에서 가장 자주 드러나는 은유는 '바이러스와의 전쟁' 혹은 '전투'라는 은유입니다. 바이러스는 인간을 '침공'했고, 인간사회의 곳곳에 '침투'했습니다. 그리고 우리는 그러한 바이러스와 '전쟁 중'입니다. 약한 지점이 '뚫리는' 경우도 있죠. 의료진은 '전투'의 '최전선'에 있습니다. 과연 바이러스는 '박멸'될 수 있을까요? 우리는 어떻게 이 전쟁을 승리로 이끌 수 있을까요? 사상자는 어떻게 최소화할 수 있을까요?

환자는 전사인가?

무심히 사용하는 의료 분야의 전쟁 은유war metaphors에 대한 몇 가지 질문을 해봅시다.●○ 우선 환자는 질병과 싸우는 존재입니까? 그는 전사fighter입니까? 세균과 바이러스는 적enemy인가요? 그렇다면 질병이 심각해지거나 그로 인해 죽음에까지 이르는 경우는 충분히 열심히 싸우지 않아서 병에 굴복surrender한 것이 되나요? 질병이 적이고 환자가 전사라면 병의 호전이나 악화는 승리 혹은 패배인가요? 환자를 전사로 개념화하는 데는 어떤 장점과 한계가 있을까요? 우리는 어떤 상황에서 환자를 '싸우는 존재'로 생각하고 어떤 상황에서 그러한 개념화를 피해야 하는 걸까요? 모든 환자가 전투에 임하듯 질병과 부딪쳐 맞서 싸우는 것이 옳은 일일까요? 질병의 말기, 죽음을 온전히 받아들여야만 그나마 평안한 여생을 영위할 수 있는 상황이라면 어떨까요?

의학에서의 군사 은유military metaphors는 루이 파스퇴르Louis Pasteur가 1860년대에 세균에 관한 이론을 제시하기 이전부터 사용되어 왔다고 합니다. 시인 존 던John Donne은 질병을 "siege … a rebellious heat(포위… 반란의 열기)"나 "cannon [that] batters all, overthrowes all, demolishes all … destroyes us in an instant(모든 것을 타격하고, 모든 것을 전복시키고, 모든 것을 무너뜨리는… 우리를 순식간에 파괴하는 대포)"와 같이 표현합니다. 병을 전쟁에서의 포위 공격이나 포탄으로 비유하고 있는 것입니다.

17세기 영국의 저명한 의사였던 토머스 시든햄Thomas Sydenham은 의학에 군사 은유를 적극적으로 도입한 사람으로 기

●○ 이하 논의는 Khullar(2014)와 Bleakley(2017)의 의견에 필자의 견해를 더한 것임을 밝힙니다.

억될 만합니다. 그는 질병의 절멸annihilation을 의학의 목표로 삼았습니다. 지구상에서 질병을 싹 쓸어버려 아예 없애고자 했던 것입니다. 자연스레 "내부의 적을 하제와 해열제로 공격attack한다"는 표현을 썼죠. 질병의 치료가 싸움이라면 당연히 전략과 전술이 필요할 것이고 상황에 따라 치열한 전쟁을 치를 수밖에 없는 것입니다. 약품과 백신은 일종의 무기가 되겠지요.

'전쟁'에서 '온전한 존재'로

의사이자 미국협회저널JAMA의 선임 에디터였던 샘 바이스럽 Sam Vaisrub이 1977년 의학에서의 은유와 관련된 저작을 내기 전까지는 본격적인 의학 은유 연구를 찾아보기 힘들었습니다. 이후에도 이 분야는 꽤나 오래 방치되었죠. 여기에는 조금 의아한 면이 있습니다. 1980년 레이코프와 존슨의 《삶으로서의 은유》가 출간되고 인문사회학계에 지대한 영향을 미치면서 은유 연구가 활성화되었는데, 타 학계에 비해 의학 분야를 파고든 연구자가 많지 않았기 때문입니다.

환자를 전사에 비유하는 것처럼, 박테리아/바이러스와 인간의 관계를 묘사할 때도 군사 은유가 자주 사용됩니다. 하지만 이것이 유일한 은유는 아닙니다. 미생물과 인간의 공존coexistence, 상호의존interdependence 은유도 상당히 자주 발견되기 때문입니다. 나아가 인간과 병원체의 관계를 유기적인 시스템으로 보기도 하는데, 여기에는 유기체를 하나의 온전한 존재로 파악하는 전체론holism적 관점이 녹아들어 있다고 할 수 있습니다.

바이스럽(1977, p. 124)에 따르면 의학 커뮤니케이션은 '병약함, 두려움, 절망' 등 부정적 은유를 부추기는 식으로 정형화되어 왔습니다. 그는 이러한 부정적 은유가 '승리'와 '성취'가 두드러지는 '희망'의 의학이라는 새로운 은유로 변화될 수 없을까 고민했습니다. 희망은 폭력이나 갈등, 군사 대결의 은유와는 다른 결의 의미를 전달하기 때문입니다. 그의 바람은 의학 은유의 주류가 '전쟁'에서 '상호작용성'과 '온전한 존재'로 변화하는 것이었지요.

은유는 말일 뿐?

오랜 시간 우리는 의학 은유를 내면화해왔습니다. 이제는 앞에서 제시한 여러 표현이 은유라기보다는 자연스러운 의학용어로 인식됩니다. 그렇다면 그저 말일 뿐인 은유에 관심을 가져야 할 이유가 무엇일까요? 바로 우리가 사용하는 은유는 때로 심리적 실재psychological reality와 영향을 주고받기 때문입니다. 그저 말에 그치는 은유가 있을지 모르겠습니다만, 적지 않은 경우 지적·정서적 요인과 은유적 언어가 상호작용하는 것이죠.

예를 들어봅시다. 우리는 종종 물리적 현상과 은유를 혼동합니다. 잘 알려진 윌리엄스와 바지의 연구는 사람들이 따뜻한 음료를 들고 면접에 임할 때 피면접자의 성격을 '따스하다warm'고 판단할 확률이 높아진다고 보고합니다. 차가운 음료를 들고 있었던 참가자들은 반대의 경향을 보였습니다(Williams & Bargh, 2008). 컵의 온기 혹은 냉기의 영향을 받은 체온과 인터뷰 상대의 성격을 묘사하는 은유 사이의 상관관계는 그저 우연일 뿐일까요? 그렇지 않다는 연구가 계속해서 축적되고 있습니다.

또 다른 연구(Zhong & Liljenquist, 2006)는 소위 '맥베스 효과 Macbeth effect'를 보고합니다. 자신의 죄과에 대해 생각해보길 권유받은 참여자들은 다른 과업이 주어진 참여자들에 비해 연구 참여에 대한 감사 선물로 세정제를 택할 확률이 높았습니다. 윤리적인 측면의 '더러움'을 신체적으로 청결하지 못한 것과 연결했다는 뜻입니다. 그런 면에서 영단어 'dirty'는 사람들의 마음속에서 윤리적 영역과 신체적 영역 모두를 점하고 있다고 할 수 있습니다. 인간은 도덕적 타락에 의한 영혼의 '더러움'과 지저분한 환경에 의해 손이 '더러워진' 것을 연결 짓고 있다는 결론을 내릴 수 있겠죠.

질병을 이해하는 방식에 따라서 질병의 영향력이 달라질 수 있음을 시사하는 연구도 있습니다. 우리는 병을 일종의 도전 challenge으로 생각하기도 하고, 적으로 여기기도 합니다. 반면에 병으로 인해 삶에 대한 이해가 깊어질 수 있다는 점을 고려해 병을 앓는 경험에 가치value를 부여하기도 하죠. 한 연구에 따르면 암을 '적'으로 개념화하는 환자들은 투병을 가치 있는 경험으로 보는 환자들에 비해 우울증이나 불안을 겪는 경우가 더 많았으며 삶의 질 또한 떨어지는 경향을 보였다고 합니다. 암세포가 우리 몸에 주는 영향이 일차적으로 중요하다는 점은 부인할 수 없으나, 암투병을 어떻게 이해하고 해석하느냐 또한 환자의 심리적 상황에 영향을 줄 수 있음을 보여주는 결과입니다.

코로나19는 우리에게 무엇인가

코로나19 사태는 우리 사회의 근간을 흔들고 있습니다. 우리의 일을, 여과를, 이동을, 노동을 변화시키고 있습니다. 결국 각자의 시공간과 일상을 송두리째 바꾸고 있습니다. 이 상황에서 우리는 감염인을 어떻게 개념화하고 있습니까? 지역공동체는 어떻습니까? 여러분께서는 이 시간을 어떻게 표현하고 계십니까? 우리의 '사회적 거리두기'는 관계를 어떻게 바꾸어가고 있습니까?

코로나19로 인해 모든 것이 혼란스럽지만, 한 가지 새삼 아프게 깨닫게 된 것이 있습니다. 고립되어 있는 것 같은 개인들도 꽤나 촘촘히 엮여 있으며, '사회 밖으로 내몰려' 정말로 고립되어 있는 이들은 아무도 책임지지 않는다는 것입니다. 바이러스는 우리에게 묻고 있습니다. "너희에게 우리는 도대체 무엇이냐"고. 나아가 "너희는 서로에게 무엇이냐"고 말입니다. 재난시대를 함께 지나는 우리가 서로와의 거리를 유지한다 하더라도 결코 '손을 놓지 말아야 할' 이유는 충분하지 않을까요? 감염이 발생한 지역이라면 '뚫린 곳'이 아니라 더 많은 지원과 연대가 필요한 '고통의 심장' 아닐까요?

환유의 세계(1):
버스는 파업 중일까?

인간이 사고하고 세계를 이해하는 방식으로서의 은유에 대해 살펴보았습니다. 인지언어학자들은 은유와 함께 인간이 세계를 인식하고 표현하는 가장 중요한 메커니즘 중 하나로 환유 metonymy를 들곤 합니다. 앞으로 몇 꼭지에 걸쳐 환유의 세계를 탐험해보도록 하겠습니다. 먼저 아래 세 문장을 살펴봅시다.

> a. 버스 파업 중이야. 지하철 타고 가.
> b. 빨간 모자 너무 시끄럽다. 가서 한마디 할까?
> c. 손이 모자라서 시간이 배로 걸릴 듯. 사람 좀 더 뽑아주지.

일상에서 쉽게 쓰고 또 이해할 수 있는 문장들입니다. 특별할 것 없는 이 문장들 속에 인간이 세계와 언어를 엮어서 인지하는 방식의 작은 비밀이 담겨 있습니다.

먼저 a를 봅시다. "버스 파업 중이야"라고 하지만 실제로 '버스'가 파업을 하고 있는 것은 아닙니다. 멀고 먼 훗날 지능형 자율주행 버스들이 자신의 권익을 찾기 위해 파업을 벌이는 상상을 할 수는 있겠지만 그건 SF 속 이야기고, 실제로 파업을 하는 것은 버스를 운전하는 노동자들이죠. 하지만 우리는 "버스를 운전하는 노동자들이 파업 중이야"라고 길게 말하기보다는 "버스 파업 중이야"를 택합니다. 실제 파업을 하는 주체를 상세히 설명하기보다는 꼭 필요한 정보만을 제시하는 것입니다. 문장의 길이도 상당히 짧아지지요.

다음으로 b를 봅시다. '빨간 모자'는 그 자체로 시끄럽지 않습니다. 일반적인 모자라면 소리를 내진 않기 때문입니다. 사실은 빨간 모자를 쓴 사람이 시끄럽게 이야기를 하고 있는 상황입니다. 물론 "빨간 모자 쓴 사람 너무 시끄럽다"고 말할 수 있지만 '빨간 모자'만 써도 충분히 의미 전달이 됩니다. 마찬가지로 "야구점퍼 너무 잘생겼다"는 말은 실제 점퍼가 잘생겼다는 뜻은 아닐 겁니다. 점퍼를 입은 사람이 잘생겼다는 뜻이겠지요.

마지막으로 c입니다. 여기에서 '손'은 단지 신체의 일부를 가리키는 것이 아니라 '일손'을 말합니다. 따라서 손이 부족하다는 것은 일할 사람이 부족하다는 뜻이 됩니다. a나 b와 비교할 때 조금 다른 점은 '버스'나 '빨간 모자'가 가리키는 대상의 부분이 아님에 비해, '손'은 가리키는 대상 즉 일할 사람의 일부를 이룬다는 점입니다. 흥미롭게도 영어에도 이와 비슷한 표현이 있습니다. 바로 "short-handed"죠. 일손이 부족하다는 뜻으로 종종 쓰이는 표현입니다. 이렇게 신체의 일부를 통해 사람을 지칭하는 용법은 자주 쓰입니다. "brain drain"은 '두뇌 유출'로 번역이 되는 표현이지만 뇌만 떼어서 이야기하는 것은 아닙니다. 오랜 훈련과 고도의 지적 능력을 갖춘 사람들이 해외로 나가는 것을 의미하죠. "뇌"가 사람을 의미하는 경우라고 볼 수 있겠습니다. "head hunting"도 마찬가지입니다. 여기에서 'head'는 머리가 아니라 사람, 즉 특정한 자격을 갖춘 인력을 의미합니다.

환유의 정의

앞서 살핀 세 가지 모두 '환유'라고 부를 수 있는 언어현상의 예시입니다. 인지언어학자들은 환유를 다양한 방식으로 정의합니다. 앞으로의 논의를 위해 어느 정도의 준거가 필요한 만큼, 리틀모어의 다음 정의를 차용하도록 하겠습니다(Littlemore, 2015, p. 4).

Metonymy is a figure of language and thought in which one entity is used to refer to, or in cognitive linguistic terms 'provide access to', another entity to which it is somehow related. (환유는 언어와 사고의 수사법 중 하나로 한 실체가 관련된 다른 실체를 가리키거나, 인지언어학의 용어로 말하자면 관련된 다른 실체에 '접근지점을 제공해주는' 역할을 하는 경우를 가리킨다.)

다시 말해 환유는 한 언어표현이 특정 대상을 정확히 가리키는 것이 아니라, 그로 연결되는 관문의 역할을 하는 경우를 가리킵니다. 실제로 metonymy의 어원을 따라 올라가면 라틴어 metonymia, 나아가 그리스어 metōnymia에 닿게 되는데, 이는 '이름 바꾸기change of name'라는 뜻을 갖고 있습니다. 예를 들어 "사람이 빵만으로 살 수 없다"는 표현에서 '빵'은 단순히 빵을 이야 기하는 것이 아니라 먹거리 전반을 가리킵니다. '이름 바꾸기'라는 환유의 어원에 빗대어 이를 설명하면 '먹거리'가 '빵'으로 이름을 바꾼 것이죠. 물론 둘 사이에 아무런 관련이 없다면 이렇게 이름을 바꾸지는 못했을 겁니다. 많은 서구권 국가에서 빵은 주식 중 하나이기에 이름을 바꾸는 일이 가능했던 것이니까요.

영어의 환유: 몇 가지 예시

그렇다면 이번에는 영어 환유 표현을 몇 가지 살펴보겠습니다.

d. The pen is mightier than the sword. (펜은 칼보다 강하다.)

e. The White House sees it from a different perspective. (백악관은 그것을 다른 관점에서 본다.)

f. Ireland passed a landmark bill last year. (아일랜드는 작년에 기념비적인 법안을 통과시켰다.)

속담 d에서 "the pen"은 필기구가 아니라 문필, 즉 글을 쓰는 행위 전반을 가리킵니다. 이에 대구가 되는 "the sword"는 무력을 사용하는 일체의 활동을 가리키지요. 글쓰기와 무예의 대표적인 도구가 문무 전반을 상징하는 의미로 쓰인 것입니다. the pen과 the sword가 다른 개념으로 가는 관문의 역할을 하고 있습니다. 흥미로운 것은 글쓰기에 있어 디지털 기기를 선호하고 전쟁에 최첨단 무기를 동원하는 현대인들도 이 환유를 자연스럽게 사용한다는 점인데요. 특정한 사회문화적·역사적 배경 아래에서 등장한 환유를 지금의 현실에 맞게 재해석하는 예로 볼 수 있겠습니다. 많은 속담과 격언이 이런 식으로 시대를 가로질러 의미를 획득하지요. e에서 "the White House"는 미국 대통령이 참모와 함께 거주하는 건물이 아니라 미국 정부를 가리킵니다. 빌딩이 아닌 조직을 가리키는 것이지요. 물론 문맥에 따라 "the White House"가 백악관 건물을 가리킬 수도 있습니다. 예를 들어 "They are living near the White House"(그들은 백악관 근처에 살고 있다)라는 문장에서는 건물을 가리키게 되겠지요. 마지막으로 f에서 "Ireland"는 아일랜드 국가 전체를 가리키는 것이 아니라 아일랜드 의회를 가리키는 말입니다. 실제로 법안을 통과시키는 것은 영토로서의 아일랜드나 국민 모두가 아니라 아일랜드 의회라고 볼 수 있습니다. 마찬가지로 스포츠 경기에서 Ireland는 아일랜드 국가대표팀을 가리킬 수 있겠지요.

이상과 같은 예시에서 알 수 있는 것은 인간이 특정 개념에 접근할 때 종종 해당 개념에 정확히 상응하는 언어표현을 쓰지 않는다는 점입니다. 인간의 사고와 언어 간의 역동적인 관계를 보여주는 중요한 예시입니다. 따라서 환유는 단순히 언어표현이 아니라 인간의 사고구조와 인지과정을 보여주는 개념적 현상으로 이해되어야 합니다.

환유의 세계(2):
은유와 환유는 어떻게 다른가?

환유를 좀 더 깊이 이해하기 위해서는 은유와 비교, 대조할 필요가 있습니다. 은유와 환유는 인간이 사유하는 방식이고 비유적 언어figurative language를 생산하게 하는 기반이라고 할 수 있습니다. 인간의 언어는 은유와 환유를 통해 문자 그대로의 세계를 넘어 크고 넓은 비유의 세계를 창조하는 것입니다. 최근 인지언어학의 흐름은 은유와 환유가 쉽게 구분되지 않는 경우가 많다는 점을 지적합니다만, 전형적인 은유와 환유는 특성상 분명한 차이가 있습니다.

은유는 두 영역 간의 사상에 기반한다

먼저 은유를 봅시다. 살펴본 바와 같이 은유는 기본적으로 두 개의 영역과 그들 사이의 사상을 통해 이루어집니다. 드라마 〈동백꽃 필 무렵〉의 등장인물 '용식이'에 대해 한 시청자가 "용식이는 호랑이다"라고 말했다고 합시다. 이는 전형적인 은유의 구조인 "A=B"를 취하고 있습니다. 하지만 우리 모두 알다시피 용식이는 호랑이가 아니라 인간입니다. 그럼에도 이 문장은 자연스럽게 이해됩니다. 이 경우 대략 다음의 세 요소가 사상된다고 볼 수 있습니다(이종열, 2003, p. 109).

(1) 호랑이 → 용식이

(2) 호랑이의 용맹 → 용식이의 용맹

(3) 호랑이와 용맹 간의 관계 → 용식이와 용맹 간의 관계

"용식이는 호랑이다"라는 진술에서 동원되는 영역은 두 개입니다. 하나는 호랑이의 영역이고 다른 하나는 용식이의 영역입니다. 이 두 영역은 앞서 살펴보았듯 각각 근원영역과 목표영역의 역할을 합니다. 은유에 대한 논의를 다시 상기하자면 근원영역은 화자가 표현하고자 하는 대상, 즉 타깃이 되는 목표영역을 설명하기 위해 동원되는 영역을 가리킵니다. 요컨대 표현하고자 하는 대상인 '용식이'가 목표영역, 용식이의 용맹함을 표현하기 위해 가져온 '호랑이'가 근원영역이 되겠지요.

이와 같은 논의에서 중요한 사실은 은유가 두 영역 간의 관계설정에 근거한다는 것입니다. 용식이와 호랑이는 각각 서로 다른 집단에 속합니다. 즉, 용식이와 호랑이가 우리 마음에서 차지하는 영역은 독립적이라는 이야기입니다. 하지만 위의 예에서 '용맹함'이라는 특징을 통해 연결되어 '용식이=호랑이'라는 도식이 성립

되지요. 즉, "용식이는 용맹하다"라고 말하지 않고 "용식이는 호랑이다"라고 말함으로써 "용맹함"에 간접적으로 접근access하고 있습니다. 중요한 것은 '호랑이'라는 단어가 문장에 등장하면서 단지 '용맹함'이라는 추상적 특징뿐 아니라 호랑이의 여러 특성이 자연스럽게 드러난다는 것입니다. 말하고 듣는 사람의 머릿속에서 호랑이의 이미지가 떠오를 수도 있고, 우렁찬 호랑이 울음소리가 생각날 수도 있습니다. 개개인의 경험에 따라서는 호랑이의 여타 특성들이 생각날 수도 있겠지요.

환유는 인접성에 기반한다

이렇게 은유가 인지적으로 구별되는 두 영역 간의 사상을 기반으로 생성됨에 반해, 환유는 개념적으로 인접한 개체들을 엮어주는 역할을 합니다. 이를 살펴보기 위해 아래 두 문장을 다시 봅시다.

a. 버스 파업 중이야. 지하철 타고 가.
b. 빨간 모자 너무 시끄럽다. 가서 한마디 할까?

a의 경우 '버스'는 '버스 운수노동자'를 가리킵니다. 그런데 이 둘은 개념적으로 떼어내기 힘듭니다. 실제로 운수노동자들이 버스의 운전석에 앉아 일하기 때문이죠. 운수노동자의 신체와 버스라는 기계는 하나의 영역 안에 존재하는 것입니다. b에서 '빨간 모자'도 마찬가지입니다. 실제로 시끄럽게 떠드는 건 빨간 모자를 쓴

사람이지만, 그 사람과 모자는 공간적으로 인접해 있습니다. 이 같은 공간적 인접은 환유 생성의 기본 원리 중 하나입니다.

공간적 인접성 외에 시간적 인접성 또한 환유 생성의 주요 원리가 됩니다. 다음 두 예를 보시죠.

c. 5년의 연재 끝에 그 웹소설 작가는 작품에 **마침표를 찍었다.**

d. **테이프 커팅한 지** 얼마 되지도 않았는데 건물이 다 올라갔네?

c에서는 '마침표를 찍었다'는 표현이 '웹소설을 완성했다'는 의미로 사용되었습니다. 이후 편집을 거치면서 여러 번 수정되었을 수도 있지만, 마지막 문장에 마침표를 찍은 시점과 웹소설이 최종적으로 완성된 시점은 매우 가깝습니다. d에서는 '테이프 커팅'이 건물을 짓기 시작한 때를 대표합니다. 유명 인사들이 테이프를 자르는 기념식을 한 것으로 건축의 시작을 표현했는데, 이 경우도 시간적 인접성이 환유 생성의 기본 원리로 사용되었습니다. 실제로 테이프를 자른 시기와 건물을 짓기 시작한 때가 그리 멀지 않았던 것이죠.

환유가 기본적으로 인접성에 기반한다는 주장은 구조주의 언어학의 주요 인물 중 하나인 로만 야콥슨Roman Jacobson을 거쳐 최근 피어스만Peirsman과 헤라르츠Geeraerts에 의해 정교화되었습니다(Littlemore, 2015, p. 14). 이들에 따르면 은유는 유사성 similarity에 기반을 두는 반면, 환유는 인접성contiguity에 기반합니다. "Love is a journey"는 사랑의 과정과 여행의 과정이 여러 면에서 유사하다는 점에 기반하고 있는 은유임에 반해, "We need

new brains"은 특정인과 뇌가 인접해 있다는 사실에 기반한 환유
라는 것입니다. 이런 관점은 다양한 비유적 사고와 언어를 모두
설명해내진 못하지만, 종래의 이론 중에서 가장 강력한 설명원리
로 제시되곤 합니다.

환유의 세계(3):
인간 인지의 역동성

　　인지언어학은 은유와 환유를 우선 인지작용의 차원에서 파악한다는 점에서 기존의 수사학적 전통과 다릅니다. 전통 수사학에서 은유와 환유를 말을 조금 더 맛깔나게 만드는 언어적 장치 linguistic device로 보았다면, 인지언어학의 관점에서는 우리가 세계를 개념화하는 방식입니다. 즉 생각하는 방식이 언어와 결합하는 것이지, 단순히 언어현상은 아니라는 겁니다. 이러한 이해는 어쩌면 '인지언어학cognitive linguistics'이라는 학문의 이름에 그대로 담겨 있는지도 모르겠습니다. '인지'와 '언어'가 통합되어 '인지언어학'이라는 학문을 이루는 것이니까요. 잠깐 복습을 위해, 은유가 사고방식이라는 점을 보여주는 아래 예문을 봅시다(Lakoff & Johnson, 1980, p. 15).

　　○ I'm feeling up. (기분이 좋아.)

○ That <u>boosted</u> my spirits. (그것 때문에 기분이 좋아졌다.)

○ My spirits <u>rose</u>. (기분이 좋아졌다.)

○ I'm feeling <u>down</u>. (우울한 느낌이야.)

○ I'm <u>depressed</u>. (우울해.)

○ He's really <u>low</u> these days. (그는 요즘 정말 침체되어 있어.)

살펴보았듯이 이들 문장은 행복한 감정이 위 방향 혹은 위치와 연결되고, 슬픈 감정이 아래 방향 혹은 위치와 연결된다는 것을 보여줍니다. 'up', 'boost', 'rise', 'down', 'depress', 'low' 등의 표현이 모두 상하와 관련되어 있지요. 이 글을 읽고 계신 여러분들도 기쁨과 위를, 슬픔과 아래를 엮는 개념체계를 갖고 계실 겁니다. 이는 몸의 움직임에도 그대로 나타나죠. 승리의 기쁨을 나타내는 만세 동작은 하늘로 향합니다. 육상 결승선을 통과하면서 손을 위로 들고요. "최고예요"의 표시로 땅바닥을 향해 '엄지 척' 동작을 하는 경우는 없을 겁니다.

재미있는 것은 일부 촘스키 언어학자들의 경우 환유 표현이 의미적으로 부적합하다고 본다는 점입니다. 예를 들어 '지하철이 파업했다'라는 문장을 봅시다. 이 문장은 '지하철의 노동자들이 파업했다'는 의미를 담고 있지만 '지하철 노동자들'이 아니라 '지하철'을 주어로 삼고 있습니다. 이는 의미자질semantic features 간의 '충돌'을 가져옵니다. 이들 학자들에 따르면 '파업'의 의미는 '일을 멈춘다'인데, 일을 멈추는 주체는 사람이거나 사람에 준하는 개체여야 합니다. 하지만 '지하철'은 무생물([-유생적]), 즉 'inanimate'로 생명이 없습니다. 다시 말해 지하철은 무생물이므로 파업을 할 수가 없다는 겁니다. 그런 면에서 "지하철이 파업했다"라는 문장은 변형생성문법의 "선택제약selectional restriction"을 어깁니다(임지룡, 2006, p. 266). 이러한 관점에서는 "지하철이 파업했다"와 같은 문장은 언어학에서 예외로 다루어져야 합니다. 환유를 자연스러운 사고과정이자 언어의 핵심 원리 중 하나로 다루는 인지언어학과는 상당한 차이가 있는 것입니다.

환유의 세 가지 양상

그렇다면 환유를 어떻게 구분할 수 있을까요? 여러 가지 구분이 가능하지만, 임지룡(2006)에 따르면 크게 세 가지 양상을 띱니다.

(1) 확대지칭 양상
(2) 축소지칭 양상
(3) 상호전이 양상

우선 확대지칭 양상은 하나의 매체vehicle가 더 큰 개념을 가리키는 경우입니다. 예를 들어 "count heads"라고 하면 '머리를 세다'라는 의미에서 '사람 수를 세다'라는 뜻이 됩니다. 인간 신체 일부인 '머리'가 '사람' 전체를 개념화하므로 확대지칭의 예로 볼 수 있습니다. 같은 개념화 패턴을 따라 '인원수 체크'를 뜻하는 'headcount'라는 명사가 있고, 'do a headcount'와 같이 사용할 수 있습니다. 이처럼 신체의 한 부분이 더 큰 개념을 지시하는 경우는 한국어와 영어 모두에서 상당히 흔한데요. 예를 들어 "a shoulder to lean on"이라고 하면 '도움을 주거나 이끌어줄 사람'을 뜻합니다. 신체의 일부인 어깨가 사람을 가리키는 것입니다. 적절한 맥락에서 "the mouth of a party"라고 하면 '정당 대변인'이라는 뜻이 됩니다. '입'이 특정한 사람을 지칭하는 것이죠. 이들은 모두 확대지칭의 예로 볼 수 있습니다.

다음으로는 축소지칭 양상입니다. 이 경우는 사물이나 신체 전체를 가리키는 말이 그 일부분을 지칭합니다. 예를 들어 "The clock is ticking"이라고 하면 '시계가 똑딱거리고 있다'로 해석할 수 있습니다. 하지만 똑딱거리는 것은 시계 전체가 아니라 일부일 뿐입니다. 아마도 초침이 움직이는 소리일 가능성이 높죠. 누군가 오스카 4개 부분을 휩쓴 〈기생충〉의 문화적 충격을 "한국이 오스카를 흔들었다"고 표현하는 경우, '한국'은 한국영화, 그중에서도 〈기생충〉이라는 특정 작품만을 가리킵니다. 수입의류를 다루는 인터넷 상점에서 "We bring Paris to your table"이라는 홍보 문구를 썼다면 'Paris'는 파리의 문화적 특성을 담은 제품일 가능성이 높습니다. 이 경우도 축소지칭 양상의 예로 볼 수 있습니다. 미국 등에서 자주 사용되는 표현으로 콘서트장에서 도시 혹은 주의 이름을 부르는 경우가 있습니다. 예를 들어 한 밴드가 애틀랜타에 가서 공연할 때 "Hello, Atlanta!"라고 소리치며 인사를 하는 것입니다. 이 또한 도시 전체의 이름을 빌려 구성원 일부(콘서트의 관객)를 지칭하는 축소지칭 양상으로 볼 수 있겠습니다.

마지막으로는 상호전이 양상입니다. 예를 들어 다음 두 문장을 봅시다. "The city is two hours away"(그 도시는 두 시간 떨어져 있다), "I slept for two hundred kilometers"(나는 200킬로를 가는 동안 잤다). 이 두 문장은 시간과 거리가 상호전이되는 양상을 보여줍니다. 첫 문장에서 'two hours'는 교통수단으로 두 시간이 걸리는 거리를 말합니다. 시간표현이 거리를 나타내는 것이죠. 두 번째 문장은 반대로 이동거리가 그에 해당하는 시간을 나타냅니다. 이처럼 시간과 공간은 상호전이되는 양상을 보이는데, 이를 통해서 문학적인 표현을 할 수도 있겠습니다. 시간을 공간으로 표현하고 공간을 시간으로 표현하는 방식을 사용하는 것입니다.

인간 인지의 역동성

이상에서 살펴본 바와 같이 우리는 특정한 개념에 접근하기 위해 빈틈없이 정확한 언어표현만을 사용하지 않습니다. 신체의 일부가 사람 전체를 의미하고, 국가의 이름이 상품이나 영화를 가리키며, 시간과 거리가 서로를 뜻할 수 있습니다. 이는 언어와 세계가 역동적이며 복잡하게 관계를 맺고 있음을 보여줍니다. 즉, 언어와 세계는 일대일로 대응하지 않는 것이죠. 환유의 언어는 확대하고, 축소하고, 우회하는 방식으로 세계에 접근합니다. 세계가 언어를 통해 우리에게 다가올 때 최단거리의 직선으로 오지 않는다는 점을 기억하면, 언어의 힘과 한계를 좀 더 잘 이해할 수 있을 것입니다.

환유의 세계(4):
언어는 지름길의 역할을 한다

환유는 우리가 세계를 인식하고 표현하는 방식으로, 단순히 언어의 문제가 아니라 인지의 문제로 보아야 합니다. 우리가 "워싱턴Washington"으로 미국 정부를 표현할 때 미국 정부의 구조와 기능을 복잡하게 설명하기보다는 정치조직과 정부 부처가 밀집한 도시를 통해 미국 정치 전반을 이야기하죠. 한국이라면 "서울"이 워싱턴의 역할을 할 것이고요. "실리콘밸리Silicon Valley"가 단순히 지역을 가리키는 것이 아니라 미국의 테크업계를 지칭하는 이름이 되는 것도 비슷한 원리에 근거합니다.

비유컨대 세계는 해상도 8K의 초고화질 비디오로 경험되지만, 언어는 대상의 형체를 겨우겨우 알아볼 수 있는 144프레임의 비디오와 같은 도구입니다. 인간은 자신이 경험했거나 생각하고 있는 바를 8K 비디오로 상대방에게 전달할 수 없습니다. 하지만 그런 방대한 데이터에 접근할 수 있는 핵심 정보를 언어에 담아

소통합니다. 144프레임밖에 안되지만 실제에 접속access하여 이를 이해하고 상상할 수 있는 다양한 단서들cues을 제공하는 것이죠. 경험한 바를 있는 그대로 주고받는 것은 불가능하지만 언어를 통해 세계를 묘사하고, 설명하고, 논증하고, 예시하고, 상상할 수 있는 것입니다. 그런 면에서 환유는 일종의 지름길shortcut 역할을 합니다. Washington, Silicon Valley 등과 같은 표현으로 그보다 더 복잡한 대상에 접근할 수 있으니까요.

앞서 우리는 환유의 양상을 확대지칭, 축소지칭, 상호전이로 나누어 보았습니다. 이런 양상을 깊이 살피면 좀 더 상세한 구분을 이끌어낼 수 있는데요. 아래에서는 그중 한 가지 분류를 소개합니다(Wu, 2008).

먼저 만든 사람이나 회사를 상품을 가리키는 용어로 쓰는 것입니다. 자동차를 만드는 회사 중 토요타가 있습니다. 규모가 큰 회사인 만큼 매우 다양한 차종을 생산해왔지요. 하지만 차종을 정확히 이야기하지 않고 "She drives a Toyota"라고 말하는 경우도 많습니다. 직역하면 '그는 토요타를 몬다'가 되는데, 토요타에서 나온 차 중 하나를 운전한다는 의미가 됩니다. 이처럼 'Toyota'는 생산자이지만 생산품을 통칭하는 용어로 쓰입니다. 이는 예술가를 통해 예술작품을 지칭하거나 아티스트를 통해 그의 노래를 지칭하는 경우에도 종종 등장하지요. 예를 들어 "I listen to Black Pink every day"라고 하면 "나는 블랙핑크 매일 들어"라고 직역이 되지만 실제로는 "블랙핑크의 노래를 듣는다"는 뜻임을 알 수 있습니다.

다음으로는 특정한 명사가 행위를 나타내는 경우입니다. 예를 들어 "author a book"은 '책을 쓰다'라는 뜻이죠. author는 원래 '저자, 필자'라는 의미인데 이것이 '집필하다'라는 의미로 쓰인 경우입니다. 명사이면서 동시에 동사로 쓰이는 것이죠. 한국어는 영어와 달리 명사에서 동사가 되기 위해 부가적인 형태소가 필요합니다. "사랑"은 그 자체로 행위를 나타내지 못하고, "-하다"와 결합해서 "사랑하다"로 쓰이지요. 이런 차이를 인정한다면 한국어에서도 비슷한 용법이 발견됩니다. 대표적으로 최근에 자주 쓰이고 있는 "○○○이 ○○○했다"라는 표현을 보죠. 일례로 긴 드리블에 이어 상대방을 화려한 기술로 제치고 골대의 구석으로 골을 차 넣은 손흥민 선수를 보면서 "손흥민이 손흥민했네"라고 말하는 걸 들어보신 적이 있을 겁니다. 사실 골을 넣은 과정을 전부 묘사할 수도 있지만 "손흥민+하다"라는 동사를 통해 간단히 표현하고 있죠. 행위의 주체인 손흥민 선수의 이름을 통해 그가 경기에서 하는 행위 중 가장 인상적인 측면을 나타냈다고 할 수 있겠습니다. 만약 2020년 도쿄 올림픽 양궁 3관왕인 안산 선수가 다음 올림픽에서도 금메달을 휩쓴다면 "안산이 안산했네"라고 누군가 말할지도 모르겠네요.

다음으로는 전체를 통해 부분을 나타내는 경우입니다. 예를 들어 "The police turned up"이라는 문장을 봅시다. '경찰이 나타났다' 혹은 '경찰이 출동했다'고 번역할 수 있는 문장인데요. 여기에서 '경찰'은 영어로 "the police"입니다. 그런데 직역하면 "the police"는 경찰, 즉 경찰조직 전체를 가리키지요. 하지만 이 말을 하는 사람이 실제로 본 것은 경찰관 두 명뿐이었습니다. 여기에서 알 수 있는 것은 우리가 "the police"라는 집단을 가리키는 말을

2장 생각의 근간, 은유

통해 "two police officers"(두 명의 경찰관)를 표현하고 있다는 것입니다.

별것 아닌 것 같은 예가 우리의 인지에 대해 말해주는 바는 의미심장합니다. 우리는 경찰복을 입은 경관 두 명을 보았을 때 "개별 경찰관 두 명"으로 인식하기도 하지만 "경찰조직"을 떠올리기도 한다는 것입니다. 다시 말해 집단과 그에 속한 멤버는 우리의 의식 속에서 유기적으로 연결되어 있습니다. 소방복을 입은 소방관은 소방공무원 전체를 대표하게 되는 것이죠. 이 과정에서 결정적인 역할을 하는 것이 바로 의복이라는 점에도 주목해야 하겠습니다. 물론 실제로 경찰관이나 소방관이 되기 위해서는 국가가 정한 자격요건을 갖추어야 하지만 일상에서 이들 직군을 구별하게 하는 것은 분명 어떤 옷을 입고 있느냐입니다. 개별자와 집단을 매개하는 수단으로서의 정복(경찰복, 소방복, 군복 등)의 중요성에 대해 생각하게 하는 대목입니다.

다음으로는 특정 행위가 복잡한 행위의 연쇄를 대표하는 경우입니다. 예를 들어 우리말로 "그는 비행기에 올랐다. 여름이었다"라는 문장을 봅시다. 이것은 누군가가 비행기에 탑승했다는 의미이기도 하지만 실제로는 그보다 더 넓은 의미가 될 수도 있습니다. 적절한 문맥이 주어진다면 '그는 고국을 떠나 이민을 가서 새로운 곳에 정착했다'는 의미를 담을 수 있는 것이죠. 비슷한 논리로 "Let's put the kettle on"이라고 하면 "주전자를 올려놓자"고 직역되는데 특정한 맥락에서 "차 한 잔 마시면서 진지하게 이야기를 나눠보자"는 의미로 쓰일 수 있습니다. 차를 준비하고 마시고 이야기를 나누는 모든 과정을 "주전자 올리기"라는 행위로 압축해서 표현하는 것입니다. 이 외에도 "some muscle"처럼 근육이라는 두드러진 특징을 가지고 체격이 크고 힘이 좋은 사람을 표현하거나, "a glass"라는 용기를 가지고 그 안에 담긴 음료를 의미할 수도 있습니다. 그렇기에 "Do you want a glass?", "Yes"라는 대화 이후에 아무것도 담기지 않은 잔을 상대에게 건넨다면 무척이나 황당할 수밖에 없는 것이지요.

환유의 세계(5):
문화마다 달라지는 환유

환유가 작동하는 방식은 문화마다 조금씩 다릅니다. 한국어와 영어에서 미묘하게 갈라지는 두 사례를 살펴보려고 합니다.

한국어에는 모임이나 회의를 다 마치지 못하고 다른 곳으로 가야 하는 경우 종종 쓰이는 환유로 "이제 일어나야겠네요" 혹은 "저는 이만 일어나봐야 될 것 같습니다" 같은 표현이 있습니다. 저도 종종 쓰게 되는 문장이네요.

모임이나 회의에서 다른 곳으로 이동하기 위해서는 당연히 자리에서 일어나stand up 특정한 곳을 목표로 가야 합니다. 목표지는 다른 미팅일 수도 있고, 집일 수도 있겠지요. 중요한 것은 한 장소에서 다른 장소로의 이동입니다. 이 과정은 자리에서 일어나 해당 장소를 빠져나온 후 다양한 이동수단(도보, 버스 등의 대중교통, 자가용 등)을 통해 다른 장소에 다다르는 것까지를 포함합니다. 하지만 한국어에서는 자리에서 일어나는 행위에 초점을 맞추어 환유를 구성합니다. "빨간 모자 참 시끄럽네"라는 예문에서 '빨간 모자'가 한 개인 전체를 가리키듯 '일어나기'가 특정한 공간에서 빠져나와 다른 공간으로 이동하는 과정 전체를 가리키는 것입니다.

그런데 영어의 경우 이 같은 환유가 작동하지 않습니다. 회의가 한참 진행 중일 때 "I have to stand (up)"라고 말한다면 다른 사람들이 '왜 갑자기 자다가 봉창 두드리는 소리?'라는 표정으로 쳐다볼 가능성이 높습니다. 그도 그럴 것이 영어에서 "stand (up)"는 회의 중간에 떠나야 한다는 뜻을 전달할 수가 없기 때문입니다. 그저 '일어서야 한다'는 의미만을 전달할 뿐이지요. 그래서 이 때 주로 쓰이는 표현은 "Sorry, I have to get going" 혹은 "I have to go now" 등입니다. 미안하지만 가봐야 한다는 뜻을 담고 있지요. 물론 "Sorry, I have to stand up now"라고 썼을 때도 정황과 화자의 표정에서 뜻을 읽어낼 가능성은 있습니다. 하지만 해당 언어표현은 이제 떠나야 한다는 화자의 의도를 온전히 담아내지 못합니다.

두 번째 예는 "마침표를 찍다"와 같은 표현입니다. 영어에서 "put a period at the end of something"과 같은 표현이 쓰이지만 그 범위가 한국어와는 좀 다르다고 할 수 있습니다. 예를 들어 "Putting a period at the end of writing a story"(글쓰기의 마지막에 마침표를 찍다) 같은 표현이나 "The collapse of the Afghan army is putting a humiliating period at the end of the story of America's involvement in Afghanistan"(아프가니스탄 군대의 붕괴로 미국의 아프간 개입 역사의 마지막이 수치스럽게 끝나고 있다)와 같은 표현은 무난하게 느껴지지만, 아래의 예문들은 사뭇 어색하게

2장 생각의 근간, 은유

느껴지는 것이지요.

- ○ "Last night the musician put a period on her songwriting. It took almost four months." (어젯밤 뮤지션은 그녀의 작곡에 마침표를 찍었다. 거의 네 달이 걸린 작업이었다.)
- ○ "At last the couple put a period to their long journey through the desert." (드디어 커플은 사막을 통과하는 긴 여정에 마침표를 찍었다.)

이러한 문장들이 문법적으로 틀렸거나 소통을 불가능하게 하는 것은 아닙니다. 적절한 상황에서 충분히 의미를 전달할 수도 있고 예술적으로 느껴질 수도 있습니다. 하지만 일반적으로 "put a period on/to"가 쓰일 수 있는 범위와 한국어에서 "마침표를 찍었다"는 표현이 쓰일 수 있는 범위 사이에 미묘한 차이가 있음을 부정하긴 힘듭니다.

흔히 "번역의 문제는 언어뿐 아니라 문화적인 측면까지 포함한다"고들 합니다. 이 짧은 진술 안에 수많은 요인이 담겨 있지요. 그 요인 중 하나는 두 언어가 특정한 상황을 언어화할 때 사용하는 은유와 환유의 차이입니다. 문법적으로 완벽한 문장이라도 해당 문화권의 구성원에게서 '어?'라는 반응이 나올 수 있는 것이지요.

비원어민의 문장이 무조건 수정되어야 한다는 뜻은 아닙니다. 소통은 언제나 특정한 맥락과 참여자들의 교섭 속에서 이루어지는 것이니까요. 하지만 언어마다 은유와 환유의 양상이 사뭇 다르다는 점은 언어와 문화가 동전의 양면과 같은 관계를 이루고 있음을 잘 보여줍니다.

3장

문법 그리고 품사에 숨겨진 비밀들

품사 중심의 학습을 넘어,
의미를 상상하고 창조하는 도구로서
문법 바라보기

●

시간과 시제,
세계와 언어

중학교 시절, 정확히 이해되지 않아 고생한 문법용어가 여럿 있었는데요. 그중 하나가 바로 시제tense였습니다. 당시 제가 봤던 책은 영어에 12시제가 있다고 가르쳐주었는데, 기계적으로 암기는 했으나 제대로 이해하지 못했던 기억이 있습니다. 한국어와 영어의 시제가 일치하지 않아 벌어진 일이었지만, 근본적으로는 시제와 시간의 의미를 혼동한 데서 기인한 문제였지요. 아래에서는 시간과의 비교를 통해 시제의 뜻을 살펴보도록 하겠습니다.

시간과 물리적 세계

시간은 우리가 속한 물리세계 및 그 안에서의 경험과 관련됩니다. 태양과 지구의 움직임에 따라 해가 뜨고 지며, 하루라는 시간이 만들어집니다. 인간은 성장하고 노화하면서 세월의 흐름을 느낍니다. 즐거운 경험을 하면 시간이 날아가고, 어려운 사람들과 같이 있으면 거북이걸음을 합니다. 이같이 물리적·생물학적·심리적 요인들이 관계를 맺으며 시간을 빚어냅니다.

철학과 물리학 등의 분야에서는 시간을 엄밀히 정의하기 위해 여전히 다양한 논의가 이루어지고 있고 인간이 직관적으로 느끼는 단선적 흐름과는 다른 방식으로 존재한다고 이야기합니다만, 우리가 일상적으로 경험하는 시간은 과거와 현재와 미래라는 용어로 기술됩니다. 지나간 일은 과거, 처한 지금은 현재, 아직 오지 않은 시간은 미래죠. 하지만 조금만 더 생각해보면 이런 직관적 개념들조차 알쏭달쏭합니다. 예를 들어, '현재'는 참 정의하기 어렵습니다. 단순히 "현재"라는 단어 한 마디를 내뱉더라도 'ㅎ'이 시작되는 시점과 'ㅐ'가 끝나는 시점이 다르니까요. 과연 '지금'이라는 시간이 존재하긴 하는 걸까요? 이런 복잡한 질문은 잠시 접어두고 시간이 "과거→현재→미래"로 흘러간다고 가정해보도록 하겠습니다.

시제, 언어가 시간을 다루는 방식

시간이 우리가 살아가는 세계의 속성인 데 반해서 시제는 언어, 그중에서도 동사가 시간을 다루는 방식입니다. 시간은 스마트폰에서 확인할 수 있지만, 시제는 언어의 문법체계에서 발견됩니다. 코로나19가 처음 발생한 2019년은 역사적인 시간이지만 이를 묘사하는 영어표현은 보통 동사에 '-ed'를 붙여서 표현합니다. 약 138억 년 전 빅뱅이 발생했을 때 시간은 존재하기 시작했지만 시제는 존재하지 않았죠. 다시 말해 시간은 인간이 없어도 존재하지만, 인간이 모두 사라진다면 시제는 존재하지 않을 것입니다. 인간의 멸종과 함께 언어도 사라질 테니까요.

학자들마다 조금씩 다른 견해를 피력하지만, 영어의 경우 크게 두 개 혹은 세 개의 시제를 갖고 있다고 여겨집니다. 시제를 두 개로 보는 경우 동사의 변화라는 틀에서 정의하는 것이기에, 미래라는 시제는 따로 존재하지 않습니다. 예를 들어 live라는 어휘의 현재는 live/lives로, 과거는 lived로 표현됩니다. 둘 다 동사 자체의 형태를 지니고 있죠. 하지만 미래를 표현하기 위해서는 조동사 will이나 be going to와 같은 다른 동사들의 힘을 빌려야만 합니다. live 자체가 변화하는 게 아니라는 이야기입니다. 따라서 미래는 별도의 시제로 구분되지 않습니다. 그러나 다른 시제로 구분하는 학자들도 있는데, 이 경우 동사 자체의 변화가 없다 하더라도 will 혹은 be going to와의 결합에 의해 미래를 나타내는 방식 또한 별도의 시제로 보는 것입니다.

이렇듯 "영어의 시제는 둘 아니면 셋으로 구분됩니다"라는 설명을 들으면 적지 않은 분들이 '어? 영어에는 12시제가 있는 것 아니었어? 현재, 과거, 미래가 있고 각각에 대해 기본시제, 진행시제, 완료시제, 완료진행시제가 있으니 3 곱하기 4 해서 12개잖아'라고 반응합니다.

하지만 이는 시제와 시상을 구분하지 않고 쓰는 데서 파생된 오해입니다. 엄밀히 말하면 '완료'나 '진행'은 시제가 아니고 시상 aspect입니다. 시제가 시간을 표현하는 데 반해 시상은 시간 자체가 아니라 사건이나 상태의 내적인 구조, 비유적으로 말하면 '모양'을 표현합니다.

무슨 의미인지 예를 들어 살펴보도록 하죠. 컴퓨터에 문제가 생겨서 열심히 수리를 했다고 합시다. 방금 수리를 마쳐서 이젠 문제없이 잘 작동하고요. 이때 상황에 따라 다음 두 문장을 쓸 수 있습니다.

a. I was fixing the computer. (나는 컴퓨터를 수리하고 있었어.)

b. I have fixed the computer. (나는 컴퓨터 수리를 마쳤어.)

우선 친구가 "아까 전화해도 안 받던데, 바빴어?"라고 묻는다면 a와 같이 대답할 수 있을 겁니다. 한편 컴퓨터 수리를 하는 도중 게임을 하러 들어왔던 동생이 "아, 이게 웬 날벼락? 친구들하고 게임하기로 약속했는데. 끝나면 바로 말해줘"라는 말을 남기고 나갔다고 합시다. 수리를 마치고 구동시키자 쌩쌩 돌아가는 컴퓨터. 여러분은 기쁜 마음으로 거실에 있는 동생에게 소리칩니다. "컴퓨터 수리 다 마쳤어!" 이땐 b를 사용할 수가 있지요. 중요한 건 이 두 문장을 발화하기 전 여러분은 컴퓨터 수리를 마쳤다는 사실입니다. 한 가지 사건에 대해 서로 다른 방식으로 답할 수 있는 것이지요(한 가지, 아무 맥락 없이 "I was fixing the computer"라는 문장만으로는 컴퓨터 수리가 끝났다고 볼 수 없겠지요. 여기에서는 설명을 위해 위의 시나리오를 따르기로 합니다).

이들 방식 즉, 과거진행형과 현재완료라는 두 종류의 시상은 여러분이 경험한 '컴퓨터 수리'라는 사건을 서로 다른 구조로 진술합니다. 진행상을 통해 "I was fixing the computer"(나는 컴퓨터를 수리하고 있었어)라고 말하면 화자는 컴퓨터를 고치고 있는 상황 속에 들어가 그 사건을 바라보게 되지만, 완료상을 통해 "I have fixed the computer"(나는 컴퓨터 수리를 마쳤어)라고 말하면 컴퓨터를 고치는 작업을 완료된 모습으로 바라보게 되지요. 다시 말해 a에서 우리는 해당 사건의 내부에서 사건을 바라보게 됩니다. 컴퓨터를 수리하는 일 안에 있는 자신에 대해 이야기를 하는 겁니다. 이에 비해 b에서는 현재의 시점에서 컴퓨터를 수리한 일을 바라보고 있지요. 이렇게 두 문장이 사건을 바라보는 관점은 다릅니다. 이에 따라 사건의 모양 혹은 꼴도 달라질 수밖에 없겠지요.

공간의 은유로 시상을 보면 좀 더 이해가 쉬우실 겁니다. 예를 들어 버스 안에서 볼 수 있는 것과 버스 바깥에서 볼 수 있는 것은 전혀 다릅니다. 버스의 모양도, 주변 광경과 버스와의 배치도 달라지겠지요. 그렇다고 버스 자체가 바뀐 건 아니지만요. 위의 두 문장은 'I'와 'fix' 그리고 'the computer'를 공통으로 포함하고 있습니다. 그렇기에 주체와 동작 그리고 대상의 내용은 동일하지요. 하지만 이것이 진행상과 완료상으로 표현될 때 사건을 바라보는 관점과 사건의 구조는 완전히 달라집니다. 이처럼 발화자의 관점을 어디에 두느냐에 따라 달라지는 사건의 구조와 모양이 바로 시상입니다.

돌아보면 시간과 시제, 나아가 시상을 전혀 구별하지 못하고 '12시제'나 '진행상'과 같은 용어를 연거푸 접했기에 시제 파트의 모든 설명이 혼란스러웠던 듯합니다. 그래서 올바른 구별을 통해 문법체계로서의 시제에 접근하는 것이 바람직합니다.

시간은 시제의 이름과 일치하지 않는다

시간이 시제와 다르다는 점을 가장 명확히 드러내는 사례는 현재시제의 여러 의미, 즉 현재시제가 표현하는 다양한 시간일 겁니다. 동사는 현재형이지만 이것이 실제로 말하는 시간은 여러 가지일 수 있습니다. 예를 들어 다음을 보시죠.

 a. I live in Paris. (나는 파리에 산다.)

화자(I)가 파리에 거주하고 있을 때 a와 같이 말할 수 있습니다. 하지만 이 사람이 한국에 해외 출장을 왔을 때도 이렇게 말할 수 있죠. 몸은 한국에 있지만, 거주하는 곳이 파리라는 의미를 전달하는 것입니다.

 b. The girl passes the ball to the boy. (소녀는 소년에게 패스한다.)

이 경우는 a와 조금 다릅니다. 현재 눈앞에서 일어나고 있는 일을 마치 스포츠 중계하듯 이야기하는 상황이기 때문입니다. 엄밀히 따지자면 소녀가 소년에게 볼을 패스하고 난 뒤에 말이 따라오겠지요.

 c. The train arrives in ten minutes. (열차는 10분 후에 도착한다.)

c에서 열차는 10분 후에 도착합니다. 'arrives'는 현재시제이지만, 그 의미는 미래의 시간을 담고 있죠. 현재시제가 미래시간을 표현하는 예입니다.

d. Water boils at 100°C. (물은 섭씨 100도에서 끓는다.)

한편 동사 boils가 현재시제로 표현된 d는 과학법칙을 진술합니다. 과거에도 현재에도 미래에도 언제나 유효한 진술이죠. 과학은 이렇게 '현재형으로 진술되지만, 시간에 관계없이 옳은 명제들'을 추구합니다. 과거에도 현재에도 미래에도 물은 100도에서 끓는 것입니다.

'역사적 현재'를 통해 과거를 현재로 불러내기

마지막으로 '역사적 현재'는 과거의 사건을 표현합니다. 예를 들어 "세종대왕은 이때 일군의 학자들과 함께 새로운 문자체계 고안에 나선다"를 봅시다. 동사 '나선다'는 현재형 어미로 되어 있지만, 이 문장의 내용이 일어난 때는 명백한 과거죠. 과거의 시간이 현재시제로 묘사되고 있는 것입니다. 영어에서 이와 관련하여 가장 자주 소환되는 문장은 아마도 "Now Caesar crosses the Rubicon"일 겁니다. 카이사르가 루비콘강을 건너는 순간, 즉 돌이킬 수 없는 결단을 행하는 순간을 현재형으로 표현하고 있습니다.

흥미로운 것은 화자가 역사적 현재를 사용할 때, 은연중에 청자의 심리적 상태를 바꾸려 노력하고 있다는 사실입니다. 역사적 현재를 사용한다는 것은 "이건 옛날 세종대왕 시대에 있었던 우리와 관련 없는 이야기가 아니야. 그러니까 우리 눈앞에 펼쳐지는 현실처럼 생각해보자고" 같은 이야기를 슬쩍 던지는 일이고, "자, 이 부분을 클로즈업할게. 좀 더 집중해보자"라는 메시지를 전달하는 일이기도 합니다. 언어를 활용하여 과거의 일을 지금으로 불러내는 마법의 도구, 그것이 바로 역사적 현재입니다.

비슷한 맥락에서 일기를 쓸 때도 현재시제를 사용할 수 있습니다. 이미 지난 하루의 일을 현재형을 통해 표현하는 것이죠. "나는 집을 나선다. 엘리베이터 앞에 서자마자 마스크를 잊었다는 것을 깨닫는다. 다시 문을 열고 들어선다. 이 풍경이 낯설지 않다. 언제까지 이렇게 지내야 하는 걸까 생각한다. 마스크가 식탁 위에 덩그러니 놓여 있다"에서 '나선다', '깨닫는다', '들어선다', '않다', '생각한다', '놓여 있다' 등은 모두 현재형입니다. 하지만 분명 시간상으로는 과거에 일어난 일이지요.

결론적으로 시간과 시제는 다른 영역에 속한 개념입니다. 인간이 경험하는 시간이 말, 그중에서도 동사로 표현되는 과정을 담당하는 것이 시제입니다. 물리적, 생물학적, 심리적으로 경험되는 시간의 흐름을 언어로 '번역'하는 방식을 시제라고 할 수 있는 것입니다.

흥미로운 것은 언어가 시간을 구획하는 방식이 사뭇 다르다는 점인데요. 예를 들어 영어의 경우 과거는 단일한 시제로 표현됩니다. "I slept for two hours"라는 문장은 '두 시간을 잤다'는 뜻인데 이 문장은 몇 시간 전의 일에도, 어제 일에도, 그제 일에도, 한 달 전 일에도, 20년 전 일에도 사용할 수 있습니다. 얼마나 오

3장 문법 그리고 품사에 숨겨진 비밀들

랜 시간이 지났느냐와 관련 없이 과거의 사건에 대해 과거형을 사용하는 것이죠. 하지만 치누크어족에 속하는 킥슈트Kiksht의 경우엔 무려 일곱 개의 과거형이 존재합니다. 구체적으로 (1)아주 먼 과거, (2)1년에서 10년까지의 과거, (3)한 주에서 1년까지의 과거, (4)지난주에 속한 과거, (5)어제 혹은 그 이전 며칠에 속한 과거, (6)오늘에 속한 과거이지만 방금 전은 아닌 경우, (7)방금 전에 속하는 과거로 구분이 된다고 합니다. 킥슈트어로 "강에서 물고기를 낚았다"는 말을 한다면 대략 얼마 전에 낚았는지를 알 수 있는 것입니다. 과거를 구획하는 두 언어의 방식에 큰 차이가 있음을 알 수 있는 대목이지요.

시제와 시간의 구별은 문법교수에서 특히 중요합니다. 일상어와 문법용어의 의미가 헷갈리는 경우 어려움을 야기할 수 있기 때문입니다. 중학교 때 가정법을 배우며 가장 알쏭달쏭했던 것이 "가정법 과거는 현재 사실의 반대"라는 말이었습니다. 이 명제는 의미상 맞지만 처음 가정법을 접하는 저 같은 학생에게는 일종의 함정과도 같았죠. 그도 그럴 것이 '과거라면서 왜 현재 사실의 반대인 거지?'라는 의문을 자아냈으니까요.

명확히 해야 할 것은 "가정법 과거는"이라는 어구에서 '과거'는 시간이 아닌 시제를 의미한다는 것입니다. 동사가 취하는 형태에 대한 이야기라는 것이죠. 예를 들어 "If I were a Muslim woman in the US"(내가 미국에 살고 있는 무슬림 여성이라면)라고 했을 때 'were'는 이 조건절이 가정법임을 나타내는데 be 동사의 과거형으로 되어 있습니다. 그렇기에 해당 동사의 형태를 가리키며 '가정법 과거'라는 표현을 쓰는 것입니다. 하지만 이 조건절은 현재시간the present time의 사실과는 반대되는 의미를 가정합니다. 나는 미국에 살고 있는 무슬림 여성이 아니기 때문이지요. 선생님 께서 "가정법 과거는 현재 사실의 반대다"라는 말씀을 하시기 전 에 시제와 시간을 명확히 구분해주셨더라면 불필요한 혼동을 피 할 수 있었을 것입니다.

명사와 동사의 결정적 차이

언어 학습에 있어 의사소통 경험의 중요성은 부인할 수 없습니다. 어떤 사람들은 실제로 소통해보지 않고서는 언어를 제대로 배울 수 없다고, 문법 공부는 최소화해야 한다고 주장하기도 합니다. 하지만 한국 사회에서 언어 학습은 문법을 공부하는 일과 떼려야 뗄 수 없습니다. 실생활에서 사용하지 않는 외국어로서의 영어를 배움에 있어 기본적인 문법 학습의 효용을 무시할 수 없는 것입니다.

한국의 문법교육에서 "품사part of speech"는 필수적인 개념입니다. 제가 학교에 다닐 때 문법서의 차례는 대개 품사의 종류를 따랐습니다. 이는 17세기 이후 유럽에서 라틴어 교수를 위해 고안된 문법번역식 교수법Grammar Translation Method의 영향을 받은 구성입니다. 놀랍게도 최근의 문법서 또한 품사 중심의 접근을 하는 경우가 많습니다. 한 밴드의 노래 가사처럼 "습관이란 게 무서운 거더군"이란 말이 절로 나옵니다. 지난 수십 년 영어교육의 뼈대가 바뀌지 않고 있으니 말입니다. 영어를 어떻게 가르치고 배워야 하는가에 대한 논쟁 속에서 의사소통 및 과업 중심의 언어 학습 이론이 주류가 되었지만, 현장에서 문법 중심 교수요목의 영향은 여전히 막강합니다.

출판계에서도 '문법서=품사 중심의 문장 제시 및 해설'이라는 등식이 일반화되어 있습니다. 그럼에도 각각의 품사에 대한 개념적 설명은 찾아보기 힘들죠. 저 또한 품사를 중심으로 문법을 공부했지만, '조동사'나 '명사', '동사' 등의 의미를 진지하게 생각해보고, '왜 문법책이 이렇게 쓰인 거지? 왜 이런 개념이 차례를 구성해야만 하는 거지?'라는 질문을 던지지는 못했습니다. 동사 파트에 들어가면 동사 자체에 대해 생각해보기도 전에 동사의 종류, 예문과 해석을 배웠으니까요. 명사나 가정법, 전치사나 조동사와 같은 파트도 마찬가지였고요.

저는 한국과 같이 영어를 외국어로 사용하는 상황에서 문법교육은 필수라고 생각합니다. 특히 청소년기 이후의 영어교육이라면 문법을 전혀 다루지 않는 교수학습으로 원하는 수준의 언어 습득을 달성하긴 힘들지요. 그렇다면 '문법을 가르칠 것인가, 말 것인가'가 아니라 **어떤 문법을 어떻게 가르칠 것인가**가 논의의 주제가 되어야 합니다. 그리고 그 출발점에는 우리가 기존에 품사를 다루어왔던 방식에 대한 반성이 있어야 한다고 생각합니다. 그 출발로 전통적인 품사 중심의 교수에서 놓쳐왔던 것들을 좀 더 깊이 이해하는 작업이 필요합니다.

이런 취지에서 이제부터는 명사와 동사에 대해 생각해보려고 합니다. 여러 품사 중에 왜 하필 명사와 동사로 시작하는지 궁금하신가요? 아시다시피 명령문 등의 예외가 아니라면 영어에서 모든 문장에 명사와 동사가 나와야 하기 때문입니다. 명사와 동사는 세계를 묘사하고 설명하는 가장 중요한 품사로, 언어라는 거대 도시를 굴러가게 하는 핵심적인 인프라스트럭처에 해당합니다.

명사=개체 혹은 개념

먼저 명사에 대해 생각해보겠습니다. 세상에는 수많은 개체들이 있습니다. 자연에 다양한 생물과 무생물이 존재하고, 사람이 존재하고, 또 물건이 존재합니다. 물리적으로, 생물학적으로, 화학적으로 존재하는 것들입니다. 이들 개체들을 확정하는 기준에 대해서는 논쟁이 있을 수 있지만, 상식적인 수준에서 구분하는 건 어렵지 않지요. 이렇게 다양한 개체들에 부여된 언어적 속성이 명사입니다.

명사가 물리적 대상physical object만을 가리키는 것은 아닙니다. 정신적·심리적 개념들mental and psychological concepts이 있기 때문입니다. 평화, 민주주의, 자유, 사랑, 슬픔, 생각 등이 그것이지요. 이들은 물리적 실체와 대응한다기보다는 인간이 세계의 어떤 사태, 사고, 감정 등에 대해 부여한 개념입니다.

이들 외에도 매우 중요한 명사의 범주가 있습니다. 바로 동사와 같이 사건이나 변화를 나타내는 말이 명사화nominalization를 거치는 경우입니다. cook(요리하다)이라는 동사가 cooking(요리)이 되고, realize(깨닫다)는 realization(깨달음)이 됩니다. 이처럼 특정한 행위를 나타내는 말도 명사가 될 수 있습니다.

여기에서 알 수 있는 것은 명사가 다양한 영역에서 발견되는 다종다양한 개념이라는 사실입니다. 우리가 감각적으로 경험할 수 있는 물리적인 영역이라면 'a cup'이나 'sand'와 같은 명사를 예로 들 수 있고, 추상적인 개념의 영역이라면 'beauty'나 'peace'와 같은 예를 들 수 있을 것입니다. 이와는 별도로 행위를 나타내는 영역이라면 'discovery'나 'investigation'의 예를 들 수 있겠지요. 다시 말해 인간은 자신의 경험과 사유를 기반으로 물리적 실체, 심리적·추상적 개념, 사건과 행위 등의 영역들을 개념화할 수 있고 이들 영역에서 특정한 개념을 지정하여 이름을 붙일 수 있습니다. 이것이 바로 명사입니다.

동사=관계 혹은 상호작용

명사는 이렇게 세계의 다양한 영역에 존재하는 개념에 대응하는 문법 범주입니다. 하지만 그들이 따로따로 존재하는 것은 아닙니다. 삼라만상, 수많은 개념과 생각들은 서로 엮여 있지요. 저와 제가 지금 사용하는 키보드만큼 아주 밀접하게 관계를 맺고 있는 경우도 있겠고, 키보드 생산에 참여한 중국의 어떤 노동자와 저처럼 먼 관계도 있을 수 있습니다. 영화의 한 장면이 어린 시절 살던 집을 떠올리게 할 수도 있고, 어떤 음악이 평화를 가져다줄 수도 있습니다. 사람과 키보드, 영화와 어린 시절의 집, 음악과 평화 등이 엮여 있는 것입니다. 이렇게 세계는 어떤 식으로든 관계를 맺게 됩니다.

여러 대상 간의 관계를 나타내는 문법적 범주 중에서 가장 중요한 것이 바로 동사입니다. "I keep a diary"(나는 일기를 쓴다)라는 문장에서는 '나'라는 주체와 '일기'라는 대상을 'keep'이라는 동사가 연결합니다. "Chulsoo loves Jazz"(철수는 재즈를 좋아한다)에서는 '철수'라고 불리는 사람과 '재즈'라는 음악 장르를 'love'라는 동사가 이어주고 있습니다. 철수와 재즈는 사랑이라는 관계로 묶이는 것입니다. "The poet criticized the critic"(시인은 비평가를 비판했다)이라는 문장은 '시인'이 '비평가'와 어떤 관계에 놓이는가를 설명해주죠. 동사는 개체들 간의 관계 혹은 상호작용의 양상을 설명하는 말입니다.

명사와 동사 그리고 시간

이처럼 명사와 동사는 개체/개념들 그리고 이들 간의 관계를 표현하는 가장 중요한 언어적 도구입니다. 문장을 만들어내기 위해 필수적으로 요구되는 품사들이죠. 하지만 명사와 동사 사이에는 아주 중요한 차이가 있습니다. 그것은 바로 시간을 표시하느냐 즉, 시제를 가지고 있느냐 하는 점입니다. to 부정사로 사용되는 동사, ~ing의 형태로 쓰이는 동명사 등을 제외한 주절의 동사는 늘 시간과 함께 있습니다. 홀로 현재를 표현하기도 하고, '-ed'와 같은 형태소의 힘을 빌려 과거를 표현하기도 하며, will과 같은 조동사의 도움을 받아 미래를 나타내기도 합니다.

예를 들어봅시다. 명사 'book'은 그 자체에 시간 개념을 포함하지 않습니다. 적어도 언어적으로는 '책'이라는 단어에서 시간을 찾아볼 수 없습니다. 왜 그럴까요? 우선 book이라는 명사는 특정한 한 권의 책이 아니라 "(이 세계에 존재했었고 존재하며 존재하게 될 모든) 책"이라는 개념을 가리키기 때문입니다. 물론 미디어로서의 책은 길고 복잡한 시간 속에 만들어집니다. 짧게는 나무가 제지 과정을 거쳐 종이가 되고, 저자가 글을 쓰고, 그 내용이 종이에 인쇄되고, 제본되어 우리 책장에 오기까지의 역사가 있을 것입니다. 길게는 문자체계가 확립되고, 제지술이 발명되고, 인쇄술이 대중화되는 시기까지 거슬러 올라갈 수 있겠지요. 그 수많은 시간과 사람들의 역사가 '책'이라는 개념에 고스란히 담겨 있는 것입니다. 하지만 책이라는 단어 자체는 그런 시간을 담지 않습니다. 문법적으로 '-ed'와 같이 시간을 표시할 방법도 없죠. 영어에서 동사는 늘 시간과 함께 움직이지만, 명사의 경우는 그렇지 않다는 사실을 기억할 필요가 있습니다.

언어가 그려내는 세계
그리고 해석

　인간이 처리하는 정보량은 얼마나 될까요? 정확한 계산은 힘들지만 1초에 우리의 눈, 피부, 귀, 코, 혀 등이 전달하는 정보의 양은 대략 다음과 같다고 합니다. 1초당 총 1,100만 비트 정도가 뇌로 전달되는 것입니다(Markowsky, 2017).

　하지만 이 중 뇌가 실제로 처리하는 정보는 일부에 지나지 않습니다. 의식적으로 처리되는 건 겨우 초당 50비트 정도라고 하네요. 여기에서 알 수 있는 것은 인간이 세계를 있는 그대로 받아들

감각 기관	초당 비트 수
시각	10,000,000
촉각	1,000,000
청각	100,000
후각	100,000
미각	1,000

감각의 종류에 따른 정보 정보량

인다기보다는 생존과 판단을 위해 필요한 핵심 정보만을 선별적으로 받아들이고 처리한다는 점입니다. 인간이 세계의 수많은 정보를 계속해서 받아들인다면 시쳇말로 '머리가 터져버릴지도' 모르는 것이지요. 언어가 세계를 그리는 방식도 이와 닮은 면이 있습니다. 있는 그대로 담지 않고 선별적으로 그려내지요.

문장이 단순하다고 세계가 단순한 것은 아니다

자동사 'grow'가 등장하는 문장 "This tree grows fast"를 봅시다. "이 나무는 빨리 자란다"는 의미죠. 한 나무에 대해 이야기하고 있으며, 특별히 다른 개체나 환경과의 관계를 언급하진 않습니다. 하지만 잘 생각해보면 나무가 그냥 막 자랄 리가 없습니다. 나무의 변화는 다른 개체들과의 상호작용이 있기에 가능하겠죠. 그것이 햇빛이든, 물이든, 공기이든, 주변의 동식물이든 말입니다. 다시 말해 나무는 그것이 속한 생태계와 끊임없이 상호작용하면서 자라나고 있는 것입니다.

여기에서 해석construal이라는 개념이 등장합니다. 우리가 언어를 통해 무언가에 대해 이야기할 때, 특정한 사태 전체를 언어라는 코드로 표현하는 것은 불가능합니다. 세계의 특정한 부분을 언어화할 뿐이지요. 다시 말해 화자는 의도하든, 의도하지 않았든 현재 주어진 정보 중에서 극히 일부분만을 문장에 등장시키는 것입니다. 이를 인지언어학의 용어로 해석이라고 합니다.

예를 들어봅시다. BTS의 팬이 "Everyone loves BTS"라고 말하는 경우와 "BTS is loved by everyone"이라고 하는 경우 두 문

장이 담고 있는 기본적인 의미는 같습니다. 하지만 첫 번째 문장에서는 'Everyone'이 문장의 전면에 나섭니다. BTS는 목적어로 그 뒤를 따르지요. 이에 비해 후자의 문장은 BTS를 맨 앞에 내세워 사람들의 이목을 끕니다. 그러고 나서 'is loved by everyone'으로 BTS에 대한 이야기를 풀어냅니다. 기본적인 의미는 같다고 해도 문장을 구성하는 방식이 다르고, 어디에 더 먼저 하이라이트가 비추어지는지가 다릅니다. 이를 통해 화자는 청자의 주의attention를 사뭇 다르게 조절하는 것입니다. 이런 면에서 언어는 규칙의 체계이면서 동시에 가능한 선택의 집합입니다. 세계와 언어는 1:1로 대응하지 않습니다. 세계와 언어 사이에는 언제나 인간의 개념화conceptualization 과정이 개입하며, 이에 따라 다양한 언어가 생성될 수 있는 것입니다.

It is … that 강조구문과 해석

문장의 특정한 요소를 강조하는 소위 'It is … that' 강조구문도 해석의 관점에서 살펴볼 수 있습니다. 특정한 사건을 "John bought a gift for her mother at the restaurant yesterday"(존은 어제 레스토랑에서 어머니를 위한 선물을 샀다)라고 표현할지 "It was John that bought a gift for her mother at the restaurant yesterday"(어제 레스토랑에서 어머니를 위한 선물을 산 건 존이었다)라고 표현할지는 발화자의 해석에 달려 있습니다. 그렇다면 어떤 요인이 이 두 선택을 가르는 것일까요? 무대 조명과 등장인물 간의 관계를 예로 들어 살펴보겠습니다.

무대에 등장하는 여러 요소들이 있습니다. 평소에는 각각의 요소에 동일한 조명이 비추어집니다. 그런데 때로 특정한 요소를 강조하고 싶을 때가 있습니다. 그때는 해당 요소에 스포트라이트 spotlight가 가고 다른 요소들은 조금 어두운 조명이 비추어집니다. 이러한 원리는 문장에도 적용할 수 있습니다.

"John bought a gift for her mother at the restaurant yesterday"라는 문장에서 'John'에 강한 조명을 비추고 나머지는 약한 조명으로 갈 경우를 생각해봅시다. 영어에서 이 '조명'의 역할을 하는 것이 'It is ... that' 강조구문입니다. 그래서 저 ' ... '에 들어가는 요소가 강한 빛을 받게 되지요. 여기에는 John도, a gift도, for her mother도, at the restaurant도, yesterday도 들어갈 수 있습니다. 조명의 종류도 다양합니다. 'It is ... who'는 인물 전담 조명이고, 'It is ... where'는 장소를 전담하죠. 'It is ... when'은 시간을 도드라지게 보이도록 하는 조명입니다. 이에 비해 'It is ... that'은 만능이라 두루두루 쓸 수 있답니다.

이 설명엔 약간의 과장이 있습니다. 사실 'It is ... that'이 만능은 아니기 때문입니다. 동사인 'bought'를 강조할 수 없는 것이죠. 동사를 강조하는 방식은 따로 있습니다. 바로 동사 앞에 'do' 동사를 붙이는 것이지요. 그래서 저 문장을 강조하면 "John did buy a gift for her mother at the restaurant yesterday"와 같이 쓰면 됩니다. 과거형이라 did를 썼고요. 조동사 뒤의 동사는 원형, 그래서 buy가 되었죠.

자, 이제 무대에 등장하는 여러 요소 중 원하는 대상을 골라 조명을 때려주는 작업을 할 수 있으실 겁니다. 발화자의 의도에 따

3장 문법 그리고 품사에 숨겨진 비밀들

라, 같은 일이 일어났다고 하더라도 다양한 방식으로 표현해낼 수 있지요. 세계를 언어로 해석하는 방식은 무궁무진합니다.

해석의 한 종류: 프로파일링

언어가 다양한 선택을 가능하게 한다는 점을 가장 잘 보여주는 예로 프로파일링profiling을 들 수 있습니다. 즉, 한 가지 사건에 대해서 서로 다른 주체들을 캐스팅하고 그들 간의 관계를 맺어주는 것입니다. 아래의 예를 통해 프로파일링의 개념에 대해 좀 더 살펴보겠습니다(Evans & Green, 2006, p. 41).

> a. The boy kicks over the vase.
> b. The vase is kicked over.
> c. The vase smashes into bits.
> d. The vase is in bits.

사건 개요는 간단합니다. 한 소년이 꽃병을 차서 산산조각이 난 것입니다. 문장 a~d는 해당 사건의 특정한 면을 부각합니다. 예를 들어 a는 소년이 꽃병을 찼다는 사실을, b는 꽃병이 차여서 넘어진 사실을, c는 꽃병이 여러 조각으로 부서졌다는 사실을, 마지막 d는 이제 꽃병이 조각난 상태로 존재한다는 사실을 강조합니다. 특정한 사건event의 특정한 측면을 언어화한 것으로 볼 수 있습니다.

네 문장을 모두 연결한다고 해도 사건의 총체를 다루진 못합니다. 소년이 어떤 표정을 지었는지, 다친 곳은 없었는지, 기분은 어땠는지, 꽃병 조각은 어떤 모양을 이루고 있었는지, 꽃병의 꽃이 어떻게 되었는지, 총 몇 조각으로 깨졌는지, 물이 튀어서 카펫은 어떻게 되었는지 등 사건의 정황, 전개, 결과, 심리를 모두 이야기하는 것은 불가능합니다. 그럴 필요도 없고요. 중요한 것은 우리가 특정 사건을 이해하고 다른 이들에게 전달하기 위해 늘 프로파일링을 수행하고 있다는 사실입니다. 언어는 세계의 총체가 아닙니다. 언어는 그 안의 구성 요소를 의도적으로 캐스팅하고 이들의 관계를 맺어주는 매체입니다.

당연한 이야기지만 우리는 이 사실을 잘 인지하지 못하고 살아갑니다. 새로운 언어를 배울 때도 간과되곤 하죠. 마치 물고기가 자신을 둘러싼 물의 존재와 특성을 파악하기 힘들듯, 태어나면서부터 언어의 세례를 받고 이를 통해서 사고하며 그 안에서 관계를 맺고 삶을 영위하기에 언어가 삶과 세계의 극히 일부분만을 그려내고 있다는 사실에 대해 자각하지 못하는 것입니다.

연예인 프로필, 범죄자 프로파일링 그리고 언어의 작동방식

연예인 프로필을 떠올리시면 프로파일링이라는 개념을 좀 더 쉽게 이해하실 수 있습니다. 포털에서 특정 연예인을 찾았을 때 몇몇 신상정보와 사진이 뜨고, 이걸 프로필이라고 합니다. 해당 인물의 활동 및 배경 모두를 자세하게 보여주기보다는, 주요 특징만을 간단하게 적어놓습니다. 물론 아무렇게나 고른 특징들은 아니고, 사회적·관습적으로 사람들이 관심을 가질 만한 것들이 적혀 있습니다. 예를 들어 출연작이나 발매 음반 같은 정보는 자주 제공되지만, 최근 감명 깊게 읽은 책이나 동네에서 자주 가는 맛집들의 목록을 보여주진 않지요. 과학·사회학 및 심리학적 기법을 동원하여 특정되지 않은 범죄자의 사회적·심리적·행동적 특성을 그려나가는 작업을 가리키는 '범죄자 프로파일링criminal profiling' 또한 이상에서 설명한 프로파일링의 의미와 맞닿아 있습니다. 범죄 해결에 단서가 될 만한 정보를 체계적으로 모아 해당 범죄자의 주요 특성을 기술하지만, 모든 것을 담지는 않는 것입니다.

말을 하는 순간, 사건의 프로필이 만들어진다!

이와 같이 언어는 세계를, 그 안의 사건들을 일종의 **프로필**로 만듭니다. "이 나무는 빨리 자란다"는 발화는 나무와 다른 개체 및 환경 간의 이리저리 얽힌 관계 위에서 탄생한 프로필입니다. 특정한 상황 아래에서 특정한 목적을 이루기 위해 엄청난 양의 정보를 생략하고 오직 필요한 정보만을 언어화한 것이죠. 가령 일상에서 특정한 나무의 성장을 말하기 위해 광합성을 설명하는 복잡한 화학식과 생태계의 다른 요소들과 맺는 관계 일체를 제시하진 않습니다. "와, 이 나무 진짜 오랜만에 본다. 꽤 많이 컸네"라는 친구의 말에 "응, 그러게. 꽤 빨리 자라네"라고 말하면 충분한 것입니다. 만약 "나무가 빨리 자란다"는 말에 더해서 생태계 그림을 펼치면서 설명하려 든다거나, "이게 말이지, 탄소가 태양에너지를 받아서… 엽록소가… 빛의 파장과 세기는 어쩌고저쩌고"하면서 일련의 화학반응과 공식을 설명하려 든다면 이상한 사람이 되기 십상이죠.

언어는 복잡다단한 세계를 해석해내고 프로필로 만듭니다. 이는 언제나 파편적이고 부분적이며, 특정한 관점 아래에서 수행됩니다. 언어는 우리로 하여금 수많은 것들을 상상하고 기술할 수 있게 해주지만, 세계를 완벽하게 표상하거나 설명해내지 못합니다. 인간 언어의 가능성이자 한계라고 할 수 있겠죠. 그리고 이 프로파일링 과정에서 가장 큰 역할을 담당하는 어휘 범주가 바로 명사와 동사입니다.

보통명사와 고유명사

이번에는 보통명사와 고유명사라는 주제로 이야기를 해보려 합니다. 'tiger'는 모든 호랑이를 대표하는 보통명사죠. 그렇기에 사전에서 찾으면 일반적인 정의를 제공할 뿐, 서울대공원 동물원에 가장 최근 입주한 호랑이인지, 대한민국에서 마지막으로 목격되었다는 호랑이인지 이야기해주지 않습니다. tiger를 특정한 맥락 속에서 문장에 넣어 사용할 때라야 구체적 의미가 드러나는 것입니다.

이에 비해서 고유명사proper noun는 고유한 개체를 가리킵니다. 고유하다는 것은 하나밖에 없는 존재임을 의미하지요. '아인슈타인'이라는 이름은 20세기 가장 저명한 물리학자 중 한 명의 이름이고, 지구상에 존재했던 수많은 사람 중 단 한 명을 지칭합니다. '아인슈타인'이라는 이름을 가진 사람이야 여럿이겠지만, 각각의 아인슈타인에 대응하는 사람은 오로지 하나입니다. 따라서 '아인슈타인'은 고유명사입니다. 같은 논리로 우리 각자의 이름 또한 고유명사입니다. 영단어로 표현하자면 고유명사가 가리키는 개체는 유일무이한unique 존재입니다.

그런데 여기에서 한 가지 짚고 넘어갈 것이 있습니다. '고유명사'의 대표격으로 가장 먼저 떠오르는 것이 사람의 이름인 만큼, 인간은 자신에게 고유함을 나타낼 수 있는 명찰을 달아주고 있는 셈입니다. 반려동물들도 이름을 갖고 있지요. 인간의 지근거리에서 살아가는 생명, 특히 동물에게 이름을 지어주는 것은 일반적인 관행입니다. 하지만 매일 지나치며 만나는 길고양이에게 이름을 지어주는 경우는 흔치 않습니다. 그들을 매일 돌보는 '캣맘'이 아니라면 말입니다. 가로수가 이름을 갖는 경우는 더욱 드물지요. 그렇다고 수많은 길고양이와 가로수가 고유하지 않은 것일까요? 그럴 리가 없습니다. 한 사람 한 사람이 고유하듯 그들도 고유함을 지닙니다. 온 우주에 하나밖에 없는 존재인 것이지요. 하지만 모두에게 이름이 주어지진 않습니다.

고유명사가 보통명사가 되는 상황

고유명사와 관련하여 재미난 일화가 떠오릅니다. 오래전 한 PC통신 서비스에는 이름이 ○○인 사람들의 모임이 있었다고 합니다. 편의상 '철수들의 모임'이라고 하겠습니다. 그룹 구성원이 모두 철수이니 서로 이름을 부르는 커뮤니티에서 '철수'라는 고유명사는 정보 가치를 상실했지요. 그래도 소통을 위해 각자를 불러야 할 필요가 있어 별명으로 불렀습니다. "철수들은 별명을 통해 또 다른 철수들을 불렀습니다"라고 써야 좀 더 정확한 설명일까요? 고유명사('철수'라는 이름)가 힘을 잃은 자리에 또 다른 고유명사(별명)가 자리를 잡게 된 상황이었던 겁니다. 재미있는 것은 이전에 보통명사였던 단어들이 별명이 되면서 고유명사의 역할을 수행했다는 점입니다. 이 동호회에서만큼은 '고구마'나 '토끼'가 특정인을 가리키는 고유한 이름이 된 것입니다. 이처럼 고유명사는 특정한 맥락에서 고유함을 상실하고 보통명사가 되기도 합니다. 마찬가지로 보통명사는 특정한 상황에서 고유명사의 역할을 수행할 수 있지요.

보통명사와 범주화

'나무'는 보통명사입니다. 특정한 개체를 가리키는 말이 아니라 '나무'라는 단어로 분류되는 식물 모두를 가리키는 말이기 때문입니다. 감나무, 사과나무, 벚나무, 뽕나무, 버드나무 모두가 '나무'죠. 또 각각의 나무에 속하는 개별 나무들이 존재합니다. 그렇기에 '나무'라는 단어는 많은 개체들을 포괄하는 개념입니다. 세상에 얼마나 많은 나무가 있을까요? 알 수 없지만, 제가 '나무'라고 할 때는 그 모든 나무가 겨우 두 글자 단어 "나무"에 쏙 하고 들어오는 것입니다. 물론 나무들이 자진해서, 순순히, 즐겁게 우리 언어 속으로 들어오진 않겠지만, 적어도 사람들 사이에서는 그 약속이 유효합니다.

이런 과정을 보통 범주화categorization라고 부릅니다. 온라인 쇼핑몰의 '상품 카테고리'에서 말하는 그 '카테고리'에 해당하는 영단어가 바로 category이고, '카테고리로 만들다'라는 뜻을 가진 단어가 categorize입니다. 이것의 명사형이 바로 categorization 즉, '범주화'인 것이죠. 범주화는 다양한 개체들을 특정한 기준에 따라 묶어내는 작업입니다. 수많은 개별자들을 묶어서 하나의 범주로 만들고, 이를 사고와 소통의 도구로 사용합니다. 제가 '자동차'라고 할 때 세상의 모든 자동차가 그 안에 들어오고, '사랑'이라고 하면 세상 모든 사랑이 그 말로 들어옵니다. 개체들을 모두 묶어 하나의 범주로 만들 때 이 범주가 포괄하는 사례는 엄청나게 많아지지요. 이것이 바로 범주화의 강력한 힘입니다. 범주는 인간이 세계를 추상화하고, 개념화하고, 체계화하여 이해하는 데 있어 가장 중요한 도구입니다.

범주화, 언어, 학교교육

하지만 범주화의 함정이 있으니, 바로 개체의 특징을 사라지게 만든다는 것입니다. 저의 집 앞에 있는 키 큰 활엽 가로수들도 '나무'고, 집 뒤에 있는 작다란 침엽수들도 '나무'입니다. 등굣길에 만나곤 했던 100년을 훌쩍 넘긴 친구들도 '나무'고, 묘목상에서 가져온 묘목도 '나무'고, 심지어 크리스마스트리용 플라스틱 조형물도 '나무'입니다. 이 모든 것들을 '나무'라고 부르는 것이 신기할 정도입니다. 보통명사에는 분명 '도매금'이라는 시쳇말을 연상시키는 구석이 있습니다. 이것저것 죄다 긁어모아서 하나의 단어 안으로 사정없이 밀어 넣으니까요.

범주화의 한계와 관련하여 요즘 곰곰이 생각하는 주제는 감정입니다. 예를 들어 많은 심리학자들은 인간의 기본 감정으로 행복, 공포, 분노, 기쁨, 슬픔, 경멸, 혐오 등을 듭니다. 여기에 해당하는 다양한 어휘들이 있고요. 일상에서 자주 사용하는 단어 '슬프다'도 그중 하나죠. 그런데 '슬프다'는 말을 사용하는 상황에서 우리가 느끼는 감정을 그저 '슬픔'이라는 단어로 범주화하는 게 괜찮은 일일까요? 길가에서 만난 삐쩍 마른 길고양이를 보았을 때도, 열렬하게 응원하던 운동선수의 부상 소식을 들었을 때도, 절친한 친구를 갑작스레 떠나보내야 할 때도 우리는 '슬프다'라는 말을 씁니다. 그런데 각각의 슬픔은 깊이도, 너비도, 결도 다르지요. 그럼에도 우리는 그 모든 것들을 '슬픔'이라고 묶어서 부르는 것입니다. 어쩌면 참 손쉬운 범주화라고 할 수도 있겠습니다.

언어는 범주화에 능합니다. 여러 이론을 배우다 보면 범주를 가리키는 용어들이 쏟아집니다. 표준화된 학교교육이 사회를 지배할수록 추상화된 범주의 출현 빈도는 높아집니다. 나아가 매스미디어와 대량복제기술은 보통명사의 힘을 한층 강화합니다. 결국 고유명사보다는 보통명사의 시대가 되어버립니다. 개별 존재를 통해 범주를 확립하는 것이 아니라, 범주를 먼저 배우고 개별 존재를 만날 때마다 범주라는 상자에 '분리수거'를 하는 것입니다. 이것이 사회정치적 영역으로 넘어오면 '딱지 붙이기'와 같은 행태가 됩니다. 극단으로 치달으면 '아군/적군'과 같이 이분법으로 세계를 바라보게 되지요. 누군가를 특정한 용어로 부르고 나면 그 사람이 가지고 있는 고유함, 그가 걸어온 역사적 궤적, 그의 인생의 다면성은 아예 고려의 대상이 되지 못합니다. 그렇게 우리는 알게 모르게 '범주화의 폭력'을 내면화하고 있는지도 모릅니다.

탈범주의 일상 그리고 교육

저는 보통명사를 고유명사로 바꾸는 일상적 실천에 주목합니다. 오래전 종교학자 유기쁨 선생님께서 학생들에게 '나무와 소통하기' 과제를 내주셨다는 이야기를 들었습니다. 학생들은 나무에 이름을 지어주기, 매일매일 변화 관찰하기, 껴안아주기 등의 활동을 하고 이를 성찰하는 글을 써냈다고 합니다. 왜 이런 활동을 하는 것일까요? 선생님의 의도를 다 파악할 수는 없지만 아마도 수많은 나무를 '나무'라는 추상화된 범주에 가두지 않고, 나무 하나하나와 인격적 만남을 갖게 하려는 뜻이었을 것 같습니다. 많은 가로수를 '가로수' 혹은 '은행나무' 등으로 부르는 데 그치지 않고, "집에 오는 길, 지하철역에서 나와 건널목을 건너 구멍가게 건너편에 있는 키가 3미터쯤 되고 큰길 쪽으로 살짝 기운 아름드리 은행나무랑 10분 동안 포옹해봤어"라는 식의 경험을 갖도록 하는 것이죠. 이를 통해서 보통명사 '나무'는 고유명사가 됩니다. 보통명사가 고유명사가 되기 위해 필요했던 것은 그 나무와 함께한 시간이었죠. 이제 그 나무를 떠올리며 "나무야"라고 조용히 읊조리면 특유의 푸르름과 촉감이 느껴집니다. 새로운 관계가 새로운 개념의 세계를 만든 것입니다.

이런 관점에서 교육은 범주화와 탈범주화, 보통명사화와 고유명사화를 씨줄과 날줄로 엮어내야 합니다. 세계를 추상화된 범주로, 과학과 교과의 카테고리로 이해시킴과 동시에 개별 구성원들과 온몸으로, 인격적으로 만나는 법을 가르쳐야 하는 것이죠. H_2O를 화학식으로 익힘과 동시에, 대한민국 서울의 물과 아마존 밀림 속의 물, 수도꼭지를 틀면 콸콸 쏟아지는 물과 빗물을 정성스레 모아야 쓸 수 있는 물의 차이를 배워야 할 것입니다.

애석하게도 보통명사가 교육의 중심에 있습니다. 영어교육도 마찬가지입니다. 마음을 전달하고 세계와 소통하는 방식을 가르치기보다는 내신과 수능이라는 보통명사들과 씨름하게 만듭니다. 좋아하는 애니메이션 캐릭터의 대사가 아니라, 구체적인 개인의 삶의 아픔을 나누는 통로가 아니라, 표준화 시험과의 전쟁에서 살아남는 전략으로서의 영어를 다루지요. 그 과정에서 학습자들은 점점 보통명사가 되어갑니다. 같은 문제를 풀고, 같은 소재에 대한 글을 읽고, 같은 학습전략을 내면화하게 되는 것입니다. 이제 그 길에서 벗어나 보통명사로만 생각해왔던 것들 중 하나를 고유명사로 만드는 프로젝트를 시작해보는 건 어떨까요? '영어'를 국가교육과정이 정해놓은 문장과 단어로 생각하는 데서 벗어나 자신의 삶을 위한 마법의 도구로 바라볼 수 있도록 돕는 프로젝트, 그 과정에서 자신과 타인의 고유함에 대해 더 깊이 성찰하게 되는 프로젝트 말입니다.

명사를
의심해야 할 이유

이번 주제는 명사화입니다. '명사+화'이니 명사가 아닌 것이 명사로 변신하는 과정을 의미하는 것이겠지요. 명사화를 나타내는 영단어 nominalization은 동사 nominalize가 접미사 '-ation'을 만나 만들어진 만큼, 이 단어 자체가 명사화의 좋은 예가 되겠네요.

명사화 수업

먼저 명사화에 대한 간단한 수업을 해보도록 하겠습니다. 다음 단어의 명사형은 무엇일까요?

recover →

limit →

record →

다 적으셨나요? 정답을 하나씩 살펴보겠습니다. 첫 번째 recover는 -y를 붙여서 recovery로 만듭니다. '회복하다'가 '회복'이 되는 것이죠. limit(제한하다, 한계를 짓다)는 limitation(한계)이 되어야 하고, record는 철자를 바꾸지 않고도 명사로 쓸 수 있습니다. 미국 영어를 기준으로 첫음절에 강세를 두어 [rékərd]로 발음해야 한다는 조건 아래에서 말입니다. 물론 명사를 만드는 방법은 이보다 훨씬 다양합니다. 이렇게 동사를 비롯한 여러 품사의 단어를 명사로 바꾸는 작업을 명사화라고 부릅니다. 그렇다면 명사화에는 어떤 개념적 의미가 담겨 있을까요? 그저 '-y'를 더하고, '-ness'나 '-ation' 등의 접사를 붙이는 것이 전부일까요?

마이클 할리데이와 문법적 은유

질문에 답하기 전에 마이클 할리데이Michael Halliday라는 학자 이야기부터 해야 할 것 같습니다. 북미와 한국에서는 아직까지 촘스키 언어학이 대세를 이루고 있지만, 전 세계적으로 보았을 때 촘스키와 동료 학자들의 보편문법 이론 외에도 크게 두 가지 흐름이 더 존재합니다. 하나는 이 책을 통해 살펴보고 있는 인지언어학이고, 다른 하나는 호주를 중심으로 발달된 체계-기능 언어학 Systemic Functional Linguistics, SFL입니다. 이 두 가지 조류는 기존의 형식언어학에 비해 의미와 컨텍스트를 언어의 중심에 놓는 특징을 공유합니다. 이 중 체계-기능 언어학을 주창, 발전시킨 학자가 바로 마이클 할리데이입니다.

그의 업적은 방대하지만, 이번 논의와 관련해서는 그가 문법적 은유grammatical metaphor라는 개념을 제안했다는 점만 기억하시면 됩니다. 먼저 다음 두 예시를 보겠습니다.

a. The bridge collapsed. (교량이 무너졌다.)

b. the collapse of the bridge (교량의 붕괴)

앞서 살펴본 바와 같이 둘의 가장 큰 차이는 시제의 유무에 있습니다. a에는 과거형 -ed와 결합된 동사 collapsed가 쓰였습니다. 따라서 과거에 일어난 사건임을 알 수 있죠. 대조적으로 b에는 동사도 시제도 없습니다. 따라서 절이 될 수 없고, 구, 그중에서도 명사구noun phrase로 존재합니다. 시간을 표현하는 어떤 단서도 들어 있지 않습니다.

명사화, 흐르는 강물을 직육면체로 잘라내다

할리데이는 이와 같이 a에서 b로 변환되는 과정을 문법적 은유라는 개념으로 설명합니다(Devrim, 2015). 이를 이해하기 위해, 앞서 논의했던 '은유'의 의미를 잠시 접어두겠습니다(학자들은 조금씩 다른 의미로 용어를 사용하는 경향이 있습니다. 다양한 시대와 장소에서 학문과 이론이 발전하기에 어쩔 수 없는 현상이기도 하지만, 배우는 사람의 입장에서는 조금 성가시기도 하죠).

시간은 흘러가고 만물은 끊임없이 변화합니다. 철학의 용어를 쓰자면 만물은 언제나 생성becoming 중이죠. 멈춰 있는 것은 없으며, 세상에서 가장 고요한 시간처럼 느껴질 때도 수많은 개체 사이에 끊임없는 상호작용이 일어납니다.

위의 예에서 a는 과정process을 표현하고, 과거시제를 통해 교량이 붕괴되는 사건이 시간 속에서 드러납니다. 그러나 b에서 이야기하는 '교량의 붕괴'는 시간의 축에 접지되지 않은 추상적 개념입니다. 풀어서 말하자면 이렇습니다. 교량이 무너지는 물리적 사건은 연속적인 과정입니다. 교량이 만들어지고, 부식되고, 자동차가 지나가고, 하중을 받고, 천둥이 치고, 비가 오고, 하중을 더 견디지 못한 교량이 무너지고… 이 모든 것들은 시간의 축 위에서 발생하는 일련의 중단 없는 사건들이지요. 인간의 언어, 그중에서도 명사화는 복잡다단한 과정으로부터 시간을 거세하여 "교량 붕괴"라는 개념으로 만드는 능력을 발휘합니다.

별로 대단한 일 같아 보이지는 않습니다. 언어를 사용하는 사람이라면 누구나 매일같이 하는 일이니까요. 형사가 증거를 모으고, 알리바이를 확인하고, 프로파일링을 수행하고, 다양한 증거를 비교하고 대조하는 일은 분명 행위activity입니다. 즉 'investigate' 하는 것이죠. 하지만 이 모든 활동을 묶어서 'investigation' 즉 '조사'라고 말할 수 있는 것입니다. 하지만 이 별것 아닌 일의 개념적 무게는 결코 가볍지 않습니다. 시간의 흐름 속에 얽히고설킨 사건들이 '교량 붕괴' 그리고 '조사' 속으로 모두 빨려들어 갔으니 말입니다. 도도히 흐르는 시간의 강물을 반듯한 직육면체로 잘라내는 마법이라고나 할까요? 할리데이는 언어의 이러한 기능을 일종의 은유로 봅니다. 그래서 끊임없이 역동적으로 변화하는 세계와 명

사화와의 관계를 문법적 은유라 명명했습니다.●○

명사구와 비시간성

명사구에는 시제가 없으므로 과거에 일어난 일인지, 미래에 일어날 일인지, 지금 눈앞에서 벌어지고 있는 일인지 알 방법이 없습니다. 시제와 결합되지 않은 아이디어 혹은 개념 상태로 존재하는 것입니다. 다음 두 문장을 보시죠.

c. The collapse of the bridge affected river, rail, road, bicycle and pedestrian, and air transit. (교량의 붕괴는 강, 철도, 도로, 자전거와 보행인 그리고 항공수송에 영향을 미쳤다.)

d. The collapse of the bridge will affect school students that attend K Secondary School. (교량의 붕괴는 K중고에 다니는 학생들에게 영향을 미칠 것이다.)

두 문장 가운데 c에서 말하는 "the collapse of the bridge"는 이미 일어난 일입니다. 뒤에 등장하는 과거형 동사 affected와 결합했기 때문입니다. 하지만 동일한 명사구가 d에서는 will affect라는 동사를 취합니다. 아직 일어나지 않은 일입니다. 이는 '교량 붕괴'라는 명사구에 구체적 시간이 존재하지 않음을 보여줍니다.

●○ 할리데이가 명명한 문법적 은유가 명사화에만 국한되지는 않습니다만, 본 원고의 맥락에서는 명사화를 집중적으로 논의하기에 상세한 설명을 생략합니다.

이처럼 명사구는 특정한 문장에 들어감으로써 시간성을 획득하게 됩니다. 이러한 원리에 따라 "the collapse of the bridge"는 과거를 나타내는 문장에도, 현재를 이야기하는 문장에도, 또 미래를 표현하는 문장에도 쓰일 수 있습니다. 예를 들어 "The collapse of the bridge is imminent"(교량의 붕괴가 임박했다)에서 교량은 아직 무너지지 않은 상태이고 "We are witnessing the collapse of the bridge"(우리는 교량의 붕괴를 목격하고 있다)에서 교량 붕괴는 현재 일어나고 있는 사건이 되는 것입니다.

내러티브와 경험 vs. 과학 텍스트와 개념/법칙

문법적 은유에 대한 할리데이의 통찰이 우리의 언어생활, 특히 여러 장르의 텍스트와 어떤 관계에 있는지 생각해봅시다. '동사+과거시제' 형태를 가장 빈번하게 사용하게 되는 장르는 무엇일까요? 내러티브, 즉 경험에 관한 이야기를 하는 텍스트입니다. 예를 들어 일기나 여행기를 쓸 때 과거형 동사를 피하는 것은 거의 불가능합니다. 인간의 경험은 시간 속에서 펼쳐지고, 내레이터는 대개 시간에 따라 순차적으로 경험을 펼쳐놓습니다. 이때 시간을 가장 편하게 이야기할 수 있는 문법적 도구는 과거시제이므로 과거형 동사가 계속해서 쓰이는 것은 매우 자연스럽습니다. 이에 비해 과학 텍스트에서는 명사구가 자주 발견됩니다. 동사의 형태에 있어 현재 시제의 비율이 높고요. 일례로 한 학술논문에서 가져온 다음 문장을 보시죠.

This paper reports on an investigation of podcasting as a tool for honing pronunciation skills in intermediate language learning.

"an investigation of podcasting as ... language learning"라는 명사구에 주목해봅시다. 해당 논문을 쓰기 위해 연구자들은 조사했습니다. 동사로는 investigated가 되겠죠. 앞서 예시를 든 범죄 수사와 마찬가지로 과학적인 조사 또한 일련의 과정들로 이루어집니다. 계획을 세우고, 실험 참여자들을 만나고, 통계 방법론을 적용하고, 데이터를 분류하는 등의 일이 포함될 겁니다. 하지만 이 문장은 이토록 다양한 과정들을 '조사an investigation'라는 하나의 명사로 표현합니다. "We investigated podcasting ... and wrote this paper and report the results"(우리는 팟캐스팅을 조사했다. 우리는 이 논문을 썼고 결과를 보고한다)가 아니라 "This paper reports on an investigation of ..."(이 논문은 …에 대한 조사내용을 보고한다)가 된 것입니다.

과학 교과서나 학술논문에서는 이렇게 명사화된 표현이 자주 쓰입니다. 이에 비해 평소에 친구들과 대화할 때는 명사구의 빈도가 그리 높지 않습니다. 명사화된 표현을 줄줄이 쓰는 친구가 있다면 '쟤는 말을 하는 거냐, 글을 읽는 거냐'라는 느낌을 받게 됩니다. 마치 〈빅뱅 이론Big Bang Theory〉이라는 미국 드라마에서 과학 너드nerd로 등장하는 캐릭터 셸든Sheldon의 대사들처럼 말이죠.

과학의 지향, 변하지 않는 진리

여기에서 생각해볼 것은 과학의 지향과 명사구 사이의 관계입니다. 과학은 기본적으로 시간과 공간을 초월한 개념과 법칙의 발견을 추구합니다. 장소 A에서는 참인데 장소 B에서는 참이 아닌 가설, 시간대에 따라 결과가 들쭉날쭉한 시뮬레이션, X가 하면 되는데 Y가 하면 안 되는 실험이 아니라, 장소나 시간, 실험의 주체와 관계없이 늘 성립하는 원리와 법칙을 찾고 싶은 것이죠. 맥락에 관계없이 일반적으로 적용할 수 있는 개념과 법칙을 찾아내려는 과학의 성격이 바로 명사구 또 명사화된 표현들로 텍스트에 드러나는 것입니다. 그렇기에 시간을 축으로 이야기가 전개되는 소설과 개념 간의 관계와 법칙을 주로 다루는 과학논문을 비교할 때 가장 큰 차이를 보이는 것이 동사와 명사구입니다. 소설에 비해 학술논문에서 사용하는 동사는 그 종류가 훨씬 적습니다. 대신 학술논문은 명사구의 잦은 사용을 통해 다양한 개념들을 전달합니다. '빡빡한dense' 개념들이 줄줄이 나오는 게 과학논문의 특징이지요. 그래서 이해하기 어렵고요.

다시 삶으로

"흐르는 강물에 손을 두 번 담그지 못한다"는 격언은 삶이 궁극적으로 흐름이라는 사실을 잘 표현합니다. 누구도 같은 시간을 두 번 살 수 없습니다. 방금 만난 친구를 내일 같은 장소와 같은 시간에 다시 만난다고 해도 그 친구도, 나도, 심지어는 그 장소도 바뀌어 있을 겁니다. 당구 애호가들은 "당구공은 절대로 갔던 길을 다시 가지 않는다"라고 말하더군요. 어찌 당구만 그렇겠습니까. 삶은 끝없이 변화하는 과정에 있고, 우리는 그 시간을 여행하는 나그네일 뿐입니다.

삶 속에서 우리는 갖가지 개념들을 만들어갑니다. 그게 '열역학 제2법칙' 같은 과학법칙이건, '열정적 사랑' 같은 정서적인 개념이건 말이죠. 엔트로피의 작동방식을 일반화하여 과학의 법칙으로 만드는 일, 누군가를 만나 뜨겁게 사랑하는 일련의 경험을 "열정적 사랑"이라는 개념으로 간직하는 일. 바로 이것이 인간을 인간이게 하는 가장 중요한 활동 중 하나일지도 모릅니다.

한편 쉬이 추상화되고 피와 땀이 거세된 개념들을 경계해야 합니다. 얽히고설킨 관계와 상호작용이 연속된 '시간 속'의 구체적인 행위가 아니라, 추상화되고 분절된 '시간 밖'의 개념이 되진 않는지 살펴야 합니다. 수많은 동사와 시제의 나열로 표현되어야 할 사건들이 한두 마디의 수식어가 붙은 명사구로 응축될 때 디테일은 사라지고 감정은 억압되며 소수의 목소리가 사라질 위험 또한 커지기 때문입니다. '양극화polarization'나 '젠트리피케이션 gentrification'같이 명사화된 표현 속에 사람들의 울분과 고통이 숨어 있음을 잊지 말아야 할 이유가 여기 있습니다. 양극화는 하루하루 인간의 경험을 어떻게 변화시키는지, 그 안에서 우리는 어떤 시간을 경험하는지, 젠트리피케이션 속에서 물리적 공간은 어떻게 변질되고 사람들의 일상은 어떻게 파괴되는지를 유심히 살펴야 하는 것입니다.

명사화
그리고 신화

"신화는 일종의 발화다."

프랑스의 철학자이며 비평가였던 롤랑 바르트Roland Barthes
의 이 말은 참 흥미롭습니다. 그에게 신화는 고대로부터 전해져
내려오는 이야기들도, 판타지로 가득한 사고도 아닙니다. 그저 여
러 종류의 말 중 하나일 뿐이지요. 이 정의에 따르면 신화란 우리
들이 고전이나 소설에서 종종 접하는 신과 영웅들의 이야기가 아
닙니다. 그와 반대로 일상에서 맞닥뜨리는 발화입니다. 우리는 작
은 신화들로 촘촘히 짜인 매트릭스 속에서 매일을 살아가고 있는
것입니다. 소셜 미디어의 게시물에, 유튜브 영상 안에, 신문의 논
평 속에, 친구와의 대화 중에도 신화는 존재합니다. 즉, 신화는 일
상의 담론을 이루는 요소입니다. 주의 깊게 살피지 않으면 신화인
줄 모르고 지나치게 되지요. 바르트가 말하는 '신화'의 의미를 깊
이 헤아려보면 앞서 논의한 명사화와 유사한 측면을 가지고 있음

을 알 수 있습니다. 이에 대해 아래에서 좀 더 살펴보겠습니다.

롤랑 바르트, 신화 그리고 '인류라는 가족'

바르트가 신화에 대해 가졌던 관점을 잘 보여주는 에피소드가 있습니다. 1950년대 초반 파리에서 열린 한 사진전의 포스터에 붙은 "인류라는 가족The Family of Man"이란 제목에 대한 반응이었죠. 우리 모두가 한 형제요 자매라는 말, 전 인류가 한 가족이라는 선언은 수많은 사람들의 이미지와 중첩되면서 보는 이들의 가슴을 뭉클하게 했습니다. 하지만 바르트는 이 문구에 분개했습니다. '인류가 어떻게 가족이란 말인가, 몇 년 전까지 유럽은 피로 뒤덮이지 않았나. 수백만의 유태인들이 죽어 나가고 인류는 서로를 죽여야 했다. 생존한 사람들은 지옥 같은 악몽에 시달리고 있으며, 그 상처는 일상을 활보하고 있다. 그런데 인류가 가족이라니!' 이런 생각들이 떠올랐습니다. 바르트는 이 포스터에서 거대한 폭력의 신화myth를 본 것입니다.

신화는 어떻게 탄생하는가

그는 언어나 이미지 등의 기호가 어떻게 신화로 바뀌는지, 즉 신화가 어떤 메커니즘을 통해 만들어지는지에 주목했습니다. 신화의 구조에 대한 접근은 바르트 사상의 궤적에서 전기에 포함된다고 할 수 있는데요. 분석을 위해 먼저 그는 소쉬르의 **기표-기의** 개념을 가져옵니다. 이 글의 문맥에서 **기표**는 단어나 신호와 같이 무언가 의미를 표현하기 위해 쓰는 언어표현 혹은 이미지로, **기의**는 기표가 의미하는 것 혹은 언어와 이미지에 담긴 뜻으로 이해하시면 됩니다.

아래 제시한 그림의 흑인 소년을 봅시다. 프랑스 잡지 〈파리마치Paris Match〉의 표지로 등장한 멋진 소년입니다. 사진은 특정한 사람에 대응됩니다. 나이는 열 살쯤 되었을까요? 아마도 프랑스 국기에 대한 경례를 하고 있는 것 같습니다. 여기에서 소년의 이미지는 기표, 실제 소년은 기의라고 볼 수 있습니다. 하지만 이 사진은 소년의 극히 일부분만을 보여줍니다. 사진이 찍힌 순간만이 드러나죠. 여기에 소년의 생애는 존재하지 않습니다. 소년이 자란 고향이나 쓰는 말, 그 소년이 학교나 정부에 대해 가지고 있는 생각, 사진을 찍기 전에 했던 행동들, 좋아하는 친구들이나 해보고 싶은 일들, 사진 촬영을 둘러싼 맥락… 이 모든 것이 저 얇은 사진 뒤로 완전히 숨어버린, 아니 누군가의 기획에 의해 거세되어버린 것입니다. 여기에서 소쉬르가 말하는 **기호**sign(기표와 기의의 짝)는

바르트가 분석한 〈파리 마치〉의 표지

일종의 '진공상태'가 되어버립니다. 형태(기표: 소년의 이미지)는 존재하되, 뜻(기의: 실재하는 사회·문화·역사적 존재로서의 소년)은 사라져버린 상황, 그것이 바로 진공상태입니다.

문제는 여기에서 시작됩니다. 이 잡지의 표지에는 단순한 '진공상태'를 넘어서는 '은밀한 음모'가 자리 잡고 있다는 것이죠. 잡지의 표지 이미지 뒤로 슬그머니 등장하는 것은 소년의 충성스러운(실제로는 충성스럽게 보이도록 연출된) 경례, 단호한(아마도 단호하게 보이도록 요구된) 눈빛입니다. 흑인 소년의 경례는 프랑스라는 국가에 대한 충성을 보여주며, 결국 프랑스 제국주의에 대한 순응을 표현하는 상징의 역할을 충실히 해냅니다. 애국심은 인종과도 관계가 없다는 메시지가 슬며시 전달되지요. 이렇게 소년의 삶은 사라지고 애국주의의 상징만 남은 것입니다. 소년의 이미지를 통해 신화가 생성된 과정을 요약하면 이렇습니다.

1. 대중에게 전달하고자 하는 메시지에 기반하여 어필할 만한 이미지를 구상한다.
2. 이를 충족시킬 수 있는 모델을 고른다. 인물을 다면적이고 역사적인 존재로 표현하기보다는 특정한 이미지로 고착시킨다. 제스처와 의상, 표정과 각도 등 다양한 요소들이 의도적으로 연출된다. 이 과정에서 소쉬르가 말한 기호는 진공상태가 된다.
3. 흑인, 경례, 소년 등의 기표들이 연결되어 표현할 수 있는 수많은 의미 중 자신이 전달하고자 하는 의미를 선택하거나, 교묘하게 새로운 의미를 부여하여 독자에게 전달 혹은 강요한다. 여기에서는 애국주의가 진공상태를 메우고 있다.

자, 이것이 꼭 저 소년만의 문제일까요? 아닐 겁니다. 우리 사회에서 '외국인 노동자'의 개념을 생각해봅시다. 어떤 이미지가 떠오르시나요? 해당 이미지가 정말 '외국인 노동자'의 현실을 담고 있나요? 그 이미지가 외국인 노동자들의 삶의 궤적을 얼마나 보여주나요? 여러분이 생각하는 '가족'은 어떤 이미지인가요? 그 이미지는 우리 사회의 다종다양한 가족들을 적절히 표현하고 있나요? 무슬림 여성의 사진을 보면 어떤 의미가 떠오르나요? 그 의미는 실제 무슬림 여성들의 삶과 경험을 얼마나 반영하고 있나요? 방금 여러분이 그려낸 '외국인 노동자'와 '가족', '무슬림 여성'의 이미지들이 의미하는 바가 혹시 바르트가 말하는 '진공상태의 기호', 즉 신화와 닮진 않았나요?

명사화와 신화 그리고 사실을 호도하는 이중어

홍보와 광고, 차별적이거나 특정 성향에 치우친 뉴스 등은 이러한 신화로 가득합니다. 그중에서 '의도를 감춘' 수많은 단어들을 찾아내고 그 의미를 명확히 하는 것은 이른바 비판적 담화분석Critical Discourse Analysis의 주요 방법론이기도 하죠. 예를 들어 미국의 역사학자 하워드 진Howard Zinn은 미국 내 담론 지형에서 성스러운 단어로 인식되는 애국심patriotism에 대한 분석에서 "Patriotism for whom?"(누구를 위한 애국심인가?)이라는 질문을 던집니다. 그리고 보수파가 이야기하는 애국심은 정권과 특정 계급에 대한 충성일 뿐 미국이라는 나라와 그 시민들, 평화와 정의에 대한 충성은 아니라는 결론을 이끌어냅니다. 이런 생각을 담아

"수많은 불의는 체제에 대항하고 반역하는 사람들이 아니라, 체제에 맹목적으로 순종하는 사람들에 의해 저질러졌다"는 말을 남기기도 했지요.•°

이와 같은 예는 이미지뿐 아니라 언어표현에서도 얼마든지 찾아볼 수 있습니다. 정부가 공공 주파수를 개인 회사에 팔아넘기는 행위는 규제 완화deregulation라는 말로 표현됩니다. 'deregulation'이 이루어지는 과정에서 발생하는 인원감축이나 노사갈등은 깔끔하게 사라지지요. 사람들에게 말로 할 수 없는 고통을 가하는 고문torture은 강화된 심문 기술enhanced interrogation techniques이라는 용어로 둔갑하고요. 인간이 인간에게 잔혹한 폭력을 행사하는 일이 마치 정교한 수사 테크닉의 일종인 것처럼 묘사됩니다. 전시의 무고한 민간인 피해와 희생은 부수적인 피해collateral damage라는 '있어 보이는' 단어로 대중에게 다가갑니다. 사실 이는 전쟁 중에 무고하게 희생된 사람들, 파괴된 삶의 터전, 아무런 보호도 받지 못하고 남겨진 생존자들을 의미하는 것인데도 말입니다. 이렇게 정치적이고 이념적인 의도를 숨기고 일부러 모호한 언어를 취하는 전략을 이중어doublespeak라고 부릅니다 (Lutz, 1989).

'doublespeak'은 용어의 교묘한 조작을 통해 원래 의미가 점차 희석되는 효과를 만들어냅니다. 파커 파머Parker J. Palmer는 조지 칼린George Carlin의 입을 빌려 이런 현상을 통렬히 고발합니

•○   이와 관련하여 노엄 촘스키와 하워드 진이 '애국patriotism'이라는 개념에 대해 논의한 바는 Goodman(2007)을 참고하십시오.

다. 파커 파머의 글을 조금 길게 인용해보겠습니다.

포탄 충격 〉 전쟁 피로 〉 군사적 효능의 소진 〉 PTSD 그리고···

코미디언이자 사회비평가인 조지 칼린은 참전 병사들이 겪는 정황을 다양하게 이름 붙이는 방식에 대해 짤막하게 정리한 고전적인 저작에서, 언어와 공감 사이의 연계에 대해 잘 밝힌 바 있다.

"전투에는 한 가지 상황이 있다. 사람들은 대부분 이를 안다. 참전한 사람의 신경계가 극도의 스트레스를 받는 것이다. 그래서 어떤 것도 받아들이지 못한다. 신경계는 툭 끊기거나 끊기기 일보 직전이다."

칼린의 말을 더 들어보자. 제1차 세계대전 당시 "그 정황은 포탄 충격shell shock이라고 불렸다. 간단하고 정직하고 직설적인 언어다. shell shock, 딱 두 개의 모음이다. 거의 권총 발사음처럼 들린다". 제2차 세계대전 무렵 그 이름은 전쟁 피로battle fatigue로 바뀌었다. "네 개의 모음이라서 발음하는 데 시간이 약간 더 걸린다. 그다지 상처가 크지 않은 듯 보인다." 그러고 나서 한국전쟁이 터졌는데, 군사적 효능의 소진operational exhaustion이라는 표현이 나왔다. 이제 "표현에서 인간적인 요소는 완전히 제거되었다"고 칼린은 지적한다. "마치 당신의 차에 무슨 문제가 생긴 것처럼 들리는 것이다."

그 뒤 베트남 전쟁이 터졌다. 우리는 그때부터 포탄 충격이 어떻게 표현되어왔는지 알고 있다. 외상후 스트레스 장애post-traumatic stress disorder, PTSD가 그것이다. 칼린의 말을 들어보자.

"여전히 여덟 개의 모음이다. 그러나 하이픈이 부가되었다. 그리고 고통은 전문용어 아래 완전히 매장되었다. … 장담하건대, 우리가 그것을 계속 포탄 충격이라고 불렀다면 베트남 참전 용사들은 당시에 필요했던 관심을 받았을 것이다."

그런데 칼린은 책에서 포탄 충격의 전조가 되는 한 가지 중요한 용어를 빠뜨렸다. 남북전쟁 당시 외상을 입은 병사들을 가리켜 '군인들의 마음soldier's heart'이라고 불렀다. 군인들의 마음에 가해진 폭력은 자아와 공동체에 대한 감각을 부숴버린다. 그리고 폭력은 전쟁터에서만 가해지는 것이 아니다. 다른 사람의 온전함을 짓밟을 때 폭력은 자행된다. 따라서 정치에서 상대방을 악마화하거나, 절박한 인간적 요구를 무시한 채 정치적으로 편리한 결정을 내릴 때, 우리는 폭력을 행사하는 것이다.●○

신화 다시 보기 그리고 해체

세계는 일련의 사건들 그리고 그 사건의 전개 과정으로 이루어집니다. 특정한 시공간 속에서 사람들이 하는 일이죠. 그것이 명사화라는 기제를 통해 시간성이 사라진 개념으로 자리 잡습니다.

●○　《비통한 자들을 위한 정치학》(글항아리), 39~40쪽.

그렇기에 명사화된 표현은 시간의 흐름에 따른 구체적 사건으로 펼쳐내어 역사적으로 이해해야 합니다. 사회와 인간 모두 하늘에서 갑자기 떨어진 것이 아니라 장고한 역사 속에서 빚어진 것이니까요.

롤랑 바르트에게 있어서 신화는 특정한 시공간과 구체적인 경험, 공동체의 역사와 문화가 거세되고 기의가 텅 비어버린, 그리하여 그 의미가 뒤틀린 텍스트와 이미지였습니다. 한국에서 '도시 정비'는 도시 빈민들의 삶을 무참히 짓밟은 행위였지만 '청결하고 쾌적한 환경을 시민들에게 제공'하기 위해 어쩔 수 없이 택해야 하는 '합리적 정책 수단'이었죠. 이제 이런 신화들을 다시 읽어야 합니다. 음험한 신화들은 언제나 우리와 함께 있습니다. 이 점을 놓친다면 우리는 부지불식간에 또 다른 신화를 생산하고 전파하게 되겠지요.

"become a thing",
세계와 개념의 변화 그리고 언어적 창의성

심심찮게 접하는 표현 중에 "become a thing"이 있습니다. 직역하면 '물건' 혹은 '사물이 되다'인데 특정한 대상이 인기를 끌거나 관심의 대상이 되는 경우, 때로 걱정거리가 되는 상황을 묘사할 때 사용됩니다. 인지언어학의 용어로 풀어본다면 위의 숙어에서 'a thing'은 자동차나 책상과 같은 물리적 개체라기보다는 인간의 사고 속에서 일정한 공간을 점하는 개념으로 봐야 합니다. 'a concept'와 유사한 의미인 것이죠. 물리적 세계에 수많은 개체가 존재하듯, 우리 마음속에도 수많은 개념이 존재합니다. 그리고 이 둘은 긴밀히 연결되어 있습니다.

예를 들어봅시다. "When did celebrating birthdays become a thing?"(생일을 축하하는 일이 언제 널리 퍼진 거지?)라는 문장에서 읽어낼 수 있는 것은 '생일을 축하하는 일'이 관례가 아니었다가 누군가에 의해 관례화되었고 널리 퍼졌으며 이제는 많은 사람들의 머릿속에 하나의 개념으로 자리 잡았다는 것입니다. 어떻게 해서 자리 잡은 것일까요?

질문에 답하기 위해서는 우선 '생일生日'이라는 단어에 있는 '일日'에 주목해야 합니다. 생명의 탄생은 생물학적인 사건입니다. 인간이 존재하는 동안 이 사건은 계속해서 발생해왔고, 이는 자연 현상입니다. '생'은 생물종으로서 인간 존재를 유지시키는 현상인 것이죠. 하지만 '일' 즉 특정한 날이 기억된다는 것은 테크놀로지와 문화의 변화, 특히 문자의 등장 및 달력의 개발과 떼놓고 생각할 수 없습니다. 문자가 없다면, 혹은 날짜를 특정하는 기술이 없다면 '생일'은 물론 해마다 돌아오는 특정한 날 중 그 어떤 날도 기억할 수 없기 때문입니다.

인류가 달력calendar의 형태로 하루하루를 기록한 것은 청동기 시대에 이르러서이며, 최초의 달력은 수메르인이 제작했다고 알려져 있습니다. 이러한 기술적·문화적 배경 아래 가능해진 생일을 기념하는 관행은 이제 생일 케이크, 축하 메시지와 카드, "생일 축하합니다" 노래, 소셜 미디어와 메신저의 생일 알림, 생일 선물, 쇼핑몰의 다양한 프로모션, 이 모두를 둘러싼 문화적·경제적·언어적 행위로 실현됩니다. '생일'이 하나의 'thing'으로 개념화되면서 눈덩이처럼 온갖 사회적 관행들이 만들어진 것입니다. 기업이나 단체가 '○○데이'를 만들어 마케팅이나 홍보를 위해 활용하는 걸 생각하시면 쉽게 이해가 되겠지요.

명사화로서의 'become a thing'

재미난 것은 'become a thing'을 일종의 명사화로 볼 수 있다는 것입니다. 명사의 기능은 여럿이지만 기본적으로 'thing'이라고 부를 수 있는 것, 즉 사물을 가리키는 기능이 가장 중요하다고 할수 있습니다. 무언가가 thing이 된다는 것은 이름을 붙일 수 있다는 것, 즉 명사로서의 지위를 부여할 수 있음을 의미하고요.

우리는 세상 모든 것이 각기 이름을 갖고 있다고 생각하지만 그렇지 않은 경우가 훨씬 더 많습니다. 예를 들어 나무는 줄기, 잎, 뿌리, 가지 등을 갖고 있지만 (식물학자가 아닌 저와 같은 일반인에게) 최근 새로 난 뿌리와 새로 난 잎새를 묶어서 통칭하는 명사는 없습니다. 뿌리는 뿌리고 잎은 잎이죠. 아침과 점심, 저녁과 밤, 새벽 등의 시간 구분은 누구에게나 있지만, 제가 제일 좋아하는 해질녘과 잠들기 직전 시간만을 묶어 부를 수 있는 명사는 없습니다. '연인과 처음 손을 잡은 날'은 굳어진 표현 혹은 덩이말chunk로서 익숙하지만, 첫 입맞춤 직후 손을 잡는 행위를 구별하여 한 단어로 부를 수는 없습니다. 이처럼 우리는 세계를 구분하고 묶고 개념화하고 이름을 붙이지만, 거기에는 제약이 따릅니다. 인간의 인지가 감당할 수 있는 정보의 양, 약속으로서의 언어관습, 나아가 사회적 관행과 문화 등의 영향으로 그러한 제약을 훌쩍 뛰어넘기는 힘들고요.

언어관습을 깨는 데서 발현되는 언어적 창의성

이상의 논의에서 언어적 창의성linguistic creativity을 키우는 방법을 생각해볼 수 있습니다. 첫째로, 사람들이 이름 붙이지 않는 것에 나만의 이름을 붙여보는 것입니다. 즉 사람들에 의해 'become a thing'이 될 때까지 기다리지 말고, 자신이 'make something a thing'해보는 것입니다. 그 누구도 이름 붙이지 않은 현상과 사물에 나만의 이름을 붙여보고 그것을 마음속으로 간직하며 키워가는 것, 여기에서 창의성이 자라납니다. 씨를 뿌리고 나무를 키우는 일처럼 자기만의 '언어의 정원'을 가꾸는 것이지요. 저는 해질녘과 잠자리에 들기 전의 시간 모두를 '마음이 옷을 갈아입는 시간'이라고 부르곤 합니다. 여러분은 하루 중 가장 좋아하는 시간을 뭐라고 표현하고 싶으신가요?

두 번째는, 사람들이 하나의 이름a thing으로 부르는 것을 여럿으로 나누어보는 것입니다. 다른 절단면을 만들어보는 것이지요. 사람들이 '밤'이라고 부르는 시간을 어떻게 더 쪼개어볼 수 있을까요? 누군가는 밤을 통째로 보내지만, 누군가는 밤의 탄생과 성장과 성숙과 노화와 죽음을 생각할 수 있을 것입니다. 출생과 죽음의 은유가 아니더라도 밤이라는 시간을 구획하는 방법은 다양하겠지요. 수면을 연구하는 과학자가, 악몽을 자주 꾸는 사람이, 불면증을 호소하는 이들이 밤을 개념화하는 방법은 사뭇 다를 겁니다. 아, 잘 때마다 집사의 배 위를 탐하는 고양이와 함께 사는 분들이라면 또 다른 시간의 설정이 가능하겠네요.

세 번째는 위에서 든 예와 같이 사람들이 분리해서 생각하는 것들을 연결시켜 이름을 붙여보는 것입니다. 새로운 잎사귀와 뿌리를 합쳐 '나무의 새살'로 명명해보는 것이죠. 보통 이파리와 줄기만을 생각하지만, 이 말은 뿌리까지를 포함합니다. 이를 통해 자신만의 신조어 사전을 구축할 수 있을 것입니다.

마지막으로 "남들이 A라 부르는 것을 나는 B라 부른다. 왜냐하면 ○○이기 때문이다" 식의 공식을 적용하면 보다 많은 것들이 나에게 새로운 개념으로 다가올 수 있습니다. 'become a different thing'이라고 해야겠네요. "남들은 '빈틈'이라고 부르지만 나는 '틈자리'라고 부를 거야. '틈'은 내게 존재하지 않는 것을 지칭하는 말이 아니라, 세계를 존재하게 하는 가장 강력한 힘이기 때문이지"라고 새로운 개념화를 시도하는 것입니다.

결국 'become a thing'에서 얻을 수 있는 창의성의 비결은 사물의 속성과 이름의 영역을 횡단하면서 새로운 연결과 분절을 상상하고, 이로부터 이전과는 다른 개념과 이름을 만들어내는 데 있다고 할 수 있습니다. 언어의 영역에 국한하자면 작가들이 이러한 작업에 가장 큰 공을 들이겠지요. 그들은 이름을 붙임으로써 이전에 보지 못했던 개념을 끌어내고, 기존의 개념을 쪼개고 모음으로써 새로운 개념을 빚어내며, 새로운 이름을 붙여 당연시되는 본질에 의문을 던집니다. 우리 모두가 시인이나 소설가가 될 수는 없겠지만 그들의 작업을 배우는 기회는 모든 이들에게 열려 있습니다. 사전 속 의미를 달달 외우는 데서 그치는 단어공부, 다른 이들이 만든 개념과 정의만을 금과옥조로 여기는 영어교육에서 벗어나야 할 이유가 여기 있습니다.

modal과 인간
그리고 세계

"실제사실actual facts은 사물이 실제로 어떠한가에 대한 것입니다. 예를 들면 'Mary <u>actually</u> wore her white dress to the party'(Mary는 실제로 파티에 흰 드레스를 입고 갔다)와 같은 경우입니다. 양상사실modal facts의 경우 반대로 사물이 어떨 수 있는지, 어때야만 하는지, 어떨 수 없었는지 등에 대한 사실입니다. 'Mary <u>could have</u> worn her red dress'(Mary는 빨간 드레스를 입을 수도 있었다)와 같은 경우 Mary는 빨간 드레스를 입지 않았지만 적절한 추론과정을 거쳐 그녀가 빨간 드레스를 입는 것이 가능했으리라고 판단하는 것입니다. 세계는 물리적으로 이루어져 있지만 인간의 인지는 다양한 가능성, 필연성, 당위성 등과 깊은 연관을 맺고 있습니다. 따라서 인간이 다양한 양상을 인지하고 이에 대해 고민하는 것은 일상생활과 과학적 탐구, 문학적 작업에 있어 필수적인 일입니다. 즉, 무엇이 가능하고possible 불가능한지impossible, 무엇이 필수적이고essential 반드시 필요한 지necessary, 또 무엇이 다른 무엇인가에 달려 있는지contingent 등에 대해 생각하는 일은 우리 삶과 떼어놓을 수 없는 것입니다."(Mallozzi, Vaidya & Wallner, 2021)

조동사 단원, 특히 can, may, should와 같은 능력, 가능성, 의무 등을 나타내는 서법 조동사modal verbs와 관련된 내용을 가르칠 때 인간의 세계가 단순히 현실로만 이루어져 있지 않다는 점을 알려주는 일이 필요하다고 생각합니다. 아래에서는 현실을 넘어선 세계를 살아가는 인간, 그리고 그러한 인간을 표현하는 언어. 이 두 가지를 엮어서 이해하는 방식에 대해 논의합니다.

나의 조동사 학습기

저의 중고교 시절로 돌아가서, 조동사를 어떻게 배웠는지 떠올려봅니다. 문법서들은 대개 조동사에 순서를 매기고, 의미를 간략하게 설명하고('should는 의무, will은 의지 혹은 미래'와 같이), 각각에 예문을 두어 개씩 제공해주고 있었습니다. 선생님들은 항목을 읽어 내려가면서 의미를 설명했습니다. "조동사助動詞에서 이 '조'가 '도울 조助'잖아. 그러니까 동사를 돕는 기능이 있는 거지. 조동사가 있으니까 원래 동사는 본동사라고 하고"라는 설명으로 '조동사'라는 용어의 의미를 풀어주시던 기억도 나네요.

이런 식의 설명이 틀린 것은 아닙니다. 조동사를 종류별로 빠르게 살펴보는 데 도움을 주었죠. 다만 조동사를 비롯하여 모든

장에서 문법을 '반드시 따라야 할 규칙' 이상으로 다루지 못했고 (서법)조동사가 담는 세계를 명시적으로 알려주지 못했다는 점에서 분명한 한계가 있었습니다. "동사를 도와주는 조동사"라는 말에는 문법의 질서만 있을 뿐, 인간이 살아가는 세계 안에서 물리적 현실을 넘어 가능성과 의무 등의 다양한 세계를 경험하는 일의 놀라움에 대해 생각해보지 못하게 했습니다. 문법을 의미의 체계이자 의미를 생성하는 도구로 인식하게 하지 못함은 물론, 언어의 창조성과 아름다움을 느낄 수 없도록 만들었던 겁니다.

조동사? auxiliary verb? modal?

'조동사'라는 번역어에도 문제가 없는 것은 아닙니다. 흔히 조동사로 번역되는 개념은 일반 조동사auxiliary verb와 서법 조동사 modal verb 두 가지로 나뉘는데, 이것을 범주 하나로 묶어 설명하는 경우가 다반사이기 때문입니다. 각각을 간단히 살펴보죠.

먼저 일반 조동사는 완료형을 만들기 위해 사용하는 have 동사, 문장의 종류를 바꾸기 위해 사용하는 do 동사, 수동태를 만들기 위해 사용하는 be 동사 등을 말합니다. "I teach English"를 "I have taught English"로 바꿀 때 사용된 have 동사, "You have ten dollars"를 "Do you have ten dollars?"로 바꿀 때 사용되는 do 동사, "The actor is loved by so many people"에서 수동을 표현하기 위해 사용된 be 동사의 한 형태인 is를 예로 들 수 있습니다. 이들은 인칭이나 수에 따라서 형태가 변화합니다. 예를 들어 'be' 동사는 is, are, was, were 등과 같이 변화하지요. 이는 should와 같은 서법 조동사가 그 형태를 유지하는 것과는 대비되는 특성입니다.

이에 비해 서법 조동사modal verb에서 사용된 "modal"이라는 용어는 mode와 의미의 결을 공유합니다. mode는 카메라의 M(manual)모드, P(program)모드, A(aperture)모드와 같이 작동방식을 나타내는 용어로, 원래는 척도나 리듬 혹은 방식을 의미하는 라틴어 'modus'에서 유래했다고 합니다. 현대 영어에서 modus vivendi(생활양식)나 modus operandi(작동방식)와 같은 어구로 여전히 사용되고 있죠.

카메라의 경우를 좀 더 살펴봅시다. 지금 제 앞에는 어떤 풍경이 펼쳐져 있습니다. 세상에 단 하나밖에 없는 풍경입니다. 하지만 저는 이 풍경을 보는 방식mode을 조절modulate할 수 있습니다. 카메라가 대상을 포착하는 방식을 변환하는 것, 즉 하나의 기계가 여러 방식으로 동작하도록 모드를 전환하는 것이지요. 흑백이나 세피아 톤으로 사진을 촬영하는 것 또한 하나의 모드라고 볼 수 있겠고요. 하나의 세계를 다른 방식으로 표상하도록 하는 것, 이것이 모드라고 할 수 있습니다.

카메라가 셔터 스피드나 노출, 컬러/흑백 선택을 제어하여 여러 모드를 만드는 것처럼, 언어 또한 구성 요소를 조절하여 세계를 사뭇 다르게 그려냅니다. 이중 대표적인 것이 서법 조동사입니다.

철학 그리고 다양한 세계들
철학자 이정우는 철학의 주제를 다루는 한 강의에서 네 가지 세계를 상정합니다. 먼저, 현실세계입니다. 우리가 매일 살아가고 느낄 수 있는 세계죠. 두 번째는 초월적 세계입니다. 우리 경험 이전에 존재하는 법칙이나 관념세계 등을 포함합니다. 세 번째는 근대 과학의 발달 이후에 등장한 미시세계입니다. 바이러스의 세계, 원자 및 소립자의 세계가 대표적인 예입니다. 마지막으로는 컴퓨터와 인터넷의 발달로 부상한 사이버스페이스 즉 가상세계가 있습니다(이정우, 2022).

인식론의 관점에서 다양한 세계를 상정할 수 있는 것처럼 언어도 여러 세계, 특히 다양한 상징적 세계를 그려냅니다. 예를 들어 '가능성의 세계'를 살펴봅시다. 친구와 밥을 먹다가 modal 중 하나인 'can'을 사용하여 "I can swim"이라는 말을 했습니다. 밥을 먹고 있는 중이니 수영을 하고 있다는 뜻은 당연히 아닙니다. 수영을 할 줄 안다는 것은 수영을 한 적이 있음을 함의하지만, 어제 혹은 작년에 수영을 했다는 과거의 특정한 사실에 대한 이야기도 아니죠. "I can swim"이라는 문장은 현실이 아닌 잠재적 가능성의 세계를 말하고 있습니다. 나라는 존재가 수영을 할 수 있는 능력을 가지고 있다는 뜻이죠. 그렇기에 말을 하다가 'can'이라는 modal이 등장하는 순간 잠시 현실세계가 닫히고, 가능성의 세계가 열리는 것이지요. 그런 면에서 'I'와 'swim' 사이에 들어가는 can이라는 서법 조동사는 '나'라는 주체와 '수영하다'라는 동사 간의 관계를 조절하여 능력 혹은 가능의 세계를 순식간에 생성한다고 할 수 있습니다.

이에 비해 "I am eating lunch"라는 문장은 지금 이곳에서 일어나는 일에 관한 명제로 현실의 사태와 직접 연관을 맺습니다. "I ate lunch with Sally"라고 했다면 현실에서 이미 벌어진 사건에 대한 이야기를 한 것이고요. 이것은 있는 그대로의 사실actual facts 의 영역에 대한 진술입니다.

이런 면에서 can이라는 단어를 가능성과 관련하여 쓰는 일은 수력발전용 댐에 갇힌 물의 위치 에너지가 전력으로 바뀔 수 있음을 이야기하는 것과 비슷합니다. 댐에 갇힌 물 자체는 당장 운동하지 않지요. 하지만 어떤 특정한 조건이 주어지면 낙하하여 터빈을 돌리고 전기를 생산할 수 있는 잠재적 능력을 가졌습니다. 다시 말해, "I can swim"이라는 말을 할 때 수영을 하고 있는 것은 아니지만, 특정한 조건이 주어지면 실제로 수영을 할 수 있는 것입니다. 화자가 수영장에 뛰어들었을 때 '가능성'의 모드에서 '현실' 모드로 변화가 일어나고, 언어 또한 "I can swim"에서 "I am swimming"으로 바뀌는 것이죠.

이처럼 우리의 언어는 다양한 세계를 표상합니다. can이 가능성의 세계를 여는 열쇠라면, should나 ought to는 윤리의 세계를 열어젖힙니다. "I should do the work"(난 그 일을 해야 해)라고 하면 인간과 인간이 모여 사는 사회적 환경 속에서 발달한 윤리적 관계로 자기 자신과 일을 묶어내는 것입니다. "I may do the work"(내가 그 일을 할지도 몰라)라고 말할 땐 추측과 확률의 세계가 열리는 것이고요.

언어는 이렇게 세계를 전환하고 중첩시키고 연결하여 입체적인 소통을 가능하게 합니다. 얼굴을 맞대고 대화를 할 때 단순히 말과 말이 섞이는 게 아닙니다. 물리적으로 실재하는 세계 위에 언어가 매개하는 수많은 상징적 세계가 생성되고 있는 것입니다. 그런 면에서 언어는 물리적 세계뿐 아니라 잠재능력can과 추론may, 사회적 의무must와 같은 세계를 순식간에 포착해내는 마법의 힘을 가졌습니다.

서법 조동사 그리고 상징적 다우주

인간이 서법 조동사를 자유자재로 사용한다는 것은, 세계가 물리적인 층위뿐 아니라 다양한 상징적 층위로 이루어져 있음을 보여줍니다. 세계를 있는 그대로 그리는 도구로서의 언어도 중요하지만, 상징적 세계를 그려내고 생산하는 역할 또한 무시할 수 없습니다. 다양한 상징적 세계를 순식간에 만들고 인식 속에 통합할 수 있는 힘 말입니다.

우리가 살아가는 시공간과 다양한 대상을 포함하는 **실재계**와 그것을 언어와 예술로 표현하고 상상하는 **상징계**를 자유자재로 섞는 능력은 다른 생물종과 인간을 구분하는 가장 큰 특징 중 하나라고 할 수 있습니다. 실재는 상징이 되고, 상징은 언어로, 문학으로, 웹툰과 영화로 실재화됩니다. 그리고 이렇게 세계를 넘나드는 동안 또 다른 세계가 등장합니다. 인간은 '상징적 다우주symbolic multiverse'를 살아가고 있습니다. 원자로 만들어져 자연 속에 살지만 동시에 의미의 세계를 끊임없이 생성하고 공유하며 살아가는 것이죠. 여기에 인간 존재의 신비가 있습니다. 물론 동물의 세계에 의무와 상상, 가능성 등의 사고가 전무하다고 단언하는 것은 아닙니다. 다만 이런 세계가 인간의 사고와 상호작용에 특히나 중요한 역할을 수행한다는 사실은 아무리 강조해도 지나치지 않을 겁니다.

조동사를 가르치며 인간에 대해 생각하기

이상에서 살펴본 바와 같이 조동사를 "동사를 도와주는 역할"로 정의하는 것은, 조동사와 동사 사이의 관계를 설명하는 데 효과적이지만 다양한 서법 조동사의 배후에 존재하는 인간의 인지적·사회적·윤리적 특성이 무엇인지 짚어주지 못한다는 한계 또한 갖고 있지요.

이제 서법 조동사를 접할 때 단순히 "이거 should니까 의무로 해석하면 되겠네. can은 능력으로 해석해야 하니까 '~할 수 있다'로 하면 되고"에서 멈추지 않았으면 합니다. "아, 우리가 아무렇지도 않게 쓰는 말 속에 의무, 가능성, 실재, 희망 등이 촘촘하게 얽혀 있구나. 말할 때 그런 세계들이 엄청난 속도로 엮이는구나. 이렇게 다층적인 세계를 순간순간 포착해내는 언어는 참으로 역동적인 것이구나!"라고 생각하고 감탄할 수 있다면 좋겠습니다. 그렇게 다양한 서법 조동사 속에서 인간 존재의 비밀을 읽어내는 수업을 꿈꾸어봅니다.

Who am I?

What should I be?

What could I have become?

What kind of person may I turn out to be?

나는 어떤 사람인가?

나는 무엇이 되어야 하는가?

나는 어떤 사람이 될 수 있었을까(하지만 왜 그러지 못했을까)?

나는 나중에 어떤 종류의 사람이 되어 있을까?

여러분의 세계는 어떤 서법 조동사로 엮여 있습니까? can이라 말할 수 있는데 may라고만 말하진 않습니까? have to의 리스트가 너무 많아 막상 제대로 집중하는 일이 하나도 없지는 않습니까? 타인에게는 must를 남발하면서 정작 자신의 삶에서 지켜야 할 것들을 지켜내지 못하는 건 아닙니까? 이렇게 이야기하고 나니 다 저에 대한 이야기처럼 들려 마음이 아리네요.

● 블렌딩 그리고 새로운 아이디어의 기원:
가정법 새롭게 보기

"인간이 가진 이 모든 아이디어는 도대체 어디에서 왔을까?"

마크 터너Mark Turner가 그의 저서 《생각의 기원: 개념적 혼성, 창의성 그리고 인간 능력의 스파크The origin of ideas: Blending, creativity, and the human spark》에서 인간의 인지능력과 상상력에 대해 던진 질문입니다. 굉장히 큰 물음인 동시에, 지금 우리가 갖고 있는 인지능력과 문화적 상상력을 이해하기 위해서는 반드시 대답해야 할 질문이기도 합니다.

우주도 별도 강도 바다도 다양한 동식물도 인간에 의해 시작되지 않았습니다. 대자연은 인간에게서 비롯되지 않았죠. 인간이 없어도 세계는 변화하고 발전합니다. 그런데 우리가 '아이디어', '개념화', '창조적 사고', '문화'라고 부르는 것들은 분명 인간에게서 시작되었고, 이는 문명의 근간을 이루게 됩니다. 언어도 과학도 공학도 다양한 아이디어의 생성과 그 기반을 이루는 인지적 능력

라이언맨^{●○}

의 발달 없이는 불가능했을 테니까요. 이런 측면에서 '아이디어의 기원'에 관한 질문은 인간을 인간이게 하는 특징은 무엇이고, 문명의 궁극적인 원동력은 어디에서 왔는가를 묻는 근본적인 문제의식을 담고 있습니다.

라이언맨 그리고 블렌딩

터너는 인간 창의성의 기원에 관한 질문에 답하기 위한 첫 번째 여정으로 '라이언맨Lionman'을 찾아갑니다. 1939년에 독일에서 발견된 라이언맨은 상아에 새겨진 조각입니다. BC 4만여 년 전 후기 구석기 시대에 만들어진 것으로 추정되죠. 그렇다면 지극히 평범해 보이는 이 고고학 유물이 아이디어의 기원과 관련해 어떤 중요성을 갖는 것일까요?

일부 진화심리학자들은 작업기억working memory(특정 정보를 수 초간 머릿속에 담아두는 역할을 하는 기억)의 팽창에 따라 인간이 사자와 인간을 동시에 생각할 수 있는 능력을 갖게 되었기에 이런 작품이 나왔으리라고 추측합니다. 시쳇말로 '머리가 커져서' 두 대상을 한꺼번에 담을 수 있게 되었다는 주장인데요. 작업기억 용량의 증가가 추후 인지능력의 발달과 창조적 사고의 토대가 되었다는 가설입니다.

하지만 터너는 이런 추론이 중요한 사실 한 가지를 놓치고 있다고 봅니다. 분명히 이전 시기의 인류도 사람이 사자에 쫓기거나 먹히는 모습을 그릴 수 있었을 것이기 때문입니다. 단지 이 두 개체entity를 동시에 기억 안으로 불러들일 수 있다는 것 자체는 그다지 대단한 일이 아니었을 것이라는 주장이죠.

여기서 터너는 '라이언맨'이 두 가지 개념 즉, 인간과 사자를 반반 이어 붙인 것이 아니라 둘을 혼합한blending 존재라는 데 주목합니다. 단지 둘의 생김새만을 닮은 게 아니라는 거죠. 라이언맨은 인간도 아니고 사자도 아닌 '인간-사자' 혹은 '사자-인간'입니다. 사자는 말할 수 없지만 라이언맨은 말을 할 수 있을지도 모릅니다. 인간은 영양을 추격하여 잡아먹진 않지만 라이언맨은 충분히 그럴 수 있습니다. 결론적으로 라이언맨은 인간과 사자의 특성을 지녔지만, 인간도 사자도 아닌 제3의 개체입니다. 인간의 상상력이 만들어낸 새로운 피조물인 것입니다.

인간이 여러 대상을 혼합하여 새로운 개체를 상상할 수 있다는 점은 진지한 숙고의 대상이 되지 못합니다. 너무나 당연한 것이라 '그게 뭐?'라는 생각조차 들지 않는 것이지요. 데이비드 브룩스David Brooks는 이에 대해 다음과 같이 평한 적이 있습니다 (Brooks, 2011).

"어떤 아이라도 '나는 호랑이입니다'라고 말할 수 있습니다. 호랑이인 척하는 것이지요. 이건 정말 초보적인 것처럼 보입니다. 하지만 사실 '나'라는 개념과 '호랑이'라는 개념을 함께 섞어서 blend 뭔가를 만든다는 것은 엄청나게 복잡한 일입니다. 이것은 혁신의 원천입니다. 예를 들어 피카소가 한 일은 서양 미술의 개념과 아프리카 탈의 개념을 가져다가 혼합한 것입니다. 단지 기하학적인 측면뿐 아니라 그것들에 수반되는 도덕체계까지 블렌딩한 것이지요."

아주 어린 아이라도 '호랑이가 되는' 상상을 할 수 있다는 것, 그리하여 '나'도 아니고 '호랑이'도 아닌 '호랑이인 나'를 그려볼 수 있다는 것은 실로 놀라운 일입니다. 마크 터너는 이러한 블렌딩 능력이 인간의 사고를 비약적으로 발전시켰고 우리가 지금 누리고 있는 문명의 근간이 되었다고 주장합니다. 창조성이 폭발적으로 증가하게 된 불꽃spark이 되었다는 것이죠. 그리고 그 흔적을 어디에서나 발견할 수 있음을 영어의 가정법을 통해 논증합니다. 가정법에는 어떤 비밀이 숨어 있는 걸까요?

블렌딩으로 본 가정법

전형적인 가정법은 'if'로 시작하여 현실과는 다른 세계를 가정합니다. 정신공간 이론에 따르면 'If'를 쓰는 순간 새로운 정신공간mental space이 열린다고 할 수 있습니다. 화자의 머릿속에 현실 세계가 아닌 가정 혹은 상상의 세계가 열리고, 언어를 통해 상대방에게 전달되는 것입니다. 하지만 가정법에 의해 생성되는 세계를 면밀히 살피면 우리가 생각하는 것보다 훨씬 정교하다는 것을 알 수 있습니다. 그럼 터너의 설명을 좀 더 자세히 살펴봅시다(p. 6).

"If I were my brother-in-law, I would be miserable."

해석은 간단합니다. "내가 처남이라면 진짜 비참할 텐데." 그런데 이 문장만으로는 불행의 이유를 알 수가 없습니다. 문장의 의미를 확정하기 위해서는 맥락이 반드시 필요하죠. 터너의 설명은 이렇습니다. 처남은 주식시장 관련된 일을 하고 있으며, 업무 스케줄을 넉넉하게 잡으려면 매일 새벽 5시에 일어나야 합니다. 그런데 말하는 이, 즉 '나'는 증권사에 근무하지도 않고 새벽같이 일어날 필요도 없습니다. 아침잠이 많은 사람일 수도 있죠. 그렇기에 "If I were my brother-in-law"라고 말한 뒤 나오는 'I'는 현실의 나도 처남도 아닌 새로운 존재입니다. 라이언맨이 사자도 아니고 인간도 아닌 새로운 존재인 것처럼 말이죠. 두 번째 나오는 'I'는 나의 여러 특성을 그대로 가지고 있는데, 처남처럼 스트레스를 받으며 고되게 일해야만 하는 존재인 것입니다.

"If I were my brother-in-law, . . ."

"If I were my brother-in-law"의 개념도(Turner, 2013)

그런데 처남이 다니는 회사가 엄청난 고액 연봉을 준다면 어떨까요? 직원 복지가 최고 수준이라면요? 처남이 갖고 있는 오디오 시스템이 자신이 늘 꿈꾸던 것이라면요? 사실 이런 사실들은 "If I were my brother-in-law"라는 조건문에 포함되지 않습니다. 오로지 처남의 업무 시간과 기상 시간만 새로운 'I'에 통합되는 것입니다. 나의 일부와 처남의 일부만 혼합되어 이제껏 존재하지 않았던 'I'를 생산해내고 있는 것이죠. "내가 처남이라면"이라는 간단한 말 속에 이렇게 복잡한 개념적 연산이 숨어 있지만 우리는 별 생각 없이 가정법을 만듭니다.

결과적으로 앞에 나오는 'I'와 뒤에 나오는 'I'는 표면적인 기표만 같을 뿐, 전혀 다른 특성을 지니고 있습니다. 생긴 건 똑같지만 사실 다른 존재인 것이죠. 터너는 이와 같이 새로운 의미를 지닌 'I'의 탄생을 위의 도식으로 표현합니다. 상단 좌측의 원은 조건절의 'I'를, 우측의 원은 'my brother-in-law'를, 하단의 원은 주절의 'I'를 나타냅니다. 주목할 것은 각각이 모두 다른 색으로 채워져 있다는 것입니다. 앞서 살펴본 '라이언맨'이 라이언도, 맨도 아닌 새로운 존재라는 점과 일맥상통하는 구조입니다.

터너는 오랜 기간 사고의 중요한 메커니즘으로서의 블렌딩을 연구해왔습니다. 창조와 상상, 공감과 가정 등 수많은 정신기능이 블렌딩에 기반을 두고 있음을 보여주었죠. 하지만 인간은 개념을 의식적으로 혼합하지는 않습니다. 거의 모든 블렌딩은 무의식적으로 이루어지는 것입니다.

그렇다면 무의식적인 블렌딩을 의도적으로 사용하여 교수학습에 활용할 수는 없을까요?

블렌딩을 활용한
창조적 사고 키우기

블렌딩은 여러 정신공간을 창조적으로 융합하여 새로운 질서를 만드는 과정입니다. 대개 무의식적으로 일어나지만, 교수학습에 의식적으로 활용할 수도 있죠. 이번 글에서는 블렌딩을 활용한 창조적 사고 증진전략 세 가지를 살펴보도록 하겠습니다.

대중문화 속의 블렌딩

마블MARVEL 시리즈 중 〈앤트맨the Antman〉이 있습니다. 기존의 영웅들과는 다른 '초소형 영웅'이 등장해 재미를 더하는 영화죠. 공상과학이나 영웅물에는 이렇게 인간과 동물 혹은 인간과 기계의 혼종 캐릭터가 자주 등장하는데요. 학생들은 대중문화 속의 '블렌디드 캐릭터blended characters'를 찾아 그 특성을 분석할 수 있습니다. 앤트맨의 경우라면 어떤 특성은 개미에게서 왔고 어떤 특성이 인간에게서 왔는지, 또 개미도 인간도 가지지 못한 앤트맨만의 특성은 무엇인지 따져보는 것입니다. 나아가 자신이 기존의 캐릭터들을 혼합하여 새로운 캐릭터를 창조한다면 어떤 캐릭터를 만들고 싶은지 상상의 나래를 펼쳐볼 수 있겠습니다.

블렌딩은 단순히 개체 간에만 일어나지 않습니다. 블렌딩이 창조적 사고의 기본이 된다는 사실을 상기한다면, 문화 전반에서 블렌딩을 찾아볼 수 있다는 것이 당연하게 느껴집니다.

조선왕조실록에 대한 패러디를 주요 모티프로 한 웹툰 〈조선왕조실톡〉을 생각해봅시다. 이 작품은 역사적 배경, 사건, 인물 등을 메신저나 소셜미디어와 같은 현재의 소통 플랫폼과 혼합하여 인기를 끌었죠. 이 과정에서 인물 간의 대화, 사건에 대한 설명, 다양한 비주얼 요소 등이 현대화되었습니다. 학생들은 이러한 작품을 세밀하게 살피면서 조선시대의 역사적 사실과 현재의 기술이라는 각각의 정신공간으로부터 어떤 요소들이 작품에 통합되었는지를 분석한 후, '내가 다양한 시대와 장소를 현재의 과학기술과 블렌드하여 웹툰을 만든다면?'과 같은 주제의 기획안을 만들어볼 수 있습니다. 웹툰과 같이 근대와 지금을 섞을 수도 있고, 중세와 고대를 엮을 수도 있겠습니다. 조금 더 상상력을 발휘한다면 인간이 존재하지 않던 지구와 새로운 과학기술이 지배하는 먼 미래를 블렌드할 수도 있을 겁니다.

개념의 시각화와 블렌딩

이번에는 블렌딩을 교육에 적극적으로 활용하고 있는 SCLCR

Society for Conceptual Logistics In Communication Research이 제시하는 활동 한 가지를 살펴보도록 하겠습니다. SCLCR은 각기 다른 개념을 시각화하고 이를 혼합함으로써 창조적 사고를 키울 수 있는 활동을 권장하는데, 구체적으로 다음 단계를 통해 진행됩니다.

1. 자신이 공부하고 있는 개념concept 한 가지를 선택합니다.
2. 선택한 개념을 창의성을 발휘해서 시각화합니다. 간단한 스케치도 좋고 만화도 좋습니다. 다이어그램이나 순서도를 만들 수도 있겠죠.
3. 또 다른 개념 하나를 선택합니다. 처음에 선택한 개념과는 관련이 없어 보이는 것이면 더욱 좋습니다.
4. 두 번째로 선택한 개념도 시각화합니다.
5. 학생들은 이 두 이미지를 혼합하여 제3의 개념을 표현하는 이미지를 만들어냅니다.

예를 들어 개념적 은유를 논의하면서 살펴본 "논쟁은 전쟁이다"를 생각해봅시다. 학생들은 해당 은유에 기반하여 정치토론 프로그램에 나온 토론자를 무사로 시각화할 수 있습니다. 여기에 더해 "토론자의 스타일은 다양한 종류의 무술이다"라는 은유를 시각화합니다. 태권도, 유도, 레슬링, 무에타이, 쿵후 등의 특징을 담아낼 수 있겠지요. 이제 이 두 시각화를 블렌드하여 새로운 시각 은유를 생성할 수 있습니다. 결과적으로 각 정당을 상징하는 색상의 무술복을 입은 토론자들이 다양한 무술로 서로를 공격하는 이미지가 만들어질 수 있을 것입니다. 이러한 활동 후에는 "논쟁은 전쟁이다"가 아닌 보다 건설적인 은유를 상상하고 이를 시각화하는 추가 프로젝트를 진행할 수 있습니다.

현실세계와 은유의 블렌딩

마지막으로 언어 학습과 조금 더 밀접한 관계를 가진 예를 살펴보겠습니다. "between a rock and a hard place"라는 표현을 들어보셨을 겁니다. 어떤 선택도 하기 힘든 상황, 소위 딜레마를 뜻하는 숙어죠. 그런데 이것이 시각적으로 구현될 수도 있습니다. 예를 들어 〈심슨 가족the Simpsons〉의 극장판 티저 예고편에서 호머 심슨은 거대한 추에 매달려 있습니다. 그런데 이 추는 커다란 바위와 "A HARD PLACE"라는 간판을 단 건물 사이를 왕복하고, 그 결과 심슨은 연이어 찌부러지게 됩니다. 기중기에 거대한 추를 매달아 상대를 공격하려다가 되레 자기가 곤경에 처하는 상황을 코믹하게 그린 것인데요. "between a rock and a hard place"라는 비유적 표현을 물리적 세계에 대응시켜 시각화함으로써 웃음을 이끌어내고 있습니다. 언어표현에는 존재하지 않던 동적 비주얼이 그 효과를 극대화하고 있고요(simpsonsmoviechannel, 2007).

이를 응용한다면 비유적 표현을 실제 이미지로 그려낼 때 어떤 효과를 거둘 수 있는지 경험해볼 수 있을 것입니다. 예를 들어 "Curiosity killed the cat"(호기심이 고양이를 죽였다)이나 "Walls have ears"(낮말은 새가 듣고 밤말은 쥐가 듣는다) 같은 비유적 표현을 그림으로 그리면서, 기존의 속담에는 없는 새로운 요소를 넣어볼 수 있겠습니다. 사랑의 감정을 나타내는 "head over hills"(홀딱

반하다)나 창의적 사고를 뜻하는 "think outside the box"(박스 바깥에서 생각하다, 즉 창의적으로 사고하다) 등을 새롭게 해석하여 시각화하는 시간을 가질 수도 있겠죠. 은유적 의미를 지닌 표현들을 물리적 세계에 대응시키면서 비유적 표현에 대한 언어 감수성을 높임과 동시에 유머가 작동하는 주요 메커니즘 중 하나를 익힐 수 있는 것입니다. 사실 언어와 시각자료를 결합한 '시각 말장난visual pun'은 대중문화의 주요한 요소로 자리 잡았습니다. 위와 같은 활동을 통해 시각 말장난이나 비주얼 은유 등에 대한 감수성을 키우고 창조적으로 이미지와 언어를 블렌드하는 역량을 키울 수 있습니다.

이상에서 블렌딩을 수업에 활용할 수 있는 아이디어 세 가지를 살펴보았습니다. 간단한 활동이지만 학생들이 세상의 수많은 블렌딩에 주목하여 이에 대한 분석을 바탕으로 새로운 블렌딩을 창조하는 기회가 될 수 있었으면 합니다.

기능어, 내용어
그리고 전치사

'단어'라는 말을 들으면 사람들은 대개 명사를 먼저 떠올립니다. 별, 나무, 자동차, 밥 등의 단어들 말이죠. 그런데 2022년 현재 미국의 대표적인 언어 빅데이터인 〈현대 미국 영어 말뭉치Corpus of Contemporary American English, COCA〉를 기준으로 어휘의 빈도를 살펴보면, 영어에서 가장 자주 사용되는 단어 50개 중에 보통 명사는 단 하나도 없습니다. 그나마 가장 상위에 오른 명사는 time으로 54위에 그칩니다. 다음으로는 people로 62위고요. 가장 빈도가 높은 단어들은 대개 관사나 대명사, 전치사 등의 기능어입니다.

기능어와 내용어

단어의 부류를 나눌 때 가장 자주 활용되는 기준은 품사입니다. 영어의 경우 대개 8품사(noun, pronoun, verb, adverb, adjective, conjunction, preposition, interjection)로 분류하지요. 순서대로 명사, 대명사, 동사, 부사, 형용사, 접속사, 전치사, 감탄사를 의미합니다. 하지만 전체 어휘를 단 두 종류로 나누기도 합니다. 바로 기능어function words와 내용어content words입니다.

내용어는 명사, 동사, 형용사, 부사와 같이 실체적 개념에 대응하는 품사들을 포함합니다. '자동차'는 특정한 개체에, '달리다'는 일정한 조건을 만족시키는 행위에, '빨갛다'는 대상의 속성에, '천천히'는 행위의 양태 즉 행동하는 방식에 각각 대응하죠. 이에 비해 기능어는 전치사, 대명사, 관사 등의 범주를 포함하며, 자체로 의미를 가진다기보다는 문법적인 기능을 수행하고 요소 간의 관계를 보여준다는 특징이 있습니다. 예를 들어 'I'나 'you'와 같은 대명사는 'Tom'이나 'Susie'같이 특정한 사람을 가리킨다기보다는 화자와의 관계에 따라 쓰이는 말입니다. 화자 자신은 'I'로, 화자의 발화가 향하는 대상은 'you'로 표현하게 되는 것입니다.

접속사도 비슷합니다. "The boss made a lot of mistakes. But he did not apologize at all"(보스는 많은 실수를 했어. 하지만 그는 전혀 사과하지 않았어)라는 문장에서 'but'은 자체로 의미를 가진다기보다는 "사장은 많은 실수를 했다"는 진술과 "그는 전혀 사과하지 않았다"는 진술의 관계relation를 보여주는 역할을 하고 있습니다. 여기에서 두 진술이 없다면 'but'은 무용지물인 셈입니다. 이런 면에서 연결어 'but'이 '그러나'에 대응하는 방식은 명사 'subway'가 '지하철'에 대응하는 방식과 사뭇 다르다고 할 수 있습니다.

기능어의 범주를 조금 넓히면 과거형을 나타내는 '-ed'나, 3인칭 현재를 표시해 주는 '-s'와 같은 문법형태소까지 포괄할 수 있습니다. 흥미로운 것은 아동의 경우 내용어가 기능어에 비해 대체로 먼저 발달하지만('엄마, 이거 뭐야? 할머니, 저건 뭐야?'라며 사물의 이름을 연신 묻는 아이를 떠올리면 이 말이 잘 이해되실 겁니다), 일부 실어증 환자들은 기능어 구사능력을 먼저 잃는다는 사실입니다. 과거형이나 3인칭 단수를 써야 하는 상황에서 go, see, run과 같이 동사원형을 그대로 사용하는 일이 발생하는 것이죠. 어려서는 대상을 중심으로 말을 배우다가 문법적 관계를 표현하는 쪽으로 나아갔다면, 실어증의 영향으로 문법관계를 떨쳐내고 '단어의 기본의미에 충실하게 되는' 경우라고 해야 할지도 모르겠습니다.

전치사의 역할

앞서 살펴보았듯이 기능어의 일종인 전치사는 널리 쓰입니다. 말뭉치(일정한 기준에 따라 구축한 언어 빅데이터)에 따라 다르지만, 대략 열 단어 중 한 단어는 전치사죠. 또한 전치사는 크기가 작습니다. 전치사 중에서 가장 빈도가 높은 of, to, in, for, on 등을 보면 알 수 있듯 참 아담한 단어들이죠. 하지만 작은 생김새를 가졌다고 뜻까지 작은 것은 아닙니다. 의미의 종류가 적지 않기 때문입니다. 온라인 옥스퍼드 사전에서 전치사 over를 찾으면 큰 의미만 7개, 세부 의미 기준으로는 14개 정도의 뜻을 갖고 있습니다. over뿐 아니라 on, in 등의 단어도 풍부한 다의성polysemy을 지니고 있죠. 다의성이란 말 그대로 많은多 의미意를 가지고 있다는 뜻인데요. 공간개념을 기본의미로 삼는 경우가 많지만, 이를 시간이나 다양한 개념적 관계로 확장하기에 뜻이 다양할 수밖에 없는 것입니다.

전치사의 주요 임무는 대상들 간의 관계를 설정해주는 것입니다. 제가 전치사를 본격적으로 배우기 시작했을 때 선생님은 영단어 'pre+position'과 한자어 전치사前置詞를 칠판에 쓰시고는 "pre 그러니까 앞 전, position 그러니까 둘 치, 앞에 두는 말이라는 뜻이지. 뭐 앞에? 명사 앞에"라는 설명을 덧붙이셨습니다. 지금 돌아보면 문장구조 내에서 전치사의 특징을 지적하는 이 설명은 개념적으로 조금 아쉬운 점이 있습니다. '명사 앞'이라는 설명을 넘어 '개체 혹은 개념 간의 관계를 표현한다'는 점을 강조하셨으면 어땠을까 하는 것이죠.

예를 들어 "a cat on the mat"에서 on의 의미는 고양이와 매트의 관계에 관한 것입니다. 이에 비해 cat이나 mat은 그 자체가 세계의 어떤 대상에 대응합니다. 이 점이 참 흥미롭죠. 고양이 그리고 매트는 세계에 존재하는 개체이지만 'on'은 그 어디에도 존재하지 않습니다. 그저 고양이와 매트와의 관계를 표현해줄 뿐이죠. "an airplane over the building"이라는 어구도 마찬가지입니다. 비행기가 있고 빌딩이 있을 뿐, 'over'가 존재하는 것은 아닙니다. 이 점을 강조하기 위해 저는 학생들에게 "자, 여기 on이 어디 있나요? over는 어디에 있습니까?"라고 질문을 던지곤 합니다. 눈으로 on과 over를 찾을 수는 없습니다. 그들은 여러 대상 간의 관계를 표현하고 있는 것이지 특정한 대상을 말하고 있지 않으니까요.

전치사가 이어주는 다양한 개념적 관계

평소 별생각 없이 쓰는 전치사이지만, 이들은 여러 종류의 개념적 관계를 담고 있습니다. 예를 들어 아래 세 문장을 봅시다. 어떤 패턴이 보이시나요? 구조적으로 또 의미적으로 말이죠.

The DVD is in my drawer.
The boy is in danger.
Peace is in love: love in peace.

세 문장은 모두 'A is in B'라는 패턴을 포함합니다. 그래서 문법서에서 이런 예문들은 보통 한 묶음으로 제시되지요. 하지만 앞뒤에 나오는 명사들에 따라 전치사는 사뭇 다른 관계를 표현합니다. 겉으로 보이는 구조는 비슷해 보일지 몰라도 의미의 관계, 혹은 개념적 관계는 전혀 다른 것이죠.

첫 번째 문장은, 두 개의 구체적인 사물에 관한 것입니다. "그 DVD는 내 서랍 안에 있어"라는 말인데, DVD와 서랍 모두 물리적인 구조를 가진 물건들이죠. 하지만 두 번째 문장은 사정이 조금 다릅니다. 첫 번째 단어인 The boy는 특정한 소년을 가리키지만, danger라고 하는 것은 추상적인 개념입니다. 직역하면 한 소년이 추상적인 개념인 위험 '안에' 존재한다고 말하고 있는 것이지요. 이처럼 danger라는 개념은 추상적이지만 세찬 바람이나 폭발 직전의 화산과 같이 물리적 위협을 묘사하는 표현이 따라올 수 있겠습니다. 세 번째는 'be in'이라는 패턴 앞뒤에 나오는 명사 모두가 추상적입니다. "평화 안에 사랑이 있고, 사랑 안에 평화가 있다"

3장 문법 그리고 품사에 숨겨진 비밀들

정도의 의미가 되겠네요. 눈에 보이지 않는 사랑과 평화라는 개념이 'in'이라는 전치사로 묶여 있습니다. 결국 이 세 문장은 모두 '명사1+be+전치사(in)+명사2'의 구조를 활용하지만, 이들이 만드는 의미는 사뭇 다릅니다.

자, 이제 한 가지 과제를 해봅시다. 영어로 된 글 한 편을 골라서 전치사가 이어주는 대상들을 살펴봅시다. 아시다시피 전치사는 두 대상에 대해 이야기할 경우가 많습니다. 물론 between 같으면 "A is between B and C"와 같이 세 개의 개체가 관여할 수도 있겠죠.

각각의 전치사를 둘러싼 개체들은 모두 구체적 사물인가요? 아니면 둘 다 추상적 개념인가요? 아니면 위의 두 번째 문장처럼 두 가지가 섞여 있나요? 이도 저도 아니라면 이런 관계들이 다양한 방식으로 통합되어 좀 더 복잡한 의미의 패턴을 만들어내나요? 이런 관찰을 통해 언어 특히 전치사가 하는 역할에 대해 어떤 이야기를 할 수 있을까요?

전치사의
놀라운 비밀

태어난 지 얼마 되지 않아 겨우 눈을 뜨고 할머니가 흔드는 물고기 모빌을 보는 아이를 생각해봅시다. 처음에는 '물고기'가 뭔지, '모빌'이 뭔지 알 리가 없습니다. 당연히 '할머니'라는 개념도 갖고 있지 않지요. '사람'이라는 개념도 없기에 자신이 사람이라는 것도 모를 겁니다(!). 본격적인 언어발달은 아직 먼 이야기이니 이들 개념을 표현할 어휘 또한 갖고 있지 못한 것은 자명합니다. 아이의 입장에서 볼 때 '할머니가 모빌을 흔들어 소리가 나는 것'은 밝은색의 무엇인가가 움직이고(성인이 이해하기에는 '할머니'의 '손'이 '모빌'을 '움직이고'), 이에 따라 비슷한 모양의 알록달록한 무언가가 움직이면서(즉, '여러 개'의 '물고기 모양'이 '움직이면서'), 이전에 들어보지 못한 소리를 듣게 되는(즉, '모빌'에 '내장된' '멜로디'를 '듣게 되는') 것입니다. 이 모든 과정이 따로따로 분리되지 않고 뭉뚱그려져 경험되겠지요. 아이는 성장하면서 각각의 개체를 구별하고, 운동의 개념을 이해하고, 이들 사이의 관계를 개념적으로 파악하게 됩니다. 이렇게 발달되는 개념은 '모빌', '물고기', '할머니', '소리', '움직이다' 등의 언어에 대응하게 될 겁니다.

인간은 언어를 발전시키기 훨씬 전부터 세계를 감각하고 그 안에서 운동합니다. 영아 때부터 다양한 지각체계를 통해 세계를 경험하고 몸을 움직이면서 주변을 탐구하게 되지요. 이런 경험이 쌓여 세계에 대한 일정한 관점을 구성하게 되고요. 그런데 이 과정이 아무렇게나 이루어지는 것은 아닙니다. 인간은 벌이나 강아지나 물고기 등과 다른 신체를, 그 신체의 운동을 관장하고 조절하는 뇌를 가지고 있기 때문입니다.

예를 들어 인간은 한쪽 방향으로의 운동에 적합한 신체구조를 가지고 있습니다. 배꼽이 달린 쪽으로 이동하는 건 쉬워도 반대편으로 가는 건 어렵지요. 시각을 통해 볼 수 있는 영역 또한 제한되어 있습니다. 발의 모양도 한쪽으로의 운동에 좀 더 적합하게 되어 있고요. 이러한 몸을 지닌 인간은 앞과 뒤라는 개념을 형성하게 됩니다. 또한 인간은 머리는 땅에서 멀리 떨어지고 발은 땅에 밀착한 형태로 직립보행을 하기에 상체와 하체가 비대칭적 경험을 하게 됩니다. 바닥에 붙어 이동하는 거북이와는 전혀 다른 신체적 경험을 하게 되는 것입니다. 이는 인간이 '위' 혹은 '아래'를 개념화하는 데 큰 영향을 미치게 됩니다.

여기에서 알 수 있는 것은 앞뒤, 위아래 등이 하늘에서 뚝 떨어진 개념이 아니라 인간의 신체가 특정한 지각체계 및 운동체계를 가지고 다른 사물 및 공간과 상호작용함으로써 생겨난다는 것입니다. 이는 많은 인지과학자들과 인지언어학자들이 주장하는

'체화된 인지embodied cognition'의 한 단면입니다. 체화된 인지는 언어의 형성과 발달에 막대한 영향을 미치게 되죠.

영상도식의 개념

이렇듯 체화된 상호작용 속에서 우리는 공간과 그 안에 있는 개체에 대한 개념을 형성합니다. 인지언어학에서 말하는 영상도식image schema을 구축해나가는 것입니다. 영상도식이란 인간이 세계를 이해하고 그 안에 등장하는 사물들의 관계 및 사건의 구조를 추론할 수 있는 인지적 틀을 말합니다. 영상도식을 이론적으로 정립하는 데 큰 공헌을 한 철학자 마크 존슨Mark Johnson에 따르면 다음과 같이 이해될 수 있습니다. 조금 어렵지만 천천히 또박또박 함께 읽어보시죠.●○

"세계를 이해하거나 다양한 사건을 기반으로 한 추론이 가능하려면, 의미를 갖고 있으며 상호 연관되어 있는 경험이 필요합니다. 모든 경험들이 제각각 아무런 연관도 없이 파편으로 존재한다면 개별 사건은 모두 새로운 것으로 지각될 것이고, 이해나 추론과 같은 사고행위는 불가능하겠지요. 다시 말해 인간의 행위, 지각, 개념에 있어 패턴과 질서가 존재해야만 의미를 만들고 지식을 쌓아가는 일이 가능한 것입니다. 도식 즉 스키마schema는 이렇게 지속적으로 발생하면서 질서를 형성하는 사건들 속에서

●○　　　괄호 안 내용을 풀어 쓴 것임을 밝힙니다(Johnson, 1987, p. 29).

발견되는 패턴, 형태, 규칙성, 나아가 반복되는 사건들 자체에서 이끌어낼 수 있는 패턴, 형태, 규칙성을 의미합니다. 이런 패턴은 주로 몸을 움직여 공간을 누비는 활동, 사물들objects을 이리저리 조작해보는 경험, 지각을 통한 상호작용 등의 층위에서 창발emerge하여 인간에게 의미 있는 구조로 자리 잡게 됩니다."

존슨의 설명을 상세히 살펴봅시다. 우선 첫 문장에서 말하는 '세계를 이해'하기 위한 조건들을 생각해보죠. 우리는 살면서 수많은 경험을 합니다. 이 글을 읽고 계신 독자 여러분도 태어나서 지금까지 한순간도 빠지 않고 무언가를 경험하셨을 겁니다. 그런데 만약 그 모든 경험이 순간순간 새로운 것으로 지각된다면 '이해 understanding'라는 것이 가능할까요? 그렇지 않을 겁니다. 이해라는 것은 유사성에 기반하여 경험을 분류하는 데서 생기기 때문입니다. 그렇기에 매 순간이 새롭다면 세상사를 이해하는 것은 불가능하죠. 이 점을 존슨은 "인간의 행위, 지각, 개념에 있어 패턴과 질서가 존재해야만 의미를 만들고 지식을 쌓아가는 일이 가능한 것"이라고 말합니다.

다음에서 우리가 살펴볼 '스키마'의 의미가 제시됩니다. 존슨에 따르면 스키마란 "지속적으로 발생하면서 질서를 형성하는 사건들 속에서 발견되는 패턴, 형태, 규칙성, 나아가 반복되는 사건들 자체에서 이끌어낼 수 있는 패턴, 형태, 규칙성"입니다. 요컨대 우리가 경험하는 여러 사건에서 발견되는 질서, 나아가 이들 사건의 반복에서 발견되는 패턴을 스키마, 즉 도식이라고 부를 수 있는 것입니다.

예를 들어봅시다. 우리는 태어나서 죽을 때까지 특정한 공간 안에서 살아갑니다. 그렇기에 몸과 공간이 상호작용하면서 벌어지는 지각과 경험은 다양한 영상도식으로 발전하게 됩니다. 대표적인 것이 '안과 밖'과 같은 공간개념이죠. 또한 우리는 평생 다양한 물건들 곁에서 살아갑니다. 자동차 장난감일 수도, 테니스 공일 수도, 물을 담는 컵일 수도 있습니다. 그리고 그들과 신체적인 상호작용을 하면서 일정한 질서를 깨닫게 됩니다. 이에 따라 '힘을 제공한 개체, 힘에 의해 영향을 받은 개체, 이를 통해 촉발된 운동'과 같은 역학 개념을 이해하게 됩니다. 이런 과정을 통해서 다양한 감각경험은 물리적 공간 및 공간을 이루는 개체들에 대한 개념으로 조금씩 변해갑니다.

스키마라는 용어가 여전히 낯선 분들이 계시리라 생각합니다. 조금 단순화시켜 이야기하자면 스키마는 '스케치' 혹은 '지도'와 비슷한 기능을 합니다. 스케치나 지도는 현실을 그와 닮은 이미지로 요약해냅니다. 인간은 성장하면서 자신과 세계의 관계를 압축적으로 이해할 수 있는 일종의 '이미지'를 만들어냅니다. 그런데 영상도식의 이미지image는 세계를 시각화한 그림이라기보다는 수많은 경험이 압축된 청사진에 가깝습니다. 이를 좀 더 깊이 이해하기 위해 대표적인 영상도식으로 알려진 '안/밖', '출발-경로-도착지', '포함' 등에 대해 자세히 살펴보겠습니다.

안/밖의 영상도식

영상도식은 추상적인 개념이 형성되기 이전에 감각 및 운동 경험에 의해 형성됩니다. '안과 밖'을 생각해봅시다. 우리가 '안'이라는 개념과 '밖'이라는 개념을 구성하기 전에 안팎에 대한 경험은 둘 사이를 갈라놓습니다. 우리가 자는 방과 바깥을 떠올려볼까요? 방 안에 있을 때의 온도, 조명, 바람, 색상 등과 방에서 나가서 경험하는 환경은 다릅니다. 안/밖을 구별하기 전에 '몸이 아는 것'이라고 할 수 있지요. 생각해보면 우리는 태어나서 다양한 방식으로 이러한 의미의 안/밖을 경험합니다. 방에서 거실로의 이동일 수도 있고, 욕실에서 방으로의 이동일 수도 있습니다. 집에서 밖으로 나가는 경험일 수도 있고, 특정한 빌딩에서 밖으로 나가는 경험일 수도 있습니다. 이런 수많은 경험 속에서 우리는 안/밖이라는 언어를 알기 전에 이미 안/밖에 대한 일정한 '감', 혹은 도식을 갖게 됩니다. 경험에 의해 몸에 새겨진 감각이라고 할 수 있는 지식체계입니다. 말로 표현하지 못한다고 해서 안/밖에 대한 체화된 경험이 없는 것은 아니라는 이야기입니다.

다른 예를 들어봅시다. 영아는 운동motion에 관심이 많습니다. 멈춰 있는 것보다는 움직이는 것에 눈길을 주죠. 태어나면서부터 시선은 정지해 있는 것보다 운동하는 물체를 따라가는 경향이 있습니다. 운동을 관찰할 때 중요한 것은 시작과 과정과 끝이라고 할 수 있습니다. 다시 말해 (1)어느 출발지점에서 (2)어떤 경로를 지나 (3)어디까지 사물이 운동하는지를 보게 되고 이러한 경험이 차곡차곡 쌓이면서 앞서 언급한 '출발지-경로-도착지' 영상도식으로 발전합니다. 물론 출발지-경로-도착지라는 스키마는 이후 자신이 직접 기어다니거나 걸어다니는 상황에서도 작동을 하게 되겠지요. '내가 저기로부터 기어서 여기까지 왔지'라는 지각이 체화되는 것입니다.

포함 영상도식

이번에는 존슨 등의 학자들이 제시한 기본적인 영상도식 중에서 포함containment 도식을 봅시다(Johnson, 1987, p. 23).

아기가 '특정 개체가 용기container 안에 담긴다'는 개념을 갖고 태어나지는 않을 겁니다. 하지만 자신의 눈앞에서 펼쳐지는 다양한 사건(아빠가 젖병에 분유를 넣는 것, 엄마가 상자에 모빌을 넣는 일, 언니가 배달 온 우유를 냉장고에 넣는 것 등)을 경험하면서 무언가가 특정한 용기에 담긴다being contained는 개념을 서서히 형성해 갑니다. 안전을 위해 테두리에 난간을 붙인 어린이용 침대에서 지내는 아이라면, 보호자가 자신을 번쩍 들어 침대 바깥으로 꺼내거나, 반대로 침대 안에 자신을 누이는 상황을 반복적으로 경험하면서 그야말로 온몸으로 '포함' 개념을 쌓아갈 수도 있겠습니다. 앞서 언급한 방에서 거실로의 이동, 거실에서 바깥으로의 이동 경험 또한 '용기'의 개념과 '들어감' 혹은 '나감'의 도식을 형성하는 데 도움을 주겠지요.

CONTAINMENT schema

(see Johnson, The Body in the Mind, p.23)

포함 도식●○

이와 같이 다양한 경험이 축적되고 추상화되면서 그림과 같이 담기/넣기와 관련된 포함 개념이 생깁니다. 이것이 충분히 발달하면 전자레인지 안에 밥을 넣고 문을 닫거나, 비행기 안에 탑승하거나, 리모콘 건전지를 갈아 끼우거나 하는 일이 하나의 영상 도식으로 통합되는 것이죠. 이제 "안에 넣어"는 옷을 옷장에 넣을 때, 즉석 음식을 전자레인지에 넣을 때, 필통을 가방에 넣을 때, 짐을 컨테이너 안에 넣을 때 모두 사용할 수 있는 언어가 됩니다. 모두 다른 행위이지만 '용기', '안', '밖', '넣다' 등의 개념을 공통으로 적용할 수 있는 행위가 되는 것입니다. 영어의 전치사 'in'은 이 모든 개념을 담고 있는 놀라운 단어인 것이죠!

out의 영상도식

마크 존슨은 영상도식의 예로, 주로 동사와 함께 사용되는 단어인 out에 대해 설명합니다(Johnson, 1987, p. 32). 수잔 린드너 Susan Lindner의 연구를 기반으로 out의 도식을 크게 세 가지로 제시합니다. 구체적으로 out이라는 말이 가지는 개념적 의미를 세 가지 도식으로 설명할 수 있다는 것인데요. 아래에서 각각을 살펴보려 합니다. 본격적인 설명에 앞서 LM은 landmark의 줄임말로 기준이 되는 개체 즉 지표이고, TR은 trajector의 줄임말로 인지적으로 주목하게 되는 개체 즉 탄도체를 의미합니다. 다시 말해 TR은 전경figure에, LM은 그의 배경ground에 대응됩니다.

탄도체와 지표라는 용어가 조금 생소하실 텐데요. 실제 예를 보시면 쉽게 이해할 수 있을 겁니다. 가령 영화에서 우주선이 우주 공간을 날아가는 모습을 보고 있다면 우주는 배경 즉 지표(LM)가, 우주선은 전경 즉 탄도체(TR)가 됩니다. 2022년 6월 발사된 누리호(KSLV-II)가 날아가던 모습에서 누리호는 탄도체, 하늘은 지표가 되겠지요. 그렇다고 탄도체가 꼭 이동하고 있을 필요는 없습니다. 예를 들어 "a bird on the roof"(지붕 위의 새)라면 우리가 주목하는 대상인 a bird가 탄도체, 그 대상이 자리 잡고 있는 the roof가 지표가 됩니다.

이제 out의 의미를 설명하는 세 가지 영상도식을 제시하겠습니다.

(1) 특정한 영역에서 밖으로 나갈 때: out의 첫 번째 영상도식은 아래와 같이 표현될 수 있습니다. 예를 들어 "John went out of the room"에서 'the room'은 행위가 일어나는 바탕이 되는 공간이고, 'John'은 움직이는 개체입니다. 방은 LM으로, John은 TR로 표시할 수 있습니다. 따라서 아래와 같이 John이라는 탄도체가 the room이라는 지표로부터 벗어나는 그림을 그릴 수 있는 것입니다.

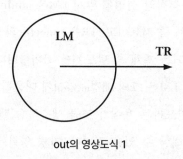

out의 영상도식 1

(2) 특정한 탄도체가 그 영역을 넓힐 때: 때로 out은 배경 자리에 있던 탄도체가 확장되는 상황을 개념화합니다. "roll out the red carpet"의 경우 말려 있던 붉은 카펫이 펼쳐지는 그림을 그려볼 수 있는데, 이 경우 카펫은 (1)과 같이 탄도체가 특정 공간 안에 있다가 밖으로 나오는 것과는 다른 양태의 운동을 합니다. 생각해 보시면 John이 방 안에 있다가 방 밖으로 나오는 것과 동그랗게 말려 있던 카페트가 휘리릭 펴지는 운동이 같을 수는 없습니다. 카펫은 어떤 곳에서 밖으로 나가지 않죠. 자기 자신이 펴지는 것이니까요. 하지만 언어적으로는 'out'이라는 단어가 이 두 현상 모두를 표현합니다. (2)에서 설명한 의미는 다음과 같은 영상도식으로 표현됩니다.

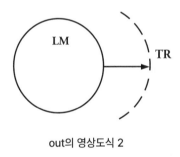

out의 영상도식 2

(3) 특정한 탄도체가 움직일 때: 이 경우 out은 특정 개체가 어디론가 운동하는 것을 나타냅니다. 다만 이 운동은 원래 자리에서 벗어나(out) 다른 곳으로 이동하는 것이어야 합니다. 예를 들어 "The train started out for Chicago"와 같은 경우입니다. 이때 기차는 시카고를 향해 떠납니다. 어디에서 출발하는지는 문장에 나

와 있지 않죠. 이 같은 의미는 아래 영상도식으로 표현됩니다.

out의 영상도식 3

영상도식, 물리의 세계에서 추상적인 세계로

중요한 것은 이러한 영상도식이 사고의 도구가 되어 물리적
세계뿐 아니라 추상적 개념에도 적용된다는 것입니다. 앞서 은유
에 대한 논의에서 살펴보았듯이 우리는 구체적이고 경험할 수 있
는 대상을 통해 추상적이며 일반화된 영역을 이해하게 되지요. 동
사와 함께 사용되는 out의 경우도 마찬가지입니다.

예를 들어 "speak out"이라는 말을 봅시다. 여기에서 'out'은
청자 안에 담아두었던 말이 밖으로 나오게 됨을 의미합니다. 다시
말하면 이 말을 듣는 청자가 일종의 그릇이고, 이 안에 담겨 있었
던 말이 밖으로out 나오게 되는 것입니다. 이렇게 밖으로 나온 말
은 화자가 들을 수 있고 경험할 수 있게 되지요. "He threw out a
few ideas for us to consider"도 마찬가지입니다. 이를 번역하면
'그는 우리가 고려할 만한 아이디어 몇 개를 던져주었다'는 말입니
다. 이 문장이 함의하는 바는 원래 그의 안에 있었던 아이디어가
외부로 나왔고, 우리가 고려할 수 있는 상태가 되었다는 것이지요
(김동환, 2007).

영상도식 그리고 전치사의 비밀

영어 전치사는 영상도식을 가장 잘 나타내는 말 중 하나입니다. 전치사가 널리 쓰이며 친숙한 말이긴 하지만 우리가 그 개념을 장착하고 태어난 것은 아닙니다. 앞서 살펴보았듯 인간 신체의 감각과 운동을 통해 영상도식을 형성하고, 나아가 언어발달과 엮이는 과정을 거치는 것입니다. '안/밖' 영상도식의 예를 다시 가져온다면 아기가 방에서 거실로, 거실에서 건물 밖으로 이동하는 경험은 몸에 '안/밖'에 대한 감각을 만들고 이는 언어의 발달과 더불어 공간을 나타내는 전치사와 연결됩니다. 몸에 새겨진 감각이 언어와 서서히 매칭되는 것이죠. 이렇듯 초기의 전치사는 공간적 개념을 주로 나타냅니다. 물리적인 현상을 말할 때 전치사를 활용하는 빈도가 높은 것이지요. 이후 아동의 인지와 정서가 발달하면서 전치사는 점차 추상적인 영역으로 의미를 확장합니다. 결과적으로 우리는 'in'을 공간의 의미로 쓸 수도(in the building), 추상적 의미로 쓸 수도(in peace) 있게 됩니다.

이렇게 보면 우리 인생에 펼쳐지는 의미의 여정은 놀랍습니다. 몸이 세계와 상호작용하면서 체화한 지식이 영상도식을 이루고, 이어서 다양한 언어와 엮입니다. 이것이 은유적인 사고를 통해 추상적인 영역으로 확장되지요. 인간은 몸을 가지고 세계를 경험하고, 언어를 통해 세계를 이해하며, 은유적 사고를 통해 오감을 넘어선 추상의 세계로 인식의 지평을 확장합니다. 몸으로 막연히 느끼던 '안'이라는 개념은 언어표현 'in'을 만나 세상의 수많은 'in'을 일반화할 수 있게 되고, 추상의 세계로 손을 뻗어 'in love', 'in harmony', 'in balance'와 같은 개념까지 표현하게 됩니다. 이렇게 보면 영어에서 가장 소소한 어휘처럼 보이는 전치사에 우리 인생의 여정이 빼곡히 담겨 있는 것입니다.

전치사,
기본의미와 확장의미로 공략하기

　　이상에서 살펴보았듯이 지각경험은 다양한 영상도식의 형성을 통해 개념화됩니다. 이는 다시 특정 언어표현과 결합하게 되죠. 예를 들어 아동은 아래 그림과 같은 궤적을 그리는 운동을 목격했을 때 주변 사람들이 'over'를 사용한다는 것을 지속적으로 경험합니다. 스포츠 경기에서 네트 혹은 담장을 넘어가는 공의 궤적이 over가 표현하는 영상도식을 가장 잘 보여주는데요. 실제로 "over

over의 기본 도식

the fence"나 "over the net"을 검색하면 많은 결과가 나옵니다. 대개 전치사의 의미 중 이와 같은 공간개념이 먼저 발달하고 추상적·비유적 의미 발달이 그 뒤를 따릅니다.

제2언어 학습자를 위한 전치사 교수학습법

주변에 전치사를 어려워하는 학생이 유난히 많습니다. 영문법의 최대 난적으로 관사와 전치사를 꼽는 분들도 여럿 만났고요. 단지 저만의 경험은 아닐 것입니다.

'지붕'과 같은 일반명사의 경우 대응하는 영단어를 가르치기가 수월합니다. 하지만 조사 '~에'에 해당하는 영단어를 가르치기란 여간 어려운 것이 아니지요. 이 글을 읽는 분들 대부분은 한국어 원어민 화자이실 테지만 '~에'의 의미를 설명하라고 하면 당황하실 것입니다. 비슷한 이유로 영문법이나 어휘의미론을 공부하지 않은 원어민 화자에게 대뜸 'of'나 'in'의 뜻을 가르쳐달라고 하면 개념적인 설명을 하는 대신 예시만 나열할 가능성이 높겠지요.

상황이 이렇다 보니 그때그때 예문에 따라 전치사를 해석하게 됩니다. "in the building"이라는 예문이 나왔다면 '빌딩 안에'라고 알려주고, "in 25 minutes"라면 '25분 지나서'라고 가르치는 것입니다. 이렇게 개별 문장을 통해 전치사를 익히는 방법이 그르다고 말할 수는 없습니다만, 응용인지언어학자들의 제안에 따르면 좀 더 효율적인 방법이 있습니다. 그중에서 이번에는 '기본의미와 확장의미의 비교'와 '개념에 기반한 관련 전치사 비교'에 대해 살펴보겠습니다.

기본의미와 확장의미의 비교

먼저 기본의미basic meaning와 확장의미extended meaning를 이해하기 위해 언어가 시공간을 어떻게 개념화하는지 살펴봅시다. 언어는 시간을 공간으로 표현하는 경향이 있습니다.

시간은 보이지 않고 지각되기 힘들지만 장소는 직접 보고 느낄 수 있지요. 여기에서 더글러스 호프스태터Douglas Hofstadter가 말하는 유비analogy, 조지 레이코프의 용어로 바꾸자면 개념적 은유가 작동합니다. 이해하기 힘든 추상적 개념(시간)을 지각할 수 있는 구체적 현상(공간)과 연결하여 이해하는 것입니다. 예를 들어 우리는 텐트 안에in the tent 있을 수도 있지만, 특정한 상황 안에in the situation 있을 수도 있고, 평화로움 안에in peace 있을 수도 있습니다. 물론 두 번째와 세 번째는 '상황에서'와 '평화롭게' 정도로 번역되는 것이 보통이지요. 여기에서 알 수 있는 것은 공간적인 개념을 나타내는 in이 특정한 상황이나 상태와 함께 쓰일 수 있다는 점입니다.

다른 예들을 봅시다. '(특정한 이벤트가) 곧 개최된다'는 "just around the corner"라고 하고, '거의 다 했다'는 뜻으로 "almost there"라는 표현을 씁니다. '모퉁이를 돌면'이라는 표현은 우리가 신체적으로 하는 경험에 기반합니다. 맛집을 찾으려고 지도 앱을 켜니 반갑게도 모퉁이를 돌면 바로 있다고 합니다. 이럴 때 "just around the corner"를 쓸 수 있지요. 그런데 이것이 시간의 의미로 쓰여 '곧, 얼마 지나지 않아' 정도의 의미로 쓰이는 것입니다. 마찬가지로 친구와 함께 한강 나들이에 나섰는데 생각보다 오래 걸리는 상황에서 "언제 도착해?"라고 물으면 "We're almost there"(거의 다 왔어)라고 말할 수 있죠. '거의 그곳이다'라는 의미니까요. 그런데 이 말은 시간에 대해서도 이야기할 수 있습니다. 일이 거의 끝났다는 말인데, 꼼짝 않고 앉은 자리에서 하는 일에 대해서도 쓸 수가 있죠.

이런 예들은 언어에 넘쳐납니다. 대화하다가 잠깐 딴 일을 하고 돌아와서 '우리 어디까지 이야기했지?'라고 말할 때 "Where were we?"라고 하는가 하면, 미래는 우리의 앞에 놓여 있고lie ahead, 과거는 뒤에 남겨놓는leave behind 것으로 이해합니다. 흥미로운 것은 일부 언어의 경우 미래가 자신의 등 뒤에, 과거가 눈앞에 있는 것으로 개념화된다는 것입니다. 미래는 알 수 없으니 볼 수 없는 등 뒤에 있는 것이고, 과거는 이미 경험해서 마음속으로 속속들이 볼 수 있으니 앞에 있는 것으로 표현해야 한다고 생각하는 것입니다.

사실 공간에 대한 경험은 시간뿐 아니라 다양한 대상을 개념화하는 데 사용됩니다. 상대방의 곤경에 공감할 때 "I have been there"라고 말할 수 있고, 서로 이해하는 게 사뭇 다르다는 의미로 "His understanding is far from mine"이라고 말하기도 합니다. 전자는 '거기에 가본 적이 있다', 즉 '나도 그런 상황에 처해본 적이 있다(그래서 어느 정도 네 상황을 이해한다)'라는 뜻이고, 후자는 '그의 이해는 나의 이해에서 멀리 떨어져 있다', 즉 '그가 이해하는 바는 내 이해와 사뭇 다르다'라는 뜻이 됩니다.

전치사와 공간

인간은 다양한 공간과 상호작용하며 평생을 살아갑니다. 결코 벗어날 수 없는 공간 안에 살면서 체화한 지식은 삶의 다양한 영역을 이해하는 데 필수적인 재료가 되지요. 공간은 몸의 거처이면서 언어와 지식, 심리와 추상세계를 가로지르는 사고의 빌딩블록building block이기도 합니다.

전치사는 이러한 언어의 특성을 집약적으로 보여줍니다. 공간관계를 표현하는 기본의미가 다양한 추상적 의미로 확장되기 때문입니다. 이런 원리를 이용한다면 공간적 의미를 충분히 이해한 후 이것이 추상적 의미와 연결되는 방식을 살핌으로써 전치사를 배우고 가르칠 수 있겠습니다.

표 왼쪽의 첫 번째 문장을 봅시다. '책이 테이블 위에 있다'라는 뜻입니다. 책과 테이블이라는 물체 사이의 공간적 관계를 나타내고 있죠. 하지만 오른쪽 첫 번째 문장은 공간적인 개념이 아니라 지불의 책임을 나타냅니다. '이 계산서는 내가 지불한다'는 뜻이지요. 테이블이 책을 받치고 있듯 내가 계산서를 받치고 있으니 "내가 낼게"의 의미가 되는 것입니다. 이와 같이 왼쪽의 문장은 모두 공간의 개념을 표현합니다. "차는 빌딩 뒤에 있었"고 "고양이는 테이블 밑에 있었"다는 의미니까요. 하지만 오른쪽 두 문장은 각각 "그 아티스트의 뒤에는 늘 커뮤니티의 지원이 있었다"와 "표면

기본의미	확장의미
The book is <u>on</u> the table	The bill is <u>on</u> me.
The car was <u>behind</u> the building.	The community's support was always <u>behind</u> the artist.
The cat was <u>under</u> the table.	Political struggles were going on <u>under</u> the surface.

기본의미와 확장의미로 전치사 공부하기: on, behind, under의 경우

밑에서는 정치적 투쟁이 계속되고 있었다"의 뜻으로, 공간의 의미가 아닌 비유적 의미를 담고 있습니다.

의미적으로 가까운 전치사 간의 개념적 비교

다음으로는 개념에 기반하여 관련 전치사와 비교하는 방법입니다. 일례로 over는 on에 비해 영향을 미치는 영역이 클 때가 많습니다. 그래서 "to put a cloth over a table"이라고 하면 테이블보가 테이블 전체를 가렸을 가능성이 크지만, "on a table"을 택한다면 테이블 전체가 덮였을 가능성은 다소 작아지지요. 그냥 테이블보가 테이블 위에 놓여 있거나 살짝 펼쳐져 있을 공산이 큰 것입니다(Lindstromberg, 2010, p. 194).

이보다 좀 더 체계적으로 비교를 할 수도 있습니다. 바로 말뭉치corpus를 사용하는 방법입니다. 예를 들어 응용인지언어학자 보어즈Boers의 연구에 따르면 above와 over는 쓰임의 빈도에 있어 다음과 같은 차이가 있습니다(Lindstromberg, 2010, p. 109).

(1) 동적인 의미를 나타내는가?

above는 쓰임의 5퍼센트만이 동적인 의미를 표현합니다. 이는 over의 67퍼센트에 비해 압도적으로 낮지요. 다시 말하면 above는 대부분 정적인static 의미로 사용됨에 반해 over는 3분의 2 정도가 동적인dynamic 의미입니다.

(2) 비유적인 의미를 나타내는가?

above의 용법 중 60퍼센트, over의 용법 중 53퍼센트가 비유적인 의미를 나타냅니다. 큰 차이는 없다고 봐야 하겠네요. 다만 두 단어 모두 기본의미인 공간묘사보다 비유적인 의미figurative meaning가 더 많다는 점에 주목할 만합니다. 비유적 용법의 예를 들면 다음과 같습니다.

above suspicion (의심할 바 없는)
control over something/someone (~에 대한 통제)

(3) 움직임의 기준이 되는 지표landmark가 드러나는가?
above의 경우에는 19퍼센트, over의 경우에는 30퍼센트가 암묵적으로 제시됩니다. 예를 들어 다음과 같은 경우죠.

the roof above (위쪽에 있는 지붕)
❶지붕이 무엇을 기준으로 위에 있다는 것인지 드러나지 않으므로 지표가 암묵적으로 제시되었다고 할 수 있습니다. 암묵적 정보는 앞뒤 문맥을 통해 이해해야 하겠습니다.
a roof that hangs over (모서리가 튀어나온 구조의 지붕)
❶위 두 표현에서 above와 over는 전통적인 전치사의 범주에 들어가지 않습니다만, 공간개념을 표현하는 단어들에 대한 인지언어학적 탐구에서는 전치사와 묶여 분석되기도 합니다.

이상에서 살펴본 바와 별도로 over와 above는 '접촉'이라는 개념에서 중대한 차이를 보입니다. above는 접촉의 개념을 좀처럼 포함하지 않지만 over는 이런 의미를 배제할 수 없습니다. 그렇기에 특정한 원인(a dark cloud)이 대상(the family)에 직접적인 영향을 행사하고 있음을 의미하는 다음 문장에서 above는 상당히 어색한 선택이 되지요.

A dark cloud lay over/above*●○ the family. (가족에게는 검은 구름이 드리워져 있었다.)

●○   별표*는 어색한 의미를 지닌 문장으로서, 많은 이들이 비문법적이라고 판단한다는 뜻입니다.

이미지를 활용한 전치사 학습

갤퍼린의 학습 오리엔테이션 단계

이미지를 통해 전치사의 개념을 제시하는 것은 두 가지 면에서 효율적입니다. 우선 이미지 중심 교수법은 전치사의 핵심 의미가 공간관계를 묘사한다는 점과 잘 맞습니다. 전치사의 여러 의미 중에서 '공간 속 개체 간의 관계'가 핵심이기 때문이지요. 다음으로 이미지를 통한 개념 제시는 말로 설명하는 것보다 한층 직관적입니다. 따라서 더 쉽게 이해되고 더 오래 기억될 확률이 높습니다. 열 마디 말보다 한 장의 이미지가 더 효과적이니까요.

이런 면에서 러시아의 발달심리학자인 레프 비고츠키의 학문적 성과를 이어간 피오트르 갤퍼린Piotr Galperin의 작업을 눈여겨볼 필요가 있습니다. 그는 심리학에 기반한 교수전략을 고안하면서 교수학습의 첫 단계로 "안내(오리엔테이션) 단계the orienting stage"를 설정합니다. 이때 학생들은 학습 대상의 전체 구조와 내용을 파악합니다. 전치사의 예를 든다면 over를 배우는 학생들에게 over가 가진 다양한 의미를 한눈에, 또 완전하게 파악할 수 있는 자료를 제공하는 것입니다. 의미를 하나하나 조금씩 가르치는 것이 아니라 'over'라는 의미를 한눈에 파악할 수 있는 일종의 지도를 만드는 것이지요.

이런 방식은 영어를 처음 접하거나 전치사를 이제 막 배우기 시작한 학습자들에게는 맞지 않을 수 있습니다. 학습자 사전에서도 십수 가지의 의미를 가진 것으로 소개되는 over를 한꺼번에 파악하려다가는 인지에 과도한 부담이 주어지면서 동기가 급속히 떨어질 수 있기 때문입니다.

성인의 학습과 SCOBA

하지만 성인학습자의 경우엔 상황이 조금 다릅니다. 오랜 기간 영어를 공부해왔고 다양한 전치사의 용법에 이미 노출된 상태니까요. 이런 경우 특정 전치사의 의미를 예문 한두 개로 배우기보다는 그 의미를 총체적으로 보여주는 개념적 지도conceptual map를 제시하는 것이 도움이 된다는 연구결과가 있습니다. over의 개념적 지도를 가지고 설명을 해보도록 하겠습니다(Lee, 2012, p. 91).

옆의 그림은 over의 다양한 개념을 최대한 간명한 이미지로 표현한 것입니다. 갤퍼린은 이것을 "SCOBA"라고 하는데요. 'Schema of a Complete Orienting Basis of an Action'의 약자로, 특정한 학습 행위의 방향을 설정하기 위하여 완벽한 기반이 되는

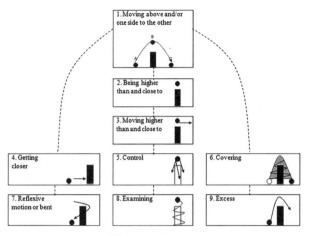

전치사 over의 SCOBA

정보를 비주얼로 보여준다는 뜻입니다. 다시 말해 over의 의미를 학습하기 위해 그중 한두 개만을 떼어내 설명하거나 이미지를 제시하는 것이 아니라, over가 가진 의미의 총체를 보여준다는 뜻이죠. 그것도 시각화해서 말이죠.

일견 단순해 보이는 이 SCOBA를 만들기 위해서는 많은 노력이 필요합니다. 우선 over의 의미를 최대한 많이 모으고, 이를 적절하게 분류함과 동시에, 단순하면서도 너무 과하게 단순화되지 않은, 그러면서도 직관적인 이미지를 만들어야 하기 때문입니다. 다음은 각각에 해당하는 예문입니다. 살펴보실 때 공간의 의미와 함께 추상적이고 비유적인 의미가 있을 수 있음을 염두에 두시기 바랍니다.

1. A squirrel jumped <u>over</u> the wall. (다람쥐가 담장을 뛰어 넘어 갔다.)

2. The placard <u>over</u> the boy is quite loud. (소년의 [머리] 위 플래카드가 꽤 요란하다.)

3. The helicopter flew <u>over</u> Seoul on Christmas. (그 헬기는 크리스마스에 서울 상공을 날아갔다.)

4. Let me call the manager <u>over</u> just to make sure everything is ready. (준비가 다 되었는지 확인하기 위해 매니저를 부르도록 [불러서 이쪽으로 오도록] 할게요.)

5. The director watched <u>over</u> the entire film-making process. (감독은 영화 제작 전반을 총괄하였다. [권한을 가지고 지켜보았다.])

6. It's urgent. We do not have time to discuss idly <u>over</u> the budget. (급한 일입니다. 예산 가지고 한가하게 논의할 시간이 없다고요.)

7. She bent <u>over</u> to pick a coin on the ground. Surprisingly, it was made of gold. (그녀는 땅에 있는 동전을 주우려 몸을 굽혔다. 놀랍게도 동전은 금으로 만들어져 있었다.)

8. The detective looked <u>over</u> the document and made up her mind not to take the case. (탐정은 문서를 살펴보았다. 그리고 그 건을 맡지 않기로 결심했다.)

9. Sometimes a small mistake could boil <u>over</u> into a corporate disaster. (종종 작은 실수가 커져서 기업의 재앙으로 번질 수 있다.)

각각의 예문은 대략 다음과 같은 개념에 상응합니다. 그림을 보실 때는 도형과 화살표 및 그 방향에 유의하시기 바랍니다.

1. 위로 움직이거나 (동시에) 한쪽에서 다른 쪽으로 이동함
2. 무언가의 위에 위치하며 근접해 있음
3. 대상의 위로, 또 가까운 거리에서 이동함
4. 점점 근접함
5. 통제
6. 감싸기
7. 재귀적인(자신에게로 돌아오는) 움직임이나 꺾임
8. 검토하기
9. 과잉

앞으로 문장에서 'over'를 만나실 때는 이들 의미와 매칭해보시고 해당 그림을 머릿속에 떠올려보시면 좋겠습니다. 그런 과정이 반복되다 보면 그 의미가 풍성하고도 명료하게 이해될 수 있을 것입니다.

수업에서 SCOBA 활용하기

완벽한 SCOBA를 만드는 것은 쉽지 않습니다만, 이기동(2020)과 Lindstromberg(2010)의 저서에서 다양한 영감을 얻으실 수 있습니다. 나아가 수업에서 SCOBA를 이용할 수 있는 방법도 있습니다. 그중 고등학교에서 시도해볼 만한 학기 프로젝트를 소개합니다. 기본적으로 교실을 염두에 둔 설명이지만 개인 프로젝트로

도 수행할 수 있습니다.

학기 초, 대표적인 전치사인 on, under, over 등을 모둠별로 배정합니다. 모둠원들은 사전을 활용하여 각각의 전치사에 해당하는 뜻과 용례를 모으고, 이를 최대한 깔끔하게 분류합니다. 사전의 뜻 구분을 그대로 따를 필요는 없습니다. 여러 의미를 합해 하나의 뜻으로 통합할 수 있는 것이죠. 이후 각 의미에 맞는 단순하면서도 직관적인 이미지를 만들고, 각각의 이미지 아래 관련 예문을 두 개 정도 적습니다. 이를 포스터로 제작하여 제출합니다. 이제 학생들만의 전치사 사전이 만들어졌습니다. 전치사가 나올 때마다 학생들이 만든 사전을 참고하고, 필요하다면 예문을 추가해 넣는 식으로 확장시켜 나갑니다.

이러한 프로젝트를 통해 달라진 것이 있습니다. 학생들은 단지 예문-뜻의 쌍으로 전치사를 배우지 않고, 특정 전치사를 나타내는 직관적인 이미지들을 머릿속에 그리는 습관을 들였기 때문입니다. 예를 들어 over를 생각하면 SCOBA 전체가 떠오르면서 동그라미와 사각 막대, 화살표 등으로 이루어진 아홉 개의 이미지가 떠오릅니다. 처음에는 예문과 잘 연결되지 않지만, 시간이 갈수록 어떤 그림과 예문이 연결되는지 감이 옵니다. 이렇게 한 학기를 지나면 주요 전치사들을 총체적으로 파악할 수 있는 능력이 발달합니다.

관계대명사와 개념화

　　영문법을 배우다 보면 많은 법칙을 만나게 됩니다. 예를 들면 "to 부정사의 부정은 'not to 부정사'로 한다" 같은 명제입니다. 많은 학생들은 이것을 "to 앞에 not이 와야 한다"는 의미로 받아들입니다. 그래서 "to not V" 형태는 아예 틀린 것으로 생각하는 경우가 많습니다. 하지만 과연 그럴까요?

　　COCA(Corpus of Contemporary American English)와 같은 여러 말뭉치를 검색해보면 사실이 아님을 알 수 있습니다. 2022년 7월의 통계를 보면, 분명히 'not to V'의 형태가 'to not V'보다 널리 쓰이지만, 'to not V'를 틀렸다고 말할 근거는 없기 때문입니다. 예를 들어 COCA를 기준으로 하였을 때 reveal의 경우 not to reveal이 255건, to not reveal이 25건 검색됩니다. be, have, get, do, let, make 등이 'to not 동사원형'을 검색했을 때 상위를 차지하고 있습니다.

이 데이터에 근거한다면 "to V의 부정을 위해서는 not을 앞에 붙여 'not to V'의 형태를 취하는 것이 보통이지만, to 뒤에 not을 붙여 'to not V'의 형태가 쓰이기도 한다"고 설명하는 것이 올바른 교수방법이 될 것입니다. 규칙을 기술하는 방식의 변화가 있어야 하는 것이죠. 이를 다른 말로 표현하면, "to 부정사의 부정에 관련된 문법규칙은 범주적categorical이라기보다는 확률적probabilistic입니다"가 됩니다. 쉽게 말해 '모 아니면 도'인 규칙이 아니라 확률적으로 달라질 수 있는 규칙이라는 말입니다.

동물을 받는 관계대명사는 무엇인가?

이 같은 관점을 갖고 관계대명사 논의로 넘어가 보겠습니다. 관계대명사 who와 which에 대한 가장 일반적인 설명은 "who는 선행사가 사람인 경우, which는 선행사가 동물이나 사물인 경우에 쓴다"는 것입니다. 앞서 도입한 용어를 따르자면 관계대명사 who와 which를 구별하는 것은 확률적이라기보다는 범주적인, 즉 절대적인 구분이라고 할 수 있습니다. 사람과 동물 그리고 사물은 구별되는 개체들이니까요(물론 인간도 동물의 일종이지만 여기에서는 영문법 논의를 위해 잠시 '사람 vs. 동물'이라는 구분을 유지해보겠습니다). 그런데 그렇지 않은 경우가 심심찮게 발견됩니다. 동물 이름 뒤에 who가 나오는 경우가 상당히 많은 것입니다. 예를 들어 "a fox who ~", "a cat who~"와 같은 경우입니다.

그렇다면 어떤 상황에서 동물 뒤에 which가 아닌 who가 나올까요? 그리고 이들 사이의 비율은 얼마 정도 될까요? 완벽한 답은 아니겠지만 언어 빅데이터 도구를 사용해서 대략적인 추산을 해볼 수 있습니다. 그래서 저는 구글북스에 포함된 책에서 예시를 찾아주는 구글 N그램 뷰어Google Ngram Viewer에서 "a dog who"와 "a dog which"를 찾아보았습니다. 결과는 놀랍습니다.

우선 해석에 대한 작은 경고입니다. N그램 뷰어가 보여주는 트렌드를 언어의 총체에 대한 완벽한 증거로 볼 수는 없습니다. 구글북스는 책으로 된 데이터만을 담고 있어 문어적인 경향이 강하고 일반적인 대화나 미디어의 언어생활을 온전히 반영하지 못하기 때문입니다. 그럼에도 확실한 것은 a dog who의 빈도가 1970~1980년경에 a dog which의 용례를 앞질렀고, 데이터의 마지막 부분인 2019년에는 무려 5배 정도 더 많이 쓰인다는 것입니다. 많은 문법서의 설명이나 흔히 가르치는 바와 대척점에 서 있는 데이터입니다.

이 같은 트렌드를 어떻게 봐야 할까요? 수학공식처럼 설명할 수는 없지만 몇 가지 추론이 가능합니다. 우선 왜 70~80년대일까 하는 점입니다. 이에 대해 생각해볼 수 있는 것은 동물권이 중요한 사회의제로 떠오른 시기와의 연관성입니다. 1970년대 철학자 피터 싱어Peter Singer의 개념적 작업 이후에 동물권에 대한 논의가 조금씩 일어나고 1980년대를 거치면서 활발해집니다. 즉, 동물을 그저 '하등한' 존재로 보는 것이 아니라 그 자체로 인간에 비견되는 권리를 가지는 존재로 보게 된 것입니다. 한국사회에서 '애완동물'이 '반려동물'로 바뀌어가는 현상도 이와 무관하지 않겠지요. 이에 따라서 동물을 사물과 같이 which로 받는 것이 아니라 점차 who로 받기 시작했다는 추측이 가능합니다. 둘째는 '캐릭터(인물)로서의 동물'의 증가입니다. 구글북스의 예시를 살펴보면 동물이 캐릭터로 등장하는 책에서 "a dog who"가 쓰인 문헌이 여럿 발견됩니다. 동물이라고 하더라도 스토리 안에서 캐릭터가 되면 당연히 who로 받게 되는 것이고, 이런 스토리가 많아질수록 "a dog who"가 "a dog which"의 용례보다 많아질 수밖에 없습니다.

자연과학적 범주보다 인간의 개념화가 중요한 이유

이상의 논의에서 알 수 있는 것은 "사람이면 who, 동물이면 which"라는 설명에 큰 문제가 있다는 것입니다. 데이터를 반영하는 설명은 "동물의 경우, 순수히 물리적·생물학적 개체로 여길 땐 which로 받기도 하지만 인간과 관계를 맺는 친구이자 반려동물로서의 지위를 지닐 때는 who를 쓰는 경우가 많다. 아울러 동물이 캐릭터로 등장하는 경우라면 who를 쓰는 것이 보통이다"정도가 될 것입니다. 동물이라는 범주category가 관계대명사의 선택을 결정한다기보다는, 동물을 어떻게 개념화하는가가 중요해지는 것입니다.

흥미로운 것은 인간과 동물 사이에 경계가 '흐릿해질' 때가 있다는 것입니다. 한국어에서도 연세 많은 분들이 손녀나 손자를 지칭할 때 "내 강아지"라고 하는 경우가 있죠. 동물의 이름으로 친족을 부르는 것입니다. 마찬가지로 영어에서 영어에서도 "Who's a good boy?"와 같은 문장은 개에게 상당히 자주 사용됩니다. 물론 이 경우 개의 성별에 따라서 "Who's a good girl? That's a good girl"이 될 수도 있겠죠.

그렇다면 동물을 받는 대명사도 당연히 she와 he가 됩니다. it을 쓰는 경우는 거의 없을 것입니다. 만약 it을 쓴다면 그것은 인간과 개의 밀접한 관계 속에서 그를 지칭하기보다는 유기견을 안락사시키기로 했다든가 하는 경우에 예외적으로 나올 수 있겠죠. 인간이 동물을 '그저 동물로 보는 순간', 다시 말해 인간과 개의 거리가 상당히 멀어져 있는 상황이라고 할 수 있겠습니다.

이런 관찰을 좀 더 밀어붙인다면 개를 좋아하는 사람은 개를 가리키는 관계대명사로 which를 쓸 일이 거의 없을 것이고, 마찬가지로 대명사를 쓰는 경우에도 it을 피하는 경향을 보일 것이라 추론할 수 있습니다. 관계대명사와 대명사의 선택은 딱딱하고 정해진 절대적 규칙이라기보다 사회적 거리, 감정, 태도 등에 의해 영향을 받는 개념화의 산물인 것입니다.

the dog who vs. the horse who

인간과 동물 사이의 관계가 동물 관계대명사를 결정하는 데 영향을 미친다면, 인간과 가까운 동물의 경우 who가 쓰이는 비율이 높을 것이라는 가설을 세울 수 있습니다. 반대로 인간과 어느 정도 거리를 유지하는 동물의 경우는 who가 쓰이는 비율이 상대적으로 낮겠지요. 이와 같은 예측을 구글 N그램 뷰어를 통해 살펴보도록 하겠습니다(앞서 말씀드렸듯이 N그램 뷰어의 검색결과는 경향성을 보여주는 것일 뿐 완전무결한 증거로 제시될 수는 없겠습니다).

먼저 동물 중 인간과 가장 가깝다고 생각되는 개의 경우에는 최근 데이터에서 "the dog who"가 "the dog which"를 압도하는 것을 볼 수 있습니다. 다음으로는 인간과 어느 정도 관계를 맺고 있지만 개만큼 밀접한 관계를 맺고 있지 않다고 판단되는 말을 볼까요? "the horse which"의 비율이 줄어들고 있긴 하지만 여전히 "the horse who"보다는 빈도가 높습니다.

두 통계치를 통해 앞서 제시한 가설에 신빙성이 있음을 확인할 수 있습니다. 개는 인간과의 밀접한 관계 속에서 개념화되거나 책의 등장인물로 등장하는 경우가 많기에 "the dog who"의 빈도가 급격히 높아지는 것을 살펴볼 수 있습니다(방금 제가 개가 '등장인물'이라고 말을 했네요. 등장'인'물). 이에 비해 말은 아직까지 "the horse which"의 빈도가 높고, 이는 말과 인간의 관계가 개보다는 멀다는 점을 방증한다고 볼 수 있습니다. 대용량 언어 데이터 속에서 인간-동물 관계의 단면을 살필 수 있는 것입니다.

마르틴 부버 그리고 "나와 너"

관계의 윤리성을 강조한 철학자 마르틴 부버Martin Buber는 그의 고전 《나와 너Ich und Du》에서 인간이 다른 존재와 맺는 관계를 크게 두 가지로 구분합니다. 첫 번째는 "나와 그것" 사이의 관계입니다. 이는 자신과 다른 존재가 명확하게 구별되는 경우입니다. "그것"의 존재 이유는 나에게 쓰임을 받는 데 있죠. 다음으로는 "나와 너", 영어로는 "I and Thou"의 관계입니다. 이 경우 나와 너는 손쉽게 구별되지 않으며 그 경계도 명확하지 않습니다. 우리는 독립적으로 존재하는 것이 아니라 관계 속에서만 존재할 수 있지요. 그렇다면 우리가 동물과 맺는 관계는 어떠할까요? 그리고 그 관계는 우리의 언어를 어떻게 변화시키고 있을까요? 관계대명사의 개념화로 본 언어의 세계는 우리가 맺는 관계가 경험의 문제임과 동시에 언어의 문제라는 점을 보여주고 있습니다. 우리가 세계를 인식하는 방식을 변화시킬 때 언어가 변할 수 있습니다. 반대로 언어를 변화시켜 나감으로써 세계에 대한 인식을 조금씩 바꿔갈 수 있겠지요.

영어 관사의 원리
이해하기

정관사, 부정관사 그리고 무관사로 알아보는
변화무쌍하고 유연한 인식의 세계

a와 the의 어원
그리고 개념적 특성

"Everything should be as simple as it can be but not simpler!"(모든 것은 가능한 한 단순하게 만들어야 하지만 실제보다 더 단순하면 안 된다!)

정확한 워딩은 아니지만 아인슈타인이 비슷한 이야기를 했다고 전해지지요. 이 인용구를 볼 때마다 문법, 그중에서도 관사에 대한 흔한 설명방식 중 하나를 떠올립니다. 바로 'a'와 'the'를 어떻게 구별하는가에 대한 잘못된 상식입니다.

처음 나오면 a, 그다음에 나오면 the(?)

중학교에 다닐 때였습니다. 문법책에서 관사를 처음 접한 저는 복잡한 규칙들에 정신을 차리지 못했습니다. 관사를 설명하는 챕터는 유난히 길었고, 소위 '예외'도 많았습니다. 외워야 할 것이 한두 가지가 아니었죠. 한참을 답답해하던 어느 날 손을 들고 질문을 했습니다.

"선생님, a랑 the랑 언제 써야 하는지 헷갈리는데요."
"그거 많이 헷갈리지. 그런데 이것만 기억해. 처음 쓰면 a고 그 다음에 받을 때는 the로 받는 거야. 그러니까 바나나를 처음 말할 때는 a를 쓰고 그다음에 그걸 다시 받으면 the를 쓰면 되지. 쉽지?"
"아, 그렇군요. 고맙습니다."

'고맙습니다'라고 인사는 했지만, 선생님의 답변이 만족스럽진 않았습니다. 문법책을 봤을 때 선생님의 설명과 벗어나는 예들이 적지 않았기 때문입니다. 대표적인 것이 바로 천체를 나타내는 the moon, the universe, the sun 등의 표현입니다. 이들은 언급 순서에 관계없이 'the'와 함께 쓰입니다. 첫머리에 나오건 끝머리에 나오건 '우주'는 'a universe'가 아닌 'the universe'이고, 달을 나타내는 말 또한 어디에 쓰이건 'the moon'인 것입니다.

같은 논리로 '동서남북' 각각의 방향을 명사로 나타낼 때는 the east, the west, the south, the north와 같이 정관사를 사용합니다. 전치사와 함께 사용할 때도 마찬가지여서 "남쪽으로 뛰어갔다"고 하면 "He ran to the south"와 같이 'to the south'를 사용해야 합니다. 동서남북은 절대방위로서 대화의 처음에 등장한다고 해도 이렇게 'the'를 붙여 쓰는 것이 적절하죠. 한 가지 주의해야 할 것은 이들 단어가 동사 바로 뒤에서 방향을 나타내는 말이 될 때는 부사로 쓰여서 'run south', 'walk east', 'drive west'와 같이 관사를 동반하지 않는다는 것입니다. turn right, turn left와 유사한 용법입니다. 하지만 전치사와 같이 쓸 때는 명사가 되어 "turn to the right"나 "turn to the left"로 쓰이게 됩니다.

관사를 선택할 때 어떤 생각이 작동하는가

영어에서 가장 자주 나오는 말 중 하나가 'a'나 'the'와 같은 관사입니다. 그저 '둘 중 하나이겠거니' 생각하면 그리 복잡할 것도 없어 보이지요. 하지만 위의 예에서 볼 수 있듯이 관사의 용법을 한두 쪽으로 설명할 수는 없습니다. 심지어 책 한 권 분량의 가이드북도 있으니까요. 그렇기에 단순히 암기의 대상으로 보는 것을 넘어, 관사를 선택할 때 어떤 생각이 작동하는지를 이해하는 일이 절실합니다.

관사에 대한 심층적 이해를 위해 우선 a와 the를 어떻게 구별하는지 살펴보도록 하겠습니다. 가장 중요한 단서는 어원 및 이에서 파생한 개념에서 찾을 수 있습니다.

영어사를 살피면 부정관사 a/an이 '하나'를 나타내는 말 one에서 나왔음을 알 수 있습니다. '하나의'는 '여럿의'와 대비되는 말입니다. 예를 들어 'an apple'은 'multiple apples'가 있음을 전제합니다. 'an apple'이 단일한 사과를 가리킨다면 'multiple apples'는 다수를 말합니다. 이를 복수plural라고 하지요. 결국 an apple은 다수의 사과apples와 대비되는 하나의 개체임을 표시합니다. 따라서 a/an의 경우 셀 수 있는 명사 앞에 나오게 됩니다.

여기에서 알 수 있는 것은 영어를 쓰는 사람이 사물을 파악할 때 어떤 것은 셀 수 있다countable고 여기고 어떤 것은 셀 수 없다 uncountable고 여긴다는 것입니다. 물리적 세계와 심리적 세계, 상상의 세계 등 다양한 세계에 있는 수많은 사물들이 그 대상이고요. 영어사전에서 명사를 찾았을 때 나오는 C/U라는 말은 countable과 uncountable의 약자로 '하나, 둘, 셋 숫자에 대응시킬 수 있는 것'과 그렇게 할 수 없는 것을 의미합니다. 앞으로 사전에서 C(가산명사) 혹은 U(불가산명사)를 보면 '아, 이 단어는 영어 화자가 셀 수 있다고[없다고] 판단하는 것이구나'라고 생각하시면 됩니다.

이에 비해 정관사 the의 주요 역할은 명사를 특정to specify하는 것입니다. 이 또한 어원을 살핌으로써 그 의미를 보다 상세히 설명할 수 있습니다. the의 어원을 따라 올라가면 고대영어의 중성 지시어 þæt에 이르게 되는데요. 이것은 정관사 the뿐만 아니라 지시대명사 that으로도 진화합니다. 즉 'the'와 'that'이 같은 말에서 나온 것이고, 의미상 정관사 'the'는 '저것'을 나타내는 말에서 왔다고 할 수 있습니다.

여기에서 정관사 the의 핵심 의미를 파악할 수 있습니다. 대화하는 도중 "that"을 썼다고 해봅시다. 예를 들어 아래와 같은 문장입니다.

"Look at that book. Its cover is so beautiful." (저 책을 봐. 표지가 정말 아름답다.)

이 경우 'that book'은 말하는 이가 생각하기에 듣는 이가 어떤 책인지 알 수 있음을 가정합니다. 듣는 이가 절대 찾아낼 수 없는 책을 'that book'으로 표현하지는 않으니까요. 이는 마치 책을 가리키며 이야기하는 것과 비슷하죠. 손가락을 써서 사물을 가리키는 것은, 듣는 이가 말하는 이의 손가락을 따라가면 어떤 책인지 틀림없이 찾을 수 있다는 가정 아래 가능한 행동입니다.

정관사의 핵심 기능: 특정하기

'특정한다' 함은 '콕 짚어서 이야기하는 것'을 의미합니다. 손가락으로 특정한 사물을 콕 짚어 가리키는 것처럼 말이죠. 그렇다면 말하는 사람이 사용하는 명사가 듣는 사람에게도 알려져 있어야 합니다. 청자가 모르는 명사를 콕 집어 이야기할 수는 없으니까요.

다른 예를 좀 더 살펴보지요. 우리가 "저 책 좀 줘봐"라고 말할 때는 '저'가 가리키는 것이 청자가 특정할 수 있는 물리적 영역에 있습니다. 말하는 이는 '저'라는 말을 청자가 이해할 수 있다고 가정하지요. 이 같은 지시의 역할이 인식의 영역에 적용된 것이 바로 정관사 'the'가 하는 기능이라고 할 수 있습니다. 화자가 "the"를 붙여 말하는 명사는 청자의 인식 속에서도 특정될 수 있는 것이지요. 화자는 자신의 머릿속에 있는 대상이나 개념을 청자도 정확히 분별하여 이해할 수 있다고 믿는 셈입니다.

이러한 원리를 이해하면 sun이나 moon 나아가 universe 등 천체를 나타내는 말 앞에 언제나 정관사가 쓰이는 이유를 알 수 있습니다. 해, 달, 우주 등은 언제 쓰이건 대화자 모두에게 알려져 있습니다. 해는 유일한 해이고 달은 유일한 달이며 우주는 유일한 우주이니 다른 걸 상상할 수 없죠. 처음 나오느냐 두 번째 나오느냐에 관계없이 대화자 모두가 '아, 그거'라고 특정할 수 있다고 인식한다는 말입니다. 그렇기에 the가 앞에 나올 수밖에 없는 것이지요.

한 가지 더할 것은 특정의 대상이 될 수 있는 명사는 가산성이나 단복수와 관련이 없다는 점입니다. 셀 수 있는 명사인가 아닌가, 명사가 단수인가 복수인가는 정관사의 사용에 영향을 미치는 요소가 아닙니다. 다시 말해, the를 붙여 특정할 수 있는 명사는 셀 수 있는 명사일 수도(the apple), 셀 수 없는 명사일 수도(the money) 있습니다. 나아가 단수이건 복수이건 상관이 없기에 the apple이나 the apples 모두가 가능합니다.

관사의 종류는 세 가지다!

본격적으로 관사에 대해 살펴보기 전에 두 가지를 짚고 넘어가야 하겠습니다. 먼저 정관사 the와 부정관사 a(n)는 한정사 determiner의 일종입니다. '한정사'는 말 그대로 범위를 한정하는 말을 가리키는데요. 지시사(this, that, these, those)나 양화사 (all, many, none 등), 수사(one, two, three …) 등을 포함합니다. 이들 단어는 명사 혹은 명사구와 함께 쓰여서 의미를 좁혀주는 역할을 합니다. 예를 들어 'book'은 '세상에서 책이라고 불릴 수 있는 모든 개체'라는 뜻을 담고 있다면 'a book'은 그중 한 권을 가리키고, 'this book'은 화자와 비교적 가까운 거리에 있는 책을 가리킵니다. 'book'에서 'a book'으로, 이것이 다시 'this book'으로 표현됨에 따라 한정의 범위가 좁아지고 구체성이 높아집니다. 'books'와 'five books'의 의미도 마찬가지입니다. 전자는 책이 여러 권이라는 것 이외에 다른 정보를 전달하지 않습니다. 하지만 이 앞에 수사인 'five'를 붙이면 '다섯 권의 책'이라는 더욱 구체적인 의미가 되지요. 이번 장은 관사의 개념적 특성과 맥락, 화자의 가정과 의도 등과의 상호작용에 집중합니다만 관사와 한정사를 함께 공부한다면 좀 더 넓은 맥락에서 명사를 수식하는 표현들을 이해하실 수 있을 것입니다.

두 번째는 아래 이어질 논의와 직결되는 현상입니다. 오랜 시간 학습자들을 만나 오면서 많은 분들로부터 "여기에 a를 써야 하는지, the를 써야 하는지 정말 모르겠어요"라는 질문을 받았습니다. a와 the의 구별이 관사학습에서 핵심적인 사항임에 틀림없지만, 사실 관사를 이렇게 a/the 두 개의 체계로 생각하는 것은 올바른 접근법이 아닙니다. 그런데 영어의 관사가 두 가지가 아니라면 어떤 게 더 있을까요?

결론부터 말씀드리면 영어의 관사는 정관사, 부정관사 외에 무관사를 포함합니다. 관사라는 집합에는 두 개가 아니라 세 개의 원소가 있는 것입니다.

정관사, 부정관사, 무관사의 의미

관사의 용법은 한국어에서 '은/는, 이/가'의 구별처럼 쉽지 않고 각각의 개념도 정리하기 쉽지 않습니다. 하지만 정관사와 부정관사, 무관사가 가지는 기본 개념은 다음과 같이 요약할 수 있습니다.

a. 정관사the definite article: 특정한 사물이나 개념을 가리킵니

다. 위에서 언급했듯이 영어로는 특정specify할 수 있는 대상을 가리키는데요. 이것이 바로 'definiteness'로 표현되는 개념입니다(아래 나오는 부정관사의 특성인 'indefiniteness'에서 'in'이 빠져 있음에 주목하세요). 이 설명의 핵심을 이루는 '특정할 수 있다'는 말을 이해하긴 쉽지 않습니다. 이론적으로도 논쟁거리죠. 논문을 쓰자는 건 아니니 디테일을 과감히 생략하고 간단히 설명하면 "말하는 사람이 상대도 알고 있다고/알 수 있을 거라고 생각하는 대상"을 의미합니다. 이 대상은 보이는 물건일 수도, 추상적인 개념일 수도 있습니다.

b. 부정관사the indefinite article: 특정한 개별자가 가진 특질features과 관련 없이 비슷한 사물/개념 중 하나를 가리킵니다. 하나로 특정할 수 없는 걸 나타낼 때 쓰는 관사죠. 이때 '하나로 정할 수 없다'는 의미를 나타내는 단어가 바로 'indefiniteness'입니다. 예를 들어 "I eat an apple every morning"이라는 문장에서 'an apple'은 세상에 존재하는 사과라고 불리는 것 중 하나임을 의미합니다. 우리말로 "아침에 사과 하나씩을 먹는다"로 해석되는데, 여기에서 '사과 하나'는 특정한 색상과 크기, 원산지와 가격을 지닌 사과가 아니라 '사과'라고 이름을 붙일 수 있는 개체 중 하나를 뜻합니다.

c. 무관사zero article: 절대적 추상화 혹은 일반화absolute generalization를 하는 경우에 사용됩니다. 이 경우 관사가 붙지 않은 명사는 한계가 없는 일반적·추상적 개념을 나타냅니다. 예를 들

어 'love'는 '사랑'이라는 추상적이고 일반적인 개념을 나타내고, 'people'은 특정인의 집합이 아니라 사람들의 일반적 집합을 나타냅니다. "Cars have brakes"라고 하면 '차에는 브레이크가 있다'라는 뜻인데, 여기에서 '차'와 '브레이크' 모두 어떤 특정한 차와 브레이크를 가리키지 않습니다. 차 혹은 브레이크라고 불릴 수 있는 수많은 개체들을 일반화하여 표현하는 것입니다.

이런 개념들이 처음에는 생소하고 어려울 수 있겠습니다. 일단 한 가지만 기억하시면 좋을 듯합니다. 앞으로 명사 앞에 관사를 붙이려고 고민할 때는 "정관사? 부정관사? 무관사?" 이렇게 세 가지로 질문하는 습관을 키우자는 것입니다.

관사는
맥락과 개념화에 따라 결정된다

앞서 '달'이나 '우주'는 화자나 청자 모두가 알고 있는 대상이기에 'the moon'이나 'the universe'로 쓰인다고 말씀드렸습니다. 그렇다면 'a moon'이나 'a universe'는 불가능한 것일까요? moon과 universe는 언제나 특정되기에 the를 붙여 써야만 하는 것일까요?

우주 vs. 여럿 중 하나의 우주

현재 지구에서 '달'이라고 하면 하나의 달을 떠올립니다. 민담에 따르면 토끼가 절구질을 하고 있는, 아폴로 11호가 인류를 태우고 처음 착륙했던 그 달이죠. 그렇기에 '달'이라면 특정 가능하기에 정관사를 붙여 "the moon"이라고 해야 합니다. 말하는 이도 듣는 이도 모두가 같은 moon을 떠올리는 것입니다.

그렇다고 지구에서 달을 가리킬 때 반드시 the를 붙여서 쓰는 것은 아닙니다. 달의 양태는 여럿이기 때문입니다. 그래서 달의 여러 모양 중 하나인 '큰 보름달'은 'a great full moon'이라고 할 수 있죠. 'a blue moon'이나 'a half moon'이라는 표현도 가능하고요. 여러 형태와 색깔을 가진 달 중 하나를 가리킨다면 'a ~ moon'을 사용할 수 있는 것입니다. 다시 말해 달은 하나로 'the moon'이라고 말해야 하지만, 이것이 갖는 갖가지 속성을 나타낼 때는 '여러 가지 모양/색상의 달 중 하나'로서 'a ... moon'을 사용할 수 있는 것입니다. 'a blue moon'은 여러 'blue moons' 중 하나를 가리키는 것이지요.

'a moon'이 가능한 경우가 또 있습니다. 지구인은 유일한 달을 이야기하므로 'the moon'으로 쓸 수밖에 없지만, 달이 여러 개인 행성이라면 상황이 달라집니다. 예를 들어 현재까지 알려진 바로 목성에는 달이 79개가 있습니다. 이 맥락에서라면 "The Earth has a moon while Jupiter has 79 moons"라고 쓸 수 있습니다. '목성은 달이 79개이지만 지구는 달이 하나다'라는 의미인데, 이 경우 'moon'은 평소 말하는 달이라기보다는 일반적인 위성satellite의 뜻이 됩니다. 특정될 수 없는 일반적 개체가 되는 것이죠.

마찬가지로 하나로 여겨지기에 보통 'the universe'인 우주도 'a universe'가 될 수 있습니다. 예를 들어 다중우주론을 주장하는 물리학 이론에 따르면 이 우주 외에 다른 우주들도 있지요. 다양한 대중문화 창작물이 이러한 다중우주의 아이디어를 차용하고 있고요. 이 경우 현재 우리가 지각하고 살아가는 우주는 여럿 중 하나의 우주 즉, 'a universe'입니다. 다른 우주들을 포함해서 복수로 'universes'라는 말을 쓸 수 있고요. 다중우주를 나타내는 'multiverse'의 위키피디아 첫 문장은 "The multiverse is a hypothetical group of multiple universes"입니다. '다중우주란 이론적으로 가정된 여러 개의 우주 그룹이다' 정도로 이해될 수 있는 문장이죠. 이처럼 복수의 우주를 가정하는 이론체계 안에서는 'multiple universes'라는 표현이 얼마든지 가능한 것입니다. 복수의 우주가 가능하다면 'a universe'도 당연히 가능하겠지요.

정관사, 부정관사 그리고 총체와 가능성으로서의 세계

이와 같은 논리는 세계를 나타내는 world에도 비슷하게 적용할 수 있습니다. 다음 예문을 보시죠.

a. The world is full of sorrow. (세계는 슬픔으로 가득하다.)
b. We want a better world. (우리는 더 나은 세상을 원한다.)

두 예문에서 'world' 앞에 서로 다른 관사가 쓰였습니다. a에는 정관사 the가, b에는 부정관사 a가 쓰였죠. 왜 이런 차이가 오는 것일까요?

일상에서 '세계'라고 말할 땐 'the world'로 쓰는 것이 보통입니다. 지금 우리가 살고 있는 세계는 유일한, 그리고 특정한 것이기 때문입니다. 그러나 b에서 'world'는 가능성으로서의 세계입니다. 지금 눈앞의 세계는 하나일지라도 미래에 가능한 세계의 가능태는 수없이 많고 그중 하나가 바로 'a world'입니다. world 1, world 2, world 3 등을 그릴 수 있고 그중 하나를 생각하는 것이니까요. 그렇기에 'a better world'(더 좋은 세계)뿐 아니라 'a greater world'(더 나은 세계), 'an ideal world'(이상적인 세계), 'a miserable world'(비참한 세계) 등의 표현도 가능한 것이죠.

달은 하나이지만 시시각각 다른 모습으로 우리에게 다가옵니다. 세계는 하나의 총체이지만 가능성으로서의 세계는 무한히 열려 있습니다. 유일하게 정해진 것definite처럼 보이는 것들도 결코 특정한 모습으로만 나타나지 않는indefinite 것입니다. 우주는 하나이지만 이론적으로 여러 우주를 가정하는 것도 가능합니다. 순수한 상상의 세계라면 무한한 우주를 만들어낼 수도 있습니다. 이처럼 어떤 틀에서 개념화되느냐에 따라서 세계도 우주도 여러 모양으로 '변신'할 수 있습니다. 하나의 대상도 우리의 인식에 따라 다양한 모습을 지닐 수 있는 것입니다. 우리가 이해하는 방식을 크게 '인식론'이라고 부른다면, 어떤 대상의 인식론적 지위epistemological status에 따라 함께 쓰이는 관사도 바뀌는 것입니다.

관사, 인식론적 지위를 트래킹하는 시스템

이렇게 보면 관사는 말하는 사람의 머릿속에서 명사의 인식론적 지위를 따라가는 일종의 트래킹 시스템tracking system입니다. 즉, 명사에 '꼬리표'를 달아 말하는 이가 지칭하는 바가 무엇인지 보여주는 것입니다. "the apple"이라고 말하는 순간 화자는 청자에게 "이거 당신도 아는 바로 그 사과입니다"라고 말하는 것이고, "an apple"이라고 발화하는 순간 "이건 특별한 사과를 말하는 건 아니고, 이 세상에 존재하는 수많은 사과 중 하나를 말씀드리는 겁니다"라고 알려주는 것이지요. "the universe"라고 말하는 건 "이건 당신도 나도 알고 있는 그 우주를 말씀드리는 겁니다"라고 말하는 셈이고, "a universe"라고 쓰는 건 "여러 개의 우주 중 하나를 말씀드리는 겁니다"라고 운을 띄우는 겁니다.

다시 말해 정관사를 쓰는 경우 화자는 청자가 자신이 말하는 명사를 특정specify하여 따라올track 수 있다고 가정하는 것이고, 부정관사를 쓰는 경우에는 그렇지 않은 것입니다. 여러 개의 개체 중 하나라는 것만 인식할 수 있다고 가정하는 것이지요.

이러한 관점은 저의 예전 영어 선생님이 "처음에 나오면 a, 다음에 나오면 the"라고 말씀하신, 즉 신정보/구정보의 틀로 구분했던 기술방식보다 훨씬 정확하게 관사의 사용을 포착합니다. 아인슈타인의 말을 따르자면 제 중학교 때 선생님의 설명은 'simpler' 즉, 실제보다 더욱 단순화하여 본질을 놓친 규칙인 셈입니다. 얼핏 쉬워 보여서 좋긴 하지만 구멍이 숭숭 난, 정교함이 한참 떨어지는 규칙인 것이죠. 이런 설명은 임기응변은 될지 모르지만, 문법에 대한 혼란을 가중시키고 언어현상의 본질을 진지하게 탐구하는 학생들을 좌절시킬 수 있습니다.

꾸미는 말이 있다고 해서
특정되는 것은 아니다

관사를 "인식론적 지위를 트래킹하는 시스템"이라는 측면에서 살펴보았습니다. 이에 따르면 '화자가 청자로 하여금 특정 명사를 어떻게 인식하게 만들 것인가'라는 질문에 따라 'a를 사용하느냐, the를 사용하느냐, 관사를 사용하지 않느냐'를 결정하게 됩니다. 이 원리에 따라 생각해보면 우리가 배웠던 여러 규칙의 한계가 드러납니다. 먼저 관계대명사에 따른 관사 사용에 대해 이야기해보려고 합니다.

관계대명사가 꾸며주는 명사 앞에는 the?

"명사 뒤에서 관계대명사가 꾸며주면 the를 붙여야 한다"는 규칙이 여전히 통용됩니다. 맞는 예문을 보면 그런가 보다 하고 지나가게 됩니다. 이전에 살펴본 "처음 나오는 명사 앞에는 a를 붙이고 그다음에는 the를 붙여 쓴다"는 규칙처럼 말입니다.

그러나 결론부터 말하면 명사에 정관사가 붙느냐, 부정관사가 붙느냐와 관계대명사의 수식 여부는 아무런 관계가 없습니다. 관계대명사가 꾸며주는 명사라 하더라도 특정되지 않을 수도, 혹은 특정될 수도 있기 때문입니다. 전자의 경우에는 'a(n)+명사'를, 후자의 경우에는 'the+명사'를 써야 합니다. 다음의 예를 살펴봅시다.

a. We are hiring a data scientist who specializes in data visualization. (우리는 데이터 시각화를 전문으로 하는 데이터 과학자를 구인하고 있다.)

b. The man who stole the wallet was his uncle. (지갑을 훔친 사람은 그의 삼촌이었다.)

두 문장의 의미를 조금 더 깊이 살피면 a의 'data scientist'는 특정한 사람이 아니라 데이터 비주얼라이제이션을 전문으로 하는 수많은 사람 중 하나임을 알 수 있습니다. 많고 많은 데이터 과학자 중 한 명을 말하는 것이므로 이 문장의 data scientist는 특정되지 않습니다. 따라서 부정관사 'a'를 붙여 'a data scientist'로 쓰는 것이 적절합니다. 이에 비해 b의 경우 '지갑을 훔친'이라는 관계사절은 특정인을 묘사하는 기능을 수행합니다. '콕 짚어 가리킬 수 있는' 특정한 절도범을 지칭하는 것이지요. 따라서 'a'가 아니라 'the'를 붙이는 것이 적절합니다.

같은 논리로 다음 두 문장 모두 사용할 수 있습니다. 두 문장 모두에서 journalist가 관계대명사 who와 함께 사용되고 있지만, 화자가 의도하는 의미에 따라 a journalist가 되기도 the journalist가 되기도 하는 것입니다.

c. Dr. Hall is a journalist who will join the team this fall.
(Hall 박사는 이번 가을에 팀에 합류하게 될 저널리스트입니다.)
d. Mr. Smith is the journalist who investigated the scandal in person. (스미스 씨는 그 스캔들을 직접 조사한 저널리스트입니다).

그런데 이들 예문도 절대적인 규칙에 기반하고 있지는 않습니다. 예를 들어 c의 경우 만약 팀원들이 이미 저널리스트 한 명이 팀에 합류하기로 한 것을 알고 있었고, Hall 박사가 바로 그 저널리스트라는 것을 알리는 맥락이라면 "Dr. Hall is the journalist who will join the team this fall"이라고 쓸 수 있기 때문입니다. 맥락이 달라진 상황에서 관사의 사용도 달라질 수밖에 없는 것입니다.

여기에서 알 수 있는 것은 관계대명사가 꾸민다 하더라도 수식을 받는 명사는 수많은 대상 중 하나로 개념화될 수도, 특정한 대상으로 개념화될 수도 있다는 사실입니다. 이에 따라서 관사의 선택은 달라져야 하겠지요. 결론적으로 "관계대명사가 꾸며주는 명사는 정관사 the를 붙여야 한다"는 규칙은 근거가 없습니다.

the very man/the central issue

정관사의 가장 큰 임무는 어떤 명사를 특정하는 일이라고 말씀드렸습니다. 그렇다면 특정하는 의미를 지닌 일부 형용사의 경우 정관사가 붙을 수밖에 없는 상황을 만들어내기도 합니다. 이는 형용사의 의미와 밀접한 관계가 있습니다. 의미를 곰곰이 살펴보면 화자가 '여러 개의 개체 중 하나'로 명사를 생각할 수 없고 특정한 대상을 콕 짚어 가리킬 수밖에 없는 경우입니다.

형용사의 의미상 자연스럽게 대상을 특정하게 되는 첫 번째 예는 몇몇 형용사에서 나타납니다. 먼저 'the very man'과 같은 표현에서 볼 수 있는 'very'를 살펴보겠습니다. 주지하듯 'very'는 보통 'very expensive'나 'very long'과 같이 형용사를 꾸미는 부사로 쓰이지만, 형용사로 쓰이면 '바로 그', '다름 아닌'과 같은 의미를 지닙니다. '바로 그 사람'은 여러 명일 수가 없죠. 따라서 '바로 그 남자'를 나타내는 표현은 정관사를 수반한 'the very man'이 됩니다. 형용사 very의 개념 자체에 특정의 요소가 담겨 있는 것입니다.

very가 부사로 쓰일 때라면 문제가 달라집니다. 'a very clever man'이라는 표현을 보면 very가 아니라 'clever'가 man을 수식합니다. 따라서 "매우 영특한 사람 중 하나"라는 의미가 되므로 부정관사 'a'가 쓰이는 것이 자연스럽습니다. 물론 뒤에 나오는 표현에 따라서 the very clever man이 되는 경우도 있습니다만, 이 경우에도 very의 의미 때문이 아니라 man의 의미 때문에 정관사를 취하게 되는 것입니다(잠깐 갓길로 새자면 'very old man'과 같은 경우 'very old+man'으로 분석되기도 합니다. 'old man'이라는 표현은 직역하면 '나이가 많은 남성'이지만 맥락에 따라 상관이나 지휘관과 같이 권위를 가진 사람을 가리키는 말로써 'old'와 'man'의 결합력이 매우 강합니다. 일종의 합성어로 사전에 'old man'으로 등재되어 있는 경우가 잦지요. 그렇기에 'old man'이 하나의 단위로 인식될 수 있는 것입니다).

very와 같이 의미상 정관사를 자주 수반하는 단어들이 있습니다. wrong(잘못된), same(같은), only(유일한), main(주요한), central(중심의, 핵심적인), following(다음의), former(전자의), latter(후자의) 등의 단어들이 대표적입니다. 아래에서 이들 단어와 정관사 the의 결합에 대해 상세히 살펴보겠습니다.

You have the wrong number
vs. You have a wrong number

"전화 잘못 거셨네요"에 해당하는 적절한 표현은 "You have the wrong number"입니다. 부정관사 a를 사용하는 경우가 종종 발견되지만, 정관사 the가 사용되는 것이 보통입니다. 왜 a가 아니고 the를 선호할까요? 세상엔 수많은 전화번호가 있고 그중 한 번호를 지칭하는 것인데 말이지요.

the의 주요 기능이 '특정하기'임을 기억한다면, 이 문장에서의 정관사 the도 해당 역할을 담당하리라는 점을 짐작할 수 있습니다. 그런데 상대가 잘못 알고 건 번호를 특정한다는 것은 무슨 뜻일까요? 이에 답하기 위해서는 특정되는 것이 세상의 수많은 번호 중 잘못 건 번호가 아니라는 점에 주목해야만 합니다.

생각해봅시다. 받은 사람 입장에서 전화 건 사람이 누른 번호는 딱 두 가지 중 하나입니다.

the right number (맞는 번호)
the wrong number (틀린 번호)

이 점을 고려한다면 저 상황에서 'wrong number' 앞에 the 가 붙는 것이 자연스럽다는 것을 이해할 수 있습니다. 즉, 전화를 받은 사람은 "전화를 '잘못' 걸었다"라고 말하고 있는 것이며, 이 경우 번호의 종류는 딱 두 가지 즉 '맞는 번호'와 '틀린 번호'로 구분되는 것입니다(둘 중 하나라니 참 쉽죠, 잉?). 인지언어학의 용어를 쓰자면 걸려온 전화에 대해 화자가 "You have ... number"라고 말할 때 상정하는 개념적 공간conceptual space에는 두 가지 종류의 전화번호밖에 없는 것이며, 이 중 틀린 것을 "the wrong number"라는 언어표현으로 특정하고 있다고 할 수 있습니다. 이와 비슷한 개념적 공간이 작동하는 예로는 "경찰이 스미스 씨 대신에 카터 씨를 체포했다"와 같은 문장을 들 수 있습니다. 이 경우 진짜 범인은 스미스 씨인데 엉뚱하게 카터 씨를 체포했죠. 카터 씨는 범인이 아닙니다. 따라서 "The police arrested the wrong person"이 적절하죠. 체포의 대상은 범인이 맞는 경우와 그렇지 않은 경우 두 종류로 나누어지기 때문입니다.

여기에서 알 수 있는 것은 많은 영어 화자들이 "the right number/the wrong number"의 두 가지 개념공간을 상정한다는 것입니다. 하지만 모두가 같은 개념공간을 상정하지 않기에 "You have a wrong number"를 사용하거나 "You dialed a wrong number"를 사용하는 경우도 있습니다. 뒤에 나올 "Where is a/ the bank?"의 예시를 통해 이 점에 대해 좀 더 살펴보려 합니다.

마지막으로 "a wrong number"가 보다 적절한 맥락도 있을 수 있습니다. 열 개의 숫자가 나열되어 있는데 그중에 틀린 숫자 하나가 포함되어 있다면 "There is a wrong number in the list" 라고 말할 수 있기 때문입니다. 이때 'a wrong number'는 'one wrong number'의 의미입니다. 열 개 중 하나가 잘못된 숫자라는 점을 말하는 것이니 '여러 개 중의 하나'라는 의미를 가진 'a wrong number'가 적절합니다.

특정할 수 있는 '최상' 그리고 'the+최상급'

형용사의 의미상 자연스럽게 특정 대상을 가리키게 되는 두 번째 예는 최상급이 사용되는 경우입니다. 최상급은 개념상 "가장 ○○한"의 뜻을 갖습니다. 세상에 다양한 개체들이 있는데, 그중 에서 극단에 있는 대상을 가리키는 것입니다. 자연스럽게 의미상 뒤에 나오는 명사는 하나로 특정되게 됩니다. 예를 들어 '가장 키 가 큰 학생'은 한 명이고, '가장 높은 산'도 하나입니다. 따라서 정 관사 the가 붙어서 'the tallest student'와 'the tallest mountain' 으로 표현해야 함을 추론할 수 있습니다.

곰곰이 생각해보면 최상급 앞에 the가 붙는 이유와 "wrong number" 앞에 the가 붙는 이유는 그다지 다르지 않습니다. 그들 은 모두 하나의 대상을 특정합니다. 차이가 있다면 최상급 앞 the 의 경우 많은 개체 중 극단에 위치하는 대상을 특정하고, wrong number 앞의 the는 맞는 번호들의 집합과 틀린 번호들의 집합 중에 틀린 쪽을 특정한다는 차이가 있을 뿐이죠.

first, second, third … 반드시 the와 함께?

형용사의 의미가 특정한 대상을 가리키게 되는 세 번째 예로 순서를 나타내는 말, 즉 서수가 있습니다. 'ordinal' 혹은 'ordinal number'라고 번역되지요. 서수 앞에는 많은 경우 정관사가 붙습니다. '세 번째 여성'은 'the third woman', '다섯 번째 영화'는 'the fifth movie' 등과 같이 표현되는 것입니다.

그런데 'the first, the second, the third'와 같은 표현들을 예외 없는 법칙으로 가르치는 것은 경계해야 합니다. 저도 오래전 문법 시간에 "서수 앞에는 the를 붙여라!"는 구호를 외쳤었죠. 이런 '법칙'이 많은 경우 들어맞지만, 이 공식에는 큰 허점이 있습니다.

'a second chance'와 같은 표현이 대표적입니다. "give someone a second chance"와 같은 형식으로 빈번하게 쓰이지요. 'a second thought'와 같은 표현도 널리 쓰입니다. "give something a second thought"는 '~에 대해 다시 생각해보다' 정도의 뜻으로 'a second thought'와 같이 부정관사를 쓰는 것이 적절합니다.

이 또한 개념화의 차이로 설명할 수 있습니다. "give something a second thought"에서 'second'는 '다시 한번', '한번 더' 정도의 의미입니다. 서수적인 의미가 없다고 할 수는 없으나 의미상 차이가 있는 것이죠. 서수적으로 해석한다고 해도 '다섯 가지의 생각 중 두 번째 생각'과 같이 설명하는 것은 불가능합니다. 막연하게 '두 번째로 생각해보다, 재고하다'의 의미이지, 이미 정해진 생각의 집합 중 두 번째라는 뜻은 아니니까요. "take a second look"(다시 보다)과 같은 용법도 비슷합니다. 만약 우주선을 만드는 팀의 디렉터가 "Nobody deserves a second chance here"라고 한다면 '여기에서 두 번의 기회를 가질 수 있는 사람은 아무도 없다' 정도가 되겠죠. 우주선이 폭파하면 모든 게 수포로 돌아가는 상황이니 한 번 실수하면 끝이라는 겁니다.

관련하여 학술논문에서 종종 등장하는 'a second limitation'과 같은 표현을 생각해볼 수 있습니다. 연구의 한계를 논의하며 "두 번째 한계로는…"과 같이 이야기할 때 쓸 수 있는 어구인데, 한계점이 모두 몇 가지인지 언급하지 않고 "첫 번째 한계는 ○○이다. 두 번째 한계는 ○○이다"와 같이 말할 때 쓸 수 있는 표현입니다. 이 경우 은밀하게 'first'와 'second'가 단 하나가 아닐 수 있음을 암시합니다. "여럿 중의 하나"라는 부정관사의 개념적 의미가 살아있는 것입니다.

이에 비해 논의하고자 하는 대상의 수가 한정되어 있고, "첫째, 둘째, 셋째… N번째"와 같이 이야기한다면 서수 앞에 모두 the를 붙이는 것이 적절합니다. "There are three problems with this method. The first … the second … the third …"(이 방법에는 세 가지 문제점이 있습니다. 첫 번째는… 두 번째는… 세 번째는…) 이런 식으로 말입니다. "three problems"가 전제되었기 때문에 첫 번째와 두 번째 그리고 세 번째는 정해진 문제가 되고 이는 정관사 the

의 사용을 강제합니다.

one, the other vs. one, another

같은 원리를 'one, the other'와 'one, another' 구문에 적용해보겠습니다. 우리는 보통 두 개의 개체를 지칭할 때 one/the other를 사용합니다. 그런데 세 개 이상의 개체를 나타낼 때는 첫 번째 대상과 두 번째 대상을 one/another로 지칭하지요. 이 차이를 살피면 부정관사 a와 정관사 the 사이의 차이를 이해할 수 있습니다.

원리는 간단합니다. 두 개의 개체가 있을 때 하나를 지칭하면 다음으로 지칭할 대상은 오로지 하나만 남습니다. 둘 중 하나가 정해지면 두 번째 대상은 "자동으로 특정automatically specified"되는 것입니다. 따라서 이는 the other로 지칭하는 것이 적절합니다. 다른 건 다른 건데other, 이미 정해져버린the 다른 것other을 말하는 것입니다.

그러나 세 개 이상의 개체가 있을 때는 두 번째 대상이 특정되지 않습니다. 셋 중 하나를 골라냈다고 해서 두 번째가 자동으로 정해지는 것은 아니기 때문이지요. 따라서 여러 대상 중의 하나를 지칭하는, 즉 'one of the multiple elements'의 뜻을 가진 an이 적절합니다. 다르긴 다른데other, 남은 두 개 중 하나an이기에 자동으로 특정되지 않습니다. 그래서 이 둘을 합치면, "an+other=another"와 같이 생각할 수 있는 것입니다. 결국 "I have three books to read. One is a romance, another sci-fi, and the third is a nonfiction"(나에겐 읽을 책이 세 권 있어. 하나는 로맨스, 다른 하나는 SF, 세 번째는 논픽션이야)이라고 말할 수 있는 것입니다.

이상에서 살펴본 바와 같이 "the very 명사"나 "the 최상급 명사", 또 "the other"를 막무가내로 외우게 하기보다는 그렇게 될 수밖에 없는 의미적 특성을 설명해주는 것이 좋습니다. 인지적이고 개념적인 기반을 깔아주고 다양한 언어표현을 지어 올리는 것과 별다른 설명 없이 표현을 암기하도록 하는 것 사이에는 적지 않은 차이가 있기 때문입니다. 다양한 예문들 속에서 나타나는 생각의 패턴을 발견하여 언어로 연결시키는 연습이 필요합니다.

same과 following 앞에는
왜 'the'가 붙을까?

정관사가 특정 가능한 명사 앞에 온다는 것을 기억한다면 상당히 많은 용법을 이해할 수 있습니다. 아래에서는 'the same~', 'the following~', 'the former/latter'의 예를 통해 이 점을 한층 상세히 살펴보도록 하겠습니다.

'the same'으로 정관사 이해하기

'같은'의 의미를 나타내는 'same' 앞에는 정관사 the가 나옵니다. 왜 그럴까요? 이걸 생각해보면 '특정할 수 있는 개념에 대해 정관사를 사용한다'는 문장을 좀 더 쉽게 이해할 수 있을 것입니다.

우리가 '같다'라는 말을 쓰려면 적어도 두 가지 이상의 개체 혹은 개념을 상정해야 합니다. "똑같다"는 말을 하나의 대상에 적용할 수는 없으니까요. "A랑 B랑 똑같네"는 말이 되지만, "A랑 A랑 똑같네"는 말이 안 되죠(여기에서는 일상어의 사용을 이야기하는 것이니 동일성에 대한 철학적 논의는 제외하도록 하죠).

그렇기에 '똑같은'이라는 말을 하려면 앞에 어떤 대상이 언급되거나, 문맥상 특정한 개념을 추론할 수 있어야 합니다. 예를 들어 설명해보겠습니다. 아래는 저와 제 친구가 한 카페에 간 상황입니다.

1

점원: 뭘로 드릴까요?

나: 카페라테 주세요.

친구: 같은 걸the same로 주세요.

괜찮은 것 같죠? 점원은 제가 카페라테를 주문했다는 사실을 알고 있으므로, 이를 기반으로 친구가 말한 "같은 걸로"를 쉽게 이해할 수 있습니다. 그런데 다음은 어떨까요?

2

점원: 뭘로 드릴까요?

나: 같은 걸로 주세요.

점원: ???

친구: ???

제가 다짜고짜 "같은 걸로"라고 말하면 점원이 분명 황당해할 것입니다. 옆에 있는 친구도 놀라겠죠. '같은 거라니? 네가 처음 주문하는 거잖아?'라고 생각할 테니까요.

그런데 다짜고짜 "같은 걸로"라고 말해도 괜찮을 때가 있습니다. 예를 들면 카페의 점원이 단골손님인 제가 언제나 카페라테를 마신다는 것을 기억하는 상황이죠. 이때 대화에 사용된 어휘만으로는 구체적으로 어떤 메뉴인지 알 수 없지만, 이 점원과 제가 소통한 역사 속에서 '같은 것'이 무엇을 의미하는지 알아낼 수 있습니다. 제가 'the same thing'이라고 말해도 점원이 정확히 이해할 수 있는 것이죠.

3
점원: 뭘로 드릴까요?
나: 같은 걸로 주세요.
점원: 네. ('저 사람 참 꾸준히 라테를 먹는군'이라고 생각하며, 옆 바리스타에게 "카페라테 하나!")

연인에게 사전 설명 없이 "Do you remember the time we went to the museum?"이라고 말할 수 있는 건 바로 이 때문입니다. 갑자기 "그 박물관 갔던 거 기억나?"라고 물어도 '그 박물관'이 어디인지 상대가 알 것이라는 확신이 있기 때문이지요. 물론 박물관 가는 게 취미인 연인이라면 상대가 "Which museum? The National Museum of Korea or the National Palace Museum of Korea?"(어떤 박물관? 국립중앙박물관 아니면 국립고궁박물관?)라고 되물을 수도 있을 겁니다. 함께 갔던 박물관이 여럿이니 그중에 어디를 말하는지 다시 묻는 것이지요.

영어로 다시 돌아와보죠. "the same"이 항상 "the same"일 수밖에 없는 것은 "same"의 기준이 되는 대상이 명시적으로 혹은 암묵적으로 드러나기 때문입니다. 그래서 "same"이 특정한 대상을 가리킬 수밖에 없는 상황이므로 'the'가 반드시 필요합니다.

예를 들어봅시다. "The poet moved to France in 1998. She won the prize the same year"(시인은 1998년도에 프랑스로 이주했다. 같은 해에 상을 받았다)라는 문장에서 the same year는 당연히 1998년을 가리킵니다. 'same year'가 가리키는 대상이 명확하므로, 다시 말해 특정한 해를 가리키므로 정관사 'the'가 필요한 것이죠.

같은 논리로 설명 가능한 문구가 또 하나 있습니다. 바로 "the following ..."입니다. 학술논문에서 자주 나오는 표현 중에 "in the following"(다음에서)이 있습니다. 독립적으로 사용되기도 하고 "the following example"(다음 예시)이나 "the following excerpt"(다음 발췌문), "the following statement"(다음 진술), "in the following section"(다음 섹션에서) 등과 같이 뒤에 명사가 나오기도 하죠. 하지만 어느 경우이든 "the following"과 같이 정관사와 함께 쓰인다는 사실에는 변함이 없습니다. 왜 그럴까요?

위의 예들을 다시 살펴보면 쉽게 대답하실 수 있으리라 생각합니다. the following을 독립적으로 쓰든, 뒤에 section이나 statement과 같은 명사가 나오든 간에 'following ...'은 독자가 콕 짚어서 알 수 있는 내용이기 때문입니다. 특정할 수 있다는 것이죠.

4장 영어 관사의 원리 이해하기

the former & the latter

자, 그렇다면 이제 '전자/후자'를 나타내는 표현이 왜 "the former/the latter"인지도 이해하실 수 있겠죠? 문장 내에서 전자와 후자라는 표현은 언제나 특정한 대상을 지칭합니다. 아래 예를 보시지요.

Between conflict and sorrow, I would choose the latter. (갈등과 슬픔 중에 나는 후자를 선택하겠습니다.)

처음에 conflict와 sorrow라는 두 단어가 나옵니다. 그리고 뒤에 'latter'가 나오지요. 그런데 두 개의 대상 중에서 뒤의 것이라면 당연히 sorrow가 됩니다. 둘 중 하나를 고르는 것이니 그럴 수밖에 없습니다. 즉 'latter'는 콕 짚어서 말할 수 있는 것이고 그렇기에 'the latter'로 쓰는 것이 적절합니다. 만약 갈등과 슬픔 중에서 갈등을 택하시려고 한다면 "Between conflict and sorrow, I would choose the former"라고 쓰면 되겠지요. former 앞에 'the'가 붙어야 하는 이유는 동일합니다.

여기서 the former와 the latter에 대한 작은 지식 하나를 더 전해드리고자 합니다. 온라인 어원 사전Online Etymology Dictionary에 따르면, former라는 단어는 '첫 번째'를 뜻하는 고대 영단어 forma에서 유래했다고 합니다. 12세기에 이르러 전자는 '처음, 가장 이른 시간 혹은 순서'라는 의미로 사용되었고, 1580년대에 이르러서는 '둘 중 첫 번째'라는 현재의 의미에 이르렀다고 하네요. 'latter' 또한 비슷한 역사를 가지고 있습니다. 고대 영어에서, lætra는 '늦은late'의 비교급이었고, 1550년대에 들어 '둘 중 두 번째'라는 현재의 의미에 도달했습니다.

무관사에 대해 알아보자

정관사와 부정관사 이야기를 했으니, 이제 무관사 이야기를 해보도록 하겠습니다. 무관사는 말 그대로 관사가 없다는 뜻인데요. 관사 교육에서 정관사와 부정관사에 밀리는 느낌입니다. 하지만 관사를 이해하기 위해서는 반드시 살펴보아야 할 영역이지요.

관사가 붙지 않는 명사는 상당히 많습니다. 직관상 관사를 필요로 하지 않는 명사를 떠올리는 것 또한 어렵지 않고요. 무관사는 부정관사 a(n)가 나타내는 대표적인 의미처럼 '셀 수 있는 복수의 개체 중 하나'라거나 정관사 the의 대표적인 의미처럼 '화자와 청자가 모두 특정할 수 있는 대상'과는 다른 의미를 표현합니다. 무관사는 가장 일반적이고general 추상적인abstract 대상을 지칭할 때 동원됩니다. 일반성과 추상성을 담고 있는 대표적인 명사에는 추상명사가 있습니다. 예를 들어 '사랑'이라는 의미를 추상적으로 또 일반적으로 표현하려 한다면 그 어떤 관사도 없이 love를 쓰는 것이 적절합니다. hatred, happiness, peace 등도 같은 규칙을 따릅니다. 일반적이고 추상적인 의미의 증오, 행복, 평화를 의미하는 것이죠. 문장에 쓰인 무관사 명사를 살펴보도록 하죠.

- Love is a beautiful but risky emotion. (사랑은 아름답지만 위험한 감정이다.)
- She thinks hatred can be both constructive and destructive. (그녀는 증오가 건설적이면서 또 파괴적일 수 있다고 생각한다.)
- Some people argue that happiness has been overrated. (몇몇 사람들은 행복이 과대평가되어 왔다고 주장한다.)

여기에서 중요한 것은 일반적이고 추상적인 의미를 표현하는 경우에 한해 관사가 붙지 않는다는 사실입니다. 하지만 love 앞에 a나 the가 붙지 못할 이유는 없습니다. "A love of music and photography shaped much of his life"(피아노와 사진에 대한 사랑은 그의 삶의 많은 부분을 형성했다)나 "Now I can say this. You are the love of my life"(이제는 이 말을 할 수 있어요. 당신이 내 인생의 사랑이라고)라고 말할 수 있죠. 맥락이 달라지고 love에 대해 생각하는 방식이 달라지면 'a love'나 'the love'가 충분히 쓰일 수 있는 것입니다. 개념과 맥락, 관사 선택의 역동적 관계에 대해서는 다음에서 계속 살펴보도록 하겠습니다.

4장 영어 관사의 원리 이해하기

고유함은 그 자체로 충분하다!

추상적이고 일반적인 의미를 나타내는 말 외에 관사를 필요로 하지 않는 대표적인 명사로 고유명사를 들 수 있습니다. 예를 들어 사람의 이름이나 지역명 같은 것이지요. 일반적인 상황이라면 Daejeon(대전)에 the나 a를 붙이거나 Florence Nightingale(플로렌스 나이팅게일)에 관사를 붙일 일은 없습니다.

이렇듯 추상명사와 고유명사는 관사를 필요로 하지 않는다는 점에서 비슷한 행동을 합니다. 하지만 그 이유는 사뭇 다릅니다. 추상명사의 경우 구체성과는 거리가 먼 개념을 나타내기에 개수를 세거나 특정할 일이 없습니다. 하지만 고유명사의 경우는 유일한 개체이기에 개수를 세거나 특정할 일이 없죠. 각기 다른 이유로 관사를 '피하게 되는' 것입니다. 어찌 보면 '극과 극은 통한다'고 해야 할 것 같네요.

그렇다면 이렇듯 눈에 보이지 않는 추상적 개념이나 유일함을 특징으로 하는 고유한 개체만 관사를 필요로 하지 않는 것일까요? 그렇지는 않습니다. 대표적으로 '물질명사'라고 불리는 부류가 있지요. 공기와 물, 유리와 돌, 석유와 종이 등은 셀 수 없는 물질명사에 속합니다. air, water, glass, stone, oil, paper 등으로 번역되고요. 이들 사이의 공통점은 이들을 이루는 요소가 균일하며 그 요소들을 명확하게 경계 지을 수 없다는 것입니다. 한 양동이에 담긴 물은 반으로 나눠도 물이고, 이들은 동일한 요소로 구성됩니다. 모래사장에 있는 모래성을 반으로 가른다고 구성성분이 달라지진 않습니다.

셀 수 있는 명사와 비교해보면 이들 물질명사의 특징이 분명하게 드러납니다. 예를 들어 차a car를 봅시다. 차를 반으로 자른다면 어떤 일이 벌어질까요? 각각은 서로 다른 구성 요소를 갖게 될 것입니다. 이전에 '차 한 대'가 가졌던 본질적 특성을 잃어버리게 되겠지요. 이것은 '셀 수 있는' 개체의 숙명입니다. 하나, 둘, 셋 셀 수 있는 개체라면 그것을 갈랐을 때 본질적인 변화를 겪을 수밖에 없는 것이지요.

가산명사와 물질명사

이제까지 살펴본 '셀 수 있는 명사'와 '셀 수 없는 명사'를 가르는 기준을 정리해볼 차례입니다. 학자마다 조금씩 다른 견해를 제시하지만 라덴과 디르번은 아래 세 가지 기준을 통해 셀 수 있는 명사, 즉 가산명사와 셀 수 없는 명사인 물질명사를 구분합니다 (Radden & Dirven, 2007).

1. 명확한 경계를 가지고 있는가?
2. 내적 구성이 동일한가?
3. 셀 수 있다고 판단되는가?

이에 따르면 특정한 개체가 명확한 경계를 가지고 있고, 내적 구성이 동일하지 않으며, 셀 수 있다고 판단되면 '가산명사'로, 명확한 경계가 없고, 내적 구성이 동일하며, 셀 수 없다고 판단되면 '물질명사'로 분류됩니다. 이 두 범주를 자동차와 물의 예를 통해 살펴보도록 하겠습니다.

우선 자동차는 명확한 경계를 가지고 있습니다. 이를 영어로는 '경계성boundedness'이라고 표현하죠. 하지만 내적 구성이 동일하지는 않습니다. 핸들과 바퀴가 다르고, 엔진과 백미러가 다릅니다. 일반적인 가솔린 자동차의 부품 개수는 3만 개에 이른다고 하니 실로 다양한 개체들이 결합되어 자동차를 이루게 되죠. 마지막으로 제가 살고 있는 집 주차장에 세워져 있는 1톤 트럭과 고급 세단과 스포츠카는 조금씩 다른 특성을 갖고 있지만 '자동차 세 대'라고 셀 수 있다고 판단됩니다. 즉 1번 질문에 대해서는 '예'로, 2번 질문에 대해서는 '아니오'로, 3번 질문에는 '예'로 대답할 수 있는 것이죠. 그 결과 차는 셀 수 있다고 판단됩니다. 그래서 우리말에서는 한 대, 두 대, 세 대 이렇게 표현을 하고 영어에서는 a car, two cars, three cars라고 말하는 것입니다.

이에 비해 물은 그렇지 않습니다. 양동이의 물은 담는 그릇에 따라 얼마든지 모양을 달리합니다. 명확한 경계가 없기 때문입니다. 아울러 물의 내적구성은 동일합니다. 순수한 물이라면 H_2O라는 화학식으로 표현할 수 있죠. 바가지로 양동이의 어떤 부분을 퍼내든 H_2O가 담길 것이 확실합니다. 마지막으로 물은 셀 수 있다고 판단되지 않습니다. 물 한 컵을 친구에게 준 다음 '이 컵 안에 물이 몇 개 있는지 세봐'라고 말한다면 친구가 황당해할 것입니다. 즉 1번 질문에 대해서는 '아니오'로, 2번 질문에 대해서는 '예'로, 3번 질문에 대해서는 '아니오'로 대답할 수 있죠. 그렇기에 물은 셀 수 있다고 판단되지 않습니다. 여기까지의 논의를 표로 정리하면 다음 쪽과 같습니다.

이상에서 살펴본 바와 같이 영어는 세계의 수많은 존재를 셀

명사 구분을 위한 기준	a car(자동차)	water(물)
1. 명확한 경계를 가지고 있는가?	YES	NO
2. 내적 구성이 동일한가?	NO	YES
3. 셀 수 있다고 판단되는가?	YES	NO
결론	가산명사	물질명사

가산명사와 물질명사 구분하기: car와 water의 경우

수 있는 것과 셀 수 없는 것으로 구분합니다. 이런 개념적 구분에 따라 관사의 쓰임도 달라지게 되지요. 그렇다면 셀 수 없는 것은 영원히 셀 수 없는 것으로 남아 있을까요? 예상하셨겠지만 인간의 개념화 능력은 생각보다 탄력적입니다. 그래서 'water'는 맥락에 따라 'two waters'가 되기도 하지요. 카페에서 '물 두 잔'을 'two glasses of water'라고 표현할 수도 있지만, 'two waters'라고 이야기할 수도 있는 것입니다.

●
변화무쌍,
관사는 움직이는 거야

앞서 맥락과 의도에 따라 관사의 쓰임이 달라진다는 말씀을 드렸습니다. 그런데 "관사의 쓰임이 달라진다"는 말을 더 자세히 살펴볼 필요가 있습니다. 관사의 쓰임이 달라진다는 것은 명사를 이해하는 방식이 달라진다는 뜻이기 때문입니다. 어떤 관사를 선택할지는 명사를 개념화하는 방식에 달려 있다는 말입니다. 결국 관사와 명사의 짝이 역동적으로 쓰이는 방식을 면밀히 살펴야 합니다.

관사의 변화? 명사에 대한 이해의 변화!

예를 들어서 education이라는 명사와 이에 상응하는 관사의 쓰임을 봅시다.

○ <u>Education</u> is their ladder to a better life. (교육은 그들이 더 나은 삶으로 오르기 위한 사다리이다.)

○ The chairperson received <u>an</u> elite <u>education</u>. (의장은 엘리트 교육을 받았다.)

○ <u>The education</u> she experienced in Paris was quite different from her expectation. (그녀가 파리에서 경험한 교육은 예상과 사뭇 달랐다.)

세 문장에서 education은 각각 서로 다른 관사를 수반합니다. 첫 번째 문장에서는 관사가 쓰이지 않았습니다. 무관사로 불리는 용법이지요. 두 번째 문장에서는 부정관사와 함께 'an education'으로 쓰이고 있고, 세 번째 문장에서는 'the education'의 형태로 정관사와 함께 쓰이고 있습니다. 이는 명사 education에 대한 이해가 달라졌음을 보여줍니다.

첫 번째 문장의 education은 일반적이고 추상적인 의미의 교육을 말합니다. 흔히 '교육이란 모름지기 ○○한 것이다'라는 말을 할 때 등장할 만한 교육입니다. 두 번째 an elite education은 세상의 다양한 교육 중에서 elite education이라는 것이 있고, 이것 중 하나(an)를 받았다는 뜻을 전달합니다. "a great education"(좋은 교육), "a simple education"(단순한 교육), "a liberal education"(자유교육), "a decent education"(품위 있는 교육) 등이 이와 같은 쓰임을 따릅니다. 마지막 문장에서의 the education은 "she experienced in Paris"(그녀가 파리에서 경험한)의 꾸밈을 받고 있으며 특정할 수 있는 교육입니다. 다른 어떤 교육도 아닌 그녀가 파리에 거주하면서 경험한 교육이라는 것이지요. 이렇듯 명사와 관사의 상호작용은 우리가 해당 명사를 어떻게 이해하고 개념화하느냐에 달려 있습니다.

understanding something
vs. an understanding of something

정관사/부정관사/무관사에 대한 논의를 잠깐 접어두고 동명사와 명사의 차이에 대해 간단히 언급하려고 합니다. 여기에서는 'understanding something'과 'an understanding of something'을 예로 들겠습니다.

understanding something은 말 그대로 '무언가를 이해하는 일'을 말합니다. 이 표현에는 어떤 관사도 붙어 있지 않죠. 그도 그럴 것이 'understanding'이 동사의 명사형인 동명사로 쓰였기 때문입니다. 따라서 그냥 일반적으로 '(무언가를) 이해하는 행위'를 뜻합니다. 이에 비해 an understanding of something은 여러 가지의 이해multiple ways of understanding가 있음을 상정하고 이 중 하나의 이해방식을 제시하는 것입니다. 특정한 대상을 이해하는 방식이 여럿인데 이 중 하나임을 표현한 것입니다.

예를 들어보죠. 위상수학topology이라는 것이 있습니다. 수학의 여러 분야 중에서 꽤나 난해한 것으로 알려져 있죠. 이를 가지고 두 예문을 만들어보았습니다.

○ Understanding topology is not easy. (위상수학을 이해하기

란 쉽지 않지.)

○ She proposed a new understanding of topology. (그녀는 위상수학에 대한 새로운 이해를 제안했다.)

먼저 관사가 쓰이지 않은 understanding topology는 막연하고 일반적으로 '위상수학을 이해함'으로 생각할 수 있습니다. 이에 비해 후자의 understanding 앞에는 a가 붙어 있지요. 이는 위상수학을 이해하는 여러 방법이 있는데 이 중 한 가지를 의미합니다.

재미있는 것은 'an understanding of something'에 비해 'understandings of something'의 빈도가 심히 낮다는 점입니다. 사실상 거의 쓰이지 않지요. 이는 인간의 개념화가 일어나는 지형을 보여줍니다. 다시 말해 우리는 '이해하는 방식'을 이야기함에 있어 단수를 훨씬 더 자주 사용한다는 것입니다. '(막연히 다수의) 이해하는 방식들'에 비해 '일종의 이해방식'이 개념적으로 훨씬 현저하다는salient 말이지요. understandings라고 쓸 수 없는 것은 아니지만 그렇게 쓸 일은 드물다고 생각하시면 되겠습니다.

단수형으로 쓰이던 명사가 복수형으로 변신하기도 합니다. 이런 변화가 빈번하게 목격되는 글이 있는데요. 바로 인문사회과학과 관련된 학술논문입니다. 일부 연구자들은 뭐든 복수형으로 만들기를 좋아하지요. 여러 정체성을 나타내는 'identities' 같은 표현이 대표적 예입니다. 예전에는 단수형 'identity'가 자주 쓰였는데 포스트구조주의 등의 영향으로 많은 연구자들이 복수형을 채택하고 있습니다. 정체성을 단일한 개념으로 생각하기보다는 관계나 맥락, 다양한 권력관계에 따라 다르게 나타난다는 점을 강조하기 위해 복수형을 쓰는 것입니다. '정체성'보다 '정체성들'을 선호하게 된 것이죠. 영어교육과 관련된 논문에서 종종 등장하는 'Englishes'도 마찬가지입니다. 80년대 초중반까지만 해도 영어를 단일한 언어로 취급하는 경우가 많았지만 이젠 서로 다른 특징을 가진 영어들로 보는 것입니다. 미국 영어, 영국 영어, 싱가포르 영어, 남아프리카공화국의 영어, 한국의 영어 등이 각각의 체계와 특징을 가진 영어임을 인정해야 한다는 관점이죠. 그런데 이것이 그냥 새로운 용어를 만들기 좋아하는 학자들의 말장난일 뿐일까요? 그런 것 같지는 않습니다. 영어를 단일한 개체로 이해하는 경우 결국 기존에 권력을 갖고 있는 미국과 영국의 입지가 강화되는 결과를 낳지만 복수로 개념화할 경우 필리핀의 영어, 싱가포르의 영어, 인도의 영어, 남아프리카공화국의 영어, 한국의 영어 등이 나름의 정체성을 찾게 될 공산이 커지니까요. 이처럼 단수와 복수는 세계를 있는 그대로 반영하는 것이 아니라 사뭇 다른 이해의 가능성을 표현하기도 합니다.

명사의 '이중 자격' 혹은 인간 사고의 유연성

셀 수 있는 명사와 셀 수 없는 명사에 소위 '양다리'를 걸치고 있는 명사가 상당히 많습니다. 문법용어로는 '이중 자격double membership'이라고 불리는데요. 한쪽에만 속하지 않고 이쪽저쪽 모두 소속되어 있다는 설명입니다. 이 중에서 재미있는 패턴 몇 가지를 소개하면서 이를 명사의 이중 자격의 문제라기보다는 인간 사고의 유연성으로 설명해보려고 합니다. 본격적으로 살피기 전에 한 가지 주의 사항을 말씀드려야겠습니다. 아래 예들은 전형적인 의미일 뿐 개별 단어의 용법 모두를 포괄하지는 않는다는 것입니다.

1. 추상명사-사람 짝

beauty-미 / a beauty-미인

failure-실패 / a failure-실패한 사람이나 작품

love-사랑 / a love-사랑하는 사람

youth-젊음 / a youth-젊은이

"beauty", "failure", "love", "youth"는 추상적인 의미를 표현할 수 있습니다. 각각 아름다움, 실패, 사랑, 젊음이라는 뜻으로 쓰이지요. 하지만 이런 추상성은 특정한 사람 안에 깃들 수 있습니다. 미가 사람 안에 깃들면 미인이 되고, 실패가 사람이나 작품 안에 깃들면 실패한 사람이나 작품이 됩니다. 사랑이 사람 안에 깃들면 사랑하는 사람이 되고, 젊음이 사람 안에 깃들면 젊은이가 되지요. 다시 말해 인간은 추상성과 구체성 사이를 오가면서 사고할 수 있고, 일반화된 개념과 현실 속의 예를 묶어서 생각할 수 있는 존재라고 할 수 있습니다. 이는 추상적인 개념과 구체적인 사물 사이의 유기적 관계를 나타내는 좋은 예이기도 합니다. 아름다움이라는 개념은 아름다운 사람, 아름다운 작품, 아름다운 동식물, 아름다운 제품 등과 연결되어 있으며 영어에서 이를 표현하는 가장 단순한 방식은 beauty에 a를 붙여 'a beauty'로 만드는 것입니다.

추상적인 개념이 구체적인 대상으로 변신하는 예를 살펴보았는데요. 다음으로는 자원으로서의 식품이 음식이나 음료의 단위가 되는 경우를 보겠습니다.

2. 물질명사(음료)-음료의 단위(혹은 종류) 짝

coffee-커피 / a coffee-커피 한 잔

water-물 / a water-물 한 잔 혹은 한 병

beer-맥주 / a beer-맥주 한 잔

juice-주스 / a juice-주스 한 잔

wine-와인 / a wine-와인 한 잔

whisky-위스키 / a whisky-위스키 한 잔

3. 물질명사(재료)-구체적인 물건 짝

brick-벽돌 / a brick-벽돌 한 장

paper-종이 / a paper-신문

marble-대리석 / a marble-구슬

물질을 나타내는 명사가 셀 수 있는 명사로 변신하는 경우는 흔합니다. 자원으로서의 커피를 생각하면 'coffee'와 같이 관사 없이 사용해야 하지만 카페에서 마시는 커피 한 잔은 'a coffee'라고 말할 수 있습니다. 이는 "a cup of coffee"라고 표현되기도 하지요. 물이라는 자원을 총칭한다면 'water'이지만 'a water'는 생수 한 병을 의미할 수 있습니다. 상황에 따라 유리잔에 담긴 물을 의미할 수도 있고요. 이를 a bottle of water, a glass of water 등과 같이

표현할 수 있습니다. 이런 논리는 beer, juice, wine, whisky 등 다양한 식품에 적용될 수 있습니다. 비슷한 패턴이 다양한 물건에서도 나타나는데요. 'brick'이 자원으로서의 벽돌 일반을 의미한다면 'a brick'은 벽돌 한 장을 뜻합니다. 'paper'는 종이를 총칭하지만 'a paper'는 보통 신문을 가리킵니다. 이와 같이 구체적인 사물을 가리킬 때 의미가 사뭇 달라지는 예로 'marble'과 'a marble'이 있습니다. 전자가 대리석을 총칭한다면 'a marble'은 대개 구슬을 의미하기 때문입니다.

이처럼 우리는 하나의 단어를 일반적이며 총체적인 자원이나 재료를 설명할 때와 구체적이고 손에 잡히는 대상을 가리킬 때 모두 사용할 수 있습니다. 유연한 인지를 언어화하는 데 관사가 결정적인 역할을 하고 있는 것이지요. 앞서 언급한 예시 외에 다음 용법을 기억해 둘만 합니다.

예술은 art / 기예, 기술은 an art
노동은 work / 작품, 일의 결과물은 a work
시력은 vision / 환영 등 특수한 시각경험은 a vision
머리카락은 hair / 머리카락 한 올은 a hair

마지막 용례는 특히 조심해서 써야 할 것 같습니다. "He has long hair"와 "He has a long hair"는 완전히 다른 뜻을 가지고 있기 때문입니다. 문맥상 관용적으로 'a'를 붙여도 그냥 넘어가는 경우도 있지만, 엄밀히 말하면 "He has a long hair"는 긴 머리카락 한 가닥이 있다는 뜻이기 때문입니다. 머리가 길다는 뜻으로 말하려면 "He has long hair"로 충분합니다.

관사는 생각보다 유연합니다

이 같은 이해에 기반해 마지막으로 몇 가지 예를 더 살펴보겠습니다. 예전에 "wood는 물질명사"라고 쓰인 교재를 본 적이 있습니다. 물론 맞는 설명입니다. 'wood'가 '목재'의 의미로 쓰였을 때는 분명 재료를 나타내는 명사로, 셀 수 없습니다. 목재라는 재료 자체는 셀 수 없는 것이지요.

한국어로도 비슷한 개념을 생각해볼 수 있습니다. "이 탁자는 목재로 만들었어"라는 문장을 "이 탁자는 두 목재로 만들었어"라고 표현하면 어색합니다. 이에 비해 "이 탁자는 나무 두 그루로 만들었어"는 충분히 가능한 문장이죠. 영어에서 나무 한 그루 한 그루는 'tree'에 해당하기 때문에 'a tree'나 'two trees'는 자연스럽지만 'a wood'나 'two woods'는 모두 비문법적이라고 판단됩니다. 하지만 'wood'가 '숲'의 의미로 사용될 때는 종종 복수형으로 사용됩니다. 일반적인 숲을 나타낼 때는 'the woods'와 같은 형태가 자주 나오기 때문입니다. '숲에서'는 'in (the) woods'로 표현하는 것이죠.

그렇다고 해서 모든 명사가 자유자재로 가산명사, 불가산명사가 될 수 있는 것은 아닙니다. 일정한 성향이 있는 경우가 많죠. 예를 들어 research를 봅시다. 미국 영어를 기준으로 '연구'를 나타내는 research는 셀 수 없는 명사입니다. 정보를 뜻하는 'information'을 셀 수 없는 것과 비슷한 원리입니다. 그렇다면 구체적인 연구 하나하나를 가리키는 말은 뭘까요? 물론 research를 활용한 명사구를 만들어 'a research project'라고 쓸 수도 있지만, 좀 더 널리 쓰이는 표현으로 'study'가 무난합니다. 'a study', 'two studies' 이렇게 사용하는 것입니다. 그런데 학생들의 에세이를 살피다 보면 'a research', 'two researches'와 같은 표현을 종종 만나게 됩니다. research는 그다지 유연하지 못한데, 이 점을 파악하지 못하였기에 이런 표현들이 나오는 것이죠. 'a research'나 'researches'로 쓰는 용법이 절대적으로 불가하다고 말할 수는 없으나 일반적인 표현은 아니라는 것을 기억하시면 되겠습니다.

"문법이 복잡하다"에서 "사고는 유연하다"로

결론적으로 명사의 이중 자격은 우리가 세상을 이해하는 방식을 반영한 것입니다. 그렇기에 명사가 서로 다른 영역에서 쓰인다고 설명하는 것만큼, 인간이 세계를 다양하게 개념화하고 이를 표현하기 위해 명사와 관사가 동원된다고 설명하는 것이 적절합니다. 앞으로 문법서의 다양한 예시와 '예외'를 볼 때 "언어가 왜 이렇게 복잡한 거야?"라고 생각하기보다는 "인간이 이렇게 다양하고 유연한 사고를 하는구나!"라고 느껴보시는 건 어떨까요? 말이 복잡한 건 우리가 복잡하게 생각함을 방증하는 것이니까요.

헷갈리는
a와 an의 구별

"a/an 구별이요? 뒤에 나오는 명사의 철자가 자음으로 시작하면 a를 쓰고, 모음 그러니까 a, i, o, u, e로 시작하면 an을 써야죠."

네이티브조차도 부정관사 a/an을 구별하는 기준을 이렇게 기술할 때가 많습니다. 하지만 명백히 틀린 설명이죠. 원어민이 a/an을 제대로 쓰지 못한다는 뜻은 아닙니다. 사용하는 데에는 문제가 없는데 설명하는 방식이 정확하지 못한 경우가 종종 있다는 말입니다. 그렇다면 올바른 설명은 어떻게 될까요?

그렇습니다. a/an의 구별은 다음에 나오는 단어의 '철자'가 아니라 '발음'을 기준으로 합니다. 즉, 단어의 철자가 무엇으로 시작하든 모음 발음이라면 an을, 자음 발음이라면 a를 써야 하는 것입니다.

예를 들어 'honest'는 철자 h로 시작합니다. 하지만 이는 묵음으로, 소리가 나지 않습니다. 따라서 부정관사와 honest가 결합할 경우엔 "an honest person"과 같이 써야 맞는 표현입니다.

반대로 'user'는 철자 u로 시작하지만 그 발음이 자음입니다. 발음기호로 쓰면 [juːzə(r)]가 되는데요. 이때 첫소리인 [j]는 언어학적으로 자음으로 분류됩니다. 따라서 an user가 아닌 a user가 맞는 표현입니다.

한 가지 더 헷갈리는 경우는 알파벳이나 약자를 쓸 때입니다. 예를 들어 X-ray machine이라고 하면 앞에 an을 쓰는 것이 적절합니다. X의 발음이 /e/로 시작하기 때문이죠. x라는 철자에 현혹되면 안되는 것입니다. 마찬가지로 어떤 국가가 자유무역협정에 서명했다고 할 때는 "The country signed an FTA agreement"가 맞습니다. f는 자음에 대응하는 철자이지만 여기에서 발음은 [ef]가 됩니다. [e] 발음은 모음이기 때문에 앞에 나오는 관사도 an이 되어야 하는 것입니다.

이를 기반으로 몇 가지 예를 더 살펴보겠습니다. 철자 u, h, x로 시작하는 단어가 어떨 때 a와 함께 쓰이고 어떨 때 an과 함께 쓰이는지 주의 깊게 봐주세요.

a unique voice (독특한 목소리)

a UN official (유엔 관료)

an undercover agent (위장 요원)

a high mountain (높은 산)

an honorary degree (명예 학위)

a xylophone (실로폰)

an X-ray machine (엑스레이 기계)

이제 패턴을 파악하실 수 있겠지요? 결론적으로 a/an을 구별하는 법칙은 다음과 같습니다.

"부정관사 뒤에 나오는 단어의 첫소리가 자음이면 a, 모음이면 an을 사용한다. 다시 말해, 첫소리가 자음으로 발음되는 단어는 a를, 모음으로 발음되는 단어는 an을 취한다."

이상에서 살펴본 바와 같이 a/an의 구별은 철자가 아니라 소리를 기준으로 한다는 것을 염두에 두셨으면 좋겠습니다.

잘못된 관사 상식 깨기:
'외동'과 식사명

관사를 절대적인 규칙에 따라 가르치는 방식의 위험성은 특정 어휘와 관사를 무조건적으로 붙여서 가르치는 데에서도 나타납니다. 이번에는 그중에서 'an only child'와 'the only child'의 예를 들어 설명해보기로 하겠습니다.

무조건 the only child?

'the only child'를 '외동'으로 배운 적이 있습니다. 형제가 없는 경우 반드시 'the only child'로 써야 한다는 것이었죠. 이 설명에 따르면 'an only child'는 틀린 표현이었습니다. 선생님은 "'the only child'를 통째로 외워두라"고 말씀하셨죠. 'only'라는 단어가 정관사 the를 자동으로 불러온다고 생각하셨던 것 같습니다.

그런데 뭔가 이상합니다. "I am an only child"라는 문장을 적잖이 접하게 되거든요. 구글에서 'an only child'를 검색해도 꽤 많이 나오지요. 실제로 발화되는 예를 원하시면 유튜브에서 "an only child"를 검색해보시면 됩니다. 〈What's it Really Like Being an Only Child?〉라는 영상의 첫 부분에서는 "I'm an only child"라는 말을 반복해서 들으실 수 있습니다.

사실 이 두 가지는 서로 다른 개념을 갖고 있기에 무엇이 옳고 그르다고 할 수 없습니다. 굳이 따지자면 그른 것은 '외동'을 표현할 때 'the only child'만이 옳다고 말씀해주신 선생님이었죠.

an only child와 the only child의 차이

"He is an only child"는 '그는 외동이다'라는 뜻입니다. 여기에서 'an only child'는 '세계에 존재하는 수많은 외동 중 하나'라는 개념을 갖고 있죠. 많고 많은 'only child'들 중 하나라는 뜻인 것입니다. 따라서 특별한 맥락이 주어지지 않은 상황에서 '나 외동이야'라고 말하려 한다면 "I'm an only child"가 적절합니다. 부정관사 'a(n)'의 주요 개념 중 하나인 '다수 중 하나'라는 뜻을 상기하신다면 이 용법을 쉽게 이해하실 수 있겠습니다. 한국 사회에서 외동은 점점 많아지는 추세이니 이 문장을 쓸 일도 많을 듯하네요.

이에 비해 "the only child"는 '단 한 명의 자식'이라는 뜻이 됩니다. 예를 들어 "Do you have brothers or sisters?"(너 형제나 자매 있니?)라는 질문을 받았을 때 "I am the only child in my family"라고 하면 '가족 중에 아이는 내가 유일해'라는 뜻이 됩니다. 가족 구성원 중 아이는 자신이 유일하다는 것이지요. 이 맥락에서라면 'an only child'와 같은 의미적 효과를 갖습니다.

이 두 가지의 차이는 "수많은 외동 중 하나an only child"로 자신을 표현하는가, "가족 중 딱 한 사람의 아이the only child in my family"로 자신을 표현하는가입니다. 어느 하나만 써야 한다고 주장할 수는 없습니다. '외동'이라는 걸 두 가지 개념적 틀로 본 것이지요.

"the only child"는 다른 맥락에서도 충분히 사용 가능합니다. 예를 들어 "Jane is the only child in this class"라고 한다면 'Jane은 이 반에 있는 사람들 중 유일한 아동이야'라는 뜻이 됩니다. 여러 사람들이 반에 속해 있는데 그중 아동인 사람은 Jane뿐이라는 것입니다. 나머지는 모두 청소년 혹은 성인이라는 것을 암시하지요.

"the only child in one's family"와 "the only child in this class" 두 표현에서 'the only'는 '특정한 기준을 충족시키는 유일한'이라는 뜻을 갖습니다. "the only child in my family"에서는 가족 내에서 유일한 아이라는 뜻이고, "the only child in this class"는 수업을 듣는 사람들 중 유일한 아동이라는 뜻이 됩니다. 이를 '다수 중의 하나'라는 개념을 지닌 "an only child"와 비교해보시면 좋을 듯합니다.

관사의 결정, 맥락과 개념화가 중요하다

반복해서 말씀드리지만, 특정 관사의 사용 여부를 결정하는 것은 절대적인 규칙이 아니라 맥락context과 개념화conceptualization

4장 영어 관사의 원리 이해하기

에 달려 있습니다. 대표적인 것이 식사를 나타내는 표현을 어떻게 쓰느냐입니다.

아시다시피 일상에서 식사를 나타내는 표현들은 무관사를 원칙으로 합니다. 특별할 것 없는 식사, 특정한 맥락을 상정하지 않는 식사를 나타낼 때는 어떤 관사도 필요하지 않은 것입니다. 예를 들면 다음과 같은 표현들입니다.

have breakfast/lunch/dinner (아침/점심/저녁을 먹다)
skip breakfast/lunch/dinner (아침/점심/저녁을 거르다)

이에 따라 특별히 부가된 의미 없이 "저녁 먹었니?"라고 말한다면 "Did you have dinner?"가 가장 적절한 표현이 됩니다. 친구에게 전화가 왔는데 점심을 먹고 있는 상황이라면 "I'm having lunch"라고 말하면 되겠지요. 하지만 개념과 맥락이 달라지면 식사 앞에 부정관사가 나올 수도 있습니다. 대표적으로 식사의 특징을 나타내는 경우입니다. 예를 들어보죠.

They had a big breakfast. (그들은 아침을 거하게 먹었다.)

개념상 여기에서 'a big breakfast'는 특정할 수 있는 것이 아닙니다. 세상에 'big breakfast'가 엄청 많은데, 그중 하나를 먹은 거죠. 물론 그들이 모월 모일 먹은 아침식사는 유일하겠지만 이를 언어로 표현함에 있어서 '세상에 수많은 거한 아침식사 중 하나'로 개념화한 것이라고 이해할 수 있습니다. 같은 논리로 "have a nice lunch"(괜찮은 점심을 먹다)나 "have a romantic dinner"(낭만적인 저녁식사를 하다)와 같은 표현도 가능합니다.

자연히 상황에 따라 "the breakfast"를 사용할 수도 있습니다. 아침식사 중 하나를 특정한 사건으로 바라보는 맥락이라면 "the breakfast"라는 표현으로 특정하는 것이 가능합니다. "The breakfast we had at the beach was special"(해변에서 우리가 먹었던 아침식사는 특별했다)라는 문장과 같이 말이죠.

마지막으로 덧붙일 것은 'dinner'와 'a dinner'의 차이입니다. 앞서 말씀드렸듯이 일상적인 저녁식사는 관사 없이 'dinner'로 씁니다. 하지만 'a dinner'와 같이 쓸 경우에는 특별한 준비가 수반되거나 어느 정도 격식을 갖춘 행사성 저녁식사를 가리키는 경우가 많습니다. 예를 들어 "The Media Foundation holds a dinner every year to which all its sponsors are invited"(그 미디어 재단은 매년 만찬을 개최하는데 모든 후원자들이 초대된다)라고 할 수 있습니다.

이렇게 보면 단순하게 '식사명은 무관사'라고 가르치는 것이 얼마나 위험한 일인지 알 수 있겠습니다. 맥락과 개념화에 따라 관사의 사용은 얼마든지 달라질 수 있기 때문입니다.

텍스트를 기반으로 한
관사공부

　　그렇다면 관사공부는 어떻게 해야 할까요? 어렵기만 한 관사를 공략하는 가장 적절한 방법은 무엇일까요? 완벽한 답이 있을 리 없습니다만, 크게 두 가지 관점에서 살펴볼 수 있습니다.

　　먼저 관사를 정관사, 부정관사, 무관사라는 세 가지 종류로 이해하고 각각에 대한 개념화를 단단히 해야 합니다. the, a(n) 그리고 zero article에 대해 생각해보고 꼼꼼히 이해하려 노력하는 것입니다. 관사 활용에 대한 개념적 이해라고 할 수 있는 작업인데요. 이번 장에서 인지언어학의 다양한 관점들을 이해하고 전형적인 예를 익히는 방법을 말씀드렸습니다.

　　다음으로는 글 속에서 명사를 발견하고 각각이 어떤 관사를 취하는지 유심히 관찰하는 것입니다. 어떤 글이든 다양한 명사가 등장하고, 이들 명사는 정관사, 부정관사, 무관사와 동적으로 상호작용합니다. 앞서 기초를 닦은 관사 사용에 대한 개념적 이해를 활용해 각각의 용법을 설명해보는 작업이 중요합니다.

　이는 영어교육에서 말하는 '주목가설noticing hypothesis'에 맞닿아 있는 방법입니다. 사실 관사는 영어에서 압도적으로 많이 등장하고 있지만 우리는 각각의 관사에 그리 집중하지 않습니다. 다시 말해 해당 관사가 뒤에 나오는 명사를 개념화하는 데 어떤 역할을 하고 있는지 신경을 쓰지 않죠. 그렇기 때문에 관사를 오랜 시간 공부해도 개념적으로 깊이 이해하지 못하거나 정확성이 늘지 않는 것입니다. 꾸준히 관사에 관심을 가지고 지켜보면서 '왜 이렇게 쓰였을까?'라는 질문을 던지고 설명해보려는 노력이 반드시 필요한 이유가 여기에 있습니다.

텍스트 속에서 관사 배우기: 예시

　아래에서는 짧은 단락에 사용된 다양한 명사들을 관사의 쓰임이라는 관점에서 이해해보도록 하겠습니다. 숫자로 표시된 부분은 명사입니다. China, people, period 등이 모두 명사이지요. 각각에 대해 개념적인 설명을 붙여보도록 하겠습니다.

In (1) China, (2) people remember (3) the period from roughly 1849 to 1949 as (4) the "century of humiliation." (5) The time was turbulent, from (6) the First Opium War (7) (a defeat by (8) the British) through many other defeats and unfavorable treaties in which Chinese people were dominated by (9) the Japanese, French and English. Although

(10) the century was declared over in 1949 when (11) the People's Republic of China was established, the Chinese remember (12) the sting of those times and still interpret (13) modern events through them. (중국에서 사람들은 대략 1849년부터 1949년까지를 "굴욕의 세기"로 기억합니다. 이 시기는 (영국에게 패배를 당한) 제1차 아편전쟁부터 중국인들이 일본, 프랑스, 영국인들에 의해 지배당하는 결과로 이어진 여러 차례의 패배와 불리한 조약들에 이르기까지 격동기였습니다. 중화인민공화국이 수립된 1949년에 이러한 세기가 끝났다는 선언이 있었지만, 중국인들은 그 시대의 쓰라림을 기억하고 있으며 여전히 이를 통해 현대의 사건들을 해석하고 있습니다.)(Roediger & DeSoto, 2016)

(1) China: 일반적으로 국가명은 무관사로 사용됩니다. 특히 한 단어로 된 국가명은 무관사 로 쓰는 경우가 많습니다. the United States of America(미합중국)나 the Dominican Republic(도미니카 공화국)과 같이 개념적으로 복합적인 경우 the가 붙기도 합니다.

(2) people: 특정한 사람들이 아닌 막연한 복수의 사람들을 나타냅니다. 특정 집단을 말하기보다는 두루뭉술하게 '사람들'이라고 말하고 있는 것입니다. 이와 같은 설명은 "many other defeats and unfavorable treaties"에도 적용할 수 있습니다. 특정한 패배와 조약을 말하는 것이 아니라 여러 패배와 조약을 두루두루 가리키고 있는 것입니다.

(3) the period: 본문에서 특정한 기간을 나타냅니다. 특정할 수 있다는 이야기죠. 뒤에 나오는 'from roughly 1849 to 1949'를 생각하면 확실히 정해진 기간임을 알 수 있기에 the를 사용합니다.

(4) the century of humiliation: 단순히 세기를 세는 경우라면 한 세기는 a century, 두 세기는 two centuries로 표현합니다. 하지만 본문의 '○○의 세기'와 같이 한 세기를 특징짓는 단어와 함께 사용하여 하나의 고유명사처럼 쓸 때는 "the century of . . ." 와 같은 형태가 사용됩니다. 이 경우 필자는 대다수 중국인들이 "the century of humiliation"이라는 개념을 쉽게 이해할 수 있다고 가정하고 있습니다. 실제로 중국인들은 이 기간은 백년국치 百年國恥라는 용어로 지칭하고요. 비슷하게 필자가 정관사를 써서 "the era of artificial intelligence"라고 표현하는 경우 독자가 "인공지능의 시대"라는 개념을 쉽게 이해하고 인공지능의 광범위한 사용을 '시대를 규정짓는 특징'으로 본다고 가정합니다. 하지만 "an era of artificial intelligence"와 같이 부정관사를 써서 표현한다면 시대를 특징짓는 다양한 요소 중 하나로서 인공지능을 제시한다고 볼 수 있습니다. 화자의 세밀한 의도가 관사에 반영되는 것입니다.

(5) the time: 'time'이라는 명사는 처음 나오지만, 실제 이 시간이 가리키는 것이 명확합니다. 즉, 앞 문장에서 언급한 시기를 말하기에 'the time'으로 쓰는 것이 적절합니다.

(6) the First Opium War: 제1차 아편전쟁. '1차, 2차' 등의 수식어가 서수로 붙는 경우 앞에 the를 사용하는 것이 보통입니다. 같은 논리로 제1차 세계대전은 'The First World War', 제2차 세계대전은 'The Second World War'로 표현합니다.

(7) a defeat: 여기에서의 '패배'는 특정한 패배라기보다는 수많은 패배 중 하나입니다. 영국이 당한 많은 패배 중 하나라는 이야기입니다. 따라서 'the defeat'가 아닌 'a defeat'가 사용되었습니다.

(8) the British: 'the+형용사'로 특정 국가의 사람들을 가리킬 수 있습니다. 비슷한 예로 the Chinese(중국인), the Portuguese(포르투갈인), the French(프랑스인), the Dutch(네델란드인) 등을 들 수 있습니다. 한 가지 주의할 것은 이들은 모두 국민 전체를 나타내는 표현이라는 것입니다. 한 사람을 나타낼 경우라면 'a British man/woman', 'a Chinese', 'a Portuguese', 'a Frenchman/Frenchwoman' 등을 써야 합니다. 여기에서도 벗어나는 '예외'로는 스페인 사람을 가리키는 말이 있습니다. 스페인 국민 일반은 'the Spanish'이지만 스페인 사람 하나는 'a Spaniard'로 표현합니다.

(9) 위 (8)의 설명을 참고하세요.

(10) the century: 앞에 나오는 특정한 세기를 가리키는 말이므로 'the+century'로 써야 합니다. 특정할 수 있기 때문입니다.

(11) 국가명 중에서 여러 개의 단위가 모인 국가들은 중간에 of 가 붙는 경우가 많고, 앞에 the를 쓰는 경향이 있습니다. 앞에서 언급한 바와 같이 the United States of America가 대표적이 죠. 줄임말을 사용할 때도 'the U.S.'와 같이 쓰셔야 하고요. the United Arab Emirates(아랍 에미리트 연합국)나 the Federated States of Micronesia(미크로네시아 연방) 등의 국가명에도 'the' 가 붙는다는 것을 기억하시면 좋겠습니다.

(12) the sting of those times: '그 시대의 고통'은 특정할 수 있 는 고통입니다. 다른 어떤 고통도 아니고 그 시기의 고통이기 때 문입니다. 따라서 'the'를 붙이는 것이 적절합니다.

(13) modern events: 무관사로 사용되었습니다. 수많은 사건 중 특정되지 않는 단일 사건an event이나 특정한 사건들the events 을 가리키는 것이 아니라, 막연하게 '현대의 사건들'을 가리키기 는 표현이기에 정관사가 붙어야 할 이유가 없습니다.

이상에서 텍스트에 주석을 달아가며 관사를 공부해보았습 니다. 관사가 하루아침에 익숙해지진 않지만, 이런 방식으로 주 석을 달며 공부하다 보면 조금씩 감이 잡힙니다. 우선 관사에 대 한 기초 지식을 쌓으시고, 이를 바탕으로 텍스트에서 명사를 찾 아가며 어떻게 개념화되는지 공부해보세요. 주석에 자신이 생기 면 실제 글쓰기 상황에서도 정확히 사용할 가능성이 높아집니다.

미묘하고 애매한
관사들

이제껏 관사를 맥락, 의도, 개념화 등과 연결시켜 설명해보았습니다. 하지만 관사가 언제나 칼로 무 자르듯 쉽게 결정되는 것은 아닙니다. 관사의 활용이 명사에 대한 개념화에 달려 있다면 '개념화하기 애매한 영역'이 존재하는 것은 당연한 일입니다.

a man과 some man의 차이

There is a man in front of the bookstore. vs. There is some man in front of the bookstore.

두 문장 모두 "서점 앞에 사람이 하나 있다"고 번역될 수 있습니다. 여러 교과서에서 말하듯 특정되지 않은indefinite 개체는 a나

some 모두로 표현이 가능합니다. 둘 다 쓸 수 있다는 설명이 틀린 것은 아니죠. 하지만 이 둘이 완벽히 같은 문장이라고는 할 수 없습니다. 문법적으로는 모두가 맞는 표현이지만 미묘한 차이가 있기 때문입니다.

먼저 전자를 봅시다. "서점 앞에 한 사람이 있다"고 말하는 상황인데요. 이 경우 듣는 사람은 그 사람이 누구인지 모른다는 가정을 할 수 있습니다. 하지만 말하는 사람은 아는 사람인데 일부러 'a'를 써서 표현할 수 있지요. 즉 발화자는 서점 앞의 사람을 알 수도 있고 모를 수도 있지만, 청자는 모른다는 가정 위에서 말하고 있는 것입니다.

이에 비해 후자에는 말하는 사람과 듣는 사람 모두 그 사람이 누구인지 모른다는 가정이 담겨 있습니다. 적어도 이 말을 내뱉는 순간 발화자는 청자 또한 서점 앞에 있는 사람이 누군지 모른다고 가정하는 것이지요. 따라서 이 문장은 "서점 앞에 웬 사람이 하나 있다"는 식으로 번역하는 것도 괜찮을 듯합니다.

there is 다음에 나오는 a와 some의 미묘한 차이를 간략히 논의해보았습니다. 전에 이런 용법의 예문을 두고 "a=some"이라고 설명한 책을 본 적이 있는데, 이는 이런 미묘한 차이를 간과한 것이라고 할 수 있겠습니다.

교통수단의 개념화 그리고 관사

교통수단을 표현할 때 'by+무관사 명사'가 자주 등장합니다. "by bus, by train, by car, by plane, by bicycle" 등의 표현이 대표

적이죠. 그런데 동사와 같이 쓸 때는 조금 복잡합니다. 대표적으로 take와 같이 쓰이는 bus/subway/taxi를 생각해보시죠.

> a. I take a bus to work.
> b. I take the bus to work.

특별한 문맥이 주어지지 않은 상황이라면 위의 두 문장은 문제없이 바꾸어 쓸 수 있습니다. "나 버스 타고 일하러 간다"의 의미로 말이죠. 굳이 차이를 찾는다면 bus 앞에 정관사 the를 쓴 b의 경우가 '다른 교통수단이 아니고 버스' 혹은 '내가 늘 타고 다니던 그 버스'를 조금 강조한다는 정도인데요. 이것이 두 문장의 근본적인 차이를 만들진 못합니다(참고로 두 언어 전문가 원어민 화자에게 문의했더니 한 친구는 a를, 다른 친구는 b를 선호한다고 합니다. 데이터로서 두 명은 너무 작은 숫자이니 무시할 만하지만, 원어민들의 직관이 반대라는 점이 흥미로웠습니다).

이에 비해 subway의 경우는 확연히 다릅니다. 부정관사는 적절하지 않고 정관사만 가능하죠.

> c. I take a subway to work.*
> d. I take the subway to work.

버스의 경우에는 "여러 교통수단 중 하나로서의/특정한 노선을 지나는 버스the bus" 혹은 "여러 버스 중 하나a bus"를 상정할 수 있지만, 지하철의 경우에는 "시스템화된 교통수단으로서의 지하철the subway"으로만 개념화됩니다. 여러 개 중 셀 수 있는 개체로 개념화되지 않는다는 것이죠. 당연히 a subway, two subways 등은 어색할 수밖에 없습니다(참고로 subway는 아무것도 안 붙이고 무관사로 쓰는 경우도 종종 발견됩니다. 다만 a subway라고 쓰는 경우는 거의 없습니다).

bus, subway, taxi에 대한 개념화의 차이

taxi는 조금 애매한 듯합니다. 위에서 살펴보았듯이 bus의 경우 the bus/a bus의 차이가 확연하게 드러나지 않고, subway의 경우에는 정관사가 동반되거나 아예 생략되기도 하는데요. taxi는 예외적인 상황이나 특정 문맥이 없다면 기본적으로 부정관사 a가 필요합니다. 일부가 'the taxi'를 사용하기도 하지만 전통적인 T/F 문법 문제라면 'take a taxi'만이 정답으로 인정되겠지요.

이 같은 관찰을 종합하여 교통수단에 대한 관사 사용을 개념화라는 관점에서 정리해봅시다. 우선 사람들은 택시를 셀 수 있는 개체로 인식하는 경향이 강합니다. 세상에 수많은 택시가 있고 그 중 하나를 잡아탄다는 생각입니다. 그렇기에 'take a taxi'가 일반적이죠. 이에 비해 지하철은 하나의 시스템으로 생각하는 경향이 있습니다. 지하철 열차를 여러 지하철 열차 중 하나로 개념화하지 않는다는 뜻입니다. 따라서 'take the subway'가 쓰입니다. 버스는 그 중간 어디쯤엔가 위치한다고 해야 할 것 같습니다. 복잡하지만 아예 패턴이 없는 것은 아니지요.

a bank와 the bank의 차이

여행 중에 어떤 지역에 처음 방문했습니다. 은행을 찾고 있습니다. 길을 가다가 묻습니다. 다음 중 어떤 표현이 적당할까요? 답을 생각해보세요.

a. Where is the bank?

b. Where is a bank?

답은 "경우에 따라 다르다"입니다. 맥락에 따라 달라지는 것이지요.

큰 도시에 방문해서 번화가를 헤매고 있다면 둘 중에서 b를 택할 확률이 높습니다. 가까운 곳에 여러 개의 은행이 있으리라 가정하고, 그중 하나의 은행을 찾는다는 생각으로 질문하는 거죠. 따라서 'the bank'보다는 'a bank'로 기울 확률이 높습니다.

하지만 인구가 몇백 명쯤 되는 작은 도시라면 근처에 은행이 여러 개일 거라고 생각하는 건 무리입니다. 예를 들어 캐나다의 TV 시리즈 중 〈코너 개스Corner Gas〉가 있습니다. 드라마의 배경이 되는 도그 리버Dog River는 사방 60km 안에 주유소가 딱 하나 있는 작은 시골 동네입니다. 실제 지역은 아니고 작가가 만든 가상의 마을이죠. 만약 이런 동네에 가서 길을 걷다가 마을 주민에게 "은행이 어디 있나요?"라고 묻는다면 'the bank'를 쓸 확률이 아주 높아집니다.

그렇다면 '애매한 경우'도 있을 거 아니냐고 물으실 분들이 계실 텐데요. 원어민들에게도 분명 애매한 경우가 있습니다. 확실치 않을 경우에는 "Where is the bank?"와 "Where is a bank?"의 사용이 갈릴 거라는 이야기입니다. 대규모 조사를 해보진 못했지만 두 명의 언어 전문가 원어민이 '애매한 경우가 있다'는 답을 해주었습니다(원어민의 의견을 무조건 따라야 하는 것은 아니지만 주요한 자료로 참고할 수 있겠지요).

여기에서 알 수 있는 것은 관사의 쓰임이 텍스트 내부에서 결정되는 것이 아니라 상황과 상호작용하며 역동적으로 정해진다는 사실입니다. 여러 번 강조했듯이 관사의 선택에는 텍스트의 규칙을 넘어 화자의 의도 및 발화의 상황이 영향을 미치는 것이지요. 그리고 그런 이유 때문에 관사의 선택이 애매해지는 순간이 있습니다.

그런가 하면 관사의 선택이 아예 달라지는 경우도 있습니다. 대표적으로 영미의 차이를 볼 수 있는데요. 영국에서는 병원에 입원하는 경우 "in hospital"이라고 합니다. 반면에 북미에서는 "in the hospital"이 일반적인 표현이죠. 이런 경우는 같은 맥락임에도 지역에 따라서 다른 관사가 선택되는 경우입니다. 언어를 완벽히 논리로만 설명할 수 없음을 보여주는 예라고 하겠습니다.

관사로 철학하기

이상에서 인지언어학적 관점에 기대어 관사에 대한 설명을 드렸습니다. 정독하셨다면 관사공부의 기초를 마련하셨다고 말씀드려도 무리는 아닐 것 같네요. 저는 여기에서 한 발짝 더 나아가보려고 합니다. 관사에 대한 다면적 이해를 통해 세계를 더 깊이 이해할 수 있다고 믿기 때문입니다. 관사를 공부하면서 제가 얻은 작은 깨달음을 나누고자 합니다.

평균은 개별에 선행하지 않는다

평균이 존재하고 개별치가 존재하는 것이 아닙니다. 존재하는 것들을 추상화한 것이 평균입니다. 이상적인 학습자가 먼저 존재하고 그 변종으로서 다양한 학습자들이 생겨나는 것이 아니라, 다양한 학습자들의 특징을 추상화하여 이상적인 학습자의 모습을 만듭니다. 우리는 '학습자'라는 의미로 "the learner"를 종종 사용합니다. 하지만 이는 수많은 'learners'를 추상화한 개념적 결과물임을 기억해야 합니다. 문법적으로 단수인 "the learner"는 'learners'에 선행하지 않습니다. 오히려 그 반대입니다. 대표성을 지닌 'the learner' 이전에 수많은 'learners'가 있습니다. 이는 개별 학습자, 즉 'a learner'들이 모일 때만 가능한 것이고요. 여기에서 시작해야 합니다. '평균적인 학습자', 즉 'the learner'만을 위한 교육이 아니라 'a learner' 그리고 'learners'를 위한 교육이어야 합니다. 결국 '평균'을 상정하고 이를 모든 이에게 강요하는 관행에서 벗어나 개별성과 다양성의 기초 위에서 학습자의 모습을 꿈꾸어야 하는 것입니다.

부정관사는 변증적 성격을 지닌다.

영어 부정관사 a(n)는 상황에 따라 두 가지 상반된 의미로 사용될 수 있습니다. 우리는 이 두 가지를 구별하지 않고 언어를 사용하지만 사실 전혀 다른 층위의 개념을 표현하는 것입니다.

① 먼저 특정되지 않은 한 개체를 가리킬 수 있습니다.
"He has a cat. It is very cute." (그는 고양이 한 마리가 있어. 아주 귀엽지.)
여기에서 'a cat'은 고양이 한 마리라는 뜻입니다. 세계에 존재하는 수많은 고양이 중 하나인 것이죠.

② 이에 비해 'a+명사'가 한 개체가 속한 집단 전체를 대표할 수 있기도 합니다. 아래와 같은 경우입니다.

"A dog is a great partner in your life." (개는 당신 인생의 좋은 파트너입니다.)

이 경우에 'a dog'는 '개 한 마리'라기보다는 "개", 즉 집단 전체를 가리키는 말입니다. 여기에는 '수많은 dogs 중에 무작위로 하나를 뽑았을 때 어떤 개가 나오더라도'라는 개념이 담겨 있습니다. 그래서 수많은 개를 대표하는 표현으로 'a dog'를 사용하기도 하지요.

①과 ②는 우리의 사고 속에서 뫼비우스의 띠처럼 연결되어 있지만, 완벽히 같다고 할 수 없는 개념입니다.

한 사람은 개인임과 동시에 인간이라는 종을 대표할 수 있는 특징을 지닙니다. 개별 안에 일반이 자리 잡고 있는 것입니다. 같은 논리로 'a story'는 개별 스토리로 쓰이기도 하지만 동시에 스토리 전체를 대표하는 스토리라는 의미를 가질 수도 있습니다. 좋은 이야기는 특수한 이야기이면서도 누가 읽더라도 울림을 주는 요소, 즉 보편적 메시지를 담고 있는 경우가 많죠.

이런 면에서 'a(n)'의 의미는 변증적dialectic입니다. 집단에 속해 있는 하나의 멤버one member이지만, 때로는 그 집단 전체the entire group를 가리킬 수 있으니까요. 우리도 마찬가지입니다. 저는 또 여러분은 지구상 수십억의 독특한 생명체 중 하나이지만 인간종의 특성을 가지고 태어나 인간됨을 체화한 존재이기도 합니다. 각자 누구도 대신할 수 없는 인생을 살아가지만 보편적 윤리와 가치를 품어야 할 이유가 여기에 있습니다.

관사와 명사
함께 기억하기

"What's this?"

"Cat"

관사교육에 관심을 갖게 되면서 뼈아프게 깨닫는 것이 있습니다. 어릴 때부터 다음과 같이 단어를 외웠다는 사실입니다.

고양이 - cat

손목시계 - watch

양 - sheep

책상 - desk

물 - water

사과 - apple

이쯤 되면 제가 무슨 말을 하려는지 눈치채셨을 겁니다. 이런 식의 짝짓기에서는 명사 앞에 관사를 붙이지 않습니다. 그냥 단어와 한국어 짝이 나열되는 식이죠. 그 결과 셀 수 있는 명사와 셀 수 없는 명사의 구분이 없이 머릿속으로 들어가게 됩니다. 명사를 처음 배울 때 불가산과 가산의 개념이 자리 잡을 기회를 놓쳐버리는 것입니다.

하지만 고양이 그림을 두고 "What is this?" 혹은 "What is that?"과 같이 물어볼 때는 "(It's) a cat"과 같이 '관사+명사'의 짝이 보다 적절한 답변입니다. "What's this?"라고 했는데 그냥 "Cat"이라고 답한다면 틀렸다고 할 수는 없지만 조금 어색합니다. 이런 면에서 관사와 명사가 어떻게 짝을 이루는지 살피면서 공부할 필요가 있습니다.

명사의 행동방식 그리고 개념화

관사 챕터를 마무리하며 이제껏 드린 말씀을 요약하고 정리해보려고 합니다.

가장 중요한 것은 관사는 언제나 명사와 함께 등장한다는 사실입니다. 관사로서 'a'나 'the'가 홀로 쓰일 수는 없죠. "I have a"라고 말하면 상대는 분명 "A what?"이라고 대답할 겁니다. "I have a"는 불완전한 문장이니 완성을 하라는 요구입니다.

그렇기에 관사는 그저 관사로 공부하는 것이 아니라 다양한 명사를 활용하는 방법으로 공부해야 합니다. 관사를 명사의 행동방식과 관련지어 이해해야 하는 것입니다. A군에 속하는 명사는 대체로 이런 행동패턴을, B군에 속하는 명사는 대체로 저런 행동

패턴을 보이게 되는데, 이들 행동패턴을 이해할 때 가장 중요한 요소가 정관사나 부정관사, 혹은 무관사와의 어울림입니다.

이와 더불어 기억해야 할 것이 있으니, 바로 명사의 종류가 관사의 쓰임을 결정하는 유일한 요소는 아니라는 사실입니다. 명사의 종류보다 더욱 중요한 것은 우리가 특정한 명사를 어떻게 개념화하는가죠. 앞서 말씀드린 대로 인간의 개념화 능력은 상당히 유연합니다. 예를 들어 명사 'result'를 봅시다.

result는 '결과'라는 뜻입니다. 우리가 가장 잘 알고 있는 표현으로는 'as a result'가 있죠. 그런데 여기에서 왜 'a'가 붙었을까요? 앞에 특정한 사건을 이야기하고 나서 "그 결과"라고 이야기할 때 쓰는 말인데 'a'가 붙는 이유는 뭘까요? 반드시 'a result'가 되어야 할까요?

사실 꼭 그렇지는 않습니다. 예를 들어 다음 예문을 보시죠.

a. "I tested the new app. The result was quite satisfactory." (나는 새로운 앱을 테스트해보았다. 결과는 꽤 만족스러웠다.)

b. "The stock market crashed. As a result, a lot of people lost their money." (증권시장이 무너졌다. 결과적으로 많은 이들이 돈을 잃었다.)

사실 두 문장에서 result의 뜻은 비슷합니다. 하지만 a의 경우에는 'the result'가, b의 경우에는 'a result'가 쓰였죠. 왜 그런 것일까요?

답은 바로 개념화에 있습니다. 두 문장의 화자는 다른 방식으

로 result를 개념화하고 있는 것입니다. 첫 번째 문장에서 'result'
는 어떤 사건에 대한 결과를 상정하고 있습니다. '사건-결과'를 짝
으로 보고 있다고 생각하시면 되겠네요.

하지만 뒤의 'as a result'에서는 특정한 사건 이후에 일어나는
많은 결과 중 하나를 상정하고 있습니다. 증권시장이 무너졌을 때
빈곤층 확대, 자살률 증가, 패션이나 예술 트렌드의 변화 등 다양
한 영향이 있을 수 있습니다. 'as a result'는 그들 중 하나를 염두
에 둔 표현인 것이죠. 이와 비슷한 개념화를 취하는 표현으로 'as a
consequence'를 생각해볼 수 있겠습니다.

이상에서 우리는 다음과 같은 관사공부의 원칙을 세울 수 있
습니다.

1. 관사를 정관사, 부정관사, 무관사로 분류하라.
2. 관사를 관사로 공부하지 말고 다양한 명사의 활용법으로 공부
   하라.
3. 관사의 용례를 명사의 종류로 환원하지 말고 명사에 대한 인
   간의 역동적인 개념화로 파악하라.
4. 이러한 원칙을 다양한 텍스트에 적용하여 "다양한 종류의 글
   에서 '관사+명사' 패턴을 발견하고 설명해내는 공부"를 하라.

이 네 가지 점을 염두에 두고 관사를 공부한다면 파편적인 법
칙과 개별 용례를 암기하는 것보다 더 나은 결과를 얻으실 수 있
을 것이라 믿습니다.

나가며: 관사공부의 패러독스

인지언어학의 관점에서 관사의 용법을 살펴보았습니다. 관사를 어느 정도 공부한 분들이 이해하기에도 쉽지 않은 대목이 있었으리라고 생각합니다. 이 점과 관련해 제가 관사에 대해 강의를 할 때 종종 덧붙이는 말이 있습니다.

"저도 종종 혼동도 되고 틀리기도 합니다. 그런데 공부하기 전보다는 정확성이 분명히 좋아졌습니다. 무엇보다 그저 암기하는 것이 아니라 생각하고 따져보는 영어공부로 많이 바뀌었습니다. 이를 통해 제가 의도한 의미를 좀 더 세밀하고 적절하게 표현할 수 있게 되었고요. 그거면 충분한 것 아닐까 싶습니다."

관사학습에는 일종의 패러독스가 존재합니다. 영어에서 가장 빈번히 나오는 품사 중 하나가 관사이고, 어느 정도 규모를 갖춘 말뭉치, 즉 언어 빅데이터를 살피면 the가 늘 빈도수 1위를 차지한다는 점입니다. a/an의 빈도도 상당히 높습니다. 이렇게 보면 관사의 바닷속에서 관사를 제대로 만나지 못하는, '등잔 밑이 어두운' 상황이 계속되고 있는 것이죠. 학부생들에게 영작문을 가르치고 대학원생들을 대상으로 영어 논문쓰기 강의를 하면서도 관사가 가장 어렵다는 말을 여러 차례 들었습니다. 그도 그럴 것이 제대로 배워본 적이 없기 때문입니다.

빈도수가 높다고 개념적으로 쉬운 것은 아닙니다. 관사는 생긴 것도 단순하고 종류도 세 가지(정관사, 부정관사, 무관사)밖에 되지 않지만 명쾌히 이해하기엔 영문법에서 가장 복잡한 항목 중 하나입니다. 동양권 학생들이 가장 어려워하는 문법 항목 중 하나라는 지적도 있지요. 하지만 "문맥과 의도, 개념화의 차이에 따라 관사의 활용이 달라진다"는 인지언어학의 기본 개념을 떠올리면서 다양한 맥락 속에서 관사를 살피는 공부를 꾸준히 해나갈 때 이런 한계를 조금씩 극복할 수 있을 겁니다.

어쩌면 삶도 마찬가지 아닐까요? 매일 사람들을 접하지만 관계가 가장 어렵습니다. 관계를 두루두루 살피고 깊이 성찰하지 않는 한, 관계에 대한 지혜는 자라지 않을 듯합니다. 관사를 배우고 가르치면서 가까운 관계일수록, 잘 안다 여기는 친구일수록, 늘 만나는 사람일수록 경청과 존중, 존재에 대한 집중이 더 필요하다는 것을 절실히 깨닫습니다. 관사와의 짧은 여정 속에서 여러분께서는 어떤 세계를 만나셨는지 궁금합니다.

단어의 의미와 문장에 대한 새로운 시각

단어의 의미는 고정되어 있지 않고,
맥락과 경험에 따라 역동적으로 변화합니다.
여러분에게 '영어'의 의미는
어떻게 달라지고 있나요?

문법의 상징적 본질:
문법에도 뜻이 있다!

전통적인 문법교수법을 다루는 수업이었습니다. 5형식 이야기를 꺼내지 않을 수 없었죠. 학생들에게 물었습니다.

"제가 학교에 다닐 때는 문법이 상당히 중요했어요. 학교 시험에 자주 출제되고 대입 시험에도 아예 문법 관련 섹션이 있었죠. 그래서 누구나 '5형식'이라는 걸 배웠어요. 완벽하진 않지만 영어의 모든 문장을 다섯 가지 형식으로 설명해주죠. 요즘에는 예전보다는 좀 덜 배우는 거 같지만요."

"(몇몇 학생이 동시에) 요즘에도 배워요."

"아, 그래요? 그럼 5형식으로 문법을 배운 사람이 얼마나 되는지 볼까요?"

절반 조금 넘는 학생들이 손을 들었습니다. 여전히 많은 학생들이 5형식을 통해 영문법을 배우고 있음을 알게 된 순간이었죠.
다시 질문을 던졌습니다.

"그럼 4형식이라고 불리는 이 구조, 그러니까 'S+V+IO+DO'도
잘 아시겠네요. 이 구조에는 어떤 뜻이 들어 있나요?"
"'주어+동사+간접목적어+직접목적어'요."
"아, 그건 'S+V+IO+DO'에 대한 해석이죠. 제가 여쭈어본 건 한
국어 해석이 아니라 이 공식 속에 담긴 뜻이에요. 4형식이 갖고
있는 의미요."
"……."

긴 침묵이 흘렀습니다.

문법은 구조, 어휘는 의미? NO!
둘 다 형태와 의미를 갖고 있다고!

전통적인 문법체계는 통사부와 어휘부를 엄격히 가릅니다.
'통사부syntax'라는 말을 처음 들어보시는 분들이 있을 것 같은데
요. 문법을 지칭할 때 사용하는 언어학 용어입니다. 통사론은 문
장의 구조를 다루는 언어학의 하위 분야고요. 그러니까 통사부와
어휘부를 가른다는 것은 문법은 문법, 어휘는 어휘이지 둘 사이에
특별한 관계가 없다고 생각한다는 뜻입니다. 서로 다른 집단에 소
속되어 있으며, 긴밀히 협력할 일이 없다는 주장입니다.

이에 따르면 '주어+동사+간접목적어+직접목적어'로 구성되는

4형식은 문장의 구조를 말해주지만, 그 의미에 관해서는 어떤 정보도 담고 있지 않습니다. 문법에는 뜻이 없으니까요. 그렇기에 해당 문형의 의미를 알기 위해서는 4형식 내부의 각 요소에 단어가 들어가야 합니다. 그중에서도 가장 중요한 것은 어떤 동사가 쓰이냐 하는 것인데요. 동사의 자리를 give나 bring과 같은 단어가 채우기 전까지는 '주어+동사+간접목적어+직접목적어'에서 어떤 의미도 읽어낼 수 없는 것입니다.

하지만 인지언어학의 관점에 따르면 문형sentence structure에도 의미가 담겨 있습니다. 단어에 의미가 담겨 있는 것처럼 말이죠. 그런 의미에서 문형과 단어는 공통점을 지닙니다. 문형도 단어도 형태와 내용을 갖추고 있다는 것이죠. 차이가 있다면 문형은 구조가 있지만 소리 내어 표현할 수 없다는 것이고, 단어는 발음할 수 있다는 정도입니다. 인지언어학자들은 말소리로 표현할 수 있고 없고를 떠나서, 형태를 가지고 있고 그 형태가 일정한 뜻을 지닌다는 점에서 문형과 단어를 하나의 집합으로 묶습니다. 그리고 아래에서 상세히 설명할 '구문construction'이라는 개념을 제시합니다. 문법도 단어도 '구문'이라고 하는 상자 안에 들어오게 된 것입니다. 이는 문법과 어휘는 서로 관련이 없다고 여기며 이들을 분리해서 보는 관점과는 전혀 다릅니다. 단어 'tree'가 상응하는 의미를 가지고 있듯이, "The woman gave the cat some food"(여성은 그 고양이에게 먹을 것을 좀 주었다)와 같은 문장에서 단어를 모두 뺀 뼈대, 즉 4형식 구문 자체에도 상응하는 의미가 있다는 것이죠.

프린스턴 대학 심리학과의 아델 골드버그Adele Goldberg는 1995년에 (1)어휘뿐 아니라 문법에도 의미가 있으며 (2)어휘와

1. Ditransitive	X CAUSES Y to RECEIVE Z	Subj V Obj Obj$_2$ Pat faxed Bill the letter.
2. Caused Motion	X CAUSES Y to MOVE Z	Subj V Obj Obl Pat sneezed the napkin off the table.
3. Resultative	X CAUSES Y to BECOME Z	Subj V Obj Xcomp She kissed him unconscious.
4. Intrans, Motion	X MOVES Y	Subj V Obl The fly buzzed into the room.
5. Conative	X DIRECTS ACTION at Y	Subj V Obl$_{at}$ Sam kicked at Bill.

골드버그의 분석 대상 구문 예시:
이중타동, 사역이동, 결과, 자동이동, 작용

문법은 하나의 스펙트럼 아래 놓여 있고 (3)그렇기에 이들을 하나의 언어학적 범주로 봐야 한다는 견해를 집대성한 저작《구문 Constructions》을 내놓습니다. 그는 이 저서에서 다양한 구문을 심도 있게 분석함으로써 언어의 많은 문형들이 '의미 없는 틀'이 아니라, 그 자체로 의미를 갖는다는 사실을 보여줍니다. 위의 표에서 그가 주목하는 구문들의 예시를 볼 수 있습니다(Goldberg, 1995, p. 3~4).

문법과 어휘는 한 몸: 구문으로 보는 문법+어휘

워밍업을 마쳤으니 인지언어학자들이 구문을 이해하는 방식에 대해 좀 더 깊이 살펴볼 차례입니다. 구문문법의 강력한 지지자인 아델 골드버그는 구체적으로 어떤 구문을 정의할까요?

여기에서 우리가 '구문'이라는 단어를 이해하는 방식을 잠시 접어둘 필요가 있습니다. 위에서 지적했듯 일상에서 사용하는 구문이 보통 'sentence structure'(문장구조)에 해당한다면, 인지언어학에서의 구문은 'constructions'(구문)에 대응됩니다. 종래의 문법용어인 'sentence structure'도 인지언어학의 개념인 'construction'도 '구문'으로 번역되고 있어서 혼란이 일어납니다. 그래서 저는 기존에 익숙하게 쓰이던 용어를 주로 '문법'이나 '문형', 혹은 '문법 구조'로, 인지언어학의 개념은 '구문'으로 지칭하려고 합니다.

인지언어학에서 말하는 구문은 "형식과 의미의 결합체form and meaning pairings"라고 할 수 있습니다(Goldberg, 2003). 말이 좀 어려워 보이지만 실상은 단순합니다. 형태와 의미가 결합된 단위라면 그 무엇이든 구문이라는 것이지요. 예를 들어봅시다. 'ten'이라는 단어가 있습니다. 발음은 [ten]이고, '10'이라는 의미를 가집니다. 즉 'ten'은 '10'이라는 의미와 대응됩니다. 그렇기에 ten은 하나의 구문입니다. 그런데 이걸 좀 더 쪼개보겠습니다. ten은 t와 e와 n이라는 세 철자의 결합입니다. 물론 이것은 철자 이전에 /t/와 /e/와 /n/이라는 음소의 결합이지요. 그런데 /t/는 어떤 의미에 대응할까요? 사실 /t/에는 어떤 의미도 없습니다. ten, tie, tear, tongue 등이 모두 /t/라는 발음으로 시작하지만 '10', '넥타이', '눈물', '혀'에 공통되는 의미는 없으니까요. 따라서 /t/는 구문 자격 테스트를 통과하지 못합니다.

골드버그는 구문, 즉 형태와 의미의 결합체의 다양한 예시를 다음과 같이 제시합니다(Goldberg, 2003).

(1) 우선 형태소가 하나의 구문입니다. 언어학에서 형태소는 '의미를 가진 최소 단위'로서 '의미와 형태의 짝'을 생각할 수 있죠. 예를 들어 'anti-'는 [ænti]를 글자로 쓴 것이고 이 둘은 철자와 소리라는 형태를 가지고 있습니다. '안티

Table 1. Examples of constructions, varying in size and complexity; form and function are specified if not readily transparent

Construction	Form/Example	Function
Morpheme	e.g. anti-, pre-, -ing	
Word	e.g. Avocado, anaconda, and	
Complex word	e.g. Daredevil, shoo-in	
Idiom (filled)	e.g. Going great guns	
Idiom (partially filled)	e.g. Jog (someone's) memory	
Covariational-Conditional construction [10]	Form: The Xer the Yer (e.g. The more you think about it, the less you understand)	Meaning: linked independent and dependent variables
Ditransitive (double-object) construction	Form: Subj [V Obj1 Obj2] (e.g. He gave her a Coke; He baked her a muffin)	Meaning: transfer (intended or actual)
Passive	Form: Subj aux VPpp (PP_by) (e.g. The armadillo was hit by a car)	Discourse function: to make undergoer topical and/or actor non-topical

다양한 구문의 예

팬anti-fan'이라는 단어에서 추측할 수 있듯이 '반대의, 대항하는'이라는 뜻이지요. 다시 말해 'anti-'[ænti]라는 형태에 '반대의'라는 의미가 결합되어 있는 것입니다. '-tion'의 경우는 어떨까요? 이 접미사는 명사를 만들 때 가장 빈번하게 동원됩니다. 즉 '-tion'에는 '이것이 붙은 단어는 명사입니다'라고 말해주는 기능이 있습니다. 일정한 의미가 있는 것이지요. 그래서 '-tion'도 하나의 구문이라고 할 수 있습니다.

(2) 단어 또한 구문입니다. 사전을 찾는 행위는 형태(음성을 표현하는 철자)에 해당하는 의미, 즉 특정 단어의 뜻을 찾아가는 일이죠. 'book'을 영한사전에서 찾으면 '책'이라는 뜻을 보여주죠. 'book'이라는 철자, [buk]이라는 발음은 '책'이라는 의미와 짝을 이루고 있습니다. 그렇기에 '형태+의미'로 이루어지는 단어는 구문이 되는 것입니다(단어는 'book'과 같은 단일한 형태소이거나 'anti+race+ism=antiracism'(반인종주의)처럼 복수의 형태소가 모여서 이루어집니다. 따라서 단어는 한 개 이상의 형태소가 모여 있는 단위로 생각할 수 있습니다).

(3) 단어들은 다양한 형태로 결합하여 복합어complex word를 이루기도 합니다. 'daredevil'은 'dare'와 'devil'이 결합된 형태죠. 마찬가지로 발음, 철자와 같은 형태가 '저돌적인 인간, 대범한 사람'이라는 뜻과 연결되어 있습니다. 그렇

기에 이 또한 구문입니다.

(4) 때론 단어들의 결합한 표현을 개별 단어의 의미만으로 확실히 알 수 없는 경우가 있는데, 이를 숙어idiom라고 합니다. 언어학에서는 숙어의 이런 성격을 '의미가 불투명하다 opaque'라고 표현하기도 하죠. 여기에는 크게 두 가지 범주가 있는데요. 하나는 구성하고 있는 단어를 바꿀 수 없는, 즉 모든 자리가 '채워진filled' 숙어이고, 다른 하나는 어느 정도의 변이형을 가진, 즉 '일부 자리만 채워진partially filled' 숙어입니다. 예를 들어 'go great guns'는 '크게 성공하다' 즉 시쳇말로 '잘나가다'는 뜻인데, 이 형태로 써야만 합니다. 'come great guns'나 'go greater guns'는 무척 어색하죠. 하지만 누군가에게 기억이 나게 한다는 의미를 지닌 'jog one's memory'는 'one's'의 자리에 my, your, his 등 다양한 소유격이 올 수 있습니다. 일부 자리는 채워져 있지만 특정한 요소에는 다른 단어들이 들어갈 수 있으므로 '일부 자리만 채워진' 숙어에 해당합니다. 이렇게 일정한 형태와 그에 해당하는 의미를 가진 숙어들도 구문입니다.

(5) 이 외에도 "the 비교급, the 비교급" 구문, 이중타동구문, 수동태구문 등 다양한 구문이 있고, 이들은 '텅 빈 구조'가 아니라 특정한 의미와 짝을 이룹니다. 한 가지 짚고 넘어갈 것은 수동태가 능동태의 기계적인 변형이 아니라 그 나름대로의 뜻을 가지고 있다는 점입니다.

5장 단어의 의미와 문장에 대한 새로운 시각

이상에서 구문의 정의와 다양한 종류에 대해 살펴보았습니다.

문장은 구문의 보따리다

그렇다면 실제 문장 속에서 어떤 구문들을 발견할 수 있을까요? 어떤 구문들이 엮여서 하나의 문장을 이루게 되는 것일까요? 아래 "What did Liza buy the child?"(리자는 아이에게 무엇을 사주었나요?)의 예를 통해 살펴보겠습니다(Goldberg, 2003, p. 221).

```
(a)  [ What did Liza buy the child? ]

(b)  1.  Liza, buy, the, child, what, did constructions (i.e. words)
     2.  Ditransitive construction
     3.  Question construction
     4.  Subject–Auxiliary inversion construction
     5.  VP construction
     6.  NP construction
                                        TRENDS in Cognitive Sciences
```

Fig. 1. (a) An expression, or 'construct', that is a combination of the constructions shown in (b), color-coded to the appropriate parts of the expression (VP, Verb-Phrase; NP, Noun-Phrase). See text for discussion.

"What did Liza buy the child?"에 포함된 구문들

(a)에서 구문, 즉 형식과 의미의 결합체를 찾아보니 (b)와 같았습니다. 번호대로 살펴보겠습니다.

1. 가장 쉽게 생각할 수 있는 것은 개별 단어입니다. 각 단어는 형태와 의미를 갖고 있죠. 여기에는 Liza, buy, the, child, what, did 등이 포함됩니다.

2. 이중타동구문이 있습니다. 동사 뒤에 목적어 두 개가 연달아 나오면 대개 '주체가 대상을 수여자에게 전달한다'는 의미를 지닙니다. 구문, 즉 문장의 뼈대 자체에 의미가 있는 것입니다. 여기에서는 Liza가 the child에게 what을 전달한다는 의미가 되겠네요.

3. 전체 문장은 what으로 시작하는 의문문입니다. 'wh-word'로 시작되는 문장은 평서문과는 다른 의미를 전달하게 됩니다. "what"이 문두에 나오자마자 우리는 이 문장이 의문문일 가능성이 상당히 높다는 점을 단번에 인식하게 되지요. 그런 의미에서 의문사 "what"은 "child"와는 다른 기능을 수행하는 구문입니다.

4. 주어와 동사가 도치되어 있습니다. "did" 다음에 "Liza"가 나오는 것이죠. 이러한 도치구문은 의문의 의미를 전달합니다. 즉 도치라는 형태와 의문이라는 의미가 결합되어 있기에 도치구문 자체가 구문을 형성합니다.

5~6. 마지막으로 동사구와 명사구입니다. 동사구는 보통 행위나 상태의 변화를 나타내고, 명사구는 물리적 개체 혹은 추상적 개념을 나타냅니다. "buy the child"는 동사구, "the child"는 명사구에 해당합니다.

앞서 살폈듯 이 같은 관점은 전통적인 관점과 대별됩니다. 기존의 언어관은 문법은 문법이고 어휘는 어휘라는 관점을 취합니다. 문장의 구조가 있고 여기에 단어들이 자리를 찾아 들어가는 방식으로 문장이 구성되며, 문장의 뼈대가 먼저 존재하고 단어들이 배치된다는 것이지요. 바로 5형식 문법이 취하는 관점입니다. 예를 들어 3형식이라면 'S+V+O' 즉 '주어+동사+목적어'라는 뼈대가 먼저 존재하고 각각의 자리에 "I", "love", "music"이라는 어휘가 배치되어 "I love music"이라는 문장이 만들어진다는 것입니다.

이에 비해 많은 인지언어학자들이 지지하는 구문의 개념에 따르면 문장은 "형태소, 단어, 숙어, 동사의 패턴 등 다양한 구문들이 유기적으로 결합해 의미를 이루는 '구문들의 보따리a bundle of constructions'"라고 할 수 있겠습니다. 아주 작은 형태소라는 구문에서부터 이중타동과 같은 다소 큼직한 구문까지 모여서 문장을 구성하고 의미를 만들어냅니다. "What did Liza buy the child?"라는 문장을 들었을 때 우리는 의문사, 도치, 동사구, 명사구, 이중타동구문 등의 구문을 순식간에 파악하며 동시에 이들을 묶어내 하나의 문장을 생산해내고 이해하는 것입니다. 순간순간 언어를 처리하고 산출하는 인간의 능력이 놀랍다고 느끼는 이유입니다.

이중타동구문의 의미는 어디에서 오는가: 동사 fax의 사례

지금은 좀처럼 사용되지 않지만 19세기 후반 팩시밀리 facsimile의 등장은 통신의 작은 혁명이었습니다. 언어 사용에도 변화가 일어나 fax가 동사로 사용되기 시작했고, 'fax A B'와 같은 구문이 만들어졌습니다. "A에게 B를 팩스로 보내다"라는 의미인데, "send A B"(A에게 B를 보내다)와 유사한 구조를 지녔지요. 팩스의 특성상 보내는 내용과 받는 사람이 있으니 'fax A B'와 같은 구조가 자연스럽다고 느꼈을 겁니다. 새롭게 출현한 동사의 의미가 영어에서 널리 쓰이고 있는 이중타동ditransitive구문(한국에서는 '4형식 구문'으로 불림)에 딱 맞아떨어진 것이죠. 팩스가 무엇인지, 어떻게 동작하는지 설명을 들은 사람이라면 "He faxed me a copy of the document"(그는 그 문서의 카피본을 나에게 팩스로 보냈다)"와 같은 문장을 만들어내는 데 큰 무리가 없었던 것입니다.

이중타동구문의 의미

동사 fax의 예에서 'fax라는 동사의 의미가 구조를 결정한다' 는 결론을 내릴 수도 있습니다. 다시 말해 'fax' 안에 '○○에게 ○○를'의 의미가 모두 들어 있다고 보는 것이죠. 그런데 이런 논리는 정말 옳은 것일까요? 벤저민 버건Benjamin K. Bergen의 논증은 이것이 섣부른 결론임을 보여줍니다(Bergen, 2012). 동사가 먼저 있고 이것이 구문을 취하는 게 아니라는 이야기죠. 아래에서 그의 생각을 따라가봅시다.

motorcycle이라는 단어를 아실 겁니다. 오토바이라는 뜻이죠. 대표적인 품사는 명사고요. "I want to buy a motorcycle. But I don't have money, you know"(오토바이를 사고 싶어. 그런데 알다시피 나 돈 없잖아)와 같이 쓸 수 있습니다. "He motorcycled home that night"(그날 밤 그는 오토바이를 타고 집에 왔다)와 같이 '오토바이를 타다'라는 의미를 가진 동사로 쓰이기도 하죠. 그런데 이 단어를 이중타동구문으로 쓰는 사람은 없습니다. 그도 그럴 것이 motorcycle을 4형식 동사로 쓰는 사람이 없으니 "motorcycle A B"와 같은 구문을 들어본 사람도 없고, 들어본 적이 없으니 쓸 일도 없는 것이죠. 그런데 다음 문장을 봅시다(Bergen, 2012, pp. 101~102).

The boy motorcycled his client some blueprints.

이 문장은 과연 무슨 뜻일까요? motorcycle이 동사로 쓰였고 그 뒤에는 명사구 둘(his client, some blueprints)이 연이어 나오네요. 영어에 대한 기본 지식을 갖춘 사람이라면 "그 소년이 그의 고객에게 청사진 몇 장을 오토바이로 가져다주었다"라는 뜻이라는 걸 어렵지 않게 알 수 있을 것입니다. 아무도 'motorcycle'이 수여동사로 쓰인 예를 접해본 적이 없었음에도 말이죠. 한 번도 들어보지 못한 구문을 보고도 'motorcycled his client some blueprints'의 의미를 정확히 추론할 수 있는 것입니다.

그렇다면 이렇게 문장을 이해하는 단서는 어디에서 왔을까요? 아마도 '주어+동사+명사1+명사2'로 이루어진 구문, 다시 말해 이중타동구문이 "주어가 명사1로 하여금 명사2를 받도록 하는 행위를 하다"라는 의미임을 이미 알고 있었기 때문에 가능했다는 게 가장 적절한 추측일 것입니다. 우리가 수없이 많은 이중타동구문을 사용해오면서 '동사+목적어1+목적어2'의 의미를 습득했다는 것이지요. 구문 자체가 의미를 가지고 있음을 방증하는 예입니다.

이중타동구문에 숨어 있는 뜻

이번엔 조금 다른 각도에서 이중타동구문을 살펴보기로 하겠습니다. 비비언 에반스Vyvyan Evans의 예시는 전통적인 '4형식'이라고 불리는 문장에 숨어 있는 뜻을 드러냅니다. 먼저 아래 두 문장을 보시죠(Evans, 2012, p. 158).

a. Fred brought Holly Golightly some breakfast. (Fred는 Holly Golightly에게 아침식사를 조금 가져다주었다.)

b. Fred brought some breakfast to Holly Golightly. (Fred는

Holly Golightly에게 아침식사를 조금 가져다주었다.)

학교문법에서 a와 b는 동일한 의미를 가진 것으로 간주됩니다. 문장의 형식이 바뀌었을지는 모르지만, 기본적으로 뜻은 같다는 것이죠. "give나 show와 같이 4형식에서 3형식으로 변환 시 전치사 to가 나오는 동사", "make나 leave와 같이 for가 필요한 동사" 등의 분류법이 생각나는 대목입니다. "The lady gave me some money"와 "The lady gave some money to me"가 동일한 의미를 가진다는 주장입니다. 하지만 다음 문장들은 아무런 문제 없이 '간접목적어+직접목적어'와 '직접목적어+전치사+간접목적어'를 호환해서 사용할 수 있다는 주장에 대해 의문을 갖게 합니다.

c. Fred brought the table some breakfast.* (Fred는 테이블에 아침식사를 좀 가져왔다.)
d. Fred brought some breakfast to the table. (Fred는 테이블에 아침식사를 좀 가져왔다.)

위의 a, b가 완벽히 같은 의미를 갖는다면 '*'로 표시된 c의 비문법성과 d의 문법성을 설명해내기 힘듭니다. a~d 모든 문장에서 동사 bring이 사용되었고, c와 d는 a와 b에 적용된 규칙을 충실히 따르고 있기 때문입니다. 그렇다면 뭐가 문제일까요? 같은 동사가 쓰였고 문법 구조 또한 동일한데 왜 a와 b 사이의 전환은 무리가 없고, c와 d 사이의 전환에는 문제가 있는 것일까요?

다시 한번 주목해야 할 것은 네 문장 모두 bring을 사용하고 있다는 것입니다. 그렇다면 a와 b, c와 d 사이의 차이는 동사 bring에서 기인하지 않았다는 추론이 가능합니다. 범인은 'bring'이라는 낱말이 아니라는 것이죠. 그렇다면 4형식 구문에는 개별동사 bring이 제공할 수 없는 의미가 있을 수밖에 없다는 추론에 이르게 됩니다.

언어학자들은 위의 현상을 설명함에 있어 가장 중요한 요인으로 간접목적어가 살아 있는 것인가 그렇지 않은가를 지적합니다. 즉 bring이라는 동사가 향하는 대상이 사람이나 동물인지, 혹은 사물인지가 결정적인 역할을 한다는 것입니다. 인지언어학의 용어를 빌려오자면 전이transfer의 행선지 논항은 유정물animate이어야 하는 것이죠. '전이'란 무엇인가를 이동시킨다는 의미이고, '행선지'란 '~에' 혹은 '~에게'라는 뜻으로 전통 학교문법에서 간접목적어에 해당하는 말입니다. 예를 들어 "The doctor gave me some water"(의사는 내게 물을 좀 주었다)에서 'me'가 바로 간접목적어이며 행선지입니다. '유정물'은 살아 있다는 뜻을 가집니다. 결국 예문 c에서 the table은 살아 있는 개체animate object가 아니므로 이 조건을 위반하게 되고, c는 비문법적인 문장으로 분류됩니다. 이 같은 분석을 통해 4형식 문장, 즉 인지언어학에서 말하는 이중타동구문은 텅 빈 상자가 아니라 그 자체로 의미적인 특성을 갖고 있음을 알 수 있습니다. 결국 bring이 포함된 이중타동구문은 '살아 있는 대상에게 무언가를 가져다주다'라는 의미가 되는 것이지요.

이와 비슷한 현상이 한국어에서도 발견됩니다. 살아 있는 대상에 '~에게'를 쓰고 그렇지 않은 대상에 '~에'를 쓰는 것입니다.

"의사는 환자<u>에게</u> 처방을 내렸다"에서는 환자가 살아 있는 대상이기에 '~에게'를 쓰지만, "의사는 병원<u>에</u> 사표를 제출했다"에서 병원은 생명이 없는 대상이기에 '~에'를 사용하지요. "의사는 환자에 처방을 내렸다"나 "의사는 병원에게 사표를 제출했다"가 어색하게 들리는 것은 행선지의 유정물 여부에 따른 규칙을 지키지 않았기 때문입니다.

way 구문과 결과구문

다음으로는 "way 구문"을 살펴봅시다. 골드버그에 따르면 영어에 'way 구문'이 존재하며 다음과 같은 구조를 가집니다 (Goldberg, 1995, pp. 199~201; Tsuji, 2004, pp. 23~24).

[SUBJ, [V [<u>POSS, way</u>] OBL]]

SUBJ는 Subject(주어)입니다. V는 Verb(동사)이고, POSS는 Possessive(소유격)를 의미합니다. way는 우리가 알고 있는 '길', '방법' 등을 의미하는 단어고요. 마지막의 OBL은 oblique의 줄임말로 방향을 나타내는 표현들을 통칭합니다. 다시 말해 위의 도식은 주어, 동사 이후에 '소유격+way'와 방향을 나타내는 표현이 뒤따르는 구문을 표현합니다. [주어, [동사, [<u>one's way</u>] 방향을 나타내는 말]]로 쓸 수 있겠네요. 이 같은 구문은 다음 문장으로 실현될 수 있습니다.

○ Fred dug his way out of the prison. (Fred가 감옥에서 땅을
파서 빠져나왔다.)

○ Joe bought his way into the exclusive country club. (Joe
는 돈을 내고 회원 전용 컨트리 클럽에 들어갔다.)

두 문장 모두 '주어가 방향 표현이 나타내는 경로를 따라 **이동
한다**'라는 의미를 가집니다. Fred는 땅을 파서dug his way 감옥 밖
out of the prison으로 이동했고, Joe는 돈을 내고bought his way 회원
전용 컨트리 클럽에 들어갔죠into the exclusive country club. 흥미로
운 것은 두 문장의 동사인 dig나 buy 자체에는 이동의 의미가 전
혀 없다는 사실입니다. 사전에 등재된 dig나 buy에서 이동한다는
뜻을 찾을 수 없는 것이죠. 게다가 'dug'나 'bought'의 대상이 his
way도 아닙니다. 이를 고려할 때 개별 단어들의 결합으로만 이 같
은 의미가 생성되는 원리를 설명하기는 힘듭니다. 이것은 [SUBJ,
[V [POSS, way] OBL]] 구문이 '텅 빈 구조'가 아니라 일정한 의미
를 가진다는 것을 시사합니다. 단어의 의미만을 조합해 문장의 의
미를 얻을 수 없다면, 그 의미를 만드는 것은 구문일 수밖에 없기
때문입니다.

결과구문

인지언어학자들은 이중타동구문이나 way 구문을 넘어 다양
한 구문에 대한 연구를 진행하고 있습니다. 그중에서 결과구문
resultative construction에 대해 간단히 살펴보려 합니다. 먼저 다음

5장 단어의 의미와 문장에 대한 새로운 시각

예문을 보시죠(Goldberg & Jackendoff, 2004).

○ Herman hammered the metal <u>flat</u>. (Herman은 금속을 망치질해서 납작하게 만들었다.)

○ The critics laughed the play <u>off the stage</u>. (비평가들의 비웃음은 연극을 무대에서 몰아냈다.)

　전통 학교문법의 틀에서 위의 첫 문장은 5형식으로 분류됩니다. "the metal"과 "flat"을 각각 목적어와 목적보어의 관계, 즉 "flat"이 "the metal"을 서술해주는 관계로 볼 수 있기 때문이죠. 이에 비해 두 번째 문장은 애매합니다. 'off the stage'가 의미상으로는 목적격 보어로 기능하지만, 형태가 전형적이진 않기 때문입니다. 그래서 아마도 3형식으로 구분될 가능성이 높습니다. 5형식의 틀에서는 두 문장이 다르게 분류될 공산이 큽니다.

　하지만 의미를 볼 때 두 구문은 상당히 유사합니다. 동사가 다음에 나오는 대상에 어떤 작용을 가해 특정한 결과를 낳았다는 뜻을 지니고 있기 때문입니다. 첫 번째 문장에서는 금속을 망치질한 결과 납작하게 되었고hammered the metal <u>flat</u>, 두 번째 문장에서는 연극을 비웃어서 무대 밖으로 몰아낸 것laughed the play <u>off the stage</u>입니다. 행위의 결과가 'flat'과 'off the stage'라는 어구로 드러난 문장들이죠.

　흥미로운 것은 이렇게 결과를 나타내는 구문에서 나타나는 의미관계가 목적어가 있는 타동사 구문에만 한정되지 않는다는 것입니다. 즉, 목적어가 없는 자동사에도 등장할 수 있다는 것이죠. 아래 문장들은 이 점을 잘 보여줍니다(Goldberg & Jackendoff, 2004).

- The pond froze solid. (연못이 단단히 얼었다.)
- Bill rolled out of the room. (빌은 굴러서 방에서 나갔다.)

두 문장에서 쓰인 'freeze'와 'roll'은 목적어가 없는 자동사로, 'hammer'와 'laugh'가 타동사로 사용된 이전 문장들과 대비됩니다. 하지만 의미상으로는 상당히 유사하지요. 앞서 제시한 두 문장에서는 동작의 결과 목적어(the metal, the play)가 특정한 상태가 되고, 바로 위 두 문장에서는 동작의 결과 주어(the pond, Bill)가 특정한 상태 혹은 위치에 이르는 것입니다. 그래서 인지언어학자들은 이들을 '결과구문'이라고 부릅니다. 골드버그와 제켄도프Jackendoff에 따르면 결과구문은 다음과 같은 표현까지 포괄합니다.

- The bombing led them <u>into war</u>. (그 폭격으로 그들은 전쟁에 돌입했다.)
- He yelled himself <u>hoarse</u> at the karaoke. (그는 노래방에서 소리를 너무 많이 지른 나머지 목이 쉬었다.)

첫 번째 문장은 "폭격은 그들을 전쟁으로 이끌었다"는 의미입니다. 이를 분석적으로 살펴보면 폭격이 그들을 이끌었고, 이는 결과적으로 전쟁으로 돌입하는into war 결과를 낳았다는 뜻입니다.

두 번째 문장은 그가 노래방에서 소리를 질렀고, 이는 목이 쉬는 hoarse 결과로 이어졌다는 의미가 되죠. 이런 면에서 이들은 모두 결과구문으로 불릴 수 있는 것입니다.

5형식의 효용과 한계

문법교육의 풍경이 바뀌어가고 있습니다. 하지만 시중의 교재와 인터넷상의 자료를 보면 5형식의 위력은 여전히 막강합니다. 전통적인 문법grammar을 인지언어학의 구문construction이라는 관점에서 파악하면 종래의 문법교육에 대해 질문을 던지지 않을 수 없습니다.

'5형식은 어떤 면에서 유용한가? 5형식 구문의 한계는?'
'5형식이 포괄하지 못하는 다양한 구문들은 어떻게 다룰 것인가?'

돌아보면 저에게 문법을 가르쳐주셨던 선생님들은 5형식의 효용과 한계에 대해 깊이 생각하지 않으셨던 듯합니다. 애매한 문장이 나와서 질문을 드리면 "그건 예외야"라고 말씀하시거나 "그런 것까지 일일이 구분하려고 할 필요는 없어"라고 말씀해주셨거든요. 그런데 영어를 배울수록 '예외'는 예외가 아니라 그저 자연스러운 용법일 뿐이었습니다.

5형식에 대한 이야기를 꺼내니 생각나는 경험이 있습니다. 수년간 학부생들에게 영어쓰기를 가르친 적이 있습니다. 영작문 수업에서 가장 널리 쓰이는 텍스트 유형 중에서 5단 에세이5-paragraph essay가 있습니다. 설명문이나 논설문에서 주로 사용되는 구조인데, 서론에서는 글의 배경과 논지를, 본론에 가서는 논지를 뒷받침하는 세 가지 정도의 주제문과 예시를, 마지막 결론에 이르러서는 전체 내용을 요약하고 글의 함의와 적용점을 논의하는 식으로 전개되는 글입니다.

작문 교수학습에서 5단 구조의 활용에 대해서는 전문가들 사이에 상당한 이견이 있습니다. 소위 '5단 에세이 반대파'는 이러한 형식이 실제 사회에서 찾아볼 수 없는, 그야말로 학교라는 '진공 상태'에만 존재하는 구조라고 말합니다. 현실에서는 사용되지 않는, 단지 시험용 포맷이라는 비판입니다. 이에 비해 여전히 5단 에세이를 고수하는 분들은 학생들이 쉽게 이해할 수 있는 직관적 구조를 통해 논리적 글쓰기의 기본을 배우는 것이 그리 나쁘지 않다고 생각합니다. 일단 기초 중의 기초를 배우고 나면 수준이 높아지면서 사회적으로 널리 통용되는 장르를 어렵지 않게 배울 거라고 주장하는 것입니다.

구조가 의미를 억압하는 상황을 피하자

다섯 문단으로 구성된 에세이를 둘러싼 갑론을박은 5형식에 대한 '애증'과 비슷한 구석이 있습니다. 오랜 시간 많은 사람들이 활용하던 것을 버릴 수는 없으나, 그렇다고 그냥 사용하기에는 아쉬운 점이 많은 겁니다. 알고 보면 글의 대부분은 5단 형식을 따르지 않는다는 점과 '5형식의 예외'라고 설명하는 구문들이 실제로는 예외가 아니라 자연스러운 문장이라는 사실이 닮았고, "왜 굳이 다섯 문단(혹은 5형식)인가요?"라는 질문에 궁색하기 짝이 없는 답을 하게 된다는 점도 닮았습니다. 이 상황에서 교육적으로 올바른 선택은 어디 있을까요?

우선 5형식은 영어의 대표적인 문장 유형을 설명해주는 유용한 틀이지, 모든 문장을 포용할 수 있는 마법은 아니라는 점을 명확히 해야 하겠습니다. 이는 특히 문장 단위를 넘어서는 담화 상황에서 중요한데요. "stand"는 주로 1형식으로 분류되는 동사이지만, 대화의 흐름 속에서 부사구를 반드시 필요로 할 때가 있습니다. 예를 들어 "The cathedral stood on the hill"(그 성당은 언덕 위에 서 있었다)에서 'on the hill'은 내용상 필수적인 경우가 대부분이죠. 이런 점까지 고려해 문형을 제시한 대표적인 저서가 바로 《혼비영영사전》입니다. 영국 출신의 문법학자이자 또 사전학자로서 최초의 단일어학습자사전monolingual learner's dictionary을 만든 A. S. 혼비A. S. Hornby의 저술로, 동사의 문형을 50여 개로 나누었지요. 하지만 종류가 너무 많아 학습용으로 적절하지 않다는 한계가 있습니다. 50여 개의 문형을 가르쳐서 5형식의 한계를 뛰어넘자는 제안은 무리수일 수밖에 없는 것이죠. 결론적으로 기본 문형을 가르치되, 나머지 구문을 예외로 치부하기보다는 언어 구조의 다양성을 인정하면서 기본구조에 대한 지식을 탄탄히 할 필요가 있습니다.

나아가 문장의 형식을 '암기해야 할 요소'가 아니라 '활용할 수 있는 도구'로 가르쳐야 합니다. 5형식에 속하는 동사들을 단숨에 암기하는 방식이 아니라, 각각의 동사를 차근차근 활용해 다양한 의미를 표현해보는 방식을 취하는 것입니다. 5단 에세이가 학생이 표현하고자 하는 의미가 되어서는 안 되고, 더 풍성한 의미를 표현할 수 있는 디딤판springboard이 되어야 하듯, 5형식은 문장을 재단하는 프로크루스테스의 침대가 아니라 다양한 문장을 뚝딱뚝딱 만들어낼 수 있는 연장통이어야 합니다.

5장 단어의 의미와 문장에 대한 새로운 시각

구문은 어떻게
습득되는가

　　그렇다면 구문은 어떤 방식으로 습득될까요? 인지언어학자들은 구문 습득이 기본적으로 용법기반모델usage-based model에 근거한다고 주장합니다. 용법기반모델은 촘스키의 언어 습득이론과 상반되는 점이 많습니다. 촘스키는 기본적으로 우리 모두가 언어를 습득할 수 있는 청사진을 가지고 태어난다고 생각합니다. 이것을 보편문법universal grammar, UG이라고 불렀고요. 이에 따르면 언어 습득의 지도 혹은 방향은 이미 인간이 가지고 태어나는 생물학적 특성입니다. 하지만 용법기반모델은 인간이 가지고 태어나는 것이 보편문법과 같이 언어에 특화된 능력이라고 생각하지 않습니다. 언어를 습득할 수 있는 능력을 가지고 태어나긴 하지만 그것은 일반적인 인지능력general cognitive capacity에 가깝다고 보죠. 그래서 언어 습득은 태생적인 언어의 청사진이 아니라 인간이 경험하는 언어의 수많은 용례들, 즉 용법usage으로 설명 가능하다고 주장합니다. 용법기반학습usage-based learning은 크게 두 가지 원리로 설명되는데, 하나는 언어의 의미는 사전의 정의가 아니라 그 사용에 있다는 것이고 다른 하나는 언어 구조가 언어의 사용에서 창발한다는 것입니다(Tomasello, 2005).

이 두 가지 주장을 하나씩 살펴보죠. 먼저 "언어의 의미는 사전의 정의가 아니라 그 사용에 있다"는 주장입니다. 이에 따르면 언어의 의미는 사전에서 찾을 수 있는 게 아닙니다. 아니, 이게 무슨 말입니까? 분명 사전에서 단어를 찾으면 그 의미가 나오는데 말입니다. 하지만 어떤 교사가 창가에 있는 학생을 보며 "Window!"라고 말했을 때 이건 어떤 의미일까요? 사실 "window"를 사전에서 찾으면 '창문'이라는 대표적인 의미를 찾을 수 있습니다. 하지만 이걸 가지고 제시된 상황에서 "window"가 정확히 무엇을 의미하는지는 알기 힘듭니다. 만약 교사가 에어컨을 틀면서 학생을 쳐다보며 "Window!"라고 말했다면 창문을 닫으라는 의미일 가능성이 높습니다. 이에 반해 교실에 들어온 큰 벌레를 쫓아내보내려 하는 상황에서 학생에게 "Window!"라고 말했다면 창문을 열라는 뜻이 되겠지요. 다시 말해 'window'의 의미는 사전 안에 존재하는 것이 아니라 그 말이 사용되는 맥락에서 결정됩니다. 말하는 이와 듣는 이의 관계, 물리적 환경, 문화적 맥락 등이 엮여 단어의 의미를 결정하는 것이지요. 이것이 바로 "언어의 의미는 그 사용에 있다"는 말의 의미입니다.

두 번째는 "언어의 구조는 언어의 사용에서 창발한다"는 주장입니다. 여기에서 '창발'에 해당하는 영단어는 emerge인데요. 처음부터 틀이 잡혀 있는 것이 아니라 반복적인 사용에서 틀이 서서히 형성된다는 의미입니다. 이는 모국어 습득을 생각하면 쉽게 이해됩니다. 우리는 모국어의 구조를 잘 알고 있습니다. 한국어 모어 화자는 한국어의 구조를, 영어 모어 화자는 영어의 구조를 자유자재로 사용하지요. 하지만 그 구조를 누군가가 콕 짚어 가르쳐준 것은 아닙니다. 한국어라면 '주어+목적어+동사' 어순을 배우고 나서 해당되는 예시를 배운 것이 아니죠. 그저 "엄마는 개똥이를 사랑해", "너도 아이스크림 먹을래?", "그녀는 건담을 좋아한다", "그 저자는 비유를 즐겨 쓴다", "자본주의는 과도한 욕망을 생산한다"와 같은 발화와 문장 속에서 한국어 어순에 대한 지식을 추출해냈을 뿐입니다. 그런 의미에서 한국어가 '주어+목적어+동사' 구조로 되어 있다는 것은 수많은 언어의 사용 경험에서 자연스럽게 형성된, 즉 '창발된' 지식으로 볼 수 있습니다. 오랜 시간 파도의 힘이 해안선을 만들어내듯이 우리 삶에서 만나는 수많은 언어들의 용례가 문법적 지식을 습득하게 하는 것입니다.

통계적 학습과 구문 습득

이 같은 전제 아래에서 인지언어학은 언어 습득을 실제 언어 자료에 기초하여 통계적인 학습statistical learning이 축적되는 과정으로 봅니다. 언어 데이터가 차곡차곡 쌓임과 동시에 무의식적인 통계적 추론 과정이 더해짐으로써 언어의 구조와 의미를 습득하게 된다는 가정인데요. 우리가 알고 있는 어휘와 문법, 의미와 사용에 대한 언어지식은 태아 때부터 지금까지 경험한 언어의 총체에서 통계적으로 형성되었다는 것입니다.

이는 앞서 언급한 촘스키 언어학의 언어 습득기제Language Acquisition Device, LAD 혹은 보편문법과는 판이한 접근입니다. 촘스키는 언어를 내적언어I-Language, internal language와 외적 언어 E-Language, external language로 구분합니다. I-Language는 원어민 화자가 내적으로 갖고 있는 언어이고, E-Language는 이것이 발화나 문장 등으로 수행된 것입니다. 촘스키 언어학에서의 연구대상은 I-Language, 즉 인간이 가진 내적 언어체계입니다. 이것은 '청사진'에 해당하는 언어입니다. E-Language는 외적인 언어, 즉 우리가 매일 듣고 볼 수 있는 언어입니다. 실제 말과 글로 대표되는 언어는 사회언어학이나 언어인류학의 연구 대상일 수는 있어도 촘스키를 중심으로 하는 형식언어학의 주관심사는 아니죠.

서로 다른 언어를 사용하는 화자들도 결국 보편문법이라고 하는 동일한 능력을 갖고 태어났습니다. 이 같은 가정에서 보면 지금 지구상에 존재하는 수천 개의 언어는 사실 인간이 가진 단일한 언어능력의 변이일 뿐입니다. 쉽게 말해 인간이 수천 개의 언어를 말하는 것처럼 보이지만 결국 내적으로는 단일한 언어, 즉 보편문법을 외부로 표출하고 있는 것이죠. 한국어, 영어, 일본어, 포르투갈어 등의 언어입력input은 인간이라면 누구나 갖고 태어나는 언어 회로도의 스위치를 켜고 끄는 일을 할 뿐, 언어능력 자체를 새롭게 구성하지는 못합니다. 결국 표면으로 드러나는 다양한 외적 언어는 궁극의 언어능력인 내적 언어의 '그림자'일 뿐인 것이죠.

구문 습득과 입력 분포

인지언어학자들의 주장대로 구문 습득에 통계적인 메커니즘이 개입된다면, 언어입력의 종류와 양에 관심이 갈 수밖에 없습니다. 골드버그 등의 언어 습득 데이터베이스 연구는 이에 대한 흥미로운 사실을 보여줍니다(Goldberg & Casenhiser, 2008). 어머니와 아이들의 대화 말뭉치인 〈CHILDES(The Child Language Data Exchange System)〉에서 어머니의 발화 중 '주어+동사+장소나 경로를 나타내는 부사구' 구문을 취한 동사의 종류type는 39개였습니다. 예를 들어 "She went to the park"(그녀는 공원에 갔다)와 같은 문장입니다. 주어인 she 다음에 go의 과거형 동사 went가 왔고, 이어서 'to the park'라는 장소를 나타내는 말이 왔으니까요. 이들 중 가장 빈도수가 높은 것은 go 동사로 136번 출현했고, 관찰된 353개 문장 중 무려 39퍼센트를 차지했죠. 39개의 동사가 비슷한 비율로 사용되지 않고, go와 같은 최빈도 동사가 압도적으로 높은 비율을 차지했습니다. 장소나 경로 표현을 수반하는 동사 중 go의 순위가 가장 높았던 겁니다.

이 같은 현상은 '주어+동사+목적어+장소나 경로를 나타내는 부사구'에도 비슷하게 나타났습니다. 동사 뒤에 목적어가 있다는 것이 위의 구문과 다른 점이지요. 이 구문을 취한 동사의 종류는 모두 43개였는데, 이 중 put이 가장 높은 비율로 사용되었습니다. 같은 맥락에서 수여동사에 해당하는 이중타동구문 동사 중 20퍼센트가 give였습니다.

이상을 종합해보면 주체의 이동 행위, 대상을 이동시키는 행위, 수여하는 행위 등을 가장 일반적으로 표현할 수 있는 go, put,

구문	어머니 발화	동사 유형 총계
Sub V Obl	39% go (136/353)	39 verbs
Sub V Obj Obl	38% put (99/259)	43 verbs
Sub V Obj1 Obj2	20% give (11/54)	13 verbs

어머니 발화 중 구문별 최빈도 동사

give와 같은 동사가 해당 범주의 최빈도 어휘로 자리 잡고 있었습니다. 위의 표는 이들 통계를 좀 더 상세히 보여줍니다(Goldberg & Casenhiser, 2008, p. 208).

이를 통해 알 수 있는 것은 go, put, give 등 여러 구문에서 '대표 선수'로 뛰고 있는 동사들의 비율이 굉장히 높다는 것입니다. 실제로 여러 연구에서 이런 치우친 분포skewed distribution가 균형 잡힌 분포balanced distribution에 비해 구문 습득에 유리하다는 점이 밝혀지기도 하였습니다.

살펴본 논의에서 외국어 교수학습이 얻을 수 있는 교훈은 명확합니다. 초반부터 여러 동사들을 골고루 가르치기보다는 빈도수가 높고 대표성을 가질 수 있는 동사를 선택해 집중적으로 교수하는 것이 효율적이라는 것입니다. go와 put, give와 같이 빈도수 높은 동사를 통해 해당 범주의 기본 구문을 익히고, 이것이 다른 동사구문의 습득을 돕도록 하는 것입니다. 동사들을 두루두루 가르쳐주려고 여러 어휘를 한꺼번에 제시하기보다는 한두 개의 대표동사에 익숙해지도록 지도하고, 이를 발판 삼아 다른 동사들을 공부하게 하는 방식입니다.

인간의 언어 습득을 설명하는 열쇠, 용법기반학습

언어학계에서 노엄 촘스키의 영향력은 여전히 큽니다. 하지만 20세기 후반에 접어들면서 그의 이론에 대한 비판이 증가세를 보이더니 최근에는 대중적인 매체에서도 관련된 반론을 심심찮게 볼 수 있습니다. 그의 시대가 저물고 있다는 이야기까지 나오고 있죠. 그 비판의 중심에 서 있는 것이 바로 앞서 간략히 살펴본 용법기반학습에 대한 논의입니다.

"신기하다. 어쩜 이렇게 말을 빨리 배우니?"

아이들이 말을 배우는 걸 보면 정말 신기합니다. 하루에도 몇 개씩 새로운 단어를 익히는 것 같고, 어른들이 알려주지 않은 문장도 곧잘 만들어냅니다. 한두 단어로 말하기 시작한 지 몇 년 되지 않아 꽤 괜찮은 대화상대가 되죠. 어쩌면 이렇게 빠르게 언어를 습득할 수 있는 걸까요? 소위 '언어영재'뿐 아니라 거의 모든 아이들이 말이죠.

촘스키는 이에 대해 두 가지 주장을 펼칩니다. 첫째는 '환경이 제공하는 언어입력은 충분하지 않다', 즉, '아이들이 받는 언어적 자극은 완벽한 언어 습득을 위해 턱없이 부족하다'는 것입니다. 그는 이 주장을 자극의 빈곤poverty of stimulus이라고 불렀습니다. 여기에서 두 번째 주장이 나옵니다. 생후의 언어경험이 충분하지 않은데 언어 습득에 문제가 없다면 아동의 언어 습득 능력은 어디서 오는 걸까요? 생후에서 증거를 찾을 수 없다면 당연히 '생전'밖에 없습니다. 따라서 인간은 언어를 습득할 수 있는 능력, 즉 보편문법을 갖고 태어난다는 결론에 이릅니다. 자극의 빈곤과 보편문법은 촘스키 언어학의 언어 습득론을 떠받치는 두 가지 개념적 기둥입니다.

용법기반학습

이에 대해 인지언어학자들은 두 가지 질문을 던집니다. 첫 번째는 자극의 빈곤에 대한 반론입니다. "정말 아동의 언어경험이 그렇게 부족한가? 수년간의 언어적 경험을 통해 언어 습득을 설명할 수 있지 않을까? 아이에게 언어입력이 부족하다는 것은 우리가 그들의 인지적·언어적· 사회적·정서적 능력을 온전히 이해하지 못하는 데서 오는 오해는 아닐까?" 두 번째는 보편문법에 대한 의심입니다. "언어 습득에 필요한 능력을 가지고 태어나는 것 같긴 한데, 그게 전적으로 언어에 특화된 능력이라는 과학적 근거가 있

5장 단어의 의미와 문장에 대한 새로운 시각

나? 생물학적으로 보편문법을 증명할 수 있는가?" 논쟁은 여전히 진행 중이지만, 인지언어학과 데이터 과학의 결합으로 종래의 보편문법 논의를 뛰어넘는 주장이 속속 제기되고 있습니다.

2011년 TED 컨퍼런스, MIT 미디어랩의 데브 로이Deb Roy 박사는 〈단어의 탄생The birth of a word〉이라는 강연으로 전 세계 언어 습득 연구자들을 깜짝 놀라게 만듭니다. 언어 습득의 비밀을 풀기 위해 무려 3년간 자신의 아들을 촬영하여 약 75만 시간 분량의 오디오·비디오 자료를 확보했고, 그 분석 방법론을 상세히 제시한 것입니다. 제가 알기로 역사상 가장 방대한 아동 언어 습득 데이터베이스입니다. 로이 박사는 강연 중 "여태까지 만들어진 가장 방대한 홈비디오 컬렉션이죠"라고 유머를 엮어 이 점을 강조했습니다.

로이 박사와 그의 미디어 랩 동료들의 분석 방법론을 정리하면 이렇습니다. 우선 자신의 아들이 들었던 모든 문장을 전사합니다. 아들의 발화 또한 전사합니다. 여기에 더해 그 발화가 일어난 공간 정보까지 사상합니다. 비디오 자료이니 시간은 자동으로 들어가 있지요. 즉, 언제 어디에서 어떤 발화에 노출되었고, 누구와 어떤 말을 주고받았는지를 모두 데이터화한 것입니다.

연구진은 이를 기반으로 언어 습득 초기인 3년에 걸쳐 아들이 발화한 단어들을 추적합니다. 이를 통해 한 단어가 '탄생'하는 데 필요한 다양한 경험을 통계적으로 밝혀내는 것입니다. 주목할 만한 것은 이 분석이 오로지 경험적 자료에 기반하고 있다는 점입니다. 보편문법에서 상정하는 언어에 대한 청사진을 동원하지 않고 오로지 통계적인 방법으로 언어 습득을 설명해내는 것이죠(Roy,

2011).

언어 특유의 보편문법 vs. 일반적 인지능력

그렇다면 인간에게 언어 습득의 생물학적 토대가 없다는 말인가요? 사실 그건 말이 안 됩니다. 공상과학 영화의 주인공들이 아니라면 인간의 학습능력에는 분명 한계가 있습니다. 예를 들어 우리는 모두 일정한 말소리를 구별할 수 있는 능력을 갖고 태어납니다. 유전적으로 특정 주파수대의 소리만을 듣고, 특정 파장의 전자기파만 볼 수 있습니다. 이 글을 읽으시는 분 중에 자외선이 보이는 분은 없을 거라는 말입니다(혹시라도 계신다면 다음 〈엑스맨〉 영화 캐스팅에 지원해보시기를 권합니다). 용법기반습득론이 주장하는 것은 우리의 언어 습득 능력이 오로지 언어에 최적화된 생물학적 체계가 아니라, 일반적 인지능력의 집합체라는 것입니다. 전자를 domain-specific capacity로, 후자를 domain-general capacity로 부르기도 합니다. domain이 영역을 뜻하는 말이니 '영역에 특화된 능력'과 '특정 영역을 넘어서는 일반적인 능력'으로 이해할 수 있겠습니다.

언어 습득의 두 기둥, 공동주의와 패턴인식

막스 플랑크 진화인류학 연구소Max Planck Institute for Evolutionary Anthropology 명예 소장이자 듀크대 교수로 일하고 있는 마이클 토마셀로Michael Tomasello는 인간이 언어를 배우는 데 필요한 인지능력을 크게 두 가지로 분류합니다(Tomasello, 2009). 첫 번째는 상대의 의도를 알아내는 능력인데, 의사소통의 기능적 측면과 밀접하게 연관되어 있습니다. 인간은 의도를 갖고 소통합니다. 상대방의 주의를 끌려고 할 수도 있고, 뭔가를 명령할 수도 있으며, 도움을 요청할 수도 있습니다. '그냥 별생각 없이 말 걸기' 또한 일종의 의도로 읽힐 수 있을 겁니다. 그런데 인간은 어려서부터 상대가 무언가를 의도하고 있음을 잘 알아차립니다. 귀신같이 상대의 의도를 알아내는 것이죠.

의도 파악과 관련하여 가장 중요한 능력으로 거론되는 것은 '공동주의능력skills of joint attention'입니다. 눈동자를 굴리거나 손가락으로 가리키기, 제스처나 몸짓 등을 통해 특정한 대상에 함께 집중하기를 유도하는 능력을 말합니다. 상대가 무엇인가에 주의를 기울이고 있다는 사실을 알아채고, 그 대상에 함께 집중함으로써 상대방이 의도하는 바를 이해하게 되는 것입니다.

가리키기pointing를 생각해봅시다. 토마셀로에 따르면 아이들은 말을 제대로 하기도 전에 손가락으로 가리키는 행동을 배웁니다. 그것이 반짝이는 모빌이건 굴러가는 공이건, 자신이 주의를 기울이고 있는 대상에 상대도 주의를 기울이라고 요청하는 법을 알아내는 겁니다. 이렇게 가리키기를 통해 상대의 주의를 요구하는 것은 다른 동물에게서는 좀처럼 찾아보기 힘든 행동입니다. "가리키는 달을 봐야지 손가락 끝을 보면 어떡하냐?"라는 말을 종종 하지만, 동물들은 손가락을 보며 "달이 뭐?"라고 묻지 않습니다. 인간의 의도를 읽어내는 특수훈련을 받지 않는다면 말이죠.

공동주의와 관련하여 또 하나 재미있는 것은 인간의 눈이 가진 구조입니다. 인간은 영장류와 비교하여 흰자와 검은자가 명확히 구분됩니다. 따라서 상대방의 눈동자가 움직일 때 어느 방향을 향하는지 바로 알 수 있지요. 즉, 눈동자의 움직임만으로 어떤 쪽에 주의를 기울이고 있는지 파악할 수 있죠. 눈의 구조가 공동주의에 적합하게 진화해왔음을 시사하는 대목입니다(인간의 눈동자는 온라인 화상 수업에서 딴짓을 하며 '멀티'를 뛰는 데 적합하지 않은 방향으로 진화했다고 말할 수도 있겠네요).

공동주의와 함께 패턴인식능력pattern-finding ability도 언어 습득에서 매우 중요한 역할을 합니다. 이는 넓은 의미의 문법능력을 가리킵니다. 예를 들어봅시다. 태어나서부터 우리는 다양한 발화를 접합니다. 그리고 문법적으로 완벽한 발화를 할 수 있게 되죠. 하지만 발화를 들을 때마다 '이건 명사야', '이건 동사야', '여기에서는 명사가 두 개 연달아 나와'와 같은 설명이 따라붙는 건 아닙니다. '과거를 나타내는 말이 들어가 있으니 잘 들어봐'라고 주의를 주는 일도 없죠. 하지만 반복적으로 엄청난 양의 발화에 노출되면서 패턴을 찾아내게 됩니다. 인간은 패턴을 찾아낼 수 있는 능력을 갖고 태어났습니다. 그것이 말소리든, 음악이든, 빛의 패턴이든, 색상의 변화든 말이죠.

언어 습득에 있어 패턴인식은 음성적·형태적·어휘적·문법적 측면 모두에서 진행됩니다. 예를 들어 영어의 말소리에 지속적으로 노출되는 경우 'strike'나 'string'과 같이 'str'가 한꺼번에 발음된다는 것, 이 자음군은 주로 단어의 맨 앞에 나오며 단어 끝에는 나오지 않는다는 것을 자신도 모르게 학습합니다. '-er'은 'dancer'나 'bigger'와 같이 단어 뒤쪽에 붙어 '○○하는 사람'을 나타내거나, '○○보다 더 ○○한'의 비교의 의미를 나타낸다는 것도 알게 되죠. 연어나 숙어 등 여러 개의 단어 묶음, 어순 등도 이렇게 배웁니다. 단어를 넘어서는 구문 수준에서도 이런 방식이 적용됩니다. 목적어 두 개가 연달아 나오는 구문이 수여의 의미와 짝을 이루는 것, be 동사 다음에 과거분사가 나오는 구문이 수동의 의미를 가진다는 걸 이해하는 것 등이 예가 될 수 있겠습니다.

그런 의미에서 외국어 문법교육은 오랜 기간 경험을 축적하며 추출해낸 다양한 패턴을 짧은 시간 안에 학습자의 뇌와 근육에 각인시키는 일이라 할 수 있습니다. 우리는 문법을 배우며 "압축된 고밀도의 시간"을 경험하고 있는 것이지요. 선생님들은 인류의 경험과 지식을 정교하게 압축하고 학습자에 맞게 풀어내는 일을 하고 있는 것이고요.

언어 습득을 위한
다섯 가지 사고 메커니즘

언어학자 헤르만 파울Hermann Paul은 용법기반학습의 원리에 대해 선구자적 영감을 제공한 바 있습니다. 그는 자신의 저서 《언어사 원리Principles of the History of Language》(1891)에서 언어변화의 원리를 다음과 같이 설명합니다(p. 15).

> "언어의 변화는 개인에게서 완성되는데 이는 부분적으로는 언어의 형태로 말하고 사고함으로써, 부분적으로는 개개인이 타인으로부터 받는 영향을 통해서 이루어진다. 언어 사용의 변화는 이두 가지 요소의 협력 없이 일어나기 힘들다."

역사언어학historical linguistics은 통시적 관점에서 언어변화의 흐름을 기술하고 그 원인을 탐구합니다. 시간의 축 위에서 사회가 언어를 사용하는 패턴에 관심을 갖는 것이죠. 하지만 사회적 차원

5장 단어의 의미와 문장에 대한 새로운 시각

에서의 언어변화는 결국 한 사람 한 사람의 언어 사용으로 실현될 수밖에 없습니다. 위의 "언어적 변화는 개인에게서 완성된다"는 첫 대목은 바로 이를 지적한 것입니다. 예를 들어 특정한 신조어가 미디어를 통해 널리 알려진다고 해도 그 용법이 개개인에게 받아들여지지 않는 한 한때의 유행어로 생을 마치게 되지요. 그런 면에서 우리 개개인이 사용하고 있는 언어는 단지 자신의 레퍼토리가 아니라 유구한 역사적 흐름이 빚어낸 사회적 자원입니다.

그렇다면 개인이 사용하는 언어는 어떻게 발달하고 변화하는 것일까요? 이 또한 개인과 사회의 상호작용에서 연유합니다. 헤르만 파울의 지적대로 우리는 언어를 사용하여 생각하고 또 말하며, 생산된 말글은 생각에 다시 영향을 미칩니다. 여기에 타인과의 소통이 끊임없이 개입되지요. 이 같은 과정이 반복되면서 개개인의 언어가 형성됩니다. 이를 인지와 언어의 상호작용으로 규명하는 작업이 용법기반학습 이론의 주요한 목표 중 하나입니다. 경험 속에서 말과 생각은 어떻게 엮이는지, 다양한 상호작용은 말글의 이해와 산출을 어떻게 바꾸는지, 이것은 언어의 습득에서 어떤 역할을 하는지를 밝히려 하는 것입니다.

바이비의 다섯 가지 인지 메커니즘

마이클 토마셀로는 언어 습득의 인지적 기반을 공동주의와 패턴인식이라는 큰 틀에서 제시하였습니다. 이 외에도 많은 학자들이 언어 습득에 필요한 인지적 메커니즘을 논의하고 있습니다. 이번에는 이 중에서 널리 인용되는 조안 바이비Joan Bybee의 다섯 가지 인지기제cognitive mechanism에 대해 살펴보도록 하겠습니다 (Bybee, 2010, pp. 1~8).

가장 먼저 범주화categorization입니다. 인간은 자신의 경험을 기억합니다. 그리고 새로운 경험을 하면 이전의 경험과 자연스레 비교를 하게 되죠. 자신도 모르게 우리 뇌는 '어, 이건 그때 본 거랑 똑같네', '꽤 비슷한데?', '이 부분이 다르군' 같은 생각을 하며 다양한 경험치들을 분류하게 됩니다. 이러한 비교, 대조, 조정의 과정에서 범주가 탄생합니다. '이건 강아지, 이건 고양이, 이건 장미, 이건 새' 등과 같이 범주category를 구별하게 되는 것이지요. 범주화는 가장 기본적인 인지과정으로 다른 메커니즘과 밀접한 연관을 맺고 있습니다. 학교교육에서 학문적 지식을 쌓는 것은 범주화의 과정에서 중요한 역할을 합니다.

언어를 이루는 음성, 형태소, 단어, 문법, 구문 등 모든 영역에서 범주화가 일어나고, 언어가 발달하면서 그 양상이 달라지게 됩니다. 영어를 배우면서 '이건 /k/ 소리구나', '이건 /ei/라는 발음이네' 등을 알게 되고, 특정한 기준을 만족시키는 개체를 'car'라고 부르며, 특정한 구조를 가진 구문을 같은 문장의 종류로 인식하는 것 등의 과정 모두가 범주화의 결과입니다. 여기에서 범주화가 단번에 일어나지 않는다는 것을 기억하는 게 중요합니다. 아동이 처음 '멍멍이'라는 말을 듣고 사용하기 시작했을 때를 생각해보면 성인이 강아지를 부를 때 사용하듯 정확한 기준을 가지고 있지 않습니다. 털이 있고 네 발로 걷는 것들을 모조리 '멍멍이'라고 부르는 경우가 많지요. 하지만 지식과 경험이 쌓여가고 '고양이', '사자', '호랑이', '개' 등의 어휘가 자리를 잡아가면서 '멍멍이'를 정확히 호명하게 됩니다. 다른 범주와 비교하고 대조하는 능력도 생겨나지요. '멍멍이' 하나를 정확히 배우는 데에도 긴 시간이 필요한 것입니다.

이처럼 언어의 발달은 개념의 발달과 발을 맞추어 전개됩니다. 사물과 행동에 이름을 붙이기 전에도 우리는 다양한 경험을 합니다. 하지만 이름이 생겨나기 시작하면서 다양한 경험을 그 이름으로 통합하지요. 어제 오후 두 시에 먹은 빵도 오늘 정오에 먹은 샐러드도 내일 친구와 만나서 먹을 콩나물국밥도 '점심'이라는 단어로 묶이게 됩니다. 점심과 아침이라는 개념이 확립되면서 '브런치'라는 개념이 새롭게 자리 잡을 수 있는 공간을 열어젖히고요. 경험의 축적 속에서 새로운 언어가 자라나고 그렇게 자라난 언어는 우리의 경험을 조직합니다. 그런 면에서 우리의 삶은 경험과 언어가 씨줄과 날줄로 엮이며 짜내는 옷감texture과도 같습니다.

두 번째 인지기제는 덩어리로 묶기chunking입니다. 단어를 개별적으로 인식하지 않고 여러 단어의 연속체로 인식하고 사용하는 것이 여기에 속합니다. 특정 단어가 들어간 표현에 반복적으로 노출되어 단어의 연속체를 덩어리로 묶어내기도 하고, "Good morning"이나 "How are you?"처럼 아예 처음부터 덩어리로 묶어 습득하기도 합니다. 흔히 'multi-word unit'이라고 불리는 것들이 이 같은 덩어리 묶기의 대상이 됩니다. 단어의 구성에서 알 수 있듯이 여럿의multi 단어word가 하나의 단위unit를 이루는 것이지요. 콜센터에 전화를 걸었을 때 상담노동자가 "안녕하세요, 고객님. 무엇을 도와드릴까요?"라고 말하는 경우가 있습니다. 생각해보면 이 표현 전체가 하나의 덩어리, 즉 '청크'라는 것을 알 수 있습니다. 분석해보면 "안녕하세요, 고객님, 무엇을, 도와드릴까요?"가 되겠지만 우리는 이 표현을 막힘없이 사용하죠. 이것이 바로 덩어리로 묶기의 결과입니다. 언어학과 언어교육 분야에서도 1990년대 이후 이러한 '덩어리 말'에 대한 관심이 높아졌고, 이제는 개별 단어만큼이나 중요한 단위로 인식됩니다.

언어와는 좀 다르지만 숫자의 영역에서도 덩어리 묶기가 자주 일어납니다. 대표적으로 우리가 전화번호를 외울 때를 상기해보시죠. 010으로 시작하는 핸드폰의 경우 우리는 보통 010-0000-0000의 형식으로 전화번호를 기억합니다. 11개의 개별 숫자가 아니라 3자리, 4자리, 4자리로 끊어 숫자를 기억하는 것이지요. 송금 시 계좌번호를 기억할 때도 마찬가지입니다. 예를 들어 13자리 계좌번호가 있다면 각 자리의 숫자를 하나하나 기억하여 입력하지 않습니다. 사람마다 조금씩 다르지만 000-0000-000-000과 같이 서너 자리로 적당히 잘라 입력을 하게 되죠. 이렇게 덩어리를 지어 외울 때 훨씬 더 긴 숫자를 기억할 수 있습니다. 위에서 살폈듯 언어에서도 비슷한 현상이 발견됩니다. 그렇기에 개별 단어에 대한 지식을 넘어 덩이로 이해하고 한달음에 발화할 수 있는 표현들을 쌓아나가는 것이 언어 학습의 중요한 과제가 됩니다.

언어는 경험이고 경험은 범주화된다

세 번째는 상세 기억rich memory입니다. 이는 경험으로부터 얻은 풍부한 정보를 장기기억에 저장하는 것을 말합니다. '풍부한 정보'의 의미를 살펴보기 위해 어휘학습을 예로 들어보겠습니다. 한국에서 영어를 가르칠 때 가장 자주 사용되는 단어 시험 포맷은 '영어 단어-한국어 의미'의 짝이죠. 시험 출제와 채점에 있어 가장 편한 방법이고 독해에도 도움이 됩니다. 단어에 대한 깊이 있는 이해를 잠시 포기한다면 단시간에 많은 양의 단어를 학습할 수 있다는 강점이 있습니다. 이 경우 해당 영단어에 대한 정보는 짝지어진 한국어 의미라고 할 수 있습니다.

하지만 모어를 사용하는 상황에서 어휘 습득은 전혀 다른 방식으로 일어납니다. 우리는 특정한 경험에서 단어를 추출extract해서 별도로 기억하는 것이 아니라, 단어와 연관된 경험의 다양한 양상을 뇌에 저장합니다. 단어의 음성뿐 아니라 함께 사용된 단어들co-text, 상황situation, 대화 상대interlocutor, 물리적 환경physical environment, 제스처gesture 등 모든 것이 엮여서 저장되는 것입니다. 예를 들어 제가 산책을 하는데 자전거를 탄 바이커가 "지나갈게요!"라고 외치며 스쳐갔다고 합시다. 이 경우 저의 언어경험은 다양한 양상으로 기억됩니다. 먼저 "지나갈게요!"는 목소리, 즉 음성으로 기억에 남습니다. 하지만 제가 경험한 것은 이 음성과 함께 자전거를 탄 사람이 속도를 줄이지 않고 저를 스쳐간 일입니다. 그렇기에 저는 음성모드("지나갈게요!")와 시각모드(빠르게 스쳐가는 자전거와 바이커), 나아가 제가 느꼈던 감정모드('아, 깜짝 놀랐네')를 엮어 경험을 저장하게 됩니다. 정말 가까스로 스쳐간 경우라면 순간적으로 위협을 감지하고 몸을 움직였을 수도 있으니 운동모드(근육을 갑작스럽게 사용함)도 추가될 수 있겠습니다. 정리하자면 "지나갈게요!"는 단지 말소리로 기억되는 것이 아니라 청각, 시각, 감정, 운동 등이 연합된 상세기억으로 저장되는 것입니다. 이후 다른 상황에서 "지나갈게요!"를 경험하게 된다면 그 의미는 또 세밀하게 조정되겠지요. 이런 점을 고려한다면 "지나갈게요!"의 의미는 사전 속 정의처럼 단순히 언어로 존재하는 것이 아니라, 살면서 "지나갈게요!"를 들은 상황에서 경험한 바의 총체라고 할 수 있는 것입니다. 이런 의미에서 모국어 습득 상황에서의 단어 학습은 텍스트와 의미를 추출하여 독립적으로 암기하는 것이 아니라 단어를 매개로 한 의사소통의 다양한 측면들을 유기적으로 기억하는 과정이라고 봐야 합니다.

우리는 결코 단어만을 경험하지 않고, 다양한 감각과 사회적 관계로 가득한 상황 속에서 단어를 마주합니다. 어린아이가 '지지'라는 말을 배우는 것은 '지지'의 발음과 정의를 연결시키는 작업이 아니라 수많은 상황 속에서 '지지'라는 말을 듣고 이해하는 경험을 통해 이루어집니다. '지지'는 '만지지 마'라는 말과 연결되어 기억될 수 있습니다. '지지'가 발화되는 환경도 다양합니다. 땅에 떨어진 음식물을 주워 먹으려는 자신에 대한 양육자의 꾸짖음일 수도, 비 온 날 웅덩이로 뛰어들려 하는 상황에서 다급하게 들려오는 언니의 목소리일 수도 있습니다. 아이는 그 상황에서 '지지'라는 단어만 쏙 빼서 이해하는 것이 아니라 상황과 사람과 말을 엮어서 기억하게 되지요. 이것이 바로 '상세 기억'의 의미입니다. 외국어 학습 시 단어의 철자와 뜻만 추출해서 외우는 일은 이러한 '상세 기억' 경험에서 예외적인 경우이며 그래서 한계를 지닐 수밖에 없습니다.

네 번째는 유비analogy로, 기존의 구조적 패턴을 새로운 예시에 적용하는 행위입니다. 유비가 일어나기 위해서는 기존의 언어경험에서 범주화가 일어나야 합니다. 범주화가 일어나지 않은 언어는 분석될 수 없고, 어떤 분석도 일어나지 않은 언어는 유비의 대상이 될 수 없습니다. 예를 들어 "I put the book on the table"(나는 책을 테이블 위에 두었다), "She put the note on the desk"(그녀는 쪽지를 책상 위에 두었다), "The clerk put the laptop on the floor"(점원은 노트북을 바닥에 두었다) 등과 같은 발화를 여러 번 접하고도 '주어+put+the+명사+장소를 나타내는 말'과 같은 기초적인 분석을 하지 못했다면 "He put the phone on the sofa"(그는 전화를 소파 위에 두었다)라는 새로운 문장을 발화할 수는 없겠죠. 다시 말해 위의 문장을 통해 학습자들은 '주어+put+the+명사+장소를 나타내는 말'이라는 패턴이 있음을 인지하고 이것을 하나의 범주로 삼은 뒤라야 "He put the phone on the sofa"라는 문장을 자연스럽게 생성해낼 수 있게 됩니다.

우리는 "철수와 영희"를 "철수+와+영희"로 분석하는 법을 이미 알고 있기에 "로미오와 줄리엣"을 만났을 때 전혀 당황하지 않고 "로미오+와+줄리엣"으로 분석하여 이해합니다. 누군가는 '낫 놓고 기역 자도 모른다'라는 속담을 이용하여 "도넛 놓고 O 자도 모른다"라는 표현을 만들어낼 수도 있고, "대박"을 "대+박"으로 분석한 후 "소박", "중박"이라는 표현을 함께 쓸 수도 있습니다. 언어에서 두드러지게 드러나는 유비는 음악적 표현이나 디자인에서도 두루 발견됩니다. 사운드 오브 뮤직의 "도레미송"은 첫 프레이즈(도레미도 미도미 레미파파미레파)가 유비를 통해 다른 자리에서 반복됨으로써(미파솔미 솔미솔 파솔라라솔파라) 전체 곡의 주제를 쌓아울리게 됩니다. 이처럼 유비는 언어뿐 아니라 인간이 세계를 이해하고 창조하는 기본적이며 유용한 도구입니다.

마지막은 상간 연합cross-modal association으로, 의미와 형태를 연결할 수 있는 능력의 단초가 됩니다. 이 단어를 분석해보면 우선 '상'과 '간'이 있습니다. '상'은 영단어 mode의 번역어로 언어경험을 이루고 있는 다양한 요소를 말합니다. 아울러 '간'은 'cross-'의 번역어로 다양한 요소를 넘나든다는 것을 의미하죠. 다음으로 나오는 것은 '연합'으로 여러 요소들이 연관을 맺게 됨을 의미합니다. 말소리(청각)와 특정한 장면(시각)이 연결되는 것은 상간 연합의 대표적인 예입니다.

상간 연합을 좀 더 이해하기 위해서는 아리스토텔레스의 영향을 받은 것으로 보이는 윌리엄 제임스William James의 '인접성의 법칙Law of Contiguity'을 이해할 필요가 있습니다. 이 법칙에 따르면 시공간적으로 인접한 사건들은 연합association되기 쉽습니다. 연합은 말 그대로 연결되고 엮인다는 뜻인데요. 특정 사건 A가 발생하고 바로 특정 사건 B가 발생하는 일이 반복된다거나, 특정한 장소 C에만 가면 D라는 사건이 발생한다면 A와 B, C와 D는 연합되어 기억에 저장되는 것이죠.

그런데 인간은 단지 사건을 연합하여 기억하는 게 아닙니다. 관련하여 바이비 교수는 엘리스Ellis 교수의 입을 빌려 모튼이 든 예를 논의합니다(Morton, 1967). 살짝 각색해서 설명하자면 이렇습니다.

Jane은 매일 아침식사를 하다가 8시 29분쯤 되면 손목시계를 뚫어져라 바라봅니다. 30분이 되는 순간 현관문의 우편물 구멍으로 '툭' 하고 우편물 봉투가 떨어집니다. 이 장면을 목격하는 일이 반복됩니다. 이 상황에서 시공간과 관련된 다양한 연합이 생길 수 있습니다. 시계를 보기 위해 숙인 고개와 현관문 틈 사이로 잠시 보이는 우체부의 손도, 빤히 쳐다보고 있는 시침의 각도와 봉투가 떨어지는 소리도, 매일 먹는 아침식사 메뉴와 봉투의 색깔도 연합될 수 있는 것이죠. 하지만 우리에게 인지적으로 가장 강하게 남는 것은 8시 30분이라는 시간과 우편배달이라는 사건입니다. 몸의 운동, 시각적 자극 등 많은 감각정보가 아닌 '시각'이라는 개념정보가 그 상황을 기억하는 주요한 단서가 되는 것입니다. 그래서 우린 "8시 30분이 되면 우편이 배달되지"라고 말하게 되는 것이죠.

이를 언어에 적용해봅시다. 이제 한두 단어를 발화하기 시작한 아이가 있습니다. 매일 할머니의 손을 잡고 산책에 나서지요. 동네에 반려견과 함께 사는 주민들이 많아 강아지를 산책시키는 사람들을 자주 만납니다. 그때마다 할머니는 간단한 말, 특히 '강아지'라는 단어를 가르쳐주려는 의도에서 '강아지'에 방점을 찍어 말씀하십니다.

"저기 강아지 온다, 강아지." (아이는 강아지가 자기 쪽으로 다가오는 걸 본다.)
"강아지 지나간다, 하얀 강아지." (아이는 하얀 강아지가 자신의 곁을 지나가는 것을 목격한다.)

아이는 아직 한국어에 익숙하지 않습니다. 겨우 한두 마디를 하는 정도이니까요. 그런데 할머니께서 무언가 말을 하고 나면 강아지가 자기에게 다가오는 걸 보거나 자신의 옆으로 스쳐가는 것을 경험합니다. 여기에서 윌리엄 제임스의 '인접성의 법칙'이 발동됩니다. 아직 아이가 정확한 의미를 파악하지 못한 '강아지'라는 청각 자극 직후에 강아지의 등장을 시각적으로 경험합니다. 이것이 반복되다 보면 /강아지/라는 발음과 특정한 시각 자극, 즉 다양한 종류의 강아지를 목격하는 일이 엮입니다. 청각과 시각이라는 서로 다른 감각 사이의 연결, 즉 상간 연합이 발생하는 것이지요. 이를 통해 아이는 /강아지/라는 음성에 일정한 의미를 부여하게 됩니다. 경험을 통해 체득한 의미입니다.

바이비 교수는 다섯 가지 외에도 다양한 인지기제가 존재하며 이들에 대해서는 좀 더 연구가 필요하다고 말합니다. 하지만 이 다섯 가지 인지기제를 면밀히 살펴봄으로써 언어 습득에 핵심적인 인지 프로세스를 이해할 수 있다는 입장입니다. 언어 습득은 그저 단어를 익히고 문장을 암기하는 과정이 아닙니다. 언어 습득은 인간의 여러 인지기능이 역동적으로 동원되는 다면적인 프로세스로 이해되어야 합니다.

언어의 의미란 무엇인가

　　사람들은 알게 모르게 의미meaning에 집착합니다. 서점에서 에세이나 자기계발서를 뒤적이다 보면 여전히 '인생의 의미'라는 키워드가 자주 발견됩니다. '청춘의 의미', '가족의 의미', '나이 듦의 의미' 등등 '의미'가 들어간 표현을 찾는 일은 어렵지 않죠. 영어에서도 mean 혹은 meaning은 사용 빈도가 상당히 높습니다. 일례로 2022년 8월 말 현재 대표적인 언어 빅데이터인 COCA(Corpus of Contemporary American English) 말뭉치를 기준으로 동사 mean은 130번째, 명사 meaning은 1,678번째로 자주 사용되는 단어입니다. 개별 단어를 넘어서 여러 개의 단어가 합쳐진 복수단어multi-word 표현의 경우에도 마찬가지입니다. CANCODE(The Cambridge and Nottingham Corpus of Discourse in English) 말뭉치의 경우 가장 많이 사용되는 두 단어 연속 표현은 'you know'이며, 바로 다음이 'I mean'입니다. 상대방의 이해를 구하거나 확인하는

'알다시피/알지/알고 있다you know'와 자신이 말하려는 바를 좀 더 정확히 해주는 '내 말은/내가 말한 것은I mean' 같은 표현이 가장 빈번히 사용된다는 통계는 의미를 정확히 주고받는 일의 중요성을 보여주는 좋은 예입니다. 이처럼 우리는 텍스트와 책의 세계뿐 아니라 일상에서 늘 의미와 마주칩니다.

일반적으로 '의미'로 번역되는 영단어 meaning은 동사 mean의 명사형입니다. mean의 기원을 따라 올라가다 보면 고대 색슨어Old Saxon menian를 만나게 되는데 이는 '의도하다intend' 혹은 '알리다make known' 정도의 뜻입니다. 고대 영어인 mænan 또한 비슷한 의미를 갖고 있고요. 그러고 보면 '의미'라는 개념은 화자가 의도한 바, 혹은 상대방에게 알리고 싶은 바라고 할 수 있습니다. 물론 화자가 의도한 바가 청자에게 그대로 전달된다는 보장은 없습니다. 공상과학 소설에 나오듯 마음과 마음이 직접 연결되는 텔레파시를 사용하지 않는 한 언어를 통한 소통은 늘 불완전할 수밖에 없습니다. 의도대로 완벽하게 전달된다면 오해가 생기지 않겠지만 삶은 오해투성이입니다.

그렇다면 인간의 언어체계가 놀랄 만큼 정교하면서도 허점 또한 수두룩하다는 모순을 어떻게 이해해야 할까요? 언어의 진화과정, 언어의 다의성 등 여러 각도에서 이 문제를 생각해볼 수 있겠지만, 오늘은 '인간이 언어를 통해 의미를 만드는 방식'이라는 관점에서 이 문제를 살펴보겠습니다.

단어의 의미는 어떻게 정의되는가?

참 잘 만들었다고 생각하는 광고가 있습니다. 소위 "Dude commercial"로 불리는 한 맥주 회사의 연작 광고입니다. 이들은 'dude'라는 단어가 사용되는 다양한 맥락을 보여주는데, 각 장면의 대화가 단 하나의 단어, 즉 'dude'로만 이루어져 있다는 점이 가장 큰 특징입니다. 즉, 'dude' 말고는 어떤 말도 등장하지 않는 광고죠.

첫 장면에서는 한 사람이 세 칸짜리 소파 끝에 앉아서 TV를 보고 있습니다. 이내 친구로 보이는 인물이 들어와서 중간에 자리를 잡는데, 문제는 먼저 앉아 있던 친구 옆자리에 딱 붙어서 앉는다는 겁니다. 구석 자리 친구는 당황스럽다는 몸짓과 어조로 중간에 앉은 친구에게 "Dude"라고 말합니다. 그 의미가 '너 왜 하필 여기에 앉는 거냐? 옆으로 갈 수 있잖아. 나 너랑 붙어서 앉기 싫다고' 정도 된다는 것을 알아챈 친구는 그제야 조금 떨어져 앉습니다.

이어서 "Dude"가 사용되는 장면 몇 개가 연이어 나옵니다. 한 남자는 냉장고에서 꺼내든 우유의 역한 냄새에 놀라 "Dude"라는 혼잣말을 내뱉습니다. 급정거를 하면서 상대에게 "Dude!"라 소리치는 운전자, 화장실에서 일을 보다가 불청객의 침입(?)을 받고 손을 좌우로 벌리며 "Dude!"라고 말하는 남자도 등장합니다. 땅콩버터로 보이는 용기를 찾아내고서는 얼굴 가득 행복감을 발산하며 "Dude"라 말하는 남자, 자연스럽게 새치기를 하는 사람을 쨰려보며 황당하다는 듯 "Dude!"를 외치는 사람의 모습도 나옵니다.

그렇다면 이 다양한 장면을 공통으로 묶어주는 단어 'dude'의 의미는 무엇일까요? 과연 이 모든 상황을 포괄하는 정의를 사전에서 찾는 것이 가능할까요?

언어가 의미를 만드는 방식: 텍스트와 맥락의 유기적 결합

사전을 참조하는 것은 단어의 의미를 알아보기 위해 가장 널리 사용되는 방식입니다. 위에서 예로 제시한 'dude'를 사전에서 찾으니 다음과 같은 설명이 나옵니다(출처: 다음 사전).

1. (주로 미·속어) 젠체하는 사람; 멋을 내는 사람dandy, 놈, 녀석.
2. (미·옛투) 도시에서 자란 사람, 도시인; (미국 서부·캐나다) 휴가를 목장에서 보내는 동부인[관광객].

이 두 정의가 광고의 다양한 장면들을 이해하는 데 도움을 주는 것은 사실이지만, 그 의미를 온전히 설명할 수는 없습니다. 사전적 정의가 **전형적인** 상황에서 **자주** 사용되는 의미를 제공한다는 점에서 유용하지만, 광고가 보여주는 'dude'의 역동적인 쓰임을 포착하기에는 턱없이 부족한 것이죠. 그래서 혹자는 사전을 "언어 사용의 화석"이라고 부르기도 합니다. 살아서 꿈틀거리는 언어의 변화무쌍함을 담아내기보다는 이미 오래전에 굳어진 말의 옛 모습을 기록한 것에 불과하다는 것입니다. 지금 살아 있는 생물처럼 변화하고 발전하는 언어의 모습을 사전에 실시간으로 담기는 거의 불가능하다는 의견이죠.

이상의 논의에서 주목해야 할 점은 맥락context이 단지 문장이나 발화를 이해하는 데 필요한 부가정보가 아니라는 사실입니다. 맥락은 특정한 언어의 발현 조건으로 의미의 생산과 해석에 적극적으로 관여합니다. 맥락이 없는 말은 없습니다. 탈맥락화decontextualized된 언어, 맥락 밖의 언어란 도무지 존재할 수 없다는 말입니다. 인간이 시공간 밖으로 탈출할 수 없듯이, 언어는 맥락 밖에서 존재할 수 없습니다. 따라서 언어 학습은 문법과 어휘 등으로 대표되는 언어코드linguistic code를 배우는 것이 아니라, 텍스트적 요소들과 맥락적 요소들이 유기적이며 역동적으로 결합하는 방식을 배우는 것으로 이해해야 합니다.

결론적으로 인간의 언어는 **텍스트와 맥락의 유기적 결합**을 통해 의미를 만들어냅니다. 텍스트의 의미는 늘 가능성potential으로 존재하는데, 이것이 특정한 맥락과 결합할 때 의미meaning가 만들어지는 것이죠. 'dude'의 의미는 사전에서 온전히 발견될 수 없으며 그 단어가 발화되는 맥락과의 관계 속에서만 이해할 수 있는 것입니다. 못마땅한 친구의 행동에 대한 일종의 불만 제기일 수도, 찾고 있던 물건을 발견한 기쁨일 수도, 상대의 행동에 놀란 상황일 수도 있지요. 인지언어학자들은 의미 생성에 있어서 맥락의 역할이 과소평가되어 왔다고 주장하며, 언어의 의미와 언어 사용의 맥락을 유기적으로 결합시키기 위해 노력하고 있습니다.

단어의 맥락이란
구체적으로 무엇이고, 왜 중요할까?

중학교 시절 단시간에 많은 단어를 학습하기 위해 영단어와 한국어 뜻을 1:1로 적어놓고 암기하곤 했었습니다. 시험을 보기엔 이 방법이 최고라는 암묵적인 믿음이 있었죠. 하지만 사전을 보면 단어의 뜻이 하나인 경우는 거의 없었습니다. 적게는 서너 개, 많게는 수십 개의 뜻이 나왔습니다. 이후 사전과 좀 더 친해지면서 대개 일상에서 자주 쓰이는 단어일수록 뜻이 다양하다는 사실을 알게 되었죠. 결국 영단어를 한국어로 해석하기 위해서는 기계적 대응이 아니라, 맥락에 대한 세심한 고려가 필요하다는 점을 깨닫게 되었습니다.

맥락과 단어의 의미

단어의 의미를 확정하기 위해서는 단어가 사용되는 맥락을 명확히 파악해야 합니다. 그렇다면 문맥이란 구체적으로 무엇일까요? 다양한 정의가 가능하지만, 개념적으로 다음 세 가지를 생각해볼 수 있을 것입니다(Thornbury, 1999, pp. 70~71).

(1) 주변 텍스트co-text

단어의 주위에 나타나는 단어들을 의미합니다. 이에 해당하는 영단어인 co-text는 'co-'와 'text'가 붙어서 만들어진 단어인데요. 함께 등장하는 텍스트라는 뜻입니다. '동료 단어들'이 문맥을 형성하게 되는 것이지요. 다음 두 예문을 통해 co-text에 대해 살펴봅시다.

a. He paid attention to the lecture. (그는 강의에 주의를 기울였다.)
b. He paid three hundred dollars for the camera. (그는 카메라 사는 데 300달러를 지불했다.)

a와 b 모두 paid라는 동일한 단어를 쓰고 있습니다. 하지만 그 의미는 사뭇 달라졌죠. 심리적인 노력을 기울이는 것에서 돈을 지불하는 것으로 뜻이 바뀌었으니까요. 주변의 단어를 통해 다른 의미를 가지게 된다는 것을 알 수 있습니다. paid의 의미를 확정하기 위해서는 주변 텍스트를 반드시 참조해야 하는 것입니다.

한 가지 예를 더 살펴보도록 하겠습니다. 아래 예문들은 단어 'open'이 갖는 의미의 역동성을 특히 잘 보여줍니다(Evans, 2009, p. 9).

a. John opened the window. (존은 창문을 열었다.)

b. John opened his mouth. (존은 입을 열었다.)

c. John opened the book. (존은 책을 펼쳤다.)

d. John opened his briefcase. (존은 가방을 열었다.)

e. John opened the curtains. (존은 커튼을 열었다.)

f. The carpenter opened the wall. (목수는 벽을 뜯었다.)

g. The surgeon opened the wound. (외과의사는 상처를 열었다.)

h. The sapper opened the dam. (공병은 댐의 수문을 열었다.)

이들 문장은 공통적으로 동사 'open'의 과거형인 'opened'를 포함하고 있습니다. 그런데 각각의 의미를 음미하다 보면 형태는 하나이지만 그 뜻은 사뭇 다르다는 사실을 깨닫게 됩니다. opened 뒤에 나오는 단어들이 다르기 때문이지요. 그래서 'opened his briefcase'와 같이 '가방을 여는 것'과 'opened the wound'와 같이 '상처를 여는 것'은 실제로 상당한 차이가 있는 행동입니다. 가방을 열 때는 보통 매듭을 풀고 입구를 벌리거나 지퍼를 여는 동작이 수반됩니다. 소위 '007 가방'을 연다면 자물쇠를 연 후 가방의 반쪽을 서로 반대 방향으로 벌려야 합니다. 이에 비해 외과의사가 상처를 여는 것은 전혀 다른 행위입니다. 보통 치료나 수술을 위해 상처 부위를 외과용 메스로 절개하는 작업을 가리키니까요.

이 정도 되면 open이라는 단어의 의미가 도대체 무엇인지 헷갈릴 정도입니다. 과연 open이 사용되는 모든 문장을 관통하는 한 가지 정의가 존재하긴 하는 걸까요? 만약 그런 것이 있다면 한국어 단어 '열다'가 딱 맞는 대응어일까요? 혹시 여러 용례에 공통

5장 단어의 의미와 문장에 대한 새로운 시각

으로 존재하는 핵심적인 의미 자질이 있다기보다는 비트겐슈타인이 이야기한 가족 유사성family resemblance으로 연결된 것은 아닐까요? 엄마와 딸이 닮긴 닮았지만 정확히 어떻게 닮았는지 콕 짚어 이야기할 수 없는, 그 딸의 남동생 또한 누나를 닮았지만 어디라고 특정하기 힘든 그런 유사성은 아닐까요? 다시 말해 하나의 용례는 그다음 용례와 비슷하고, 이는 또 다른 용례와 유사하기에 모두 비슷한 의미를 가진 것처럼 생각되는 것 아닐까요?

(2) 상황 맥락context of situation

두 번째는 언어가 사용되는 상황이 만드는 맥락입니다. 주변 텍스트가 말과 주변 말들의 관계에 주목했다면 상황 맥락은 발화의 물리적·심리적 상황, 즉 situation에 주목합니다. 예를 들어 다음 두 발화를 봅시다.

a. 아이: Cars!
b. 아빠: Cars!

a와 b는 분명 같은 단어입니다. 하지만 이것이 두 문장의 뜻이 같다는 것을 의미하지는 않습니다. a는 차를 좋아하는 아이가 스포츠카 경주를 보는 상황입니다. 신이 나서 "차!"라고 외치는 것이지요. 이에 비해 b는 아빠가 도로로 달려가는 어린아이를 보는 상황입니다. 여기에서 "차!"는 위험에 대한 경고입니다. 이렇게 상황에 따라 두 발화의 의미는 완전히 달라지는 것입니다.

(3) 문화적 맥락cultural context

마지막으로는 발화가 일어나는 문화적 맥락입니다. 어떤 문화권에서 발화되느냐가 발화의 의미에 영향을 줄 수 있는 것입니다. 예를 들어 다음 문장의 방주the Ark를 봅시다.

Never be afraid to try something new. Remember that a lone amateur built the Ark. A large group of professionals built the Titanic. (새로운 일을 시도하는 것을 결코 두려워하지 말라. 한 명의 아마추어가 방주를 지었지만 많은 프로들이 모여서 타이타닉을 만들었으니까.)

이 문장을 발견한 곳은 미국의 한 식당 벽면의 포스터였습니다. 미국이 기독교 국가는 아니지만 노아의 방주Noah's Ark 이야기는 문화적으로 널리 알려져 있습니다. 상식에 가까운 이야기로 볼 수 있는 것입니다. 그렇기에 "the Ark"는 별다른 설명 없이도 노아의 방주를 가리키고, 온갖 사람들이 모여드는 식당 벽면에 붙는 일종의 '뼈 있는 유머'에 사용해도 안전한 것입니다. 이처럼 'the Ark'는 미국이라는 문화적 맥락에서 특정한 의미를 가집니다.

이상에서 살펴보았듯이 단어의 의미는 사전의 정의로 고정되어 있지 않으며 맥락에 따라 달라집니다. 주변에 함께 나오는 텍스트, 언어가 사용되는 상황, 해당 언어가 통용되는 문화 등으로 그 맥락을 크게 나누어볼 수 있었죠. 따라서 단어와 문장에 대해 관심을 갖는 것을 넘어, 다양한 의미를 빚어내는 맥락의 역동적 역할에 대해 관심을 쏟아야 하겠습니다.

접근지점으로서의
단어

'dude'와 'open'의 다양한 쓰임에서 알 수 있듯이, 단어는 우리가 생각하는 것보다 훨씬 유연합니다. 사전에 등재된 것보다 더 미묘한 의미를 표현해내고, 새로운 문맥으로 사용범위를 확장하기도 하죠. 그렇다면 단어의 유연성은 어떻게 설명할 수 있을까요? 다시 말해 인간은 어떻게 다양한 문맥에 걸맞은 의미를 가진 어휘를 사용할 수 있는 걸까요?

단어의 의미는 모두 우리 머리 속에 있다?

이 질문에 대한 가장 손쉬운 답은 단어의 복잡다단한 의미가 모두 우리 머릿속에 들어 있다고 가정하는 것입니다. 'dude'의 다양한 의미건 'open'의 여러 측면이건 우리 뇌에 몽땅 저장되어 있기에 필요할 때마다 꺼내 쓸 수 있다는 생각입니다. 하지만 많은 학자들은 이런 견해에 반대합니다. 두 가지 큰 문제가 있기 때문입니다.

우선 인간의 뇌가 언어의 수많은 의미를 다 담을 수 있는가 하는 의문입니다. 인간의 뇌가 고도로 복잡한 기능을 가진 기관이긴 하지만 사전에 등재된 모든 의미에 더해, 아직 사전에 등재되지 못했지만 여러 맥락에서 쓰일 수 있는 의미까지 저장하고 있다고 설명하는 건 무리이기 때문입니다. 그때그때 달라지는 맥락을 예측해내는 것 또한 불가능하죠.

설령 이 주장을 받아들인다 하더라도 근본적인 문제가 남습니다. 이것이 두 번째 반론입니다. 바로 단어의 의미는 끊임없이 생성되고 있다는 사실입니다. 'dude'의 예에서 살폈듯 한 단어의 의미는 사전 안에 가두어 둘 수 없으며 다양한 맥락에서 새로운 의미로 사용됩니다. 광고에 제시된 맥락 외에도 'dude'가 사용될 수 있는 맥락은 무한하죠. 생각해보면 사전에 등재된 의미들도 처음부터 존재한 것은 아니었습니다. 애초의 의미가 변형되고 확장되면서 다양한 의미를 갖게 된 것이니까요. 일반 사전에서는 이런 측면이 잘 드러나지 않습니다. 하지만 언어의 역사를 꼼꼼히 기록하고 있는 옥스퍼드영어사전Oxford English Dictionary, OED의 전문 텍스트는 단어의 특정 의미가 대략 언제부터 사용되었는지 알 수 있도록 예문마다 출현 연도를 제공하고 있습니다. 기록상으로 '의미가 태어난 해'를 보여주는 것이죠. 오른쪽은 'illumination' 항목의 일부를 캡처한 것입니다.

OED는 illumination이 가진 의미를 여섯 개로 나누고 필요할 경우 a, b, c와 같이 하위 구분을 사용합니다. 그림은 첫 번

5장 단어의 의미와 문장에 대한 새로운 시각

illumination, *n.*

옥스퍼드영어사전의 illumination 항목

째 의미 중 a에 해당하는 예문들을 연도별로 제시하고 있습니다. illumination이라는 단어의 다양한 의미가 기록상으로 언제 처음 발견되는지를 보여주는 것입니다.

백과사전적 지식

인간의 두뇌가 어휘의 모든 의미를 저장하지 못함에도 맥락에 맞게 의미를 생산할 수 있다는 점을 설명하기 위한 다양한 이론적 틀이 있습니다. 인지언어학에서는 '어휘의미론'이라는 하위 분야가 이 주제에 천착하는데, 어휘에 대한 전통적인 이론보다 문맥과 백과사전적 지식encyclopedic knowledge의 중요성을 강조합니다.

인지언어학적 어휘의미론은 기존의 의미론과 몇 가지 지점에서 대조되는데, 가장 큰 차이점은 '단어의 의미'라는 구절에 의심을 던진다는 사실입니다. 무척이나 도발적인 질문입니다. 마치 "'단어의 의미'라고? 의미가 단어 안에 있을 거라고 생각해? 그게 최선이야?"라고 묻는 격이죠. 과연 발화를 이해하는 데 필요한 의미를 개별 단어 내부에서 찾을 수 있을까요? 다시 말해 개별 단어는 다양다종한 의미를 모두 품고 있다가 상황에 따라 필요한 의미를 '짠' 하고 내보이는 걸까요? 이 질문에 인지언어학적 어휘의미론을 주장하는 비비언 에반스는 다음과 같이 답합니다(Evans, 2009, p. 22).

"맥락 독립적인 단어들의 의미가 사슬로 이어져 발화의 의미가 확정되지 않는다. 그보다는 개별 단어의 의미는 맥락의 안내 하에서 단어를 통해 접근 가능한 **백과사전적 지식**에 의해 결정되는 것이다."

위 설명을 하나씩 뜯어보도록 하겠습니다. 먼저 "단어들의 의미가 사슬로 이어져 발화의 의미가 확정되지 않는다"는 지적입니다. 이것이 의미하는 바는 어휘의 의미를 하나하나 알고 있다고 해도 해당 문장이나 발화의 의미를 완벽하고 정확하게 파악할 수 없다는 것입니다. 두 번째는 "단어를 통해 접근 가능한 백과사전적 지식에 의해 결정"이라는 어구입니다. 이것이 의미하는 바는 단어 자체의 의미만을 가지고 문장의 의미를 다 알 수 없으며 그 단어가 일종의 실마리가 되어 다양한 경험과 지식의 세계로 나아가게 해준다는 것입니다. 이 두 주장을 이해하기 위해 다음 두 예문을 살펴보도록 하겠습니다.

(1) 독감으로 아이의 이마가 뜨거웠다.

(2) 이 석쇠는 뜨거우니 특히 조심해야 해.

두 문장 모두에 '뜨겁다'의 활용형이 등장합니다. 그런데 그 의미는 다릅니다. (1)의 '뜨겁다'는 '독감에 걸렸을 경우 체온이 상승할 수 있고, 극심할 경우 섭씨 40도 내외까지 오른다'는 지식과 경험에 기반하여 해석됩니다. 다시 말해 이 문장에서의 '뜨겁다'는 우리가 신체와 독감에 대해 알고 있는 다양한 지식과 경험에 의해 이해되는 것입니다. 이에 비해 (2)는 '불을 가한 쇠는 온도가 올라간다'는 지식에 기반하여 '다른 석쇠에 비해 더욱 뜨거우니 손을 데지 않도록 조심하라'는 의미로 이해됩니다. 이 문장에서 '뜨겁다'는 불과 철제 석쇠에 대한 지식을 배경으로 이해되는 것입니다. 따라서 뜨거움의 정도는 (1)과 비교할 수 없겠죠.

여기에서 우리는 '뜨겁다'라는 단어의 의미가 그 내부에 있다기보다는 단어가 포함된 발화 전체와 맥락을 고려하여 적절하게 이해될 때 확정될 수 있다는 점을 알 수 있습니다. 개별 단어가 모든 의미를 짊어지고 다니는 것이 아니라, 일종의 접근지점access point이 되어 발화 참여자가 가진 백과사전적 지식에 접근할 수 있게 해주는 것입니다. '뜨겁다'는 단어가 첫 번째 문장에서는 체온에 관련된 지식으로, 두 번째 문장에서는 불과 열전도에 대한 지식으로 우리를 이끌어주는 것이죠.

결론적으로 어휘의 의미가 모여 발화의 의미를 규정하는 것이 아니라, 어휘의 연쇄가 일련의 백과사전적 지식을 활성화activate하고, 이것이 맥락의 다양한 요소들과 실시간으로 상호작용하면서 의미가 생성됩니다. 개별 단어의 의미는 발화의 의미를 이해하는 핵심 단서가 되지만, 개별 단어의 의미의 합이 발화 전체의 의미와 같다고 생각해서는 안 되는 것입니다. 맥락과 백과사전적 지식의 역할이 있기에 부분의 합보다 전체가 늘 더 큽니다.

결국 단어는 최종적인 의미를 담고 있다기보다는 더 넓은 의미의 세계로 우리를 이끄는 접근지점입니다. 이렇게 보면 '해석interpretation'이 사람마다 달라지는 이유를 쉽게 설명할 수 있습니다. 우리는 같은 문장을 보고도, 같은 단어를 보고도 다른 세계에 접근합니다. 각 단어가 불러들이는 기억도 같지 않기에 똑같은 문장에서도 다른 경험을 떠올립니다. 때로 같은 단어가 서로 다른 경험과 백과사전적 지식을 불러들인다는 사실은 언어의 경이로움을 보여줌과 동시에 우리가 늘 소통에 실패하는 이유를 설명해줍니다.

맥락의 중요성을 일깨우는 활동:
맥락쓰기

언어의 의미를 맥락context과 텍스트text의 통합이라는 관점에서 살펴보았습니다. 이러한 관점에서 전통적인 문법번역식 수업을 넘어 맥락의 중요성을 일깨우기 위해서는 어떤 활동이 필요할까요?

전통적 문법 수업이라면 "Did you eat?"에 대해서 이런 설명과 활동이 이어질 것입니다.

"평서문이라면 'You ate'이라고 말할 수 있습니다. 하지만 상대가 밥을 먹었는지 안 먹었는지 알고 싶다면 'Did you eat?'이라는 의문형을 사용해서 물어볼 수가 있겠죠. 이때 주의할 것은 'did'라는 조동사를 앞에 놓고, 뒤의 동사는 동사 원형 즉, 'eat'을 써야 한다는 것입니다. 그럼 다른 동사들을 갖고 문장을 더 만들어볼까요? eat 대신 come이나 sing을 넣어서 만들어보도록 하죠. 다 되었나요? 그렇다면 옆의 친구들과 함께 만든 문장을 이용해서 대화를 해보세요."

이 활동에서 "Did you eat?"은 상대의 식사 여부를 알고자 하는 상황에서 사용되는 표현으로 일련의 규칙을 따르고 있습니다. 맞는 설명이지만 언어와 맥락의 의미작용을 좀 더 깊이 이해하기 위한 수업전략을 생각해볼 수 있는데요. 그중 하나로 **맥락쓰기** 활동을 제안합니다.

맥락쓰기: 같은 구조, 다른 의미 그리고 맥락의 힘

언어와 맥락의 관계를 탐구하기 위해 제안하는 활동은 맥락쓰기creating contexts입니다. 맥락을 쓴다고 하니 조금은 생소하실 수도 있겠는데요. 주어진 구조를 활용하여 여러 가지 문장을 만들어보는 활동을 뒤집어, 특정한 문장 하나가 쓰일 수 있는 다양한 맥락을 상상해보는 것입니다. 초급 학습자들이라면 영어가 아닌 한국어 문장에서 시작해볼 수 있을 텐데요. 다음 시나리오에서 힌트를 얻으실 수 있습니다.

과제: "밥 먹었어?"가 사용될 수 있는 다양한 맥락을 상상해봅시다.
(1) 조금 늦게 점심을 먹으러 가는데 좋아하는 친구를 만났습니다. 이때 "밥 먹었어?"라고 물어볼 수 있습니다. 이는 단지 친구의 식사 여부를 묻는 것을 넘어 '같이 밥 먹으러 가자'는 제안이 될 수 있습니다.

5장 단어의 의미와 문장에 대한 새로운 시각

(2) 동생과 대판 싸웠습니다. 너무 화가 나서 아무것도 할 수 없는 상황입니다. 열기를 식히려고 잠시 산책을 다녀왔습니다. 아니, 그런데 이게 웬일입니까? 방금까지 난리를 치던 동생이 밥을 깨끗하게 다 비운 겁니다. 이때 싸늘한 목소리로 동생을 째려보며 이야기합니다. "어이, 밥 먹었어? 그래서 배불러?"

(3) 돌보는 길고양이가 놓아둔 밥을 먹고 있네요. 이때 귀여운 냥이를 보며 "냐옹아, 밥 먹었어? 어제는 그냥 도망가더니"라고 조용히 말을 건넵니다. 물론 대답을 들으려는 의도는 없겠지요.

맥락쓰기 활동에서 학생들은 다양한 상황을 창조해냅니다. 이를 통해 책에서 배우는 문장 하나하나가 맥락에 따라 다양한 기능을 수행할 수 있음을 깨닫게 됩니다. 맥락의 중요성을 확인시키고 상상력을 자극하는 교수학습방법으로 맥락쓰기를 시도해보는 것은 어떨까요?

의미의 역동성, 삶의 역동성

언어교육의 기조가 의사소통 중심으로 바뀐 지 수십 년이 지났고, 우리 영어교육도 많은 변화를 겪었습니다. 그러나 언어와 맥락의 역동적 관계를 학습할 수 있는 기회는 여전히 부족합니다. 이 같은 문제의식을 갖고 의미의 생산 및 변형 원리를 가르치기 위한 활동을 제안해보았습니다. 맥락쓰기 활동을 통해 학생들이 의미의 역동성, 나아가 삶의 역동성에 눈뜰 수 있는 계기를 맞게 되길 기대해봅니다.

십자말풀이는
왜 어려운 걸까?

십자말풀이crossword. 한국어로 된 것도 어렵지만 영어로 된 걸 풀려고 하면 체감 난이도가 급상승합니다. 여러 가지 이유가 있겠죠. 우선 관련 지식이 부족해 풀지 못하는 경우가 있습니다. 영화 십자말풀이라면 영화에 대해 잘 알아야 풀 수 있겠죠. 예를 들어 특정 감독을 힌트로 하는 문제의 첫 글자가 주어졌을 때 그의 필모그래피 중에서 해당 알파벳으로 시작하는 영화 제목을 찾을 수 있어야 합니다. 특정한 영화가 힌트로 나왔을 때 해당 영화에 출연한 여성 조연배우의 이름이 답이라면 영화에 캐스팅된 배우들의 이름을 꿰고 있어야 합니다. 이런 질문들은 영어라는 언어와 관련되어 있지만, 기본적으로는 특정 영역의 지식을 기반으로 하는 문제입니다. 그렇기에 영화를 비롯한 다양한 사회문화적 주제나 시사에 대한 지식이 풍부한 사람이 십자말풀이를 잘 푸는 것은 당연합니다.

두 번째로는, 푸는 사람의 어휘지식이 원어민이나 고급 언어 학습자에 비해 부족하기 때문에 어려움을 겪기도 합니다. 높은 수준의 어휘를 요구하거나 은유적 표현을 묻는 문제들도 종종 나오니까요. 이들은 빈도수가 낮거나 특정 문화권 내에서만 통용되어서 퍼즐을 맞추는 게 어려울 수밖에 없습니다. 물론 이것이 꼭 원어민 대 비원어민의 구도로 갈리는 것은 아닙니다. 천문학 십자말풀이라면 원어민/비원어민 할 것 없이 천문학을 깊이 공부한 사람들이 잘 풀 수밖에 없겠지요. 응용언어학을 공부하는 저는 일반적인 원어민들보다 응용언어학 개념어 십자말풀이에 더 강점을 가질 겁니다.

폭넓은 지식이나 어휘의 수준을 고려한다 해도 한 가지 의문이 남습니다. 영어로 된 십자말풀이가 유난히 어렵게 느껴진다는 사람들이 많기 때문입니다. 이유가 뭘까요? 이 질문에 대답하려면 두 언어공동체의 교육, 문화, 지식의 구조 등에 대한 폭넓은 고찰이 필요합니다. 언어는 맥락과 떼어놓을 수 없고, 그 맥락을 이해하는 힘은 오랜 시간 해당 문화를 공부하거나 그 안에서 거주했을 때 길러지는 것이니까요.

이와 관련하여 해당 언어권 또 문화권에서 자란 사람이 십자말풀이에 강점을 보이는 가장 중요한 요인으로 어휘 간의 관계를 나타내는 어휘망lexical network의 차이를 들 수 있습니다. 두 뇌 속 어휘들은 사전처럼 알파벳 순서의 목록list으로 존재하는 것이 아니라 얽히고설킨 그물망으로 존재합니다. 다시 말해 'a'로 시작되는 단어들이 순서대로 저장되어 있고, 다음에 'b'로 시작되는 단어들이 저장되어 있는 게 아니라 'holiday와 관련된 어휘들',

'summer와 관련된 어휘들', 'cool과 반대되는 말들', 'school과 비슷한 말들'과 같은 어휘군으로 저장되어 있는 것입니다. 그렇기에 이들 어휘들이 어떻게 엮여 있느냐가 십자말풀이에서 결정적인 역할을 합니다. 한국어와 영어의 어휘망은 공통된 것도 있지만 다른 것도 적지 않습니다. 이것이 영어 십자말풀이에서 큰 영향을 미치게 되는데요. 연상어휘망association network이라는 관점에서 외국어 십자말풀이에 대해 살펴보고자 합니다.

에딘버러 연상어휘집

한 가지 사고실험을 해보겠습니다. 방법은 매우 간단합니다. '강아지'라는 단어를 듣고 가장 먼저 떠오르는 단어를 적어보세요. 깊이 생각하실 필요는 없습니다. 자, 어떤 단어를 적으셨나요?

저는 '고양이'를 적었습니다. 어떤 분은 '개'를 떠올리신 분도 있을 것 같아요. '멍멍'을 적은 분이나 '귀엽다'가 바로 떠오른 분도 있을 겁니다. 최근에 자주 쓰이는 '댕댕이'를 적은 분도 계시겠지요. 그렇다면 한국인 원어민 100명에게 이런 질문을 하고 답변을 모은다면 어떤 결과가 나올까요? 어떤 단어가 가장 빈번한 답으로 나올까요?

에딘버러 연상어휘집Edinburgh Associative Thesaurus, EAT을 만든 연구자들은 바로 이 방식으로 영어를 모국어로 하는 사람들의 연상어휘사전associative thesaurus을 만들었습니다(University of Oxford, 1988). 예를 들어 한 실험에서 96명의 영어 원어민들에게 'dream'을 주고 바로 생각나는 단어 하나를 써보라고 했죠. 그 결과 세 명 이상이 제시한 단어 목록은 다음과 같았습니다(단어 다음에 나오는 숫자는 빈도를 나타냅니다).

SLEEP 25 / NIGHT 7 / DAY 5 / NIGHTMARE 5 / BOAT 3 / CLOUDS 3

잠을 자야 꿈을 꾸는데 잠은 보통 밤에 자는 것이니 sleep이나 night 같은 답은 한국어 원어민 화자의 입장에서도 자연스럽게 나올 수 있습니다. '몽夢, dream'과 짝을 이루는 '악몽nightmare' 또한 쉽게 이해할 수 있는 답변이죠. 그런데 day는 어떨까요? 이건 앞의 세 단어와는 조금 다른 메커니즘을 갖는 듯합니다. "꿈은 밤에 꾸는 건데, 밤의 반대는 낮이니까…"와 같은 연상과정을 거쳤다기보다는 '몽상에 빠지다, 백일몽을 꾸다'를 뜻하는 'daydream'에서 바로 나왔을 가능성이 큰 것이죠. 'dream'이라는 단어 앞에 'day'가 결합할 수 있다는 것은 원어민과 중급 이상의 언어 학습자들의 뇌에 새겨진 정보이고, 튀어나오는 일 또한 자연스럽습니다.

그렇다면 세 명이 답한 cloud는 어떻게 나온 것일까요? 실험 참여자들의 머릿속을 들여다볼 재주는 없지만 dream과 cloud의 관계에 대한 합리적 추론은 가능합니다. 영어에는 "His mind is in the clouds"(그의 마음은 구름 속을 헤매고 있어)와 같은 비유적 표현이 있습니다. 이런저런 공상을 하고 있다는 뜻입니다. 또한 dictionary.com에 따르면 "cloud라는 단어는 특별히 백일몽을 함축한다"(Cloud connotes especially daydreaming)는 설명도 있습니다. 여기에서 추론할 수 있는 것은 영어 원어민 화자의 사고에 있어 'dream'과 'daydream', 나아가 'cloud'까지 모두 밀접하게 연결되어 있다는 점입니다.

마지막으로 boat는 왜 나왔을까요? 이 연상의 메커니즘은 'dream-daydream' 간의 관계와 비슷합니다. dreamboat라는 단어가 있기 때문입니다. 매우 매력적이거나 닮고 싶은 사람a highly attractive or desirable person이라는 의미입니다. 사실 'dreamboat'는 제게 쉬운 연상어는 아니었는데요. 찾아보니 COCA 말뭉치의 데이터를 기준으로 영단어 빈도순위 47,677위를 차지한 phonebook(전화번호부)보다 살짝 앞선 47,652위를 차지했습니다. 원어민 화자들에게 dreamboat는 phonebook만큼 친근한 단어임을 간접적으로 보여주는 데이터입니다.

연상네트워크와 문화적 경험

연상어휘집 데이터를 살피다 보면 관련된 문화적 경험 없이는 내놓을 수 없는 단어들도 발견됩니다. 예를 들어 cat이라는 단어를 주고 연상되는 단어를 물었을 때 100명 중 한 사람이 Cheshire라는 답을 내놓았습니다. 추측하신 대로 《이상한 나라의 앨리스》에 나오는 체셔고양이Cheshire Cat를 떠올렸을 가능성이 높겠지요. 단지 'cat'이라는 단어와 일상적으로 묶이는 어휘뿐 아니라 책 읽기나 영화 관람과 같은 문화적 경험을 통해 네트워크로 연결되는 어휘도 상당수가 되리라 추론할 수 있는 대목입니다. 오버워치나 포켓몬 게임을 열심히 하는 사람들과 그렇지 않은 사람들의 연상어휘 체계는 분명 다르겠죠. 저처럼 언어교육을 공부한

5장 단어의 의미와 문장에 대한 새로운 시각

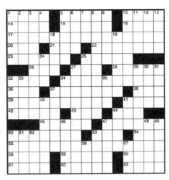

영문 위키피디아 〈Crossword〉 항목의 십자말풀이 템플릿

사람과 이론물리학을 공부한 사람의 연상어휘도 많이 다를 거고
요. 그러고 보니 '마인크래프트'에 푹 빠져 지내는 중학생과 대화
를 나누다가 해당 게임에 대한 저의 무지함을 깨달았던 기억이 납
니다.

십자말풀이는 단어의 정의나 개념과 관련된 지식뿐 아니라
단어 간의 역동적인 연상작용, 문화적 경험에 기반하여 제작됩니
다. 따라서 외국어로 된 십자말퍼즐을 잘 풀려면 대개의 원어민
화자나 고급 언어 학습자가 가진 어휘망뿐 아니라 문제와 문화적
경험 간의 유기적 관계 또한 이해해야 합니다. 다른 언어를 모국
어로 사용하며 문화적 경험이 판이하게 다른 이들에게는 버거울
수밖에 없는 것이죠. 그래서 결론은 영어 십자말풀이가 힘들다고
실망할 필요가 없다는 것입니다. 어려운 게 당연하니까요. 외국인
들도 한국말로 된 십자말풀이는 힘겨워할 수밖에 없습니다.

어떤 단어는 왜 그렇게 뜻이 많을까?:
다의어와 사회적 정체성

초등학교에 가기 전 아이들은 대개 언어의 다의성polysemy을 쉽게 이해하지 못합니다. 다의성이란 말 그대로 '여러 개poly-의 뜻 sem-을 가지고 있음'을 말하는데요. 한 단어가 여러 맥락에서 서로 다른 의미로 쓰일 수 있음을 의미합니다. 이후 성장 과정에서 다양한 사회적 상호작용과 독서를 통해 어휘가 급격히 늘어나고 미디어에 두루 노출되면서 어휘의 폭과 깊이가 증가합니다. 단어의 소리나 뜻을 재료로 말장난을 주고받기도 하지요. 이에 따라 하나의 단어가 다양한 의미를 지닌다는 점을 조금씩 깨달아가게 됩니다. 하지만 여전히 단어가 가지는 다양한 의미에 대해 깊이 있는 이해를 발달시키지 못할 경우가 많습니다. 외국어로서 영어를 배울 때는 더욱 그러하지요.

'짜증 나게 뜻이 많은' 영단어들

언어의 다의성에 대한 이해 혹은 오해와 관련된 경험이 하나 있습니다. 몇몇 중학생 친구들이 "영어가 짜증 난다"고 불평을 늘어놓으면서 그 이유가 "단어 하나에 뜻이 너무 많기 때문"이라고 말한 사건입니다. 한국어는 단순하고 쉽지만 영단어의 의미는 복잡하고 어렵다고 덧붙이기까지 했지요. 학생들의 푸념은 일견 단순하지만, 언어가 작동하는 핵심 원리 중 하나인 다의성과 직접적인 관련을 맺고 있었습니다. 인지언어학적 관점에서 대부분의 단어가 하나의 뜻에 그치지 않고 여러 뜻을 가진다는 사실은 인간의 역동적 인지능력과 어휘-맥락의 유기적 관계를 이해하는 중요한 단초가 됩니다. 이에 저는 저 순간을 의미 있는 교수 기회teachable moment로 삼았습니다.

아울러 짜증 나게 영어만 그렇다는 생각은 모국어와 외국어에 대한 메타인지metacognition의 허점을 드러내 주는 대목이었기에 간단한 과제를 추가로 제시하였습니다. 메타인지란 간단히 말해 자신의 알고 모르는 바에 대해 아는 것, 자신의 사고에 대해 사고할 수 있는 역량이라고 할 수 있습니다. 학생들은 영어의 어려움을 분명히 느끼고 있었지만, 한국어에는 영어처럼 복잡한 다의어가 없다고 잘못된 의견을 제시했지요. 다의성이 한국어를 비롯한 인간 언어 전반의 기본적 속성임을 알지 못하고 있는 데서 나온 발언이었습니다. 그래서 이런 생각을 점검할 수 있도록 간단한 활동을 준비했는데요. 바로 영어의 'go'와 한국어의 '가다'를 찾아보고, 두 단어의 다의성을 비교해보라는 주문이었습니다. 이 활동을 통해 학생들은 한국어 단어 또한 영단어 못지않은 다의성을 가지고 있음을 깨달을 수 있었습니다.

상황마다 달라지는 단어의 행동

이 에피소드에서 제가 인지언어학적 관점의 다의어 설명을 그대로 차용한 것은 아닙니다. 중학생들에게 이론의 언어를 사용했다가는 영단어 학습이 정말 따분하다고 느꼈을 테니까요. 그래서 저는 단어의 의미가 다양한 이유를 사회적 정체성에 빗대어 설명했습니다. 학생들은 단지 중학생일 뿐 아니라 누군가의 자녀이기도 하고 누군가의 친구이기도 하면서 때로는 동아리 선후배 노릇을 해야 한다는 점, 그때마다 서로 다른 말투와 몸가짐과 성격이 나온다는 점을 환기했고, 이를 통해 자신은 유일한 사람이지만 주어진 역할과 상황에 따라 '조금씩 다른 사람들'로 변신하면서 살아간다는 점을 강조했습니다. 이어서 같은 원리가 단어에도 적용됨을 이야기했습니다. 한 단어라고 하더라도 다양한 상황에 쓰이게 되고, 각각의 상황마다 그 단어의 행동이 조금씩 달라진다는 점을 재차 환기했습니다. 당연히 어울리는 단어나 문법도 조금씩 달라지고요. 설명은 다음과 같이 이어졌습니다.●○

"그런데 시간의 흐름에 따라 단어가 그간 어울리던 단어와 다른 단어와 어울리게 되기도 하고, 때로는 문법도 조금씩 바뀝니다.

●○ 위와는 조금 다른 '다품사' 측면에서의 논의는 괄호 안을 참고해주십시오(김성우, 2019, pp. 153~160).

다시 말해서 사회적인 맥락뿐 아니라 역사의 흐름에 따라서 단어의 뜻이 변화하는데, 이 변화의 패턴을 잘 정리해놓은 것이 사전에 등재된 단어의 여러 뜻입니다. 사전을 만드는 사람들은 다양한 상황과 시대에서 출현하는 단어들을 모아서 이들을 정밀하게 구분하는 역할을 해요. 그래서 사전 편찬자들을 제일 머리 아프게 하는 건 '애매하게 쓰인' 단어들이라고 합니다. 사전에 뜻 보면 번호 있죠? 그 번호를 어떻게 매길지 정해야 하는데 애매하게 쓰인 건 3번에 넣을지, 4번에 넣을지 결정하기 쉽지가 않거든요. 사전을 만드는 사람들은 뜻을 어떻게 구분할지를 놓고 논쟁을 벌이기도 한답니다."

단어의 뜻도 부익부 빈익빈?

"그런데 여기에서 재미난 현상이 발견됩니다. 잘 보면 사전에서 뜻이 많은 단어는 별별 맥락에서 다 사용되는 단어들이에요. 예를 들면 동사 중에서 'take'나 'get' 같은 걸 보시면 보통 수십 개의 뜻이 나오죠. 오만 가지 상황에서 굉장히 다양한 친구들과 어울리면서 여러 가지 뜻을 표현할 수가 있는 거죠. 그래서 역설적이게도 take나 get 같은 건 뚜렷한 개성이 별로 없어요. 좋게 말하면 유연성이 뛰어난 녀석들이고, 나쁘게 말하면 두루뭉술의 대가들이라고 할 수 있어요. 자신만의 개성은 없으면서 아무와 친구가 되는 녀석들이지요. 친구들하고 같이 있으면 친구들만 보인다니까요. 'take a shower'를 보세요. '샤워하다'라는 뜻인데 사실 'shower'만 봐도 무슨 뜻인지 감이 팍 오잖아요?

근데 이 단어를 보세요. protanopia. 아마 잘 못 들어보셨을 거예요. '적색맹'이라는 뜻이에요. 다양한 색맹 증상 중 하나죠. 여러분, 적색맹이라는 말 자주 사용하세요? 학교에서도 학원에서도 집에서도 '포켓몬 고' 할 때도 사용하나요? 아니죠. 적색맹이라는 말은 의학용어로 아주 특별한 상황에서만 사용되겠죠? 그래서 사전을 찾으면 '적색맹' 혹은 '제1색맹' 같이 딱 하나의 뜻으로 풀이되어 있어요. 겹치기 출연 안 하고 자기가 나올 데를 딱 아는 거죠. 이런 단어들은 출현 빈도는 낮은데, 성격이 뚜렷해요. 카멜레온처럼 변하는 get이나 take 같은 친구와는 다른 거죠. 의미가 유연하지 않은 만큼 확실한 겁니다.

자, 이제 왜 어떤 단어들은 그렇게 뜻이 많은지 아시겠죠? 상황에 따라 달라지는 사람들의 모습을 생각해보시면 어떤 단어에 뜻이 많은 이유를 이해하실 수 있을 거예요. 아, 마치기 전에 한 가지 과제를 드릴게요. 정말 영어 단어만 그렇게 뜻이 많은 걸까요? 우리말 단어들은 안 그럴까요? 집에 가서 국어사전을 찾아보세요. 아까는 '가다'를 찾아보았죠? 이번에는 다른 단어들을 찾아보면 좋겠어요. 예를 들어 '쓰다'는 어떨까요? 글도 쓰고 돈도 쓰잖아요. 머리도 쓰고요. 뜻이 얼마나 되는지 살펴보고 다음 시간에 같이 이야기해봐요."

자, 여러분도 잠시 휴식을 취하시면서 국어사전의 '쓰다'를 찾아 의미를 확인해보시죠. 뜻이 생각보다 많을 겁니다. 놀랍게도 대부분의 의미가 하나도 낯설지 않으실 거고요. 우리 삶의 다양한 경험이, 맡아온 여러 역할이, 성장 과정과 사회생활에서 접한 무수

한 맥락이 그 뜻을 모두 우리에게 '가르쳐준' 것이라 할 수 있을 겁니다. 그러고 보면 삶이 우리 마음에 참 많은 것들을 채워 주었다는 생각도 드네요.

틀 의미론 소개(1):
단어는 세계를 짊어지고 있다

단어의 의미는 단독으로 존재할 수 없습니다. 물리적 세계이든 심리적 세계이든 윤리의 세계이든 이 세계의 다양한 개념들은 서로 얽혀 있고, 그것이 일정한 구조를 이루어 단어에 대응하기에 단어 하나가 오로지 한 가지 의미만 상기시키는 일은 없습니다. 도로를 생각하면 차가 떠오르고 차를 떠올리면 운전자가 떠오릅니다. 나무를 생각하면 줄기와 잎이 떠오르죠. 하나의 단어를 떠올리면 연관된 개념들이, 그들이 속한 세계가 함께 우리를 찾아옵니다.

예를 들어서 '온라인 쇼핑'이라는 표현을 생각해봅시다. 온라인에서 무언가를 살 때 우리는 앱이나 웹사이트 등 온라인 쇼핑 플랫폼에의 접속, 상품의 선택, 결제 등을 함께 떠올리게 됩니다. 배송 서비스가 발달한 최근에 이르러서는 택배를 받는 행위까지가 온라인 쇼핑의 일부로 인식되지요. 물품의 포장을 재활용하는 서비스라면 물건을 비운 후 상자를 내놓는 일까지도 쇼핑의 연장선에 놓이게 됩니다. 즉 우리는 온라인 쇼핑의 경험을 통해 접속, 쇼핑, 배송 등 일련의 개념을 형성하고, 이들은 우리의 머릿속에 덩어리로 함께 저장됩니다.

인지언어학자 찰스 필모어Charles Fillmore는 이러한 개념의 군집을 '틀frame'이라는 용어로 포착하였습니다. 그는 틀, 즉 '프레임'을 다음과 같이 설명합니다(Fillmore, 1982, p. 111, 김현권, 김병욱, 2003, p. 174에서 재인용).

"프레임은 연관된 개념들의 체계로서 이 체계의 어느 한 개념을 이해하기 위해서는 그것이 속한 전체 구조를 이해해야 한다. 그래서 그 구조의 어느 한 개념을 텍스트나 대화에 도입한다는 것은 결과적으로 다른 개념들 전체를 자동적으로 이용하게 만든다."

"어느 한 개념을 도입한다는 것은 다른 개념들 전체를 자동적으로 이용하게 만든다"는 말은 무슨 의미일까요? 다시 말해 프레임은 어떻게 구성되는 것일까요?

상거래 프레임과 '사다'

프레임, 즉 틀을 설명하기 위해 가장 자주 동원되는 예는 아마도 어휘 '사다'의 의미일 것입니다. 영어로 buy 혹은 purchase라고 표현되는 것 말이죠. 그런데 곰곰이 생각해보면 '사다'라는 개념을 파악함에 있어 도저히 그 자체로만 이해할 수는 없습니다. 그도 그럴 것이 '사다'는 '팔다'와 짝을 이루는 개념이고, 판매자와 구매자를 염두에 둔 개념이며, 금전과 물품의 교환을 수반하는 개념이기 때문입니다. 따라서 우리가 '사다'를 이해하기 위해서는 이와 같은 요소들이 총체를 이루고 있는 "상거래commercial transaction"라는 틀을 상정하지 않을 수 없습니다. 결국 상업적인 거래라는 개념틀에 대한 이해가 없다면 '사다'라는 의미를 제대로 이해할 수 없게 됩니다. 다시 말해 'buy'라는 말을 제대로 이해하기 위해서는 사는 행위가 담긴 틀 전체를 이해해야 하는 것입니다.

이 같은 관점에서 보면 우리의 단어 선택은 언제나 관점perspective을 담습니다. 예를 들어 하나의 거래가 성사되었을 때 "철수는 영희에게 자전거를 샀다"고 말하는 것과 "영희는 철수에게 자전거를 팔았다" 모두로 표현할 수 있습니다. 이 경우 같은 정보가 배치되지만 '샀다'와 '팔았다'라는 다른 동사로 뜻이 전달되지요. 아예 거래자들의 정보를 빼고 "자전거가 팔렸다"고 말할 수도 있습니다. 상거래 틀 안에 들어와 있는 영희와 철수라는 사람의 정보를 일부러 제외하는 것입니다. 사실 이 모든 것은 하나의 사건을 말로 표현한 것이지만 나름의 관점을 갖습니다. 틀에서 어떤 요소들을 어떻게 뽑아 어떻게 배치하느냐가 사뭇 다른 문장을 만들어내는 것인데, 어떤 의도를 갖고 말을 사용하는지에 따라 두드러진 정보와 그렇지 않은 정보, 드러나는 정보와 숨겨지는 정보가 나뉘게 됩니다.

전통적 의미론의 '점검표' 그리고 틀 의미론

김동환(1999, p. 2)에 따르면 틀 의미론은 전통적으로 사용되어 오던 의미의 점검표 이론checklist theory of meaning에 대한 비판에서 나온 대안으로 생각할 수 있습니다. 점검표, 즉 체크리스트 이론에 따르면 주어진 단어의 의미는 그 단어가 갖추어야 할 일련의 조건들을 만족시키는가로 생각할 수 있습니다. 예를 들어 '강아지'의 의미를 이해한다는 것은 강아지가 갖추어야 할 조건들을 차례로 나열한 뒤 각각을 만족시키는지 확인하는 행위로 볼 수 있습니다. 눈코입의 개수, 색깔, 다리의 위치와 수, 코의 모양, 꼬리의 생김새 등을 하나하나 점검하여 조건에 맞으면 강아지로, 그렇지 않으면 강아지가 아닌 것으로 판단하는 것입니다. 하지만 틀 의미론에서 어휘의 의미는 "체험에 토대를 둔 도식화experience-based schematization"로 설명됩니다. 이에 따르면 우리는 점검표의 목록을 하나하나씩 체크하는 방식으로 단어를 이해하지 않습니다. 그보다는 기존에 갖고 있는 지식과 경험을 바탕으로 일정한 추상화를 거쳐 배경지식, 즉 스키마schema를 형성하고 이를 기반으로 삼아 단어의 의미에 '접속access'하게 되는 것입니다. 위에서 든 '사다'의 예를 보면 우리가 처음부터 그 의미의 조건을 나열하고 만족시키는 행위를 '사다'라고 지칭하는 것이 아닙니다. 우리는 물건을 사고파는 경험을 축적하고, 거기에서 일정한 사고의 틀을 형성하며, 그 안에서 '사다', '팔다', '상품', '구매자', '판매자' 등의 개념에 접근하게 됩니다. 그 결과 '사다', '팔다' 등 관련된 어떤 단어를 듣더라도 해당 틀 전체가 무의식적으로 활성화됩니다.

틀 의미론의 발전은 찰스 필모어 이후 여러 학자들에 의해 주도되어 왔습니다. 비비언 에반스와 멜라니 그린Melanie Green은 로렌스 바살로우Lawrence Barsalou의 논의를 중심으로 프레임의 의미를 논의합니다. 바살로우에 따르면 틀은 "'생명체, 물체, 위치, 물리적 사건, 심리적 사건 등에 대한 범주를 포함하여 모든 유형의 범주를 표상'하기 위해 사용되는 복잡한 개념구조"로 정의됩니다(Barsalou 1992, p. 29, Evans & Green, 2006에서 재인용). 말이 좀 복잡한데요. 쉽게 말하면 특정 개념을 이해하기 위해서는 그 배후를 이해해야 한다는 것입니다. '투수'는 야구라는 경기에 대한 복잡한 개념구조를 그리지 않고서는 제대로 이해할 수가 없는 것이고, 현대사회의 '전쟁'은 국가 등 다양한 분쟁 주체와 무력 등에 대한 배경지식이 없이는 이해할 수 없죠. "지각이네, 큰일이다"라는 문장을 온전히 이해하려면 학교의 등교시간, 회사의 출근시간, 지하철이나 버스의 배차 간격, 이와 관련된 사람들의 심리, 학교 및 회사의 시간 관련 규정 등에 대한 이해가 선행되어야 합니다. 특정한 어휘나 문장의 의미는 그것을 담고 있는 다양한 틀에 의해 해석될 수 있는 것입니다. 그런데 이 같은 틀은 수업이나 단기간의 훈련으로 한 번에 전승되는 것이 아니라 인간이 세상을 살아가면서 계속해서 변화하고 업데이트된다고 할 수 있습니다. 우리가 세상을 바라보는 틀은 끊임없이 바뀌고 새로워지는 것입니다.

'차'의 의미틀

이번에는 에반스와 그린의 논의를 바탕으로 '차'의 의미틀을 살펴봅시다(Evans & Green, 2006, p. 224). 성인이 '차'를 이해할 때 다양한 요소가 함께 이해됩니다. 운전자나 승객 같은 사람에 관련된 요소도 있고, 핸들이나 엔진, 헤드라이트와 같은 기기와 관련된 요소들도 있습니다. 기술의 발달로 인해 요즘에는 네비게이션이 대부분의 차량에 장착되게 되었지요. 언젠가 자율주행차가 범용화된다면 '수동운전 모드'와 '자율주행 모드'가 차량을 이해하는 데 필수적인 개념이 될 수도 있겠습니다. 또한 '연료'라는 개념이 있고 여기에는 크게 가솔린과 디젤 두 유형이 존재했는데, 최근에는 전기까지 추가되었죠. 이와 같이 '차'라는 개념은 다양한 요소, 각각의 특성, 그리고 요소 간의 관계로 이해될 수 있습니다.

어렸을 때부터 차의 의미틀이 이렇게 복잡했던 것은 아닙니다. 정확히 기억이 나진 않지만 아주 어렸을 적 처음으로 장난감차를 가지고 놀았을 때는 엔진과 같은 요소는 생각도 하지 못했습니다. 어린 저에게 차에서 가장 중요한 요소는 아마도 차체의 모양과 색깔, 네 바퀴였던 것 같습니다. 성장하면서 핸들과 엔진, 헤드라이트와 기어, 네비게이션 등의 요소까지 의미틀을 확장할 수 있었지요. 하지만 여전히 차에 대해서는 문외한이기에 '자동차 덕후'들이 갖고 있는 차에 대한 깊은 이해와 저의 이해방식은 차이가 클 겁니다.

이렇듯 성장하면서 달라지는 의미틀은 여럿이지만, 저는 요 몇 년 사이 삶과 죽음이라는 주제에 대해 접근하는 방식이 달라진 것 같습니다. 예전에는 인생이 '홀로 살아가는 일'에 가까웠다면 이제는 '함께 죽어가는 일'을 자주 떠올립니다. 살아 있다는 것은 죽어간다는 것이고 죽어간다는 것은 살아 있다는 것인데, 이 둘 중에 어느 쪽에 방점을 찍느냐는 삶을 대하는 태도에 많은 차이를 가져옵니다. 지금처럼 계속 살아갈 존재가 아니라 언젠가 이 땅을 떠날 존재로 저 자신을 생각하면서, 그 과정을 함께 나누는 이들을 생각하면서, 더 많은 것들을 생생하게 느끼게 되는 역설을 경험합니다. 틀 의미론을 공부하면서 제 삶의 또 어떤 부분을 다른 관점으로 파악할 수 있을지, 어떻게 새로운 틀을 더 많이 제 삶에 적용할 수 있을지 고민해봅니다. 여러분은 '영어'라고 하면 어떤 배경지식이 떠오르시나요? '영어'라는 단어 뒤에 숨겨진 의미의 틀은 어떻게 바뀌어가고 있나요? 그 틀의 변화는 여러분의 삶을 보다 풍성하고 가치 있게 만들고 있나요?

틀 의미론 소개(2): 단어를 모두 알면 문장의 의미를 알 수 있을까?

틀 의미론frame semantics은 전통 의미론semantics에 대한 대안적 접근으로 평가되곤 합니다. 이는 틀 의미론이 전통적 의미론의 기둥이라 할 수 있는 '합성성compositionality'의 원리와 대별되는 접근으로 평가되기 때문입니다. '합성'이라는 말에서 짐작하실 수 있듯, 합성성이란 구성 요소들이 합쳐졌을 때 나타나는 특성이라는 뜻인데요. 학술적으로 합성성은 아래와 같이 이해할 수 있습니다(Szabó, 2020).

"언어라고 불릴 만한 것은 무엇이든 다른 의미 있는 표현으로부터 쌓아올린 의미 있는 표현을 포함하고 있어야 한다. 그들의 복잡성과 의미는 어떻게 연관되어 있는가? **전통적인 견해는 복잡한 표현의 의미는 그것의 구조와 구성 요소들의 의미에 의해 완전히 결정된다는 것이다.** 일단 우리가 그 부분들의 의미와 그것들을 어떻게 결합하는지를 정하고 나면 전체의 의미가 더는 달라질 여지가 없다. 이것은 대부분의 현대 의미론 저작의 근본적인 전제인 합성성의 원리the principle of compositionality이다.”

이 문단의 핵심은 중간에 다른 서체로 된 문장입니다. 종래의 의미론에 따르면 특정한 문장의 의미는 해당 문장의 구조, 즉 문법과 거기에 사용된 구성 요소, 즉 어휘에 의해 완전히 설명된다는 뜻이죠. 어휘와 문법을 파악하면 문장의 의미는 최종적으로 확정됩니다. 문법과 어휘의 결합, 즉 합성성으로 문장의 의미가 결정된다는 견해입니다. 다시 말하면 한 문장의 문법 구조를 정확히 파악하고 거기 사용된 어휘의 의미를 모두 이해한다면 해당 문장의 의미를 완벽하게 설명해낼 수 있다는 것입니다. 합성성을 지지하는 쪽과 이에 반대하는 학자들의 의견을 좀 더 들어보도록 하죠 (Szabó, 2020).

“합성성의 지지자들은 전형적으로 언어적 이해에 있어서의 생산성과 체계성을 강조한다. 우리는 복잡한 표현들을 처음 접했을 경우 많은 —아마도 무한히 많은 표현들을 이해할 수 있고, 우리가 어떤 복잡한 표현들을 이해한다면 우리는 그들의 구성 요소들을 재결합함으로써 얻을 수 있는 다른 표현들을 이해하는 경향이 있다. 합성성은 보통 이러한 현상을 가장 잘 설명해내기 위해 등장하곤 한다. 합성성에 반대하는 사람들은 대개 더 많은 표현들의 의미가 화자의 의도, 언어 환경, 또는 결합된 하위 요소들 간에 (일반적인 합성성의 원리가 제시하는 종류의) 유사한 의존성을 보이지 않고 발화가 일어나는 설정 등에 따라 달라지는 경우를 가리킨다. 그들은 합성성에 기반한 현상들이 제한되어 있다고 주장하며 대안적인 설명을 제시함으로써 합성성에 근거한 언어의 생산성과 체계성을 주장하는 측에 대응하려고 한다."

인용구의 다른 서체로 적힌 부분이 보여주듯, 모든 학자가 합성성의 원리에 동의하는 것은 아닙니다. 반대파는 문장의 의미가 어휘와 문법에 의해 최종적으로 결정될 수 없으며 "화자의 의도, 언어환경" 또는 "하위 요소들 간에 유사한 의존성을 보이지 않고 발화가 일어나는 설정"에 따라 문장의 의미가 달라질 수 있다는 주장을 폅니다. ●○

수형도 그리고 합성성의 원리

합성성의 원리가 멀게만 느껴지신다면 언어학 개론의 구문론syntax 섹션에 단골로 등장하는 수형도tree diagram를 떠올리시면 됩니다. 구문론은 언어의 위계적 구조와 그러한 구조를 만드는 요인을 연구하는 언어학의 하위 분야입니다. 구문론에서 말하는 수형도란 아래 그림처럼 문장에 특정 구문의 질서를 부여한 구조도를 말하죠. 해당 수형도는 "The factory prints multilingual textbooks"(공장은 여러 언어로 된 교과서를 인쇄한다)를 표현하고 있

●○   이 점에 대해서는 409쪽에서 다룬 '접근지점으로서의 단어'를 참고하면 좀 더 깊이 이해하실 수 있습니다.

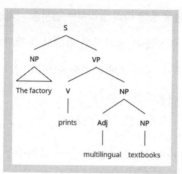

"The factory prints multilingual textbooks"의 수형도●○

는데요. 수형도의 구성 요소로 여러 어휘들이 자리 잡고 있습니다. 합성성의 원리에 따르면 문장의 의미는 그림과 같이 문장의 구조와 어휘의 의미가 결합되어 완전히 이해될 수 있습니다. 달리 말하면, 이 문장의 **의미를 규명하기 위해 필요하고도 충분한 정보가 구문과 어휘의 결합**에서 나온다고 할 수 있습니다.

이에 대해 일군의 인지언어학자들은 대안적 견해를 제시하려 하며, 이 중에서 대표적인 접근법이 틀 의미론이라고 할 수 있습니다. 틀 의미론의 주창자들은 발화의 의미가 의도와 맥락의 영향을 크게 받으며, 합성성의 원리로 설명되지 않는 사례가 적지 않다고 말합니다. 언어이해를 다루는 원리라면 거의 모든 문장을 이해하는 메커니즘을 제시해야 하는데, 합성성의 원리는 이런 기준에 미달한다는 것입니다.

●○   Powered by Rsyntaxtree at https://yohasebe.com/rsyntaxtree/

틀 의미론의 목표

그렇다면 구체적으로 틀 의미론의 주창자들은 어떤 목적을 가지고 있을까요? 박정운(2000)은 틀 의미론의 목적을 다음과 같이 기술합니다(박정운, 2000, p. 65). ●○

"틀 의미론은 어휘나 문법적 구문이 나타내는 의미의 이해와 기술에 대한 접근 방법으로, 언어적 텍스트, 그것이 사용된 문맥, 그리고 그것에 대한 해석의 과정이나 결과물 사이의 관계에 대한 본질을 규명하는 것을 목적으로 한다. 다시 말해, 어떤 문맥에서 하나의 언어적 텍스트가 사용되었을 때, 그러한 **텍스트의 문맥적 의미에 대해 해석자가 이해하는 모든 것**을 체계적으로 기술하는 것을 목적으로 한다."

여기에서 핵심이 되는 어구는 '텍스트의 문맥적 의미에 대해 해석자가 이해하는 모든 것'이라 할 수 있습니다. 합성성의 원리가 문장의 내부에서 본 관점intra-sentential perspective을 지향한다면 틀 의미론의 의미관은 화자와 청자, 언어 사용의 맥락 모두를 포함해 언어의 의미를 규명하려 하는 것입니다. 다시 말해 합성성 원리의 주창자들은 **주어진 언어정보만**을 가지고 해당 문장의 의미를 규명하려 한다면, 틀 의미론의 지지자들은 **화자의 의도, 발화를 둘러싼 외부세계에 대한 지식 등**을 언어이해의 과정으로 통합하는 방식을 추구한다고 할 수 있습니다.

●○   다른 서체로 적힌 부분은 필자의 강조입니다.

large의 반대말은 large이다?

쉬운 예를 들어봅시다. ●○ 친구가 새로 레스토랑을 오픈했습니다. 개업선물을 하고 싶어서 뭐가 필요한지 물으니 "실용적인 걸로 해줘. 두고두고 쓰게, 주방 바닥용 세제나 큼직한 거 한 통 주문해줬으면 좋겠다" 하는 겁니다. 검색하니 유명 브랜드의 세제가 나왔습니다. 기왕 큰 걸 사려고 박스에 "Large"라고 쓰인 세제를 친구의 가게로 배송시켰습니다. 얼마 후 배송완료 문자를 받고 친구에게 전화를 했습니다. 그런데 친구의 목소리가 어딘가 좀 이상합니다. 그리고 이런 대화가 오갔죠.

"혹시 무슨 일 있니?"

"어… 별일 없지. 네가 보낸 세제 잘 받았어. 정말 고마워. 근데… 생각보다 너무 작더라."

"어? 무슨 말이야. Large로 보냈는데……. 배달사고가 났나?"

"써 있기는 Large라고 써 있는데 진짜 작아."

"거참 이상하네. 본의 아니게 미안하게 됐다. 확인해볼게."

당황해서 전화를 끊고 다시 검색을 해보았습니다. 주문한 것도 Large, 배송된 것도 Large가 맞습니다. 뭐가 잘못된 건지 도무지 모르겠기에 상세히 검색을 해보니 맙소사, 이 제품의 경우 "Large"는 제일 작은 사이즈였던 겁니다. 그 위에 "Jumbo",

---

●○ 이하는 Fillmore(1985)를 인용한 박정운(2000, p. 71)에 기반한 시나리오입니다.

"Giant", "Family Size" 세 사이즈가 더 있었던 것이죠.

전통적인 합성성의 원리에 따르면 "large"는 그 자체로 크다는 의미를 지닙니다. 그렇기에 실제 제품의 크기는 이에 대응해야 맞겠죠. 하지만 일반적으로 통용되는 "small-medium-large" 연속선상의 large와 "large-jumbo-giant-family size"상에 있는 large는 의미가 전혀 다릅니다. 사실상 반대라고 해도 과언이 아닌 것입니다. 이 경우 "large"의 의미는 어휘 자체의 의미로 해석되는 것이 아니라, 어떤 의미적 틀 안에 들어가 있느냐에 따라 결정됩니다. 첫 번째 large는 small과 medium과 짝이 되어 틀을 이루지만 두 번째 large는 jumbo, giant 등과 함께 틀을 이루고 있기 때문입니다. 그 결과 한 틀의 large는 다른 틀의 large와 반대말이 될 수도 있는 것이지요.

하나의 단어에 국한해도 다른 틀에서 사뭇 다른 의미를 가진다면, 어구나 문장은 말할 것도 없습니다. 발화와 문장의 집합을 의미하는 담화discourse의 의미는 더욱 역동적으로 해석될 수밖에 없겠죠. 개입하는 요소도 더욱 많아질 테고요. 단어마다 다른 틀을 가질 수 있다면 문장과 담화가 포함하는 의미틀의 다양성은 기하급수적으로 늘어날 겁니다. 이 점을 이해한다면 한 문장에 대해 사뭇 다른 해석을 내놓는 현상을 이해하는 것이 그리 어려운 일은 아닙니다.

영어와 생각은 어떤 관계를 맺고 있을까?

세계는 인간을 경유하여 언어가 됩니다.
우리가 이야기를 나눌 때,
광활하고 경이로운 세계가 오갑니다.

인지문법의 세계(1):
언어는 세계를 도려내어 개념으로 만든다

　　전통적인 학교문법의 기초는 단연 품사입니다. 교육을 위한 문법은 대개 parts of speech, 즉 품사로 말을 이루는 요소를 분류하고 이를 기초로 문법을 전개합니다. 이에 따라 문법서 대부분은 이러한 품사 구분을 바탕으로 구성되어 있습니다. 동사, 명사, 형용사, 대명사, 조동사 등이 차례를 이루고 있죠. 품사별로 나뉜 챕터는 설명과 예문, 연습문제로 구성됩니다. 이에 비해 인지문법cognitive grammar의 기초는 개념화와 범주, 사물과 상황, 나아가 이들에 대한 인간의 인지방식입니다. 인간이 세계를 어떤 개념concept으로 파악하는지, 언어는 어떤 범주category를 담아내는지, 이 세계의 다양한 개체들과 상황은 어떻게 언어라는 코드로 변환되는지, 이 모든 과정에 개입하는 인간의 인지과정cognitive process은 무엇인지 등이 핵심적인 관심사죠.

　　품사를 중심으로 하는 전통적 학교문법과 인지문법은 사뭇 다른 특성을 지닙니다. 전자의 경우에는 말에서 출발하는 문법입니다. 언어가 어떤 구조와 질서를 이루고 있는지를 살피는 것이지요. 하지만 후자는 여기에 '인간'을 더합니다. 특히 인간의 사고방식을 더해 기술하지요. 그렇기에 인간이 세계를 이해하고 인지하는 방식을 먼저 살피고 이를 말의 질서와 연결합니다. 그래서 '인지문법'이라고 불리는 것이고요.

말의 종류로서의 문법(전통적 문법)은 매우 잘 정돈되어 있습니다. 품사별로 구성된 문법책을 충실히 '떼면' 말의 질서를 모두 이해할 수 있다고 여겨지지요. 하지만 개념화와 인지작용으로서의 문법(인지문법)은 쉽게 요약되거나 정리되지 않습니다. 사람이 생각하는 방식이 단순할 리 없기 때문입니다. 그렇기에 생각과 언어를 연결하여 설명하려는 시도는 속 시원한 '사이다'와는 거리가 먼 경우가 많지요. 응용언어학자 박광현에 따르면 구조주의 전통에 기반한 종래의 문법은 깔끔하게 나온 엑스레이와 같지만 인지혁명 이후 발전한 인지언어학에 기반한 인지문법은 신체가 왜 그렇게 기능하고 운동하는지를 몸과 뇌, 주변 환경 등을 포함해 다면적으로 기술합니다. 인지문법이 제안되고 발전한 지 수십 년이 지났으나 학교 현장에서 구조 중심의 문법이 좀처럼 바뀌지 않는 이유 중 하나는 이 같은 차이에 있습니다.

그렇다면 품사를 중심으로 구조를 파악하는 기존의 '엑스레이' 방법론이 틀렸을까요? 아닙니다. 그 자체로 의미가 있습니다. 적어도 구조는 명확히 보여주니 말입니다. 하지만 그것이 인간의 언어에 대해 모든 것을 말해주지는 못합니다. 뼈대의 모양이 인간의 운동을 모두 설명해낼 수는 없습니다. 그렇기에 좀 더 해상도

높은 이론과 설명이 필요한 것이지요. 아래 소개할 인지문법도 그 자체로 완벽하지 않습니다. 하지만 적어도 세계 내에서 인간 언어의 행동을 좀 더 깊게 이해하려는 시도는 기존 문법의 한계를 훌쩍 넘어선 것이라는 점을 부인할 수 없습니다.

또한 인지문법은 한 가지 시사점을 제공합니다. 바로 말에 대한 공부를 말 안에 가두어 두는 것을 넘어 세계와 언어의 연결고리를 회복할 수 있는 계기를 제공한다는 것입니다. 이 점을 인지문법의 주요 개념 중 하나인 '해석construal'을 통해 알아보도록 하겠습니다.

한 상황이라도 수많은 문장이 가능하다

화창한 봄날, 식당에서 친구와 밥을 먹고 밖으로 나오는 길입니다. 날씨에 대해 뭔가 이야기를 건네고 싶은 마음이 생겼습니다. 이 상황에서 여러분은 어떤 말을 할까요?

"와, 봄날이네."
"날씨 끝내준다. 겨울이 있었나 싶네."
"따뜻하다. 꽃도 금방 피겠는데?"

이 세 가지 말 중에서 '정답'이 있을까요? 그럴 리 없습니다. 특정한 상황에서 우리가 가진 의도는 단 하나의 문장으로 표현되지는 않죠. 맥락과 의도 속에서 우리는 어휘와 문법을 조합하여 다양한 문장을 만들어냅니다. 그렇게 만들어진 문장이 발화되거나 쓰여서 다른 사람에게 전해지게 되지요. 이처럼 언어는 세계를 특정한 방식으로 조각해내는 역할을 합니다. 친구에게 봄 날씨에 대한 긍정적인 평가를 전하는 상황으로부터 "와, 봄날이네"라는 조각을 만들 수도 있고, "날씨 끝내준다. 겨울이 있었나 싶네"라는 조각을 만들 수도 있습니다. "따뜻하다. 꽃도 금방 피겠는데?"라는 조각을 뚝딱 만들어내는 것도 가능하지요.

2021년 말 미국에서 14세 아동이 사망하는 일이 발생하였습니다. 극도로 폭력적인 난동을 부리는 사람을 제압하기 위해 경찰이 쏜 총알 중 하나가 바닥에 튕겨 아동을 사망에 이르게 했습니다. 이에 대해 몇몇 신문과 잡지는 다음과 같은 헤드라인을 냈습니다.

- "Stray Police Bullet Kills Girl …" (잘못 발사된 경찰 탄환이 소녀를 죽이다…)
- "Officer Whose Bullet Killed a 14-Year-Old Girl …" (자신의 총탄이 14세 소녀를 죽음에 이르게 한 경관이…)
- "Girl, 14, Killed in Store by Stray Bullet Fired by L.A. Police Is …" (LA 경찰이 잘못 발사한 총탄에 의해 상점에서 죽임당한 14세 소녀는…)
- "LA police kill teenage girl while firing on a male suspect …" (LA 경찰, 남성 용의자에게 발포하던 중 10대 소녀를 죽이다…)

각각의 헤드라인은 조금씩 다른 어휘와 문법을 동원하고 있습니다. 하지만 발생한 사건은 한 가지이지요. 위의 예에서 특히 중요한 것은 '문장의 주어가 무엇인지'와 '능동태와 수동태 중 무엇이 사용되었는지'입니다. 예를 들어 처음 두 개의 헤드라인에서는 "girl"을 살해한 것이 "bullet"입니다. 이에 비해서 마지막 문장에서는 "LA Police"죠. 또한 세 번째 헤드라인은 "Girl, 14"을 문장의 주어로 사용함으로써 사건의 희생자를 가장 처음 주목받는 정보로 설정합니다. 뒤에 "by Stray Bullet Fired by L.A. Police"라는 표현이 있지만 문장의 주어로 가장 강렬한 하이라이트를 받는 것은 "Girl, 14"이 되는 것입니다. 이와 같은 다양한 표현의 가능성에 대해서는 다음 섹션에서 좀 더 자세히 다루려고 합니다.

저의 짧은 소견으로 한국 외국어 교육의 가장 큰 문제점은 언어가 세계를 조각carve해내는 방법이나 이에 따라 어떤 개념과 구조가 만들어지는지에 주목하지 않고, 닫혀 있는 언어 시스템에 관심을 갖는다는 점입니다. 맥락과 상황, 의도에 주목하기보다는 '맞는 문장', '정확한 문장'에만 치중하여 마치 언어의 세계를 언어로만 설명해낼 수 있다는 착각을 심어준 것입니다. 이런 점에서 세계와 유리된 언어교육, 언어의 의미보다는 형태가 주인공이 된 언어교육, 나아가 언어와 학습자가 유리될 수밖에 없는 언어교육이 해방 이후의 언어교육을 지배해왔다는 점은 참으로 가슴 아픈 일입니다.

언어는 세계를 도려내어 개념으로 만든다

기 도이처Guy Deutscher의 "언어는 세계를 도려내어 개념으로 만든다Language carves up the world into concepts"는 진술, 즉 인간이 세상의 사건과 사태의 총체를 원석 삼아 언어라는 도구를 통해 개념이라는 조각을 만들어낸다는 생각은 인지문법의 주요 개념 중 하나인 '해석'으로 포착할 수 있습니다. 여기에서 해석은 영문을 해석하거나 문학작품을 해석하는 일과는 조금 다른데요. 인지언어학에서의 해석이란 세계를 이해하고 언어화하는 방식, 즉 '이해+구성'으로 볼 수 있습니다. 예를 들어 교량이 무너지는 사건이 일어났다면 교량이 과거에 붕괴했다는 사실에 주목하여 "The bridge collapsed"라고 표현할 수도, 교량에 일어난 사건을 일반화하여 "the collapse of the bridge"라고 표현할 수도 있습니다. 능동과 수동도 마찬가지입니다. 단일한 사건을 능동으로 표현하기도, 수동으로 표현하기도 하는 것입니다. 어떤 문장을 만들고 어떤 구조를 택하느냐는 우리가 세계를 해석한 결과물이라는 것이지요.

여기에서 두 가지 점을 기억할 필요가 있습니다. 우선 세계는 다양한 방식으로 해석되고 언어화됩니다. 그렇기에 언어를 배울 때 중요한 것은 '정확한 어휘와 문법'을 넘어 '어떤 맥락에서 어떤 의도를 가지고 어떤 문장을 만들 것인가'라는 점입니다. "정확하게 쓰라"는 주문 이전에 "무엇을 어떻게 써야 할지"에 대해 고민하는 일이 우선입니다. 이 과정을 통해 동일한 사건에 대해 서로 다른 말을 쓰는 데에는 다 이유와 의도가 있다는 점을 이해하게 됩니다. 언어교육에서 이런 **이유와 의도**에 대해 제대로 이야기하지 않고, "능동태를 수동태로 바꿀 때는 목적어를 주어 위치로 하고, be 동사 다음에 pp(past participle, 과거분사) 쓴 다음에 by+주어를 쓰면 된다"는 식의 암기를 요구할 때, 학습자들은 언어를 수동적으로 받아들일 수밖에 없습니다. 수동태와 능동태를 선택하는 화자의 의도와 그러한 선택의 효과에 대해 생각하지 않고 '화살표 놀이'에 집중하다 보면 말과 삶의 고리가 툭 하고 끊길 수밖에 없는 것이지요.

세계는 인간을 경유하여 언어가 됩니다. 인간은 의도와 관점, 감정과 편견을 지니고 있습니다. 이 점을 잊어서는 안 됩니다.

인지문법의 세계(2):
'범인'을 목격자로 만드는 언어?

그렇다면 이번에는 인지언어학의 관점에서 언어를 연구하는 레라 보로디츠키Lera Boroditsky가 그의 강연에서 든 예를 통해 다양한 해석이 이루어지는 양상을 살펴보겠습니다(Boroditsky, 2010).

안타까운 총상 그리고 다양한 해석

아들 부시 대통령 시절 부통령을 역임했던 딕 체니Dick Cheney가 사냥 중에 큰 실수를 범해 언론에 회자된 적이 있습니다. 바로 그의 친구 해리 위팅턴Harry Wittington을 총으로 쏜 것입니다. 자유로운 총기 소지를 지지하는 쪽에 서는 공화당 정권의 2인자가, 총기로 지인에게 상해를 입혔다는 점에서 상징적인 사건이었지요. 그를 둘러싼 다양한 사람들은 각자의 언어로 이 사건을 묘사합니다. 다시 한번 강조하는 것은 일어난 사건은 하나이지만, 관점과 의도에 따라 갖가지 방식의 언어적 표현이 가능하다는 점입니다. 즉 하나의 세계에 대해 다양한 해석이 등장하는 것입니다.

(1) Cheney shot Harry Wittington. (체니가 해리 위팅턴을 쐈다.)
(2) Harry Wittington got shot by Cheney. (해리 위팅턴이 체니가 쏜 총에 맞았다.)
(3) Harry Wittington got shot. (해리 위팅턴이 총에 맞았다.)

이들 예에서 체니가 위팅턴을 쐈다는 것은 하나의 부정할 수 없는 사실입니다. 단도직입적으로 말한다면 "Cheney shot Harry Wittington"인 것이지요. 총 쏜 것을 총 쐈다고 하지, 뭐라고 하겠습니까? 능동태에 Cheney와 Harry Wittington을 등장시키고 이를 간명하게 'shot'이라는 동사로 연결함으로써 군더더기 없는 문장을 만들어낸 경우입니다.

하지만 관점을 바꾸어 말할 수도 있습니다. 해당 사건에서 총을 맞은 Harry Wittington에 좀 더 '포커스'를 주기 위해서는 그를 주어로 만들면 됩니다. 즉, 수동형을 취하는 것입니다. 이 경우 "Harry Wittington got shot by Cheney"라는 문장이 만들어집니다. Cheney가 문장의 뒤로 물러나고 Harry가 문장의 주제가 되어 문두로 나왔습니다. 아울러 우리의 인지 속에서도 피해자가 더욱 확연하게 드러납니다. 여기에서 수동태라는 문법 형태는 Cheney를 배경background으로 보내고 Wittington을 전경figure으로 가져오겠다는 화자의 의도를 구현하는 도구가 됩니다. 즉

Harry Wittington이 주어로 나온 것은 단순히 언어 내의 규칙이 아니라 세계의 사태를 화자의 관점에서 재구성한 결과입니다. 이는 Cheney가 전면에 나선 "Cheney shot Harry Wittington"과 대조되는 화법입니다.

만약 Cheney가 드러나는 게 마음에 들지 않거나 그를 직접 언급할 이유가 없다면 아예 빼버릴 수도 있습니다. "Harry Wittington got shot"과 같이 말입니다. 적어도 문장에서만큼은 총을 발사한 Cheney를 찾아볼 수 없습니다. 물론 이때 누군가가 나서서 '그런데 도대체 쏜 사람은 어디로 간 거야?'라고 질문할 수 있겠지요. 이처럼 수동태는 때로 행위의 주체를 사라지게 만듭니다. 아니, 정확히 말하면 화자가 특정한 의도를 가지고 수동태를 사용하여 행위의 주체를 숨긴 것이지요.

관점에 따라 달라지는 문장들

이번에는 본 사건에 대하여 Cheney가 한 이야기를 들어봅시다. "Well, ultimately I'm the guy who pulled the trigger that fired the round that hit Harry."(음, 결국 내가 바로 방아쇠를 당겨 총알을 발사하게 했고, 그 발사된 총알이 Harry를 다치게 했다) 자기가 부상을 입힌 장본인이라는 걸 아주 빙빙 돌려 이야기하고 있습니다. 여기에서 사용된 주요한 문법은 관계대명사 who와 that입니다. 가장 단도직입적으로 표현된 "Cheney shot Harry Wittington"과 비교를 해보면 극명한 차이를 보입니다. 후자의 경우 'shot'이라는 동사가 Harry Wittington에 직접 연결됩니다. 하지만 Cheney의 말은 "I'm the guy who pulled the trigger"로 시작합니다. 자신은 방아쇠를 당긴 사람일 뿐이라는 거죠. 게다가 "I"와 "pulled the trigger" 사이에도 "am the guy who"가 끼어들었습니다. 이것이 두 차례의 that을 거쳐서야 Harry에 다다릅니다(that fired the round that hit Harry). 이 모든 과정을 통해 I와 Harry 사이의 거리는 굉장히 멀어졌지요. 사실 미안한 건지 뻔뻔한 건지 아니면 당황한 것인지 잘 구분이 안 되는 문장입니다.

이에 대해 조지 부시George W. Bush 전 대통령이 한 말은 점입가경입니다. "He heard a bird flush and he turned and pulled the trigger and saw his friend get wounded."(Cheney가 새가 푸드득거리는 소리를 듣고 방아쇠를 당겼는데 보니까 옆에서 친구가 부상을 당해 있더라) 발표자 레라 보로디츠키의 표현을 빌리자면 부시 대통령의 이 발언은 언어의 마술과도 같습니다. "Cheney가 가해자에서 목격자로 바뀌는 마술magic이 한 문장 안에서 일어나고 있기 때문"입니다. "Cheney는 아무 일도 하지 않았어! 새가 푸드덕거리는 소리에 우연찮게 방아쇠를 당겼는데, 옆을 보니 친구가 부상을 당해 있더라고" 하고 말하는 격이니까요.

다시 처음으로 돌아가봅시다. 언어교육의 핵심 주제는 "물리, 사상, 심리, 상상 세계의 다양한 측면들을 언어라는 조각칼로 베어내어 개념과 이야기라는 조각을 만들어내는 방법들에 대한 고찰"이 되어야 합니다. 즉, 관계대명사 만들기나 수동태로 바꾸기와 같은 언어 내의 규칙들, 문법사항, 언어의 형태 등에만 초점을 맞추는 것이 아니라, 세계와 경험에서 어떤 의미를 이끌어낼 것인가, 이 과정에서 언어는 어떤 도구들을 제공하는가, 특정한 어휘나 문법적 도구를 선택했을 때 강점과 약점은 무엇인가 등을 깊이 생각해야 합니다. 세계에서 문장이 생성되는 풍경을 탐색해야 합니다. 인지문법은 이러한 작업을 위한 유용한 도구가 됩니다.

인지문법의 세계(3): 언어는 어떻게 '컨스트럭트'를 생산하는가

언어의 자의성arbitrariness이란 단어의 생김새와 뜻 사이에 아무런 관계도 없음을 말합니다. '자의성'은 '필연성'과 대척점에 있는 말로 '꼭 그래야 할 필요가 없음'을 의미하지요. 예를 들어 필자가 지금 앉아 있는 물건을 반드시 "의자"로 불러야 할 이유는 없으며 "chair"(영어) 혹은 "Stuhl"(독일어)로 불러도 무방합니다. 누군가 공상과학 소설을 쓰면서 같은 의미를 "§&87K"라고 표현할 수도 있겠지요. 여기에서 알 수 있듯이 언어의 자의성이란 언어의 형태form와 의미meaning 사이에 필연적 관계가 없음을 의미합니다. /의자/라는 소리가 의자라는 개념에 대응하는 것은 사회적인 약속이기 때문이지, 둘이 필연적으로 묶여 있기 때문이 아닌 것이죠.

세계의 실체들은 물리적·화학적·생물학적 메커니즘에 의해 움직입니다. 하지만 우리는 그러한 물리적 실체 위에 그들과는 아무 관계도 없는 꺼풀(언어)을 얹어서 이리저리 조작하고 서로 공유합니다. 그리고 그 꺼풀의 세계를 발전시켜 또 다른 상징적 세계들을 계속해서 생산해냅니다. 물리적 세계는 하나이지만 그것을 인식하고 표현하는 상징적 세계는 계속해서 확장될 수 있는 것입니다.

언어의 본질 그리고 "the construct"

제가 기억하는 한 "삼라만상으로서의 꺼풀"로서의 언어에 대한 가장 탁월한 유비analogy는 영화 〈매트릭스The Matrix〉 1편에 등장합니다. 〈매트릭스〉는 2021년 네 번째 작품 〈매트릭스: 리저렉션〉이 개봉한 SF 영화로, 1999년 1편이 공개된 이후 관객뿐 아니라 평론가들 사이에서도 큰 반향을 일으킨 작품입니다. 여기에서 주요한 모티프로 등장하는 것이 모피어스Morpheus가 네오Neo에게 소개하는 컨스트럭트the construct라는 세계입니다. 매트릭스 세계관의 중심을 차지하는 컨스트럭트는 컴퓨터 시뮬레이션으로 생성되고 작동되는 공간으로 그 무엇이든 로딩loading할 수 있습니다. 증강현실AR이나 가상현실VR이 완벽해진 세계라고 볼 수 있을 것 같습니다. 시뮬레이션이 현실과 구분이 되지 않으니까요. 영화에서는 옷, 장비, 무기, 훈련 프로그램 등이 시뮬레이션되지만 아름다운 계곡을 불러올 수도 있고 맛있는 음식을 순식간에 생성할 수도 있습니다. 사랑하는 사람들이나 오래전 추억도 소환할 수 있죠. 그야말로 무엇이든 상상할 수 있는 것입니다. 이처럼 컨스트럭트는 하나의 완벽한 세계입니다. 물리적 세계와는 다르지만 그 자체로 완결성을 가지고 있는 구조체인 것이죠.

문법과 대화, '컨스트럭트'의 로딩규칙
그리고 개입, 변형, 확장

이러한 이유로 컨스트럭트에서는 순식간에 수많은 것들이 생성되고 소멸될 수 있습니다. 정말 감쪽같은 시뮬레이션에 놀란 네오는 모피어스에게 묻지요.

네오: "Is this real?" (이것은 진짜인가?)

모피어스: "What is 'real'? How do you define 'real'?" ('진짜'라는 게 뭐지? '진짜'를 어떻게 정의할 수 있지?)

이 부분은 언어와 놀랍도록 닮아 있습니다. 우리가 말하고 들을 때 그 언어는 **진짜**인가요? 허기진 소년이 시장통을 지나다가 '떡볶이'라는 간판을 발견했을 때 소년의 머릿속에 일어나는 변화는 **진짜**인가요? 떡볶이 냄새를 맡은 것도 떡볶이를 직접 본 것도 아닌데 떡볶이에 대한 생각과 기억이 왈칵 떠오른다면, 그것은 실제 세계에 존재하는 떡볶이와 어디까지 연결되어 있는 것일까요? 신앙인이 기도문을 외울 때 그 기도문은 **진짜**인가요? 사랑하는 이에게 "사랑해"라고 고백할 때 그 말은 **진짜**인가요? 우리가 발화하는 /고독/, /저항/, /자유/, /사랑/과 같은 말은 **진짜**인가요? 우리는 연설문을 읽고 가슴이 벅차오르고, 소설을 읽고 눈물을 흘리며, 랩을 듣고 심장이 빨라집니다. 연설문과 소설, 랩을 이루고 있는 언어는 **진짜**일까요, 아니면 그냥 말에 불과한 것일까요? 우리는 **진짜**를 어떻게 정의할 수 있을까요?

컨스트럭트의 세계가 고도화된 소프트웨어에 의해 만들어진 가상세계라면 언어의 세계는 고도화된 인지, 어휘, 문법체계에 의해 만들어진 가상세계라고 할 수 있습니다. 하지만 이 가상세계는 단순히 '가짜세계'가 아니라 인간의 경험과 기억에 뿌리박고 있는 또 하나의 현실이기도 합니다. 누군가의 이야기를 경청할 때 우리가 접하는 것은 소리의 연쇄일 뿐이지만 그것을 기초로 우리의 두뇌 속에서 세계를 만들어내지요. 그리고 이 세계는 우리의 뇌가 움직이는 방식과 직접적으로 연결되어 있습니다.

프린스턴 대학의 우리 하손Uri Hasson의 작업은 이 점을 명확히 보여줍니다. 그는 기능적 자기공명영상Functional magnetic resonance imaging, fMRI을 이용해 스토리텔링 상황에서 화자와 청자가 어떤 뇌 활성화 패턴을 보여주는지를 연구합니다(Hasson, 2016). 이에 따르면 뒤죽박죽된 단어들의 연쇄를 듣는 사람들은 뇌의 일부분, 즉 소리에 반응하는 영역이 비슷한 패턴을 보입니다. 하지만 문법과 어휘가 잘 갖추어진 문장을 들을 때면 뇌의 좀 더 넓은 영역에서 비슷한 패턴이 나타나지요. 여기에서 한발 더 나아가 잘 짜인 흥미로운 스토리를 듣는 이들의 뇌는 소리와 문장, 의미를 담당하는 보다 넓은 영역이 비슷한 패턴으로 활성화됩니다. 화자의 언어에 질서와 의미가 더해질수록 청자들의 뇌는 서로를 닮아가는 것입니다.

이를 가상의 한 초등학교 수업시간에 적용해봅시다. 쉬는 시간, 학생들은 각자 다른 생각을 하고 있습니다. 누군가는 집에 가서 볼 애니메이션 생각을 하고, 누군가는 아직 다 못 한 피아노 학원 숙제에 대해 고민하고 있지요. 누군가는 새벽까지 게임을 하느라 놓친 잠을 보충하고 있습니다. 학생 각자의 뇌를 들여다볼 수는 없지만 분명 서로 다른 방식으로 활동을 하고 있겠지요. 그런데 시작종이 울립니다. 학생들의 뇌는 여전히 사뭇 다른 운동을 하고 있습니다만 종소리에 반응하는 영역만큼은 비슷하게 활성화될 겁니다. 이내 선생님께서 큰 소리로 말합니다. "오늘은 특별한걸 준비했습니다. 여러분이 다 알고 있는 《신데렐라》를 지금 우리가 살고 있는 2020년대에 맞게 각색한 이야기인데, 재미있게 들으실 수 있을 거예요!"라고 말이죠. 이제 학생들의 뇌는 조금 더 비슷한 패턴으로 활성화됩니다. 선생님은 바로 이야기를 시작합니다. 전문 성우 못지않은 낭독에 스무 명 남짓한 학생들이 빨려 들어갑니다. 그들은 함께 웃고, 숨을 죽이고, 슬퍼하고, 화를 내고, 즐거워합니다. 선생님의 입에서 나온 문장들이 학생들의 인지적·정서적 반응을 실시간으로 이끌어내는 거죠. 이때 놀랍게도 그들의 뇌는 모두 비슷한 패턴으로 활성화됩니다. 다시 말해 선생님의 머릿속 세계가 이야기를 통해 학생들에게 전달되고, 학생들의 뇌는 서로서로 닮게 됩니다. '함께 이야기에 빠져든다'는 것은 우리의 뇌가 실제로 비슷한 상태에 이르게 된다는 것을 의미합니다. 하손 교수는 이를 "신경 동조화neural coupling"라고 부릅니다. 우리의 뇌는 물리적으로 분리되어 있지만 언어를 통해 엮이는 현상이죠. 말, 즉 이야기라는 매개를 통해 화자의 뇌와 청자의 뇌가 굉장히 비슷한 활동을 하게 된다는 것입니다.

다시 인지문법의 맥락으로 돌아와봅시다. 컨스트럭트와 언어의 유사성을 생각한다면 컨스트럭트의 로딩규칙이 존재하듯이 언어에도 규칙이 존재해야 합니다. 그 규칙이 바로 문법입니다. 이런 면에서 문법은 '언어라는 컨스트럭트'의 로딩규칙이라고 할 수 있습니다. 컨스트럭트에 개념을 불러들일 때 어떤 규칙을 따라야 하는지를 정하는 가이드라인인 셈이죠. 구체적으로 문법은 어떤 요소들이 어떤 위계와 순서로 로딩되어야 하는지를 정합니다. 영어라면 '주어+동사+목적어' 순서를 근간으로 다양한 요소들을 로딩할 수 있습니다. "I visited the bookstore three days ago"(나는 3일 전에 서점에 갔어)라고 문장을 로딩하면 이에 맞는 의미가 생성됩니다. 하지만 "visit, ago, yesterday, three, bookstore, -ed, I"(방문하다, 전에, 어제, 셋, 책방, -ㅆ, 나는)라고 로딩하면 적절한 의미가 생성되지 못하겠지요. 이 과정에서 품사는 특정 요소가 어떤 위치에서 로딩되어야 하는지를 알려줍니다. 예를 들어 각각 형용사와 명사인 'good'과 'people'이 함께 올 때는 'good people'의 순서로 로딩되어야 하고, 관사와 명사인 'the'와 'people'이 함께 올 때는 'the people' 순으로 로딩되어야 합니다.

그렇다면 대화를 통한 소통은 '여러 컨스트럭트의 교섭과 변형 그리고 확장'으로 이해할 수 있습니다. 화자는 자신의 컨스트럭트(경험과 기억, 감정과 의견 등)에 특정한 언어체계(적절한 문법과 어휘)를 로딩하여 문장을 만듭니다. "I visited the bookstore three days ago." 이렇게 말이죠. 이 과정에서 화자의 머릿속 세계는 언어라는 옷을 입게 됩니다. 생각이 음성언어를 매개로 상대에게 전달되는 것입니다. 이렇게 전달된 문장은 청자에 의해 처리됩니다. "'I'는 주어고 'visited'는 과거를 뜻하는 동사고 'the bookstore'는

6장 영어와 생각은 어떤 관계를 맺고 있을까?

목적어고 'three days ago'는 부사구네. 그러니까 이 말은 '나는 사흘 전에 서점을 방문했다'는 뜻이 되겠네"와 같이 이해하는 것입니다. 이 이해의 과정에서 문장은 머릿속에 컨스트럭트로 로딩됩니다. "나", "방문하다", "서점", "사흘", "전" 등의 개념과 결합하는 것이지요. 이런 과정을 통해 단지 소리의 연쇄에 불과했던 문장이 특정한 의미를 산출하게 됩니다. 이를 단순화해 말하면 "화자의 생각이 문장이 되고, 이를 듣는 상대는 그 문장을 재료로 생각을 만들어낸다"고 할 수 있을 것입니다. 앞서 소개한 하손 교수의 용어를 다시 한번 가져온다면 언어를 매개로 화자의 컨스트럭트와 청자의 컨스트럭트가 실시간으로 동기화Synchronization되는 것입니다.

컨스트럭트 간의 소통이 이끄는 새로운 세계

중요한 것은 이 같은 주고받음이 반복되는 교섭 과정에서 두 사람의 컨스트럭트가 변형되고 확장된다는 것입니다. 아주 작은 변화일지 모르지만 우리의 컨스트럭트는 대화를 주고받기 전으로 돌아갈 수 없습니다. 내가 처음에 로딩한 세계는 이제 상대방의 컨스트럭트에 로딩되어 새로운 시뮬레이션을 자극합니다. 그렇게 새롭게 생성된 시뮬레이션은 다시 나에게 돌아와 또 다른 세계를 초대합니다. 그 과정에서 우리는 생각할 수 있는 것들을 언어로 로딩할 수 있습니다. 적절한 어휘와 문법을 갖추고 있다면 로딩은 빨라지고 세밀해지고 정확해지겠지요.

여기에서 우리의 컨스트럭트에 대한 질문을 던질 수 있습니다. 우리의 언어는 어떤 세계를 로딩하고 있습니까? 그렇게 만든 컨스트럭트는 어떤 컨스트럭트와 상호작용합니까? 어떤 컨스트럭트와 충돌합니까? 말하고, 듣고, 읽고, 쓰는 동안 우리는 단지 언어를 다루는 것이 아니라 그 언어가 만들어내는 세계를 다룹니다. 그렇기에 말은 그저 말뿐이 아닌 것입니다. 어떤 언어를 가지고 세계와 소통하고 연대하고 갈등하느냐에 따라서 당신의 '실재the real'가 달라질 수 있습니다. 무엇이 실재입니까? 그것은 우리가 함께 만들어갑니다. 그렇기에 결국 자신이 어떤 컨스트럭트를 만들어내고 있는지 성찰해야만 합니다.

〈매트릭스〉에서는 빨간 약을 먹을지, 파란 약을 먹을지가 주인공 네오의 운명을 결정하지만, 약을 고르는 행위만이 일생일대의 결단은 아닙니다. 그만큼 중요한 것은 순간순간 우리의 '컨스트럭트'를 조정하는 미세한 결정입니다. 어떤 생각을 할지, 어떤 언어를 고를지, 누구와 이야기를 나눌지, 거기에서 어떤 교훈을 얻고 어떤 생각을 버려야 할지, 나아가 어떤 컨스트럭트에 대항할지를 가볍게 여길 수 없는 이유입니다. 인터넷 포털의 짧은 답글도 세계를 담고 있습니다. 이 점을 기억해야 합니다.

문법을 보는 또 다른 방법(1):
문장은 사물과 과정을 엮어낸다

인지언어학에서 문법의 가장 기초적인 역할은 두 개의 낱말 부류, 즉 명사와 동사의 관계를 설정하는 것입니다. 물론 명사와 동사 이외에도 많은 요소들이 문장에 개입하지만 가장 중요한 것이 명사와 동사라는 점은 이론의 여지가 없을 것입니다.

권터 라덴Günter Radden과 러네 디르번René Dirven은 함께 쓴 저서《인지 영문법Cognitive English Grammar》에서 이러한 주장을 정교하게 펼칩니다. 우리가 살고 있는 세계에는 다양한 사물 thing이 존재합니다. 여기에서 유의할 것은 이 'thing'이라는 것 속에 자동차나 꽃, 고양이와 같은 물리적인 실체뿐 아니라 우정과 자유, 평화와 같이 개념적이고 추상적이며 심리적인 개체들도 포함될 수 있다는 사실입니다. 영어의 예를 들자면 a chair(의자)나 a house(집)뿐 아니라 tense('시제'라는 학문적 개념), peace('평화'라는 추상적 개념), regret('후회'라는 심리적 상태) 등도 포함되는 것이지요. 이처럼 인간의 세계에는 수많은 사물, 즉 'things'가 존재합니다.

그런데 이 사물들은 독립적으로 존재하지 않습니다. 어떻게든 엮여 있지요. 이런 '엮임'을 인간이 알아차릴 때 그들 간에 일종의 관계relations를 맺어줄 수 있습니다. 사물과 사물 사이의 관계를 맺어주는 가장 기본적인 말이 바로 동사입니다.

예를 들어보겠습니다. 저는 음악을 참 좋아하는데요. 다음과 같이 표현할 수 있습니다.

I love music. (나는 음악을 사랑해.)

여기에서 등장하는 넓은 의미의 사물thing은 바로 "I"와 "music"입니다. 그런데 이 두 사물을 "love"라는 동사가 이어주고 있습니다. 그래서 "나는 음악을 좋아한다"라는 뜻이 되지요. 물론 이 둘 사이의 관계를 다르게 규정할 수도 있습니다. 아래와 같이 말이죠.

I play music. (나는 음악을 연주해.)
I need music. (나는 음악이 필요해.)
I studied music. (나는 음악을 공부했어.)

"play"나 "need", "studied"와 같은 동사는 "I"와 "music" 사이에 새로운 관계를 맺어줍니다. love와는 다른 관계죠.

인지언어학자들은 명사를 위에서 말한 사물에 대응하는 품사로, 동사를 그들 간의 관계에 대응하는 품사로 봅니다. 이렇게 보면 문장을 만든다는 것은 이 세계에서 다양한 사물들things을 '캐스팅'해서 이들 사이의 관계를 설정해주는 것이라 할 수 있습니다. 전통적인 문법 설명에 따라 "영어 문장에는 주어가 반드시 있어야 하고 이어서 동사가 나와야 한다"라고 이해할 수도 있겠지만 "세계에는 수많은 사물이 존재하고 이들 간의 관계를 맺어주는 것이 문장의 기능이다"라고 말할 수도 있을 것입니다. 전자가 문장의 형식form에 강조를 둔 설명이라면 후자는 문장과 세계가 개념적으로 대응하는 방식에 방점을 찍습니다. 문장은 사물과 관계로 이루어진 세계를 담으며, 이 과정에서 가장 기본적인 요소가 명사와 동사라는 설명입니다.●○

●○   이에 대한 보다 상세한 논의는 3장을 참고해주세요.

문법을 보는 또 다른 방법(2): 개념핵과 배경이 모여 문장이 확장된다

인지언어학자들은 앞서 설명한 사물과 그들 간의 관계를 '개념핵conceptual core'이라고 합니다. 개념핵은 우리가 세계를 이해하는 기본 단위가 되죠. 개념핵은 생각의 단위이기에 언어로 표현되어야만 타인과 공유될 수 있는데요. 구체적으로는 명사와 동사를 통해 구현됩니다. 이를 '문법핵grammatical core'이라고 부릅니다. 인간이 세계를 인식할 때 사물과 그들 간의 관계라는 틀(개념핵)을 사용하고, 이는 언어의 영역에서 명사와 동사 간의 엮임(문법핵)으로 표현된다는 것입니다(Radden & Dirven, 2007).

이런 접근에서 '인지언어학'이라는 학문의 이름이 갖는 특성이 그대로 드러납니다. 인지언어학은 처음부터 언어의 구조를 이야기하는 것이 아니라 사고의 구조에서 출발합니다. 즉, 우리가 세계를 인식하는 방식은 사물과 관계라는 틀에 기반하고, 이것이 언어적 표현의 토대가 된다는 것입니다. "나"라는 존재와 "너"라는 존재를 이어주는 "사랑하다"라는 관계를 "I love you"나 "난 널 사랑해", "Ich liebe dich"와 같은 언어로 표현해내는 것입니다. 생각의 구조를 밝히고, 언어에 어떻게 반영되는지를 탐구하는 방식이죠.

하지만 한 문장이 사물과 관계라는 개념핵만 담는 것은 아닙니다. 주어와 동사, 목적어 말고도 다양한 요소들이 동원되니까요. 대표적인 것이 시간과 장소 등을 나타내는 배경입니다. 예를 들어 아래 문장을 보시죠.

I listen to music at night. (나는 밤에 음악을 듣는다.)

이 경우 "I listen to music"은 "나", "음악", "듣는다"는 개념핵을 언어로 표현한 것입니다. 즉 "I listen to music"은 개념핵에 대응하는 문법핵이죠. 하지만 뒤에 'at night'은 부사구로서 시간을 표현하고 있습니다. 인지문법에서는 이 부분을 배경setting이라 부릅니다.

다시 말해 문장의 내용은 기본적으로 개념핵과 배경으로 구성됩니다. 개념핵이 "무엇과 무엇이 어떤 관계로 연결되어 있는가"에 해당하는 정보를 제공한다면 배경은 "언제, 어떤 상황에서, 어디서" 등에 해당하는 정보를 제공합니다. 우리가 세계를 인식할 때 개념핵과 배경이 작동하고 이는 문법적으로 동사와 명사의 엮임 및 부가어로 실현되는 것입니다.

개념핵과 배경이 엮이면 하나의 상황situation을 표현하게 됩니다. 여기에서 우리가 일반적으로 사용하는 '상황'의 의미와 인지

문법의 '상황'의 의미를 구별할 필요가 있습니다. 일상에서 '상황'은 특정한 시공간의 상태를 의미합니다. 예를 들어 아침 일찍 출근해야 하는데 자동차 배터리가 갑자기 방전되어서 오도 가도 못하고 보험사에 연락해야 하는 상황을 봅시다. 이 경우에 상황은 다양한 요소들이 동시에 작용하여 만들어집니다. 아침이라는 시간, 출근해야 한다는 의무, 자동차 배터리의 방전이라는 사건, 이에 따라 운전할 수 없는 상태, 수리를 위해 보험사에 연락해야 한다는 판단 등이 엮여 하나의 상황을 이루게 되지요.

하지만 인지언어학에서의 상황은 문장에 대응하는 개념입니다. 다시 말해 하나의 문장은 하나의 상황에 대응하게 되는 것입니다. "I listened to music last night"(나는 어젯밤에 음악을 들었어)이나 "The company will fire a lot of workers"(회사는 많은 노동자를 해고할 것이다) 각각은 하나의 상황에 대응합니다.

우리가 사용하는 언어는 세계의 상황을 단번에 표현할 수 없습니다. 인간은 한 번에 한 단어씩 말하는 존재이고, 이것이 모여 문장을 이룹니다. 문장은 이 세계의 극히 일부분만을 그려내지요. 문장이 쌓이고 쌓이면서 복잡다단한 상황에 대해 조금 더 상세히 표현할 수 있게 됩니다. 하지만 문장을 아무리 많이 늘어놓는다 해도 세상을 온전히 표현할 수는 없을 것입니다. 삶과 말은 엮여 있지만, 삶은 곧바로 말이 되지 않고 말도 곧바로 삶이 되지 않지요. 삶과 말, 생각과 언어 사이에는 언제나 간극과 긴장이 존재합니다.

이상에서 살펴보았듯이 인지언어학은 "인간이 생각하는 방식"과 "인간이 말하는 방식"을 연결하면서 문법을 설명합니다. 문법은 말의 질서이기 이전에 인간이 생각하는 방식을 담고 있습니다. 바로 이것이 전통적인 구조주의적 문법과 인지문법을 가르는 지점입니다. '문장을 만드는 언어규칙으로서의 문법'이 아니라 '인간이 생각하는 기본구조로서의 문법'을 강조하는 것이지요.

물론 우리가 언어만 가지고 생각하는 것은 아닙니다. 댄서는 몸을 움직이면서 생각하고, 화가는 색채와 선을 통해서 생각합니다. 뮤지션은 화성과 리듬의 세계에서 생각을 펼쳐내지요. 하지만 그 모든 것과 함께 인간은 언어를 중심에 두고 사고합니다. 우리는 단어를 세계의 다양한 개체들과 연결시키고, **사물과 관계**를 엮어 **주어**와 **동사**로 배치하고, 이들이 처한 **상황, 시간, 장소** 등을 **배경**으로 추가합니다. 이를 통해 하나의 상황을 언어화하죠. 말하거나 글을 쓸 때 우리는 이러한 상황을 하나하나 엮어가고 있습니다. 세계가 인간의 뇌를 통해 언어로 '번역'되는 과정이 우리 일상 곳곳에서, 메시지를 주고받는 상황에서, 소셜미디어의 글쓰기와 댓글쓰기에서, 밤의 노트북 앞에서 쉴 새 없이 펼쳐지고 있는 것입니다!

언어의 자의성과
동기화

소쉬르에서 비롯된 구조주의 언어학에서 언어의 형식과 의미를 잇는 원리는 자의성arbitrariness이었습니다. 기표significant와 기의signifié의 관계가 자의적이라는 주장에 따르면 책상이라는 물리적 대상과 /책상/이라는 음성이 짝이 되어야 할 필연적 이유는 없습니다. 한국어를 전혀 모른다면 /책상/이라는 소리를 통해 책상이라는 대상을 떠올릴 수도 없겠죠. 즉 보통 책을 읽거나 컴퓨터를 사용하기 위해 쓰는 가구를 /책상/으로 부르느냐 /desk/라고 부르느냐는 이들 음성이 가리키는 대상의 특성과는 관련이 없는 사회적인 규약이라는 것입니다. 언어마다 약속이 다릅니다. 세월이 흐르면서 새로운 약속이 생길 수도 있습니다. 에스페란토의 예에서 보듯 약속의 체계를 아예 새롭게 만들기도 합니다.

소쉬르는 언어의 자의성만을 이야기하지 않았다?

이상은 소쉬르의 언어관에 대해 많은 사람들이 알고 있는 바입니다. 하지만 여기에 '상식'의 함정이 도사리고 있습니다. 소쉬르가 기호sign의 형식과 의미가 맺는 관계를 자의성이라는 개념으로 파악한 것은 사실이지만 그 한계에 대해서도 충분히 인지하고 있었다는 점은 좀처럼 이야기되지 않습니다(송현주, 2010). 구체적으로 소쉬르는 언어의 자의성에 대해 다음과 같은 견해를 갖고 있었습니다(Saussure, 1968, p. 131; Wade Baskin 역).

"(우리에게) 기호의 자의성이라는 근본적인 원리가 있다고 해서 개별 언어에 있어서 극도로 자의적인, 즉 어떠한 동기도 없는 unmotivated 요소들과 상대적으로 자의적인 요소들을 구별해내는 것이 불가능하지는 않다. 어떤 기호는 완벽히 자의적이다. 이에 반해 어떤 기호에서는 자의성의 부재不在가 아닌 다양한 수준의 자의성이 발견된다. 이런 기호는 다른 기호들에 비해 동기화되어 있다고 할 수 있다."

이 구절에서 소쉬르는 언어의 자의성에 편차가 있을 수 있다고 말합니다. 자의성을 의미와 형식 간의 관계를 파악하는 기본원리로 삼은 것은 사실이지만, 모든 관계가 자의적이지만은 않다는 점을 명확하게 한 것이죠. 인지언어학자들은 소쉬르가 주목했던 '자의성의 다양한 수준'이라는 주제를 좀 더 깊이 파고듭니다. 언어의 다양한 영역에서 자의적이지 않은 요소들, 즉 언어현상의 동기화된 측면들motivated aspects을 보여주는 데 더욱 큰 관심을 갖고 있는 것입니다.

부바-키키 실험

사실 본격적인 인지언어학 이론에까지 가지 않더라도 소리-의미의 자의적 연결을 다시 생각하게 만드는 예들은 쉽게 찾아볼 수 있습니다. 널리 알려진 부바-키키Bouba-Kiki 실험이 대표적인데요. 아주 간단한 실험이니 여기에서 해보도록 하죠. 여러분께서는 다음 두 그림 중에서 어느 쪽이 Bouba 혹은 Kiki라는 이름에 어울린다고 생각하시나요?

한 실험에 따르면 95퍼센트 이상의 응답자들이 왼쪽을 Kiki, 오른쪽을 Bouba라고 대답했습니다. 만약 Bouba와 Kiki의 음성이 도형의 선택에 영향을 주지 못한다면 피험자들의 선택이 50:50으로 갈려야 하지만 응답 결과는 압도적인 쏠림으로 나타났던 것이죠. 뒤집어 말하면 둥글둥글하고 부드러운 오른쪽 이미지와 뾰족

부바-키키 실험에서 사용된 이미지●○

하고 날카로운 왼쪽 이미지가 Bouba와 Kiki라는 이름을 선택하는 데 명백한 영향을 끼쳤다는 증거로 볼 수 있습니다(Ramachandran & Hubbard, 2001). 이상의 결과에서 형식(Bouba와 Kiki라는 발음)이 의미(도형의 시각적 특성)를 선택하는 데 영향을 끼쳤다는 결론을 도출할 수 있습니다. 언어의 형식과 의미 간의 연결이 무관하지 않을 수 있다는 방증입니다.

자의성과 동기화: 언어의 본질적 특성에 대한 논쟁

'그럴 수도 있지, 뭐 그리 대수야' 하며 지나칠 수도 있겠지만 이 실험의 상징성은 무시할 수 없습니다. 언어의 본질을 규명하는 데 있어서 자의성과 동기화라는 개념은 핵심적이기 때문입니다. 예를 들어 촘스키의 변형생성문법에서 언어의 형식은 내용의 영향을 받지 않습니다. 문법 구조syntactic structure는 자체의 논리로 구성된 자율적이고 독립적인 형식체계로서 구조가 표현하고자 하는 의미의 영향을 받지 않는 것입니다. 이에 비해 인지언어학은 언어의 의미와 구조가 유기적 관계 속에서 영향을 주고받는다는 가정 위에 서 있습니다. 아울러 이 과정에 언어적 요소뿐만 아니라 인간의 신체적 특성, 주의attention와 지각방식, 세계에 대한 백과사전적 지식 등이 개입한다고 주장합니다.

그렇다면 구체적으로 인지언어학자들은 '동기화'를 어떻게 정의하고 있을까요? 학자에 따라 조금씩 다른 개념을 채택하고 있습니다만, 라덴과 팬서의 견해에 따르면 언어 근원linguistic source이나 언어독립적 요인language-independent factors들이 언어표현의 특정한 속성의 원인이 된다면, 그 언어표현은 '동기화되었다' 고 말할 수 있습니다. 다시 말해, 어떤 언어현상이 다른 언어적/비언어적 요소의 영향을 받아 일정한 특성을 갖게 되었다면, 그 현상의 배후에는 언어적/비언어적 동기가 있으며, 동기화되었다 motivated고 말할 수 있는 것입니다(Radden & Panther, 2004).

본격적으로 자의성과 동기화에 대해 논의해보겠습니다. 먼저 아래 질문에 대한 답을 생각해보세요.

(1) 왜 인류는 10을 기본단위로 하는 셈법을 가장 널리 채택하고 있을까요?

(2) 왜 "huh?"와 같은 표현은 거의 모든 언어에서 발견되는 것일 까요?

(3) 단어의 길이와 의미의 복잡성 사이에는 어떤 관계가 있을까 요?

십진법의 기원

십진법의 기원을 명확히 규명할 수는 없지만 가장 신빙성 있는 가설은 인간의 신체, 그중에서도 손가락의 형태 및 개수와 관련이 크다는 것입니다. 이와 관련하여 조르주 이프라Georges Ifrah 는 "신체를 이용해 수를 헤아리는 여러 기법 가운데서도 손가락에 의존하는 방법이야말로 사실상 결정적인 역할을 했다고 볼 수 있다. 모든 인류는 한 손의 손가락들에서 다섯까지 추상적으로 헤아리는 법을 배웠고, 다른 한 손의 손가락들에서 대칭에 의해 열까지 연장시키는 법을 배웠으며, 자연정수의 규칙적인 연속을 무한히 확장시킬 수 있게 되었다"●○고 말하고 있습니다. 이에 대한 간접적 증거로 중앙아프리카의 알리Ali어에서 5와 10을 나타내는 단어가 각각 '손'과 '두 손'에 해당한다는 점, 뉴기니의 부길라이Bugilai어에서 1부터 5까지의 수가 다섯 손가락 각각을 나타내는 단어와 겹친다는 점을 들고 있지요. 손가락이 다른 신체에 비해 자유롭고 움직이기 쉬우며, 길이에 있어 비대칭적이어서 혼동할 염려가 없다는 사실 또한 십진법의 발전에 중요한 역할을 했을 것이라 추정합니다.

　이 같은 증거는 십진법의 탄생, 발전, 확산에 있어서 시스템으로서의 우수성뿐 아니라 신체와의 긴밀한 연관이 큰 역할을 했음을 보여줍니다. 즉, 십진법이라는 수 현상은 인간의 생물학적 특성에 의해 동기화되었다고 말할 수 있는 것입니다(한 가지 흥미로운 것은 같은 십진법을 쓴다고 하더라도 문화권마다 손가락 셈법이 조금씩 다르다는 것입니다. 예를 들어 한국에서는 손가락을 편 상태에서 엄지, 검지, 중지, 약지, 소지를 하나씩 접어가면서 숫자를 세지만, 많은 서구인들은 주먹을 쥔 상태에서 엄지손가락부터 하나씩 펴가면서 숫자를 셉니다).

의성어와 동기화
　언어 외적인 동기를 설명할 때 가장 많이 언급되는 예가 바로

●○　　　《숫자의 탄생》(부키), 68쪽

의성어입니다. 소리를 흉내 내는 말이니 실제 소리의 특징을 담고 있을 거라는 주장이죠. 하지만 다양한 언어의 의성어를 비교해보면 이 같은 주장의 근거가 빈약하다는 것을 알 수 있습니다. 예를 들어 개가 짖는 소리를 살펴보죠. 한국어에서는 '멍멍' 혹은 '왈왈'이라는 의성어가 사용되지만, 발리어에서는 kong-kong, 터키어에서는 hev-hev라는 표현이 주로 사용됩니다. 사실 영어 내에서도 woof-woof, ruff-ruff, arf-arf, bow-wow, yap-yap 등 실로 다양한 표현이 사용되고 있죠.

그렇다고 해서 언어적 특성이 의미에 영향을 미치는 경우가 없진 않습니다. 흥미로운 예로 음성상징sound symbolism으로 불리는 현상을 들 수 있는데요. 특정한 음성분포가 특정한 의미역에 연결되는 경우가 대표적입니다. 예를 들어 영어에서 'fl-'은 종종 가벼움lightness이나 빠름quickness과 같은 특성을 나타내는 단어의 일부가 됩니다. fly(날다), flee(도망가다), flow(흐르다), flimsy(얇은), flicker(깜빡이다) 등은 모두 이들 특성과 관련이 있죠. 이에 비해 "gl-"로 시작하는 단어들은 빛남, 밝음brightness과 관련이 큰 경우가 많습니다. gleam(어슴푸레 빛나다), glisten(번들거리다), glow(빛을 발하다), glint(반짝거리다), glitter(반짝반짝하다), glimmer(깜빡이다) 등의 단어가 그 예입니다. "-ump"로 끝나는 단어 중에서는 유독 뾰족하지 않게 튀어나온 것을 연상시키는 단어가 많습니다. 낙타 등의 육봉이나 둥근 언덕을 나타내는 hump, 덩어리를 나타내는 lump, 통통하다는 의미의 plump, 엉덩이를 이르는 rump, 그루터기나 밑동을 나타내는 stump 등의 단어들이 주는 공통적 느낌이죠. 이들 음성상징이 언어의 자의성에 결정적인 반증은 될 수 없지만, 언어의 형식과 의미가 상호작용하고 있음을 보여주는 단편적인 예로 볼 수 있습니다.

만국공통어 huh?

2013년 학술지 〈플로스 원PLOS One〉에 발표된 한 연구는 이른바 '모든 사람이 공통으로 사용하는 단어'를 다루고 있습니다. 상당수의 언어에서 "huh?"와 비슷한 발음을 가진 단어들이 정해진 역할을 한다는 것인데요. 한국어라면 "어?"가 이에 대응될 듯합니다. 다음의 예를 보시죠.

철수: 너 어제 미장원 갔다 왔구나?

영희: 어? 뭐?

철수: 어제 미장원 갔다 온 거 아니야?

영희: 아하하하. 요즘에 누가 미장원이라는 말을 써?

위 예에서 볼 수 있듯 "어?" 혹은 "huh?"는 상대방의 말을 정확히 이해하지 못했을 때 나오는 감탄사interjection입니다. 일상에서 심심찮게 들을 수 있죠. 그렇다면 비슷한 발음의 단어들이 다수의 서로 다른 언어에서 등장한 이유를 어떻게 설명할 수 있을까요?

연구자들은 크게 두 가지 요인을 고려할 필요가 있다고 말합니다. 먼저 인간이 처한 환경입니다. 상대의 말을 듣지 못했거나 좀 더 정확히 이해하기 위해서 다시 말해달라고 부탁하는 상황은 어느 문화에나 존재합니다. 다음으로는 환경에 대한 적응 전략입니다. 상대에게 다시 말해달라고 요청할 때는 "(h)uh?"와 같이 길이가 짧고, 입술과 혀를 최소한으로 움직이는 조음을 택하는 것이 가장 효율적입니다. 즉, 언어를 통한 커뮤니케이션 환경에서 필수적으로 요구되는 의사소통 기능을 "huh"와 같은 단어의 사용으로 충족시켰다는 설명입니다. 이는 진화생물학의 개념 중 서로 비슷한 환경에 처한 생물체가 비슷한 방향으로 진화를 하게 되는 현상을 일컫는 수렴진화convergent evolution에 해당하는데요. huh와 같은 감탄사는 언어 외적인 요인들(의사소통 환경, 인간 조음기관의 생물학적 특징 등)의 영향을 받아 탄생했다고 추정되므로 동기화되어 있다motivated고 말할 수 있겠습니다.

이상에서 언어가 동기화되는 몇 가지 예를 살펴보았습니다. 아마도 가장 기본적인 수준의 동기화는 '발화가 길면 길수록 더욱 복잡한 개념을 표현하는 경향이 있다'는 명제로 설명될 수 있을 듯합니다. 긴 단어는 복잡한 개념을 담고, 긴 문장은 짧은 문장에 비해 복잡한 내용을 표현할 때가 많죠. 형식과 의미의 양이 비례한다는 것입니다. 이 지식은 우리 모두가 암묵적으로 갖고 있는 것이어서 아래와 같은 유머의 기초로 사용되기도 합니다. 반대로 굉장히 짧은 단어를 장황하게 설명하는 유머를 생각해볼 수도 있겠지요.

영희: (알 수 없는 외국어 발음으로) @%@#^#@$###@$!@#!$#!$@%@ %@%@@#!#!$#^ #@$###@$!@#!$##^#@$###@$!@#!$##!$##^#@$### @$!@#!$#

철수: 어, 이게 무슨 말이야?

영희: 밥 먹자고!

철수: (꽈당)

하지만 개념적으로 볼 때 이런 규칙이 깨지는 경우도 있습니다. 예를 들어 널리 알려진 성철 스님의 법어, "산은 산이요 물은 물이다"를 생각해봅시다. 이 네 단어, 열 글자의 뜻은 무엇일까요? 그 의미를 문장의 길이에 비교할 수 있을까요? 답이 있는지 모르겠지만 적어도 이 짧은 문장에 담을 수 없는 깊고 넓은 뜻이 있지 않을까 감히 헤아려봅니다.

언어와 사고(1):
우리의 사고는 언어에 의해 결정되는가?

언어를 공부하고 가르치는 제게 영국의 주간지 〈이코노미스트the Economist〉의 2010년 12월 인터넷판은 흥미진진했습니다. "우리가 사용하는 언어가 우리가 생각하는 방식을 형성한다The language we speak shapes how we think"라는 주장을 둘러싸고 당시 스탠포드대 심리학과의 레라 보로디츠키와 펜실베이니아대 언어학과의 마크 리버만Mark Liberman이 열띤 논쟁을 벌였기 때문이었죠. 약 열흘간 진행된 논쟁은 독자투표로 승자를 정하는 방식을 택했습니다. 과학적 명제의 진위 여부를 여론조사로 정할 수는 없는 일이지만, 학계에서도 완전한 결론이 나지 않은 사안에 대해 상반된 견해를 가진 저명한 두 교수가 대중에게 어느 정도의 설득력을 지니는지를 볼 수 있는 좋은 기회였습니다.

논쟁의 사회자로 나선 로버트 레인 그린Robert Lane Greene이 밝히고 있듯이, 언어가 사고에 강력한 영향을 준다는 가설을 본격적으로 제기한 사람은 1930년대 활발한 활동을 했던 벤저민 리 워프Benjamin Lee Whorf였습니다. 그의 견해는 언어가 사고를 결정한다는 '언어결정론linguistic determinism'에 가까웠죠. 예를 들어 그는 호피Hopi어에 일, 월 등의 단위를 나타내는 단어가 없기 때문에 호피족이 시간을 인식하는 방식은 일, 월 등의 시간 단위를 표현하는 단어들을 사용하는 서구인들과 판이하게 다를 것이라고 생각했습니다. 워프의 주장을 가감 없이 받아들인다면 우리가 생각하는 방식은 우리가 사용하는 언어의 영향에 좌우됩니다. 우리의 생각이 사용하는 언어에 종속된다는 견해, 그렇기에 언어가 사고를 제한한다는 견해라고 할 수 있습니다. 이후 워프의 호피어에 대한 지식이 불완전했음이 밝혀지면서 그가 제시한 언어결정론의 신뢰성은 땅에 떨어졌습니다. 아울러 1960년대 이후 촘스키 언어학의 발흥으로 언어 연구의 중심에 언어구조 즉 통사syntax가 놓이고 이에 대한 논의가 언어학계의 주류를 이루면서 '사고와 언어의 관계'라는 주제는 언어학의 변방으로 밀려나게 되었습니다.

일상 속의 워프 가설

그럼에도 워프의 주장이 우리의 의식 밖으로 사라진 것은 아닙니다. 리버만은 "그 나라 말에는 A라는 표현이 없잖아. 그러니까 A에 해당하는 개념도 없는 거지"라는 말에서 언어결정론의 강력한 흔적을 찾아냅니다. 좀 더 구체적으로, "영어에는 '정'에 해당하는 말이 없잖아. 그러니까 영어 원어민들이 '정'이 무엇인지 어떻게 알 수가 있겠어?"라는 말 이면에는, '정'이라는 단어에 딱 맞는 단어가 없는 언어를 쓰는 사람들은 정이라는 개념을 이해할 수 없으리라는 가정이 존재하는 것입니다. 리버만에 따르면 이런 생각은 전혀 근거가 없습니다. 언어가 없다고 그 개념을 생각할 수 없는 것은 아니며, 인류가 가진 공통된 경험, 다양한 문화적 지식을 통해 해당 개념을 이해할 수 있다는 것이죠.

보로디츠키는 다른 관점을 제시하는데요. 비록 워프 가설이 제안하듯 언어가 사고를 결정determine하는 것은 아니지만, 언어가 사고에 영향을 미친다influence는 증거가 지속적으로 나타나고 있음을 강조합니다. 예를 들어 아런테어Arrernte, 구구이미티르어 Guugu Yimithirr, 쿠크타요레어Kuuk Thaayorre 등과 같이 '왼쪽'이나 '오른쪽' 같은 단어가 없이 동서남북과 같은 방위를 통해 사물의 위치를 표현하는 언어가 있습니다. 이런 언어를 사용할 경우 특정한 물건의 위치를 절대방위로 표현하는데요. "테이블 왼쪽에 냉장고가 있어"라고 말하지 않고 "테이블의 동남쪽에 냉장고가 있어"라고 말합니다. 한국어나 영어 화자에게는 상당히 생소한 방위 개념이지요. 이들 언어를 모국어로 사용하는 사람들은 건물 밖이건 안이건 동서남북 방향을 상대적으로 정확히 인지한다고 합니다. 이것은 보통 앞/뒤/좌/우로 위치나 방향을 표현하는 언어 사용자에게는 없는 능력이죠. 저 같은 준길치의 경우엔 상상할 수 없는 능력이기도 합니다. 우리는 이 현상에서 언어의 특성 즉, 언제든 동서남북으로 위치를 표현해야 하는 상황이 화자의 사고패턴에 영향을 주어서 어디서든 방위를 인지할 수 있도록 만들었다는 결론을 도출할 수 있습니다. 어려서부터 절대방위를 표현하는 언어에 노출되고, 언제 어디에서든 절대방위를 사용해야 하기에 결국 절대방위를 지각하는 능력이 발달했다고 보는 것입니다.

그래서 이코노미스트지 논쟁은 어떻게 되었을까요? 투표 결과는 보로디츠키의 손을 들어주었습니다. 투표 참가자의 약 4분의 3 정도가 "언어 사용 방식이 사고방식에 영향을 미친다"는 명제에 동의한 것입니다. 독자 중 일부는 댓글로 다언어 사용자로서 자신의 경험을 공유하며 언어와 사고의 관계에 대해 적극적인 의견을 제시하기도 했습니다. "내가 영어를 사용했을 때는 이런 느낌이었는데, 한국어를 사용할 때는 다른 느낌이 강하게 들어"와 같은 증언이 줄을 이었던 것이죠.

논쟁을 승리로 이끈 레라 보로디츠키는 사고에 대한 언어의 영향에 대해 활발한 연구를 진행하고 있습니다. 사실 워프 가설 이후로 언어와 사고의 관계에 대한 연구와 논쟁은 언어학과 심리학 분야에서 계속되어왔죠. 이 주제에 관심이 있는 분이라면 그의 TED 강연 〈언어가 우리의 사고방식을 형성하는 법How language shapes the way we think〉에서 다양한 지식과 통찰을 얻을 수 있으리라 생각합니다.

언어와 사고의 관계: 몇 가지 증거들

그럼 레라 보로디츠키의 강연 내용 중 흥미로운 대목 몇 가지를 소개해보겠습니다. 모두 우리가 사용하는 언어가 생각에 영향을 끼친다는 증거들입니다.

첫째, 문법적인 성을 가진 언어를 사용하는 사람들은 특정 단어를 특정한 성별과 연관지어 생각할까요? 프랑스어와 독일어 같은 언어는 문법적인 성grammatical gender을 가진 언어입니다. 예를 들어 독일어에서 특정한 명사는 남성, 여성, 중성 중 하나로 분류됩니다. 그런데 문제는 문법적 성이 실제 대상의 특성과 별 관련이 없는 경우가 많다는 것입니다. Stuhl은 의자나 걸상을 뜻하는 단어인데 남성형 명사죠. 그런데 의자가 남성일 이유는 전혀 없습니다. 무생물인 의자가 성별을 부여받는 것은 오로지 문법적인 이유이니까요.

그런데 한 연구는 이런 생각이 옳지 않을 수 있음을 보여줍니다. 사람들에게 한 주의 요일들을 묘사해보라고 했을 때, 그 요일의 문법적 성과 관련된 형용사를 사용하는 비율이 높았다는 겁니다. 문법적으로 여성인 요일은 실제 여성과 관련하여 널리 쓰이는 형용사를, 반대로 문법적으로 남성인 요일은 실제 남성과 관련된 형용사를 사용해 표현하는 경향이 높았다는 것이죠. 다시 말해 문법적인 성이 그저 말에 그치는 것이 아니라 실제로 사람들이 해당 요일에 대해 생각하는 방식에 영향을 미쳤다는 것입니다.

둘째, 앞에서도 간략히 언급된 예인데요. 쿠크타요레어에는 좌우라는 개념이 없고 모든 방향이 동서남북으로 표현된다고 합니다. 예를 들어 시계를 깜빡 잊고 파티장을 빠져나왔다면, "아, 파티에서 칵테일 바 동남쪽에 있는 테이블에 놓고 온 거 같아"라고 말한다는 것이죠. 사람에 대해 이야기할 때도 "그 사람은 나무의 서남쪽에 서 있었어" 등과 같이 표현하는 것입니다. 이런 언어습관 때문에 쿠크타요레어 화자는 건물의 밖은 물론 안에서도 동서남북을 잘 판단해낼 수 있습니다. 흥미로운 것은 절대방위를 사용하는 쿠크타요레어 화자들이 시간을 이해하는 방식입니다. 한 실험에서 이들은 몇 장의 카드를 시간 순서대로 배열해보라는 과업을 받았는데, 자신이 앉은 방향과 관계없이 동쪽에서 서쪽으로 카드를 배열했다고 합니다. 앞뒤나 왼쪽 오른쪽과 같은 상대방위를 사용하는 언어의 화자들이 자신의 왼쪽에서 오른쪽으로 카드를 배치하는 것과 대조를 이루는 반응입니다(Boroditsky & Gaby, 2010).

세 번째, 영어 원어민 화자에게 시간 순서대로 그림 몇 장을 배열해보라고 하면 대부분 왼쪽에서 오른쪽으로 배열합니다. 그런데 히브리어 및 아랍어 원어민 화자들은 반대로 대개 오른쪽에서 왼쪽으로 배열합니다. 이유가 무엇일까요? 답변의 강력한 후보는 영어와 히브리어 혹은 아랍어가 서로 다른 방향으로 쓰여진다는 사실입니다. 영어에서는 좌에서 우로 글을 쓰지만 아랍어와 히브리어에서는 반대입니다. 기록하는 방향의 차이가 시간별로 그림을 배열하는 과업 수행에 영향을 미쳤다고 볼 수 있는 것이죠. 쓰기의 방향, 즉 좌에서 우로 글을 쓰느냐 혹은 반대이냐가 사건을 순차적으로 배열하는 방식에 영향을 미치고 있음을 보여주는 예라고 할 수 있습니다. 언어의 특성이 사건을 공간에 배치하는 기준을 형성한 셈입니다.

비고츠키: 언어와 사고의 관계는 변증적이며 유기적이다

자, 그럼 맨 처음 질문으로 돌아가봅시다. 언어가 사고의 방식을 형성하고 결정짓는 것일까요? 아니면 언어는 그저 사고를 표현하는 도구에 불과한 것일까요? 위의 예에서 짐작할 수 있듯이 말과 사고의 관계는 참으로 오묘해서 간단히 정리할 수는 없을 것입니다.

러시아의 발달심리학자인 비고츠키 또한 사고와 언어의 관계라는 주제에 깊은 관심을 가졌습니다. 그에 따르면 언어와 사고의 출발점은 다르지만, 아동이 발달하면서 변증적으로 통합되어 떼어내기가 불가능해집니다. 말과 생각이 일방향의 관계가 아니라 유기적이며 역동적인 상호관계를 맺는다고 생각한 것이죠.

다수의 인지언어학자들은 말이 사고에 다소간의 영향을 준다는 견해를 지지합니다. 하지만 그 영향의 정도에 대해서는 학자마다 견해가 다르죠. 저는 '말이 생각을 형성한다'거나 '생각이 먼저고 말은 나중이다'라는 식의 명제보다는 '말과 생각은 유기적이며 변증적인 관계를 맺는다'는 명제에 공감합니다. 생각은 말로 환원할 수 없고, 말이 아니더라도 생각할 수 있는 방법은 많죠. 우리는 언어로 사고하지만 동시에 이미지로, 소리로, 몸짓으로, 촉각과 미각으로, 통각과 균형감각으로 사고하기도 하니까요. 그런 의미에서 말과 생각의 관계를 일방향으로 규정하기보다는 둘 간의 동적인 상호작용에 관심을 갖는 것이 중요하지 않을까 합니다.

언어와 사고(2):
은유는 사고에 어떤 영향을 미칠까?

    은유적 표현이 생각에 어떤 영향을 미치는지에 대해서는 크게 두 가지 견해가 있습니다. 먼저 하늘을 호수에 비유하든 거울에 비유하든 은유 때문에 하늘에 대한 생각이 바뀌진 않는다는 의견입니다. 다시 말해 어떤 은유를 동원하든 하늘은 하늘일 뿐이라는 것이죠. 반면 하늘을 호수로 설명할 때와 거울로 설명할 때 이해하는 사람들의 인지과정이 변화되고, 결국 하늘에 대한 생각이 달라질 수 있다는 의견도 있습니다. 적절한 은유의 사용은 사람의 생각을 변화시킨다는 견해입니다. 과연 진실은 어디에 있을까요?

    은유가 사고에 미치는 영향은 인지언어학자들 사이에서도 계속되는 논쟁거리입니다. 이번에는 폴 티보도Paul H. Thibodeau 와 레라 보로디츠키의 2011년도 논문 〈사고의 도구 은유: 추론에서 은유의 역할Metaphors we think with: The role of metaphor in reasoning〉을 통해 은유가 언어를 꾸미는 수사적 장치에 그치는지,

아니면 우리의 인지와 사고를 바꾸어놓는 심리적 실재인지에 대해 생각해보겠습니다.

범죄: 바이러스 은유 vs. 맹수 은유

원활한 설명을 위해 연구에서 사용된 예문들을 살펴봅시다.

(1) a crime epidemic 범죄 유행(전염병)

　crimes plaguing a city 도시를 전염시키는 범죄들

　crimes infecting a community 공동체를 감염시키는 범죄들

(2) criminals prey on unsuspecting victims 범죄자들은 의심하지 않는 피해자들을 먹잇감으로 삼는다.

　criminal investigations are hunts where criminals are tracked and caught. 범죄 수사는 범죄자들을 추적해서 잡는 사냥이다.

　보시다시피 '유행', '전염', '감염' 등의 어휘를 동원한 (1)은 범죄를 질병 혹은 바이러스에 비유하고 있고, '먹잇감으로 삼는다', '사냥' 등의 어휘를 동원한 (2)는 맹수로 표현하고 있습니다. 여기에서 연구의 핵심 질문이 나옵니다. 범죄를 바이러스 은유와 맹수 은유로 제시할 경우에 사람들이 범죄에 대해 다르게 생각하는가 하는 것이죠. 무엇에 빗대건 사람들의 생각과 판단에 영향을 주지 않는다면, 은유는 말 그대로 '말을 그럴듯하게 만드는 도구'이지

'사고를 변화시키는 도구'는 아닌 것입니다.

연구에 참여한 사람들은 한 마을에서 증가하고 있는 범죄에 대하여 대응책을 제시해야 합니다. 동일한 상황을 상이한 은유를 통해 접한 두 집단이 서로 다른 해법을 제시한다면, 은유가 사고 과정에 영향을 미친다고 판단할 수 있을 겁니다. 연구자들은 이 같은 연구문제 검증을 위해 다섯 가지 실험을 실시하였습니다. 각각의 실험 결과와 이에 대한 가상 비판의 형식으로 연구를 살펴보 겠습니다.

바이러스는 예방하고, 맹수는 잡아 가두어야

첫 번째 실험에서는 다음 지문이 주어집니다. 괄호 안에는 두 가지 표현이 있는데요. 순서대로 바이러스 그리고 맹수가 자리하고 있습니다. 전체 실험 참가자 중 절반은 바이러스 비유를 포함한 지문을, 나머지 절반은 맹수 비유로 된 지문을 읽었습니다.

Crime is a {virus infecting/wild beast preying on} the city of Addison. The crime rate in the once peaceful city has steadily increased over the past three years. In fact, these days it seems that crime is {plaguing/lurking in} every neighborhood. In 2004, 46,177 crimes were reported compared to more than 55,000 reported in 2007. The rise in violent crime is particularly alarming. In 2004, there were 330 murders in the city, in 2007, there were over 500. (범죄

는 애디슨 시를 {감염시키고 있는 바이러스/먹이로 삼고 있는 맹수}입니다. 한때 평화로웠던 이 도시의 범죄율은 지난 3년 동안 꾸준히 증가해왔습니다. 사실, 요즘에는 범죄가 동네 곳곳에 {전염되고 있는/숨어 있는} 것 같습니다. 2004년에는 4만 6,177건의 범죄가 보고되었는데 2007년에는 5만 5,000건 이상이 보고되었습니다. 폭력 범죄의 증가는 특히 우려스럽습니다. 2004년에는 330건의 살인이, 2007년에는 500건 이상이 살인이 있었습니다.)

이와 함께 범죄율 증가 통계가 제시되었습니다. 물론 모든 실험 참여자에게 동일한 표가 주어졌죠. 지문과 표를 살펴본 참여자들은 이 도시의 범죄를 해결할 수 있는 방법을 제안해보라는 과업을 완수해야 합니다.

결과는 명확했습니다. 바이러스 은유를 포함한 지문을 살펴본 실험 참가자들은 빈곤 등을 포함한 범죄의 근본적인 원인을 제거하고, 커뮤니티가 그 원인에 **감염되지 않도록** 하는 방안을 최우선으로 꼽았습니다. 바이러스는 잡아서 가둘 수 없기에 감염되지 않도록 예방하고 주의해야 한다는 생각과 비슷한 해법이었습니다. 이와 대조적으로 맹수 은유를 포함한 지문을 읽은 사람들은 범죄자들의 **색출 및 검거**를 가장 중요한 대처 방안으로 제시했습니다. 동물원에서 탈출한 사자를 다시 잡아와 가두어야 한다는 생각처럼 말이죠.

하나의 은유만으로도 사고의 방향이 바뀐다?

이러한 결과에 대해 혹자는 "비유적 표현들이 여러 번 반복되니 당연히 그럴 수밖에 없잖아. 전체 지문에서 은유가 딱 한 번만 나온다면, 사람들의 제안이 그렇게 갈리지 않을 거라고 봐. 은유를 반복적으로 사용한 효과야"라며 이의를 제기할지도 모르겠습니다. 이런 반론에 대응하기 위해 두 번째 실험이 준비되었습니다.

두 번째 실험의 진행방식은 이전과 동일했습니다. 다른 점이 있다면 첫 번째 실험의 지문에서는 바이러스와 맹수라는 표현과 함께 상응하는 동사(infecting, plaguing/preying on, lurking in)들이 사용되었음에 반해, 두 번째 실험의 지문에서는 단 하나의 명사구만이 사용되었다는 것입니다. 구체적으로, "Crime is a <u>virus/beast</u> ravaging the city of Addison"(범죄는 애디슨 시를 파괴하는 바이러스이다/맹수이다)에서 강조된 부분을 제외하고 완전히 동일한 지문과 과업이 주어진 것이죠. 지문이 변화했음에도 결과는 첫 번째 실험과 마찬가지였습니다. 두 집단이 각각 바이러스/맹수 은유의 성격에 상응하는 대책을 제시한 것이죠. 단 하나의 명사구 차이에도 참여자들의 해법이 확연히 갈렸던 겁니다.

보이지 않는 은유의 힘

이 결과를 두고 또 다른 반론이 제기될 수 있습니다. "아, 그래? 사실 애초부터 바이러스나 맹수라는 단어를 사용한 게 잘못 아닌가? 사람들이 그런 단어를 들으면 당연히 '바이러스는 막고, 맹수를 잡아들여야 해'라고 생각할 거 아냐. 이들 단어를 지문 안에 직접 사용했기 때문에 나온 결과야"와 같은 주장이지요. 이런 반론에 대응하기 위해 연구자들은 세 번째 실험을 추가로 실시하였습니다.

이번에는 지문에 바이러스나 맹수라는 단어를 직접 쓰지 않았습니다. 두 번째 실험에서 사용된 지문이 포함하고 있던 "Crime is a virus/beast ravaging the city of Addison"라는 문장마저 제외한 것이죠. 대신 지문을 읽기 전에 바이러스와 맹수 두 단어의 유의어를 말해보라는 과업이 주어졌습니다. 이를 통해 그들의 마음속에 바이러스나 맹수와 관련된 개념들이 활성화되었고요. 놀랍게도 세 번째 실험의 결과도 앞의 두 실험과 동일했습니다. 두 집단은 바이러스/맹수라는 은유에 해당하는 대처방안을 내놓았거든요. 단어를 언급하지 않고 지문을 읽기 전에 관련 개념을 환기시킨 것만으로 의사결정에 영향을 미친 셈입니다. 은유를 직접 사용하지 않고도 사람들의 마음을 특정한 방향으로 움직일 수 있는 가능성이 확인된 것이지요.

과업에 따른 차이: 해법 제시 vs. 추가 자료 확보

이런 결과를 보고도 "아무래도 방금 봤거나 다른 표현에서 유추한 은유를 사용할 가능성이 높지 않을까? 최종적인 해법을 제시하라고 하지 않으면 은유의 영향이 그렇게 크게 드러나지 않을지도 몰라"라며 과업의 종류에 의혹을 제기하는 분들이 있겠습니다. 언어나 은유의 문제가 아니라 지문을 본 후의 과제가 더 큰 문제일 수 있다는 의견입니다.

이러한 반론에 대응하기 위해 네 번째 실험이 준비되었는데요. 이번에는 지문을 제시하고 현 상황과 관련된 정보를 추가로 모아보도록 했습니다. 최종적인 해결책을 제안하라고 한 것이 아니라, 해결에 필요한 자료들을 찾아보라고 한 것이지요. 참여자들은 어떤 자료들을 모았을까요? 결과는 이전과 다르지 않았습니다. 바이러스 관련 표현이 나온 지문의 경우엔 범죄 예방과 관련된 자료를, 맹수 관련 표현이 나온 지문의 경우엔 범죄자의 검거에 초점을 맞춘 자료를 집중적으로 찾았습니다. 참여자들은 바이러스와 맹수 은유가 구성하는 사고의 틀frame에 따라 정보를 검색하는 경향을 보인 것입니다.

은유가 텍스트의 해석을 '물들인다'?

마지막으로, "아, 그게 말이지. 바이러스나 맹수라는 단어가 맨 처음에 나오니까 사람들의 머릿속에 각인되는 거 아닐까? 맨 처음 문장이 주제 문장인 경우가 많으니, 사람들이 그걸 보면 뇌리에 팍 박히는 거라고"라는 의견이 나올 수 있겠습니다. 은유의 위치에 따라서 결과가 다르게 나올 수 있지 않을까, 자세히 말하면 은유가 그저 단발적인 정보를 전달한다기보다는 이후 제시되는 텍스트를 해석하기 위한 사고의 틀로 활용되지 않을까 하는 생각이죠.

그래서 다섯 번째 실험에서는 이런 가능성을 제거하기 위해 바이러스/맹수 비유를 글의 맨 마지막에 넣었습니다. 두 가지 종류의 은유가 처음부터 글에 대한 해석을 '물들이는' 일은 일어나지 않았습니다. 참여자들은 바이러스/맹수와 관련된 표현을 보지 않고 글을 읽어나갔고 맨 마지막에서 이들 표현과 마주친 것이죠. 결과는 어땠을까요? 이 실험에서만큼은 반론이 옳았습니다. 글의 끝에 배치하자, 은유에 따라 상이한 대책을 제안하는 경향이 사라진 것입니다. 여기에서 텍스트의 시작 부분에 제시되는 은유가 이후 내용을 이해하는 데 있어 무게중심의 역할을 하게 될 가능성이 높다는 점을 추론할 수 있겠습니다. 다시 말해, 만약 은유를 사용하여 독자의 마음을 움직이고자 한다면 제목이나 첫 문단에 배치하는 것이 효율적일 가능성이 높다는 것입니다.

나도 모르게 내 생각에 영향을 미치는 은유

이상에서 은유가 우리의 생각과 판단에 어떤 영향을 미치는지에 대해 살펴보았습니다. 제겐 반론에 꼼꼼히 대비하는 연구자들의 실험설계가 인상적이었는데요. 본 실험 외에 실험 참가자들과 진행한 인터뷰 내용 또한 인상적입니다. "왜 이런 제안을 하셨나요? 어떤 동기에서 이런 해결책을 주신 건가요?"라고 물었더니 대부분 통계치와 같이 은유와 관련 없는 부분에 대해서 이야기하더라는 겁니다. 은유 때문에 이런저런 해법을 제시했다고 말한 사람은 거의 없었다는 거죠. 결국 참가자들은 은유의 힘을 인지하지 못했지만, 그 영향에서 자유롭지 못했습니다.

여러분이라면 범죄를 어떤 은유로 묘사하시겠습니까? 바이러스인가요? 맹수인가요? 여러분의 인생은 무엇인가요? 고통의 바다인가요? 설레는 여행길인가요? 아니면 처참한 전쟁터인가요? 오늘 살펴본 연구가 보여주듯 은유가 사고에 영향을 준다는 사실을 인지한다면 평소 삶에 적용하는 은유에 대해 좀 더 깊이 생각해봐야 할 것 같습니다. 우리가 부지불식간에 사용하는 은유가 삶에 대한 태도 및 관점의 형성에 큰 역할을 할 수도 있으니까요.

언어와 사고(3):
"Excuse me"의 인지언어학적 이해

미국에 가면 여기저기에서 듣게 되는 말 중에 "Excuse me"가 있습니다. 슈퍼마켓의 진열대 앞에 서 있는데 물건과 저 사이를 지나가는 사람들이 "Excuse me!"라고 외칩니다. 좁은 길 저쪽에서 이쪽을 향해 빠르게 걸어오는 사람도 "Excuse me"라고 말합니다. 버스 안에서 이동할 때도, 음식점에서 줄을 서 있을 때도 심심찮게 이 표현을 들을 수 있습니다.

하지만 "Excuse me"가 문자 그대로 '(실례되는 행동을 할 거니까) 나를 용서해주세요'라는 뜻은 아닌 것 같습니다. 보통 상대방의 주의를 환기시키고 충돌을 피하려는 의도로 자주 사용되기 때문입니다. 그렇기에 정말 미안하다기보다는 자신이 누군가에게 접근하면, 다시 말해 누군가가 자신만의 개인적 공간 안에 '침투하면' 반사적으로 튀어나오는 표현으로 이해해야 할 것 같습니다. 때로는 끝부분을 급격하게 올려 "지금 뭐 하시는 거죠?"라는 느낌을 전달하기도 합니다. 줄을 서 있는데 새치기를 하려는 사람을 발견했을 때처럼 말이죠. 여기에서 알 수 있는 것은 "Excuse me"가 맥락에 따라 상대에게 양해를 구하는 표현일 수도, 자신의 사적공간을 침범한 것에 대한 경고일 수도 있다는 사실입니다.

문화와 사적공간

미국의 인류학자이자 문화연구자인 에드워드 홀Edward Hall은 사적공간personal space에 관한 이론을 정립한 것으로 유명합니다. 사적공간은 한 사람이 편안하다고 느낄 수 있는 최소한의 공간을 말하는데, 문화마다 또 개인별로 차이가 커서 그 특성을 일반화할 수는 없습니다. 하지만 홀의 연구에 따르면 서양인들은 평균적으로 좌우로 60센티미터, 시선이 가는 앞쪽으로 70센티미터, 뒤로는 40센티미터 남짓 정도로 개인공간을 이룬다고 합니다. 물론 이 또한 어떤 활동을 위한 공간인가, 누구와 함께 있느냐에 따라 상당한 편차를 보입니다. 열차나 버스, 체육관, 건물 엘리베이터 등 장소에 따라서, 또 같이하는 사람이 가족이나 연인 혹은 타인이냐에 따라서 편안함을 유지할 수 있는 거리는 분명 다를 테니까요. 예를 들어 공원 벤치의 한쪽 끝에 한 사람이 앉아 있는데 반대편 끝에 앉지 않고 그 사람의 바로 옆 자리에 앉았을 때 우리는 사적공간이 침해되었다고 느낍니다.

하지만 문화마다 사적공간의 침해에 대해 경고하는 방법이 다릅니다. 모든 미국인과 스페인 사람들에게 적용되진 않겠지만 다수의 미국인이 "Excuse me"라고 말할 상황에서, 많은 스페인 사람들은 아무 말 없이 행동하기도 합니다. 실제로 물리적인 충돌이 일어나지 않는다면 특별히 경고를 할 이유도, 미안해할 이유도 없다고 판단하는 것이죠. 그래서 미국에서 오래 살다가 독일에 가서 미안하다는 뜻의 "Entschuldigung!"을 연발하면 사람들이 의아하게 생각할 수 있는 것입니다. 이에 비해 미국에서는 "Excuse me"가 당연히 나와야 할 상황에서 입을 닫고 있으면 개념 없는 사람으로 인식될 가능성이 높겠지요. 재미있는 것은 캐나다인들은 "Excuse me" 외에도 "Sorry"까지 동원해서 미국인들보다 더 자주 '실례합니다'를 외치곤 한다는 견해도 있다는 겁니다(물론 한 문화권 내에서도 어느 정도의 개인차나 지역 차가 있다는 것을 염두에 두어야 하겠지요). 그렇다고 북미의 사람들이 다른 문화권의 사람들보

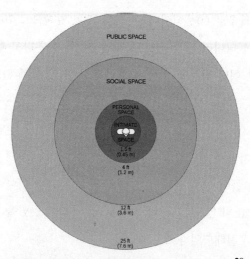

에드워드 홀이 제시한 사적공간Personal Space의 구조[●○]

다 더 공손하다고 생각하는 것은 오해에 가깝습니다. 그보다는 사적공간에 대한 사람들의 인식이 언어 습관으로 표출되는 것으로 보는 것이 좀 더 적절하겠습니다.

close talker: 들이대고 말하는 사람

한때 선풍적인 인기를 끌었던 미국 드라마 〈사인펠드 Seinfeld〉는 "close talker"라는 말을 널리 퍼뜨렸습니다. '가까이 다가와 말하는 사람'이라는 뜻으로 아무에게나 얼굴을 들이대고 이야기하는 사람을 지칭하는 표현입니다. 극 중 애런Aaron이라는 인물이 바로 'close talker'인데요. 한 에피소드에서 처음 만나는 사람들의 코앞에까지 다가가서 말하는 장면을 천연덕스럽게 연기합니다. 에드워드 홀이 개념화한 사적공간을 깡그리 무시하는 역할로 시청자에게 큰 웃음을 선사하는 것이죠. 물론 보고 즐길 수 있다고 해서 정말로 유쾌한 일은 아닐 겁니다. 이런 일이 실제로 우리에게 일어난다면 삽시간에 기분이 나빠져 바로 자리를 뜨고 싶을 테니까요.

사적공간은 문화권마다 상당한 차이를 보이지만, 순수히 문화적인 산물로만 볼 수 없다는 관점 또한 존재합니다. 진화적이고 생물학적인 측면에서도 개인공간의 의미를 조명할 수 있다는 견해죠. 대표적으로 〈네이처 뉴로사이언스Nature Neuroscience〉에 실린 한 연구는 SM이라는 환자의 흥미로운 사례를 소개합니다. 그에게는 우르바흐-비테 증후군Urbach-Wiethe Disease이라는 특이질환이 있었는데, 측두엽에 석회화가 진행되어 편도체amygdala 이상을 겪고 있었습니다. 편도체는 감정조절과 깊은 관련을 맺고 있고 불안 및 공포를 기억하는 데 관여하는 것으로 알려진 기관인데요. '편안한 거리를 유지하면서 연구자에게 최대한 가까이 오라'는 주문을 받은 SM은 실제로 한 연구자의 코에 닿을 때까지 다가가 사람들을 깜짝 놀라게 했다고 합니다. 제가 한 학생에게 "이리 가까이 와보세요"라고 말했는데, 제 코와 학생의 코가 충돌했다면 정말 당황스럽겠죠.

이상에서 "Excuse me"와 'close talker'를 예시로 언어와 사적 공간, 문화와 생물학적 특성이 어떻게 엮여 있는지 살펴보았습니다. 이제 "Excuse me"와 같은 표현을 공부할 때 단순히 한국어 '실례합니다'의 영어 표현으로 외우기보다는, 언어와 문화적 차이가 어떻게 상호작용하고 있는지, 또 인간의 생물학적 특성이 언어습관에 어떤 영향을 미칠 수 있는지를 보여주는 예시로 이해해보는 것은 어떨까요? 언어를 배우는 일이 좀 더 입체적이며 흥미롭게 느껴지지 않을까요?

언어와 사고(4):
제스처가 드러내는 언어 이상의 의미

수업시간 중이었습니다. 한 중국인 교수님이 어떤 실험 연구의 통계 결과를 이야기합니다.●○

"이 경우는 수치가 낮고low, 이 경우는 수치가 높죠high."

수치는 많고 적은 것으로 표현되기도 하지만, 높고 낮음으로 표현되기도 하죠. 그런 의미에서 위의 문장은 넓은 의미에서의 은유라고 볼 수 있습니다. 높낮이의 기본의미는 고도/높이에 관한 것인데 양quantity의 영역에서 쓰였기 때문입니다. 이런 은유가 가능한 이유는 우리가 살면서 접하는 눈에 보이는 현상들에 기반하고 있다고 판단됩니다. 예를 들어 물을 컵에 따르면 양이 많아짐

●○　　　원래 문장은 영어입니다만, 편의상 한글로 적었습니다.

과 동시에 수면이 높아지죠. 짚단을 쌓으면 양이 증가함과 동시에 높이가 높아지고요.

제스처가 드러내는 것:
많고 적음은 높고 낮음이면서 오른쪽과 왼쪽이기도 하다

하지만 주목해야 할 것은 이 중국인 교수님이 말과 함께 사용한 제스처입니다. 괄호 안에 제스처를 간략히 묘사해보았습니다.

"이 경우는 수치가 (왼쪽 손이 교탁 아래편에 있다가 손바닥이 위로 가게 하여 손을 들면서) 낮고, 이 경우는 수치가 (오른쪽 손이 교탁 아래 있다가 손바닥이 위로 가게 하여 손을 들면서) 높죠."(결과적으로 왼손과 오른손 모두가 교탁 위로 올려진 상황이 되었습니다. 왼쪽 손과 오른쪽 손의 높이의 차이는 없고요. 왼쪽 손을 든 채로 오른쪽 손을 같은 높이로 드신 것이죠.)

자, 이제 우리는 (1)'높고 낮음'을 이야기하며 청각으로 전달되는 말소리와 (2)이와 동시에 수행되는 제스처, 즉 좌우 대칭인 시각적 이미지로 전달되는 제스처를 살펴보게 되었습니다. 흥미로운 것은 '높낮이'는 수직적인 은유에 근거하고 있음에 반해 '왼손과 오른손'은 수평적 은유에 근거하고 있다는 것입니다. 다시 말해 말은 수직을 가리키는데 동작은 좌우를 가리키고 있는 것이지요. 그렇다면 왜 교수님은 수치의 적고 많음(말소리로는 "낮고 높죠")을 왼손과 오른손을 같은 높이로 들어올림으로써 표현하였을까요?

이 질문에 대답하기 위해서는 우선 이분이 중국인이라는 사실에 주목해야 할 것 같습니다. 즉 이분이 자라온 문화에 대해 고려하는 것입니다. 중국 문화의 어떤 부분이 이런 동작을 하게 만들었을까요? 그리고 이분은 미국의 대학에서 일하고 있는, 오랫동안 정규교육을 받은 분임을 생각해야 할 것 같습니다. 그 밖에 이런 제스처가 나오게 된 이유를 곰곰이 생각해보아야겠고요.

제가 이 교수님을 모시고 통제된 실험을 한 것은 아니기에, 왜 "낮은 것=왼손"이고 "높은 것=오른손"인가를 명확하게 규명할 방법은 없습니다. 일반적인 단어들과 달리, 제스처는 매우 개인적인 경우가 많기 때문입니다. 특히 OK 사인이나 승리를 나타내는 V 자와 같이 독립적으로 사용될 수 있는 아이콘이 아니라, 말과 동시에 표현되는 제스처co-speech gesture의 경우는 개개인별로 미세하게 다른 표현방식이 있습니다. 그렇다 하더라도 왼쪽과 오른쪽을 이용하여 수치의 낮고 높음을 표현한 이유를 추론해볼 수는 있습니다. 우선 이분이 전산언어학을 하시고, 서양의 수학체계를 어렸을 때부터 배워온 분임을 생각하면 데카르트 평면(중앙을 기준으로 왼쪽은 음수, 오른쪽은 양수)의 영향을 받은 것은 확실해 보입니다. 또한 달력을 봐도 숫자는 좌에서 우로 갈수록 커지지요. 워드 프로세서를 사용해도 좌측에서 우측으로 글자가 "쌓여가면서" 단어의 숫자가 증가하고요. 따라서 이분이 위와 같은 제스처를 쓰신 것은 우연이라고 보기 힘든 면이 있습니다. 여러 가지 사회문화적·교육적 배경을 그 뒤에 깔고 있는 것이지요. 그 배경을 규명하는 일은 제스처 연구의 중요한 영역 중 하나가 될 겁니다.

흥미로운 것은 이분의 말(low, high)과 제스처(left, right)가 동시에 표현되었다는 사실입니다. 수치의 많고 적음이 높낮이로 표현되거나 좌우로 표현되는 것은 흔한 일입니다. 그런데 이분의 말에서는 높낮이와 좌우가 동시에 표현되고 있습니다. 다시 말해 수학 시간에 배우는 데카르트 평면의 Y축과 X축에 동시에 대응하고 있는 것입니다. 음성으로만 소통되는 상황에서는 포착할 수 없는 의미 생산 방식이지요. 이처럼 말과 제스처는 동시에 우리의 생각을 드러냅니다. 말만 들어서는 알 수 없는 마음, 제스처를 면밀히 관찰할 때라야 비로소 드러나는 마음이 있는 것이지요.

두 번째 광경: put과 place 그리고 position

오래전이었습니다. 한 교수님의 수업을 청강한 적이 있는데, 주제가 제스처의 사용이었죠. 교수님이 영어에서 '어떤 장소에 무언가를 놓다'라는 의미에 해당하는 동사들의 예를 들고 계셨고요. 이런 식이었습니다.

"for example, put, place, and position …"

재미있었던 것은 선생님이 put과 place를 말씀하실 때는 한 손으로 탁자 위에 무언가를 놓는 제스처를 취하신 반면, position을 설명하시면서는 두 손으로 무언가를 놓는 제스처를 취하셨다는 겁니다. 왜 이런 행동을 하셨는지 정확히 알 수는 없습니다만, 저의 추론과 교수님의 대답은 이랬습니다. 아래는 수업 직후 이루어진 대화의 복기입니다.

나: 교수님. put이랑 place라는 단어를 설명하실 때는 한 손으로 놓는 제스처를 취하셨는데, position에서는 두 손으로 물건을 잡고 특정한 위치에 정확히 놓는 제스처를 취하셨어요. 이게 position이라는 동사의 의미 때문인가요?

교수님: 그럴 수 있지.

나: 제가 생각하기엔 position이라는 동사는 다른 두 동사에 비해 특정한 위치에 놓는다는 의미가 강하고, 그래서 좀 더 주의를 기울여야 하잖아요. 그 의미가 선생님의 두 손 제스처에 영향을 미친 거 같아서요.

교수님: 충분히 그럴 수 있겠네.

교수님은 "그럴 수 있다"는 말씀으로 일관하셨습니다. '그렇다'는 확언을 주신 건 아니지요. 하지만 여기에서 중요한 것은 교수님이 정말 저의 설명과 같은 동기에서 동사 position에 대하여 두 손 제스처를 쓰셨는가가 아닙니다. 중요한 것은 제스처는 소리로서의 말, 즉 발화가 드러내지 못하는 측면을 드러내는 중요한 미디어라는 것입니다. 우리가 말하는 것 이상이 제스처로 전달되는 것이지요.

사전에서 put이나 place를 찾았을 때 '한 손으로 놓다'라는 의미가 나오는 것은 아닙니다. 마찬가지로 position을 찾았을 때 '두 손으로 정확한 자리에 놓다'라는 의미를 발견할 수도 없지요. 하지만 교수님의 제스처는 자신이 put과 place를 개념화하는 방식과 position을 개념화하는 방식이 미묘하게 다름을 드러냈습니다.

여기에서 '심성 어휘집mental lexicon'의 개념을 엿볼 수 있습니다. '심성'이라는 말은 우리 마음속, 좀 더 기술적으로 말하면 우리의 두뇌 속에 자리 잡았다는 뜻입니다. 심성 어휘집은 일반 어휘집과 다르죠. 인터넷이 발달하기 이전에 사용하던 종이사전이나 지금 포털사이트에서 활용하는 각종 사전, 수능이나 토플에 대비하기 위해 공부하는 '어휘학습서'와 심성 어휘집은 큰 차이가 있습니다. 일반적인 사전이나 단어장이 ABC 순서로 단어가 정리된 데 반해, 우리의 두뇌 속에 자리 잡은 심성 어휘집은 다양한 관계를 기반으로 어휘를 저장합니다.

다시 말해 우리의 장기기억 속에 저장된 어휘의 총체를 심성 어휘집이라고 볼 수 있습니다. 여기엔 분명 알파벳 순서대로 단어가 저장되어 있지 않겠죠. 한 가지 사고실험을 통해 이를 직관적으로 이해할 수 있습니다. 예를 들어 '사과'라는 말을 들으면 여러분은 어떤 단어들이 떠오르시나요? 과일이라든가 배, 홍옥 같은 단어들이 떠오르지 않을까요? 사전에서 '사과'의 앞뒤에 나오는 단어들이 떠오르는 분은 없을 겁니다. 보통 '사과'는 사과를 포괄하는 상위어인 '과일', 이와 함께 자주 이야기되는 '배'와 같은 단어, '사과'의 대표적 종류 중 하나인 '홍옥' 등을 떠오르게 합니다.

그렇다면 다시 제스처와 언어로 돌아가봅시다. 앞서 전해드린 이야기에 따르면 적어도 교수님의 심성 어휘집에는 'place, put vs. position'과 같은 구분이 존재합니다. place와 put이 한 그룹에 속하고 position은 다른 그룹에 속하는 것입니다. 사실 이런 구분은 사전에서 찾아볼 수 없습니다. place와 put 그리고 position을 각기 다른 단어로 보거나 유의어로 묶을 수는 있지만 place와 put

을 하나로 묶고, position을 별도로 구분하는 일은 없지요. 그런 면에서 교수님의 제스처는 언어가 드러내는 사전적 의미를 넘어 체화된 의미embodied meaning를 드러냅니다. 즉, 제스처는 사전이 담아내지 못하는 의미를 표현하며 이는 개개인이 어떻게 어휘를 개념화하는가를 드러낸다고 할 수 있습니다. 사전에 존재하지 않는 자신만의 의미, 때로는 자신도 인지하지 못하지만 몸이 수행하는 의미가 제스처로 구현되는 것입니다.

마지막으로 한 가지 사고실험을 해봅시다. 여러분은 비슷한 의미를 지닌 단어 high와 tall을 말할 때 어떤 제스처를 쓰실 것 같나요? 그것은 두 단어의 의미에 있어 어떤 측면을 강조하나요? 그 의미는 사전에 나오는 뜻으로 다 설명될 수 있는 성격의 것인가요? 그렇지 않다면 그런 의미가 여러분의 삶 속에 자리 잡게 된 데는 어떤 요인들이 작용했을까요?

이런 질문 속에서 깨닫게 되는 것은 우리가 그간 언어의 의미를 너무 쉽게 말소리의 의미로 한정해왔다는 것입니다. 언어의 의미는 말소리를 넘어 우리의 몸으로, 표정으로, 상대방과의 거리로, 몸의 방향으로 구현되는 것인데 말이죠. 결국 우리는 언어를 새롭게 정의해야 할지 모릅니다.●○

●○　　물론 수어를 사용하시는 분들은 구어를 사용하는 분들과는 다른 방식으로 수많은 의미를 체화하고 표현합니다. 제스처를 사용하기 힘든 분들 또한 나름대로의 의미체계를 만들어가죠. 위의 글에서는 다수가 사용하는 구어와 제스처를 중심으로 언어의 의미에 대해 생각해보았습니다.

사고를 보는 새로운 창, 제스처

북미 학계에서는 최근 제스처 연구가 활발합니다. 많은 학자들이 있지만, 인간의 인지에 중점을 두는 연구자 중 가장 저명한 학자는 시카고 대학의 데이비드 맥닐David McNeill 교수입니다. 아쉽게도 그의 연구실은 20여 년의 대장정을 마치고 2017년 문을 닫았습니다만, 그가 제스처 연구에 미친 영향은 실로 막대합니다.

그의 이론에 따르면 인간의 제스처는 말소리와 다른 특징을 가지고 있습니다. 말소리는 단어와 형태소, 자음과 모음으로 쪼갤 수 있고, 시간 속에서 선형적linear으로 전개됩니다. 이에 비해 제스처는 어느 부분을 딱 쪼개서 보기 힘들어서 총체적인holistic 표현 방식을 갖지요. 아날로그적이라고 할까요. 말소리를 자음과 모음으로 쪼개듯 제스처를 조각조각 쪼갤 수는 없는 것이지요. 이렇게 말소리(음성언어)와 제스처(시각언어)라는 두 미디어는 사뭇 다른 방식으로 사고를 표현합니다. 이렇게 보면 인간의 언어는 쪼갤 수 있는 것과 쪼갤 수 없는 것이 실시간으로 상호작용하며 의미를 만들어내는 '하이브리드 체계'입니다. 따라서 인간의 사고, 즉 인지과정을 보기 위해서는 이 둘을 동시에 살펴야만 합니다.

앞서 살펴본 두 교수님의 예를 참고해보시면 맥닐 교수의 주장이 어떤 의미인지 어느 정도 파악하실 수 있으리라 생각합니다. 우리의 생각은 여러 가지 방식, 언어학의 용어로는 양태mode로 표현되고, 말소리는 그중 하나일 뿐이라는 거죠. 우리가 서로를 만나 소통할 때, 소리말이 차지하는 비율은 생각보다 크지 않습니다. 우리의 눈빛, 얼굴 표정, 몸동작 하나하나, 상대와의 거리, 목소리의 톤과 크기 등 커뮤니케이션의 모든 요소가 빚어내는 하모니가 맥락과 결합하여 소통을 이루기 때문입니다. 제스처 연구는 언어 연구의 새로운 장을 열고 있으며, 사고와 언어의 관계에 대한 시각에도 새 지평을 열어주고 있습니다.

'장도리'로 본
개념적 혼성

책의 초반에서 살핀 바와 같이, 조지 레이코프와 마크 터너 등의 학자들이 수창한 개념적 은유 이론은 1980년대 초반부터 인지언어학의 주요분과로 자리매김하였고, 지금까지 많은 교사와 연구자들에게 영감을 주고 있습니다. 하지만 한 시대를 연 이론에 대한 비판이 끊이지 않았던 것 또한 사실입니다. 개념적 은유 이론의 한계를 지적하고 은유의 생산과 해석 과정에 대한 보다 체계적인 설명을 제시한 개념이 바로 **개념적 혼성**conceptual blending입니다. 오늘은 개념적 혼성을 효과적으로 이용한 만화 한 컷을 살펴보려 하는데요. 다만 이 글에서는 인지언어학의 주요 이론을 깊이 살피기보다는 '사회적·문화적·시대적으로 다양한 개념적 요소들을 순식간에 섞어blend 의미를 만드는 일'로 개념적 혼성을 정의하고 예를 들어보려고 합니다.

개념적 혼성의 꽃은 시사만화입니다. 복잡다단한 사건과 개

넘들이 몇 컷 안 되는 공간에 절묘하게 자리를 잡습니다. 독자들에게 주는 메시지와 감동도 긴 사설에 못지않지요. 이렇게 효율적인 의미표현이 가능한 것은 인간이 다양한 개념공간을 자유자재로 섞어가며 새로운 의미를 만들어냄으로써 해석의 지평을 넓힐 수 있기 때문입니다.

한 예로 2014년 5월 8일 자 〈경향신문〉의 시사만화 '장도리' 두 번째 컷을 살펴봅시다. 검찰의 옷은 지금의 것이 아닙니다. 검찰 초

2014년 5월 8일 자 '장도리'

기의 법복이 현재의 검찰조직을 상징하는 한 검사에게 입혀져 있죠. 하지만 우리는 여기에서 '국가 하위조직으로서의 검찰'이라는 의미를 떠올리는 데 전혀 어려움을 느끼지 않습니다. 적어도 대한민국의 독자들은 조선시대 느낌의 관복과 그것을 입고 있는 개인, 이 둘이 합작하여 만들어내는 의미를 쉽게 파악합니다.

탐욕스럽고 고집불통 같은 얼굴은 만화가 다루는 사건에 대한 검찰조직 전체의 태도를 함축합니다. 실제 서류를 보지도 않고 내팽개치는 물리적 행동을 묘사함으로써 증거와 의혹을 쓸어버린다는 비유적 의미를 표현합니다. 얼굴 표정이 조직의 태도를 나타낸다는 점에서 환유적 표현이라고 볼 수도 있고요(물론 실제 검찰조직의 책임자가 서류를 쓸어버렸을 수도 있지만, 이를 확인할 방법은 없습니다). 아울러 이 상황은 많은 직장인들이 기획서를 들고 상사의 방에 들어갔을 때 경험해봤을 만한 짜증과 모멸감을 연상시킵니다. 독자의 공감대를 넓히는 장면임에 틀림이 없죠. 당황하며 손가락질을 하는 사람은 검찰조직의 한 구성원이 아니라, 검찰의 행태에 짜증을 내고 분노하는 일련의 사회 구성원 및 집단을 상징한다고 봐야겠습니다.

이런 면에서 만화에 들어 있는 개념적 혼성을 이해하는 작업에는 상당한 수준의 사회문화적 지식이 필요합니다. 외국어로 만화를 보는 게 어려운 건 단순히 해석이 문제가 아니라, 이러한 혼성blending에 내포된 개념적·문화적 의미를 파악하지 못하기 때문입니다.

이상에서 살펴본 두 번째 컷은 마지막 컷인 "검찰수사 마무리"에 가서 새로운 의미를 획득합니다. 즉, '장도리'라는 시사만화

의 한 컷이 터프한 이미지로 널리 알려진 어느 남자 배우의 광고
와 겹쳐지며 새로운 해석이 가능해지는 것이죠. 구체적으로 "마무
으리"는 '장도리' 만화와 모 브랜드의 식혜 광고를 이어줌과 동시
에, 당시 인기를 끌었던 일련의 "으리" 시리즈를 연상시킵니다. 이
런 효과를 노렸기에 "마무리"라는 표준 발음이 아니라 "마무으리"
라는 비표준적 발음이 사용되었죠. "으리"는 "으리으리"와 음가를
공유하면서 은밀하게 'B급 표기 문화'를 가리키기도 합니다. 이런
표현은 특정한 사회문화적 집단에 의해 향유되고 전파되므로, 외
국어를 배우는 사람들은 쉽게 접근하기 힘듭니다.

　한편 언급한 식혜 광고의 말미에 등장하는 "마무으리"가 만화
의 마지막 컷에 삽입되어 수사적 효과를 배가시키고 있습니다. 두
"마무으리"가 같은 위치에 등장하는 것이죠. 검찰의 선언은 광고
속 "마무으리"라는 대사와 겹쳐지면서 사건을 마무리한다는 느낌
을 전달합니다. 검찰의 얼굴은 광고 주인공인 남자 배우의 후덕한
얼굴을 연상시키고, 검찰과 사이좋게 주먹을 부딪치는 인물은 대
통령을 연상시킵니다.

　이제 올라가 다시 두 번째 컷을 보면 책상 위 서류를 쓸어버
리는 행동은 광고 속 배우의 와일드한 액션과 겹쳐집니다. 실제
광고에서 남자 배우는 이른바 '아메으리카노'를 들고 있는 여성의
손에서 커피를 가차 없이 쳐내고, 냉장고의 문짝까지 떼어 던져버
리는데, 이 장면과 검찰이 '증거', '의혹'을 쓸어내는 모습은 많이
닮아 있습니다.

　인간의 의미생산 능력은 이처럼 역동적입니다. 두 장면의 비
슷한 면을 순간적으로 조합하여 의미를 만들어내면서도, 각각의

내용과 개념을 따로 이해하는 데 아무런 문제가 없죠. 수많은 개념적 요소들을 순식간에 조합하여 의미를 만들고 해석하는 능력은 인간을 인간이게 만드는 특성 중 하나입니다. 개념적 혼성 이론은 근원영역과 목표영역 단 두 영역의 사상으로 은유를 설명한 초기 개념적 은유 이론의 한계를 뛰어넘어 인간의 의미생산을 다면적이며 역동적으로 설명해냅니다.

의미의 문법과
정신공간

이상에서 우리는 시사만화 '장도리'를 통해 다양한 개념들을 순식간에 혼합하여 의미를 만들어내는 인간의 능력을 확인했습니다. 개념을 엮어 의미를 생성하는 것은 만화와 같은 시각미디어뿐 아니라 언어의 특징이기도 하죠. 여러 번 강조했듯이 인지언어학은 의미가 작동하는 방식에 큰 관심을 두는데요. 말하자면 형식이 아닌 '의미의 문법'을 지향하는 것이죠. '의미의 문법'은 구조가 아닌 뜻이 어떻게 작동하느냐에 관심을 가집니다.

예를 들어 'S+V+O', 즉 '주어+동사+목적어'라는 도식은 그저 형식을 제시할 뿐, 주어와 동사 그리고 목적어의 의미적 관계에 대해서는 별다른 이야기를 해주지 않습니다. 다음을 봅시다.

○ The boy broke the window. (소년은 창문을 깼다.)

○ The document supported his opinion. (그 문서는 그의 의견

을 뒷받침했다.)

예시에서 "the boy"와 "the document"는 모두 문장의 주어입니다. 하지만 두 명사구가 맡은 의미 역할은 전혀 다르죠. the boy의 경우 창문을 깬 사람으로서 실제 행동을 한 주체agent이지만, the document는 스스로 어떠한 행동도 하지 않았습니다. 상상의 나래를 마음껏 펼친 공상과학 소설이 아니라면 문서 스스로가 자기를 설명함으로써 그의 의견을 뒷받침했을 가능성은 없습니다. 실제로 문서를 읽고 이해한 주체는 "his"로 표현된 '그'일 가능성이 높습니다. 그러니까 뜻으로 보면 문장에서 행위를 한 주체는 문서가 아니라 그 사람인 것이지요.

하나 더 살펴보죠. 이번에는 '형용사+명사' 구문입니다. 아래 두 표현은 'the+형용사+명사'라는 측면에서 같은 구조를 지니고 있습니다.

○ the safe distance (안전한 거리)
○ the tall building (높은 빌딩)

학교문법에서 두 예문은 모두 '한정사+형용사+명사'로 이루어진 명사구로 분석됩니다. 동일한 구조를 갖고 있죠. 하지만 형용사와 명사의 관계를 살피면 전혀 다른 의미가 드러납니다. 위에서 거리distance 자체가 안전한safe 것은 아니지만, 건물building은 그 자체로 큽니다tall. 만약 두 대의 차가 규정 속도를 유지하며 일정한 거리를 두고 있다면 이들 차량 그리고 거기에 탑승하고 있는 승객은 위험이 없는 안전한 상황에 있다고 할 것입니다. 이때 거리 자체는 멀거나 가까울 수는 있어도 위험하거나 안전하지 않죠. 하지만 건물은 높을 수도, 낮을 수도 있습니다. 높낮이는 건물의 주요 속성 중 하나이지요. 이렇게 보면 꾸며주는 말과 꾸밈을 받는 말이 이루는 의미의 관계는 완전히 다릅니다. 똑같은 형식일지는 모르지만 의미의 구조는 완전히 다른 것입니다. 위의 두 가지 예는 전통적인 구조 중심의 문법이 포착하지 못하는 의미적 관계를 보여줍니다.

의미의 구조: 정신공간

의미의 구조를 좀 더 이해하기 위해서 정신공간의 개념을 살펴봅시다. 정신공간 이론을 처음으로 제안한 사람은 인지언어학자 질 포코니에Gilles Fauconnier입니다. 그는 조금 특이한 이력의 소유자인데요. 수학으로 박사학위를 받고 언어학으로 또다시 박사학위를 받습니다. 이러한 학문적 배경 때문인지, 그는 언어의 역동적 의미를 설명함에 있어서 논리적이며 수학적인 체계를 발전시키려 애씁니다. 그 노력의 결실은 1980년대 중반 정신공간 mental space이라는 이론으로 세상에 나오고, 아래에서 살펴볼 개념적 혼성 이론의 기초를 이루게 됩니다. 아래 예문을 통해 정신공간의 개념을 살펴보죠.

○ In my dream, I am a film director. (꿈속에서 나는 영화감독이다.)

○ In 1985, his theory was still in its infancy. (1985년에 그의 이론은 아직 완성되지 않은 초창기였다.)

첫 번째 문장에서 "in my dream"은 하나의 정신적 공간입니다. 제가 만약 "I am a documentary producer"(나는 다큐멘터리 프로듀서이다)라고 말하면 거짓말이지만, 앞에 "in my dream"을 붙이면 진실한 문장이 됩니다. "in my dream"으로 하나의 정신공간을 열었고, 이 속에서 저는 다큐멘터리 감독이 될 수 있기 때문이죠. 두 번째 문장에서 "in 1985"도 하나의 정신공간입니다. 이 경우에는 상상 속의 일이 아니라 과거의 특정한 시기, 즉 1985년의 시간이 하나의 정신공간을 형성합니다. 지금은 그의 이론이 발전하여 학계의 주류를 이루었지만 1985년이라는 시간 내에서는 이제 막 시작되는 시기였다는 의미를 만들죠.

포코니에는 우리가 언어를 사용할 때 수많은 정신적 공간들이 상정되고, 이들의 구조가 만들어지며, 또 연결된다고 주장합니다(Fauconnier, 1994, p. 37). 이렇게 새로운 정신공간을 만들어내는 역할을 하는 요소를 '공간 형성자space builder'라고 부르는데요. 여기에는 "in my dream"이나 "in 1985"와 같은 다양한 전치사구, possibly나 theoretically 같은 부사, "Younghee believes"와 같은 '주어+동사 결합체' 등이 있습니다(Fauconnier, 1997; 임지룡, 2000, p. 39에서 재인용). 글이나 대화에서 possibly를 쓰는 순간 '추측'의 정신공간이 열리는 것이고, theoretically를 쓰면 '이론의 세계'라는 정신공간이 열리며, Younghee believes라고 말하는 순간 "영희가 믿는 바"라는 정신공간이 열리는 것입니다. 이후에 나오는 말은 이런 정신공간 내부에서 의미를 획득하게 됩니다.

이런 관점에서 보면 "연도 앞의 전치사는 'in'입니다"라는 설명도 필요하지만 "in이라는 말은 특정한 시간을 순식간에 만들어내는 놀라운 일을 할 수 있습니다. 다음에 연도가 오면 그 해의 시간으로 우리를 데려가주죠. 조선시대가 어떻게 시작되었는지 궁금하세요? 그럼 조선 원년을 소환하셔야겠네요. 영어로 'in' 다음에 '1392'를 넣어 'in 1392'를 만드세요. 이제 다양한 지식과 사건으로 그 시간을 채워보세요. 그렇게 우리는 말과 글로 과거를 복원할 수 있답니다. 상상의 나래를 펼쳐 'in 2209'를 만들어볼 수도 있고요. 언어는 이렇게 마법과 같은 역할을 하는 말들로 가득하답니다"라는 설명이 더해진다면 더욱 좋을 것입니다.

정신공간 이론의 기본 가정은 대화나 글과 같은 담화 내에서 정신공간이 끊임없이 생성되고 상호작용함으로써 의미가 생성되고 변화하고 전달된다는 것입니다. 명사구, 동사구, 전치사구 등 다양한 구조적 요소들이 문법 규칙에 따라 결합하듯 의미를 담는 공간들이 끊임없이 상호작용하며 말글이 전개된다는 것이죠.

문장 형식의 경우에는 구조주의 언어학과 변형생성문법을 거치면서 그 규칙이 상세히 기술되어왔지만, 의미 생성의 메커니즘에 대해서는 문장 수준의 의미론에 국한된 연구가 진행되었습니다. 인지언어학이 본격적으로 발달하기 시작한 1980년대에 이르러서 환유, 은유, 정신공간, 혼성 등에 대한 본격적인 탐구가 시작되고 "형식 문법"이 아닌 "의미의 문법"이 본격적으로 전개되기 시작하였죠. 이런 흐름을 생각한다면 교사는 "어디까지가 주어인가?"와 같이 구조를 묻는 질문을 넘어 "이 문장에서는 어떤 정신공간이 열렸는가?", "이 상황에서 왜 추측의 정신공간이 열려야만 했을까?", "이 조동사를 썼을 때 화자는 어떤 정신공간을 열려고 한 걸까?"라는 질문을 던져야 할지 모릅니다. 이처럼 의미가 만들어지는 기제를 어떻게 더 잘 설명할 수 있을 것인가는 인지언어학을 언어교육에 적용하는 '응용인지언어학applied cognitive linguistics'의 주요 과제이기도 합니다.

개념적 혼성의 구조:
은유를 넘어서

　　이런 사실에 천착하여 개념적 혼성을 학문적으로 발전시킨 사람은 인지언어학자 질 포코니에와 철학자 마크 터너입니다. 초기 인지언어학의 은유 이론을 넘어서려는 두 사람의 노력에 대해 간단히 살펴보겠습니다.

　　님 침스키Nim Chimsky. 아마도 역사상 가장 널리 알려진 침팬지 중 하나일 겁니다. 님 침스키는 1970년 미국 컬럼비아 대학의 심리학자였던 허버트 테라스Herbert Terrace가 이끈 동물언어 습득 프로젝트에 참여하면서 유명해졌습니다. 당시 언어 습득의 주류 이론은 노엄 촘스키의 보편문법Universal Grammar, UG 이론이었고, 이에 따르면 인간만이 단어와 문법을 습득할 수 있는 능력을 지녔습니다. 테라스 교수는 이 가설이 맞는지 검증하고자 님 침스키에게 미국수어American Sign Language, ASL를 가르치기 시작했습니다. 이후 침스키는 여러 TV 쇼에 출연하며 대중에게 알려졌습니다. 결국 테라스 교수는 침스키의 언어 습득 능력이 인간에 미치지 못한다고 생각했지만 후일 침스키와 함께 생활했던 연구자 밥 잉거솔Bob Ingersoll은 그가 종종 창조적인 수화를 구사한다는 증언을 하기도 했죠. 1973년생 침스키의 언어 습득 프로젝트는 1977년 막을 내립니다. 이후 침스키는 침팬지 서식지에서 동료 침팬지들과 살아가다가 2000년에 생을 마감합니다.

이상의 설명에서 눈치채셨겠지만 "님 침스키"는 저명한 언어학자 노엄 촘스키Noam Chomsky의 이름을 살짝 비틀어 만들어진 이름입니다. 그런데 여기에는 "Nim"과 "Chim"이라는 말도 들어가 있습니다. 이것을 "Noam Chomsky"의 "Noam"을 "Nim"으로, "Chom-"을 "Chim"으로 변화시켰다고 볼 수도 있지만, "Chimpanzee"라는 말과 "Noam Chomsky"를 적절히 합성blend했다고 보는 것이 좀 더 합리적일 겁니다.

여기에서 우리가 살펴보려고 하는 개념적 혼성이 등장합니다. 포코니에와 터너는 전통적인 개념적 은유 이론이 은유를 두 영역 간의 사상mapping으로 보는 점에 대해 의문을 제기합니다. 과연 인간의 은유 능력은 단지 두 개의 영역을 오가는 데 그치는 것일까요? 이 질문에 두 학자는 '아니오'라고 대답하면서 인간이 은유적으로 사고하는 능력은 두 영역 간의 사상이 아니라 개념 영역을 자유롭게 혼합, 즉 '블렌드'하는 데서 온다는 관점을 제시합니다. 혼합하는 영역이 꼭 둘일 필요도 없지요. 가장 기본적인 블렌딩의 도식은 다음 쪽과 같습니다(Fauconnier & Turner, 2003).

이에 따르면 혼합의 재료가 되는 입력공간input space이 두 개 존재합니다. 이 두 공간을 넘나드는 일종의 사상관계cross-space

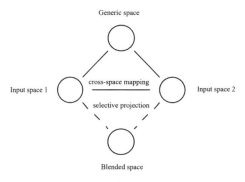

Figure 1: the four-space model

포코니에와 터너가 설명한 블렌딩 과정

mapping가 존재하죠. 이들 둘을 묶어주는 총칭공간generic space이 위에 존재하고요. 여기에서 새로운 혼성공간blended space이 만들어집니다. 중요한 것은 두 개의 입력공간의 구성 요소가 혼성공간에 선택적으로 투사selective projection된다는 점입니다.

　이론의 언어가 조금 복잡하다고 느끼실지도 모르겠지만 '님 침스키'의 경우를 생각하면 쉽게 이해할 수 있습니다. 우선 총칭공간에는 '영장류'가 들어갈 수 있습니다. 인간이나 침팬지나 영장류에 속하는 동물이기 때문이지요. 총칭공간에 연결되는 첫 번째 입력공간에는 연구에 참여하게 되는 침팬지가 들어갑니다. 침팬지의 각종 특성이 원 안에 나열됩니다. '침팬지로 분류됨', '1973년생', '2주 후부터 인간과 함께 살아감', '미국수어를 배움' 등의 내용이 포함될 수 있겠습니다. 두 번째 입력공간에는 세계적인 언어학자 노엄 촘스키가 위치합니다. 해당 공간 안에는 '호모 사피엔스로 분류됨', 'UG 개념을 제창함', 'MIT 언어학과 교수', '정치평론가로도 활발히 활동함', '이름의 철자는 Noam Chomsky임' 등 다양한 내용이 들어갈 수 있겠죠. 이제 여기에서 '선택적 투사'가 이루어집니다. 첫 번째 입력공간에서 오는 가장 중요한 정보는 '침팬지로 분류됨'입니다. 따라서 'Chimp'라는 분류도 따라옵니다(Chimpanzee는 'Chimp'로 줄여 쓸 수 있습니다). 노엄 촘스키에게서는 이름을 가져오게 됩니다. "Noam Chomsky"라는 철자로 구성된 이름이죠. 이제 이 둘이 합쳐져서 "Nim Chimsky"가 탄생합니다. 이것은 혼성공간에 위치합니다. 하지만 혼성공간에는 침팬지님 침스키의 특성이 위치할 뿐 "UG 개념을 제창함"이나 "MIT 언어학과 교수"는 포함되지 않습니다. 이렇게 인간은 상응하는 두 영역을 연결하여 새로운 이름 혹은 개념을 만들어낼 수 있습니다.

또 하나의 예를 들어보겠습니다. 바로 두 단어가 연결되어 만들어진 'land yacht'라는 합성어입니다. 포코니에와 터너는 이들의 합성을 다음 쪽의 도식으로 표현합니다. '탈것'이라는 개념을 담은 상위의 총칭공간generic space은 생략된 버전입니다.

요트와 자동차는 탈것이라는 공통점이 있습니다. 다시 말해 요트와 자동차를 포함할 수 있는 개념, 즉 이들을 총칭할 수 있는 개념은 '탈것vehicle'이라고 할 수 있지요. 이것이 생략된 총칭공간의 내용입니다. 하지만 둘은 사뭇 다른 특성을 가집니다. 요트는 물에서 타야 하고 요트를 모는 사람은 'skipper'라고 부릅니다. 요트가 가는 길은 항로course라고 할 수 있고, 일반적으로 사업 등에서 큰 성공을 거둔 사람tycoon이 소유하고 있는 것이 보통입니다. 이에 비해 차는 육지land에서 운전자driver가 모는 탈것입니다. 요트에 항로가 있다면 차에겐 도로road가 있죠. 그리고 대중적인 교통수단으로 소유주owner를 갖습니다. 도식의 water-land,

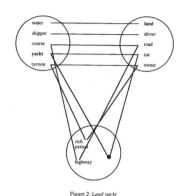

Figure 2: *Land yacht*

포코니에와 터너가 제안한 블렌딩의 기본 모델

skipper-driver, course-road 등의 연결선이 보여주듯이 이 두 가지 개념은 대응관계에 있습니다. 하지만 이 둘이 혼합되어 만들어진 혼성공간에서는 "land yacht"라는 새로운 개념이 등장합니다. 직역하면 땅에서 운행하는 요트이지만 실상은 요트와 같은 초호화 승용차라고 이해할 수 있습니다. 만약 공상과학 영화에서 자동차만큼 빨리 달리는 요트가 등장한다면 이를 'land yacht'라고 표현할 수도 있겠지요. 따라서 새롭게 등장한 '지상 요트land yacht'라는 개념은 요트도 아니고 차도 아닌 새로운 그 무엇입니다. 인지언어학자들은 이렇게 혼합에 의해 새롭게 드러나는 개념을 '창발적emergent'이라고 묘사합니다. A도 아니고 B도 아니고 그 둘이 절묘하게 엮여 있지만 고유한 특성을 가진 개념이 새롭게 등장하기 때문이지요.

앞서 언급했지만 입력공간이 반드시 둘일 필요는 없습니다. 세 개, 네 개, 혹은 그 이상이 동원될 수도 있죠. 중요한 것은 고전적 은유 이론과 같이 두 영역 간의 사상이 아닌 여러 영역 간의 혼합이 새로운 개념을 창출한다는 주장입니다. 레이코프와 존슨의 개념적 은유이론을 "A→B"라고 표현한다면 포코니에와 터너의 개념적 혼성이론은 "A+B+(C+D...)=X"와 같이 표현될 수 있을 것입니다. 다만 여기에서 등호(=)는 완벽히 같다는 의미가 아니라 A, B, C, D 등의 입력공간으로부터 특정한 요소를 취하고, 이들을 조합하고, 새로운 특성을 더한 결과라는 의미입니다. 앞서 살펴본 라이언맨이 사자와 인간의 주요한 특성을 가지고 있되, 사자도 인간도 아닌 새로운 개체인 것처럼 말입니다.

언어와 인지의 숨겨진 비밀 중 하나는 우리가 이러한 개념적 혼성을 자연스럽게 만들어내고 또 순식간에 이해한다는 것입니다. 중요한 것은 이들이 무의식적인 수준에서 일어난다는 것인데요. "나는 요트와 자동차의 특성들을 선별적으로 엮어서 '지상 요트'라는 개념을 만들고 있어"라고 상세하게 생각하지 않고서도 블렌딩을 수행한다는 것입니다. 그래서 포코니에와 터너는 이를 'backstage cognition'이라고 부릅니다. 번역하면 '무대 뒤 인지'가 되겠지요. 우리가 인식하는 인지과정을 '무대 위 인지on-stage cognition'라고 한다면 부지불식간에 수행하는 사고는 '무대 뒤 인지'라고 부를 수 있는 것입니다.

개념적 혼성은 언어뿐 아니라 회화, 만화, 영화 등 표현의 모든 영역에서 발견됩니다. 뭔가를 가르쳐달라고 계속 요구하면서도ask 결코 배운 대로 하는 법이 없는asshole 사람을 가리키는 "askhole"이라는 신조어를 들었을 때 그 의미를 바로 알아채는 일, 위에서 살펴본 '장도리'와 같은 시사만화를 깊이 이해하는 일, 몇 개의 영화를 오마주해 만든 영상을 보면서도 큰 어려움을 느끼지 않고 즐기는 일 등의 뒤에는 바로 이러한 개념적 혼성 능력이 자리 잡고 있습니다.

합성어와 혼성공간

합성어의 생성 과정은 개념적 혼성의 원리를 잘 보여줍니다. 이를 "flame sandwich"와 "lunch lid"라는 두 단어를 통해 살펴보겠습니다(Benczes, 2006).

먼저 "flame sandwich"를 봅시다. 이 단어의 뜻은 무엇일까요? 비교적 최근에 만들어진 합성어로 문맥이 없는 경우 쉽게 이해되진 않습니다. 어느 정도 합리적으로 추론할 수 있는 것은 이게 샌드위치의 종류인 것 같다는 겁니다. 보통 햄과 치즈가 들어간 샌드위치를 "햄 치즈 샌드위치"라고 부르는 걸 보면 이 샌드위치는 특이하게 "flame"이 들어가 있다고 추측할 수 있겠지요. 그런데 이를 문자 그대로 받아들이기엔 무리가 따릅니다. 인간이 "flame", 즉 불꽃이 들어간 샌드위치를 먹을 수는 없는 노릇이니까요. 사실 이 말은 토론이나 논쟁에서 의견을 제시할 때 중간에 부정적 의견을 끼워 넣는 걸 말합니다. 처음에는 중립적이거나 긍정적인 이야기를 넣고 다음으로 상대를 비판 혹은 비난하는 이야기를 한 다음 마지막에서는 다시 중립적이거나 긍정적인 이야기로 마무리하는 것이죠. 마치 샌드위치의 빵 사이에 햄과 치즈와 같이 맛을 책임지는 재료를 넣듯, 일반적인 의견 사이에 '불꽃'같이 논쟁적인 의견을 넣는 방식입니다.

여기에는 크게 세 가지의 입력공간이 기여합니다. 첫 번째는 당연히 샌드위치입니다. 많은 이들이 즐겨 먹는 음식으로, 어떻게 구성되는지 대부분의 사람들에게 알려져 있죠. 두 번째는 일련의 의견입니다. 샌드위치의 구조를 '빵+내용물+빵'으로 표현하는 것이 일반적이므로, 의견은 최소 3개 정도가 될 겁니다. 세 번째는 'flame'이 등장하는 공간인데, 여기에는 "논쟁적인 의견은 불꽃이다"이라는 은유가 위치하고 있습니다. 즉 "flame sandwich"라는 말은 샌드위치의 구조, 의견의 배치, 불꽃으로 표현되는 논쟁적 의견이 순식간에 섞여blend 만들어진 어휘입니다. 따로 떼어놓고 보면 알쏭달쏭하지만 실제로 두 사람이 논쟁을 하고 있는데 한 편에서 긍정적인 이야기를 슬쩍 던져놓고 상대방을 강하게 비판한 후 부드러운 톤으로 의견 제시를 마무리한 직후라면 '불꽃 샌드위치'가 쉽게 이해되겠지요.

두 번째로 살필 합성어는 "lunch lid"입니다. 이 표현도 쉽게 느낌이 오진 않습니다. 점심 도시락통 뚜껑에 무슨 비유적 의미가 있을까 싶기도 하고요. 정답부터 말씀드리면 'lunch lid'는 백악관에서 시행하는 언론 관련 정책으로 기자들의 점심시간에 특별한 소식이나 기삿거리를 발표하지 않는 관행을 의미합니다. 점심시간 동안에는 소식의 뚜껑이 닫히는 셈이지요. 여기에는 '수도관 은유'가 하나의 입력공간으로 등장합니다. 수도관 은유란 인간의 커뮤니케이션을 수도관을 통해 물이 이동하는 현상에 비유하는 것을 의미합니다. 지금 저는 문자를 통해 여러분께 정보를 전달하고 있는데 이를 한 저장고에서 수도관을 타고 다른 저장고로 물이 이동하는 것으로 이해하는 것이죠. 그런 의미에서 커뮤니케이션 관행은 수도관으로 정보를 흘려보내는 것에 빗댈 수 있습니다. 두 번째 등장하는 입력공간은 백악관의 브리핑 관행입니다. 일반적으로는 대변인이나 그에 준하는 정부의 대표가 기자들에게 각종 뉴스거리를 전달하거나 정책을 공표하는 형식을 취합니다. 이 두 공간이 만나 새로운 혼성공간을 이루는데요. 여기에서 'lunch lid'가 만들어지게 되죠. 점심시간이 되면 백악관의 커뮤니케이션 흐름(수도관으로 액체가 흘러가는 일)을 막는 뚜껑이 활동을 시작하는 겁니다.

이렇게 개념적 혼성은 만화에, 광고에, 영화에, 미술에, 또 언어에 널리 스며들어 있습니다. 적절한 맥락이 주어졌을 때 인간은 다양한 개념적 공간을 끌고 와 순식간에 혼성공간을 만들고, 이 공간 속에서 이전의 공간에서는 찾아볼 수 없었던 새로운 의미가 생겨납니다. 그런 면에서 인간은 '의미의 칵테일'을 순간순간 만들고 경험합니다. 여러 재료가 섞인 새로운 칵테일은 각각의 재료가 가지지 못했던 새로운 맛과 향취를 선사하죠. 그렇게 시시각각 조주造酒되는 의미의 혼성에 취해 사는 것이 우리 인간일지도 모르겠습니다.

체화된 인지와
단어의 의미

2016년, 이세돌 9단과 구글 딥마인드DeepMind의 바둑 대국 시스템 알파고AlphaGo 사이에 벌어진 '세기의 내결'이 언론과 소셜미디어를 강타했습니다. 대한민국 최고의 바둑천재와 딥러닝 deep learning 알고리즘으로 무장한 최신 인공지능 간의 대결에 바둑 팬 및 관련 분야 연구자들뿐 아니라 전 국민의 관심이 집중되었죠. 대국이 진행되는 동안 인공지능과 인류의 미래, 인간다움과 기계다움의 의미, 새로운 기술경제체제에서의 일자리와 복지정책 등 다양한 주제의 글이 쏟아졌습니다. 대부분은 인간과 기계를 지적 능력이라는 관점에서 비교, 대조하며 논의를 전개했고요. 얼마 가지 않아 기계가 모든 일자리를 빼앗을 거라는 암울한 미래를 점친 글도 있었습니다.

공학과 철학, 자연과학과 인문학을 가로지르는 담론의 향연 속에서 한 가지 아쉬웠던 것은 인간과 기계의 지능적 차이에만 집중한 나머지 인간 특유의 조건, 즉 인간의 몸에 대한 진지한 논의를 거의 볼 수 없었다는 점입니다. 물론 훗날 인공지능과 로봇기술이 고도로 발전한다면 정교한 신체를 가진 인공지능이 등장할 수도 있을 겁니다. 하지만 지금으로서는 몸의 소유, 몸과 두뇌의 상호작용 방식, 몸과 공간의 관계, 몸이 사회적 소통에 주는 영향, 몸의 성장과 노화 등이 인간과 인공지능을 가르는 근본적 차이 중 하나입니다. 몸을 갖고 있다는 사실은 인간이 세계를 이해하고 의미와 개념을 형성하는 데 결정적인 역할을 하기 때문입니다.

몸, 체화된 인지 그리고 단어의 의미

인지언어학자 비비언 에반스는 인지언어학의 관점에서 바라본 어휘의미론이 기존의 언어학 이론과 갈라지는 지점을 크게 다섯 가지로 정리합니다(Evans, 2009). 그중에서 "체화된 인지 embodied cognition"는 인간이 의미를 만들어내는 방식에 대해 시사하는 바가 매우 큽니다.

17세기 프랑스의 철학자이자 수학자였던 르네 데카르트의 심신이원론에 따르면 인간의 신체와 정신은 철저히 독립적인 관계입니다. 정신mind과 몸body은 각기 다른 차원의 존재이며 상호영향을 주고받지 않는다는 주장이죠. 현대과학은 이 견해를 정면으로 부정합니다. 예를 들어 신경과학은 의식을 뇌의 활동으로 규정합니다. 인간의 사고와 감정은 뇌세포의 연결 및 활성화 과정에 기반하므로 뇌와 독립적으로 존재하는 정신의 존재를 상정할 수 없죠. 의식을 어떻게 정의하느냐에 대해 갑론을박이 있지만 기본적으로 뇌를 이해하면 인간의 의식을 이해할 수 있다는 주장입니다.

20세기 후반 부상한 체화된 인지 가설은 이들 주장에 반기를 듭니다. 체화된 인지는 영어 표현 'embodied cognition'의 번역어로서 단순히 머리(두뇌)만 동원되는 인지가 아니라 몸이 적극적으로 관여하는 인지를 말합니다. 데카르트의 '신체 없는 정신'은 물론, 두뇌가 사고의 모든 역할을 담당한다고 생각하는 전통적 신경과학의 뇌 중심적 주장을 반박하는 것입니다. 체화된 인지의 관점은 뇌의 중요성을 부정하지 않으면서도 우리가 몸 전체로 사고한다는 점을 강조합니다.

맥락 속의 몸, 몸과 상호작용하는 두뇌

간단한 사고실험을 통해 몸과 의식 혹은 마음의 관계에 대해 생각해보도록 하겠습니다. 만약 인간의 손이 철갑으로 싸여 있다면 촉감은 어떻게 달라질까요? 그렇게 달라진 감각 속에서 흙은, 나무는, 손을 잡는다는 행위는 어떻게 이해될까요? 만약 인간이 네 다리로 걷는다면 환경으로부터 어떤 감각 데이터를 받아들이게 될까요? 이때 상하좌우와 같은 개념은 어떻게 달라질까요? 직립보행을 하며 비교적 높은 위치의 두 눈이 전면을 향하고 있는 지금의 상하좌우와 같은 의미일까요? 인간이 자유자재로 날 수 있는 존재였다면 높낮이와 거리에 대한 감각은 어떻게 바뀌었을까요? 이러한 신체적 변화에도 인간의 생각은, 감정은, 정신은 그대로일까요?

아마도 그렇지 않을 겁니다. 지금과 다른 몸, 즉 다른 구조와 기능을 수행하는 신체를 갖게 되면 세상을 지각하는 방식이 달라지고, 이것은 바로 생각의 '거리', 즉 인지를 구성하는 재료를 바꾸어 놓을 것이기 때문입니다. 생각의 재료가 달라지면 그 과정과 결과 또한 달라질 수밖에 없겠죠. 신체의 변화가 미치는 영향은 개별 유기체를 넘어 사회적 상호작용에도 이르게 됩니다. 간단히 말해 몸의 특성이 변하면 개인의 인지는 물론 개개인 간의 소통방식도 변합니다. 이렇게 보면 인간의 마음은 단지 뇌 안에 있는 것이 아니라 뇌와 몸이 상호작용하고, 인간과 인간, 인간과 환경이 상호작용하는 과정 속에 있다고 할 수 있습니다. 같은 맥락에서 이정모(2011, p. 28)는 '체화된 마음' 접근의 핵심을 다음과 같이 제시합니다.

"(체화된 마음은) 인간의 마음, 인지가, 개인 내의 뇌 속에 추상적 언어적 명제 형태로 표상된 내용과, 그를 기초로 한 고전적 인지주의의 정보처리적 계산적 과정이라고 하기보다는, 구체적인 몸을 가지고embodied 환경에 구현, 내재되어embedded 사회환경에 적응하는 유기체organism가 환경environments과의 순간순간적 상호작용interaction 행위 역동dynamics상에서 비로소 존재하게 되는, 즉 유기체의 몸과 문화, 역사, 사회의 맥락에 의해 구성되고 결정되는 그러한 역동적 활동으로서의 마음임을 강조하는 접근이다."

인용구는 우리의 몸이 환경을 경험하는 방식이 마음에 영향을 준다는 점을 강조합니다. 뇌가 생각의 모든 것을 담당하는 것이 아니라 신체와의 긴밀한 연결 속에서 순간순간 변화하는 환경과 상호작용하게 된다는 것입니다. 그런데 특정한 환경은 단지 물리적인 특성뿐 아니라 문화, 사회, 역사적 맥락에 의해 영향을 받게 되지요. 그렇기에 몸을 가진 인간은 이 모든 요소들과 상호작용하는 가운데 인지와 감정을 포괄하는 생각을 만들어내고 서로 주고받게 되는 것입니다.

몸과 사고의 연결을 보여주는 연구들

그렇다면 인간의 신체와 사고는 어떻게 연결되어 있을까요? 몇 가지 실험 결과를 통해 이 질문에 대한 단초를 얻을 수 있습니다. 한 실험에서 참가자들은 미래를 생각할 때 몸을 살짝 앞으로 숙이는 반면, 과거에 대해 생각할 때 살짝 뒤로 젖히는 반응을 보였습니다. 미래가 앞에ahead 존재하는 것임에 반해 과거는 뒤behind에 있는 것이라는 개념체계와 맞아떨어지는 신체적 특징입니다. 다른 실험에서 뜨거운 커피를 든 참가자들은 아이스 커피를 들고 있던 참가자들에 비해 가상의 면접 상대를 더 따스하고warm 좋아할 만한likable 사람으로 평가했습니다. 커피의 물리적 온도는 몸의 상태에 영향을 주고, 이것이 사고(면접 상대에 대한 평가)의 차이를 가져왔다고 추론할 수 있습니다. 또 다른 실험에서는 무거운 클립보드를 들고 설문조사를 수행한 사람들이 가벼운 클립보드를 든 집단에 비해 보상으로 주어진 외국 지폐의 가치를 더 높게 평가하는 경향을 보였습니다. '무거운 것은 중요한 것이다'라는 개념이 추상적 사고뿐 아니라 구체적 신체경험에 기반하고 있음을 알 수 있는 결과입니다.

암스테르담 대학의 닐스 B. 요스트만Nils B. Jostmann 교수는 위와 같은 결과들을 체화된 인지 가설과 연결해 설명합니다. "인간의 정보처리 방식은 단지 우리의 뇌뿐 아니라 몸 전체와 연결되어 있습니다. 우리는 주변에서 일어나고 있는 일을 이해하기 위해 동원 가능한 시스템 모두를 사용하는 것입니다."(Angier, 2010)

체화된 시뮬레이션 가설(1):
말의 뜻은 사전에 있을까?

"기온이 39도까지 올라가는 최악의 폭염, 40명이 넘게 모인 좁은 교실의 에어컨이 고장 났다. 사람들은 나누어준 팸플릿을 말아 연신 부채질을 하고 있었다."

우리는 이 문장을 어떻게 이해하는 것일까요? 다른 말로 하면 단어로 이루어진 문장이 의미를 획득하는 과정에서 무슨 일이 벌어지는 것일까요? 단어와 문법이 이해의 전부일까요?

문장의 의미는 단어에서 오고, 단어의 의미는 그 정의이다

영어공부를 하다가 모르는 단어가 나오면 사전을 찾습니다. 그리고 뜻을 확인하죠. 우리말도 마찬가지입니다. 예를 들어 신문에 나온 "전가의 보도"의 뜻을 모른다면 국어사전을 찾기 마련입니다. 사전에서 뜻을 확인한 후 텍스트를 계속 읽어 나가지요. 이렇게 '사전에 기반한 텍스트 이해'라는 시나리오에서, 단어의 의미는 사전의 정의definition입니다. 단어를 안다는 것은 사전에 나와 있는 정의를 안다는 것이며, 이는 의미에 대한 전통적인 이론의 근간을 이룹니다. 말의 뜻은 사전에서 찾아볼 수 있다는 주장입니다.

한 가지 질문을 던져보도록 하죠. 단어의 뜻이 사전에 나와 있는 정의라고 한다면 그 정의는 무엇으로 이루어질까요? 국어사전이라면 아마도 한국어라고 답할 것입니다. 뜻풀이 또한 우리 말로 되어 있기 때문입니다. 영단어의 뜻을 알려고 하는 경우라면 어떨까요? 영단어를 한국어로 번역해서 이해하기도 하고 영영사전의 정의를 통해서 이해할 수도 있겠습니다. 어렸을 때 스페인어 사용 지역에서 오래 산 경험이 있다면 영어-스페인어 사전을 가지고 의미를 파악하는 것도 가능하겠지요.

여기에서 하나의 문제가 발생합니다. 언어의 의미가 언어로 된 정의라면, 정의를 이루고 있는 언어는 어떻게 이해하는 것일까요? 다시 말해 단어를 이해하는 데 필요한 정의가 언어로 되어 있다면 그 언어들은 어떻게 이해되는 것일까요? 영영사전을 사용해보셨다면 단어를 찾다가 '뺑뺑이를 돌아본' 경험이 있으실 겁니다. 단어의 뜻을 정의하는 부분에 모르는 단어가 나와서 그 단어를 다시 찾아보니 또다시 모르는 단어가 나오는 경우입니다. 이때는 그냥 영한사전을 참고해서 해결하곤 하지요. 그렇다고 해도 질문은 남습니다. 언어의 의미가 언어로 정의된다면, 다시 말해 언어의 뜻이 언어 내에 있다면 세상만사와 어떻게 연결되는 걸까요? 비유적으로 말하자면 언어는 어떻게 언어 밖으로 나가서 세계와 만나는 것일까요?

언어를 이해하게 만드는 시스템은 모두 우리 뇌에 존재한다?

이 문제를 해결하기 위해서는 언어를 이해하는 또 다른 시스템을 생각해내야 합니다. 언어를 언어로 이해해서 그 의미를 모두 아는 것이라면 말과 세계가 만날 길은 영영 사라지니 말입니다. 이 점을 깊게 고민한 학자는 미국의 철학자 제리 포더Jerry Fodor였습니다. 그는 인간이 일상생활에서 주고받는 자연어 이외에 우리 뇌 속에서 이 언어의 의미를 알게 해주는 상징 시스템이 존재한다고 주장했습니다. 진정한 말뜻은 다른 말로 알 수 있는 것이 아니라 차원이 다른 언어로 변환했을 때 알 수 있다는 생각입니다. 이 주장을 사고언어가설the Language of Thought Hypothesis, LOTH이라고 부릅니다. 말 그대로 한국어, 영어, 베트남어 등과는 다른 '생각의 언어'가 있다는 주장이죠(Bergen, 2012).

사고언어는 발음할 수 있는 보통 언어와는 다르게 소릿값을 지니고 있지 않습니다. 하지만 우리의 사고를 코드로 표현하는 능력을 가지고 있죠. 즉, 사고언어는 우리의 뇌에서 작동하는, 발음되지 않는 기호체계라고 할 수 있습니다. 사고언어는 정신어mentalese라고도 불리는데, 우리가 어떤 자연어를 사용하든지 공통으로 갖고 있는 시스템입니다. 영어 'mentalese'를 잘 보시면 'mental'과 'ese'가 결합되어 있음을 알 수 있습니다. "Japan"에 "ese"를 붙여 "Japanese" 즉 일본어가 되듯이, 정신을 나타내는 말 'mental'과 언어를 나타내는 말 '-ese'가 결합해 만들어진 용어입니다. 정신어는 한국어를 쓰건 영어를 쓰건 스페인어를 쓰건 관계 없이 이들 언어의 의미를 부호화encoding할 수 있는 인간 공통의 표상체계입니다. 모든 언어는 정신어, 즉 사고언어로 번역되어 이해되는 것이죠. 이런 생각에 근거하여 포더를 비롯한 사고언어가설의 지지자들은 인간이 한국어와 같은 자연어보다 더 추상적인 수준의 기호 시스템인 정신어로 사고한다고 생각합니다. 인간의 뇌는 이러한 정신어를 표상하고 이해할 수 있는 생물학적 체계를 갖추고 있고, 이는 모든 인간이 가지고 태어납니다.

전통적 의미가설과 사고언어가설의 한계

하지만 사고언어가설도 언어의 의미에 대한 전통적 가설, 즉 "언어의 의미는 사전의 정의"라고 하는 주장이 가진 약점을 완전히 넘어서지는 못합니다. 언어의 의미를 언어에 가두어 버린 전통적인 관점도, 일상어를 사고의 언어로 '번역'해서 이해한다고 믿는 사고언어가설도 의미의 발생을 언어적이고 인지적인 측면에 가두어 놓았기 때문입니다. 다시 말해 이 두 가설은 우리가 언어를 통해 세상을 이해하고 표현하는 과정을 순수히 상징적인 차원 symbolic dimensions으로 설명하려 합니다. /커피/로 발음되는 단어가 실재하는 커피와 어떻게 연결되는지, "I'm sad"라는 문장이 인간의 감정과 눈물, 세밀한 몸의 떨림과 어떻게 엮이는지 말해주지 못하는 겁니다. 결국 우리가 언어와 세계를 연결하면서 의미를 이해한다는 점을 설명해내지 못한다는 치명적인 약점에 이르고 맙니다.

여기에서 언어와 사고, 나아가 세계의 관계에 대한 중대한 질문이 제기됩니다. 우리가 언어를 통해 사고하고 생각을 교환하는 일은 보는 일이나 듣는 일, 우리의 근육을 움직여 운동하는 일과 관계없이 독립적으로 일어나는 일일까요? "기온이 39도까지 올라가는 최악의 폭염, 40명이 넘게 모인 좁은 교실의 에어컨이 고장났다. 사람들은 나누어준 팸플릿을 말아 연신 부채질을 하고 있었다"는 문장을 이해하는 데 오로지 문법과 같은 언어적인 정보만 개입하는 것일까요?

오랜 시간 언어학은 이 질문에 대해 확실한 답을 내놓을 수 없었습니다. 언어와 사고, 시각, 청각, 촉각 등의 지각체계, 나아가 운동체계가 어떻게 상호작용하는지 살펴볼 수 있는 방법론이 마땅치 않았기 때문이었습니다. 하지만 60년대 이후 간학문적 접근을 통해 꾸준히 발전해온 인지과학, 이와 함께 발전하고 있는 심리언어학적 연구방법론, 2000년대 들어서면서 비약적으로 발전하고 있는 뇌 영상 기술 등이 언어의 작동방식, 언어가 의미를 만들어내는 메커니즘을 밝혀낼 수 있는 도구를 제공하기 시작했습니다. 수천 년 미스터리 속에 숨겨져 있었던 의미생성의 메커니즘을 밝혀내는 데 속도가 붙기 시작한 것입니다.

"체화된 시뮬레이션 가설embodied simulation hypothesis"은 이 같은 흐름에서 부상하고 있는 언어의 의미작용에 대한 가설 중 하나입니다. 가설의 명칭에서 알 수 있듯이 우리가 언어의 의미를 이해하는 것은 다른 언어로 뜻풀이를 해서도 아니고 사고의 언어로 변환을 해서도 아닙니다. 우리가 언어의 의미를 이해하고 주고받을 수 있는 것은 우리가 언어에 의해 촉발trigger되는 다양한 감각 시뮬레이션을 실행하기 때문입니다. 조금 단순화시켜 말하면 우리는 뇌와 신체가 기억하고 있는 바를 자원으로 다양한 시뮬레이션을 수행함으로써 특정 언어를 이해하게 되는 것입니다.

체화된 시뮬레이션 가설(2):
말뜻은 말 속에 있지 않다

캘리포니아 대학 샌디에이고 캠퍼스의 인지과학과 교수인 벤 저민 버건은 2012년 그의 저서 《말보다 더 요란한: 마음은 어떻게 의미를 만드는지에 대한 새로운 과학Louder than words: The new science of how the mind makes meaning》을 통해 대중의 눈높이에 맞추어 체화된 시뮬레이션 가설을 설명합니다.

퍼키 효과와 마음의 눈

그는 언어와 의미의 관계를 기술하기 위해 20세기 초로 떠납니다. 우리가 상상을 할 때 머릿속에서 어떤 일이 일어나는지 궁금해하던 미국의 학자 퍼키C. W. Perky의 작업을 조망하기 위해서였죠. 1910년 퍼키는 다음과 같은 실험을 합니다.

(1) 실험 참가자들을 빈 벽 앞에 앉게 합니다.

(2) 벽을 마주한 채로 나뭇잎이나 바나나와 같은 물체를 머릿속으로 그려보라고 합니다.

(3) 보일 듯 말 듯한 미세한 빛으로 벽에 나뭇잎 혹은 바나나와 같은 물체를 띄웁니다.

놀랍게도 실험 참가자들은 흐릿한 물체가 실제로 비친 것이라는 것을 인지하지 못하고 여전히 자신의 상상 속에 있다고 생각하는 경향을 보입니다. 실험에 참가하지 않았던 다른 사람들의 눈에는 희미한 이미지가 보였지만 참가자들은 마음속 이미지를 보고 있다고 생각한 것입니다. 다시 말해 참가자들은 실제로 보는 것과 마음속으로 그리는 일을 정확히 구분해내지 못합니다. 이를 통해 퍼키는 심상mental imagery, 즉 마음속으로 무언가를 그리는 일이 실제로 세계를 보는 시각visual perception과 얽혀 있음을 보여줍니다. 그리고 보면 "마음의 눈the mind's eye"이라는 표현이 단지 은유에 그치지 않는 것이죠.

사실 이런 현상은 일상에서 종종 일어납니다. 영화의 단골 소재인 백일몽daydreaming을 생각해봅시다. 백일몽에 깊이 빠진 사람은 눈앞에서 현실과 전혀 다른 세계를 만납니다. 눈꺼풀이 감기는 수업시간, 칠판을 보며 딴생각의 세계를 유랑해보신 분이라면 어떤 현상인지 상상하실 수 있을 겁니다. 분명 눈앞에 있는 건 칠판인데, 거기에 보이는 것은 칠판만이 아니죠. 시각(칠판)과 심상(백일몽)이 함께 펼쳐지는 것입니다.

우리는 꿈에서 무언가를 봅니다. 눈을 감은 채로!

'마음의 눈'을 좀 더 극명하게 보여주는 것은 꿈을 꿀 때 일어나는 일입니다. 생생한 꿈을 기억할 때 우리는 꿈속에서 무언가를 '보았다'고 느낍니다. 그런데 분명한 것은 우리는 꿈을 꿀 동안 눈을 감고 있었다는 사실입니다. 눈을 감고 있는데 무언가를 생생하게 보았다? 평상시에는 말이 안 되는 것 같지만 꿈에 대해서는 사실입니다. 우리는 꿈을 꿀 때 '마음의 눈'을 사용하고 있는 것입니다.

버건은 실생활에서 일어날 법한 시나리오로 퍼키의 실험이 보여준 바 즉, 심상과 시각이 상호작용한다는 점을 논증합니다. 예를 들어 어제 새로운 브랜드의 빨간 핸드폰을 샀습니다. 잠시 딴 생각을 하다가 핸드폰을 어디에 두었는지 까먹었습니다. '어, 핸드폰이 어디 있더라?' 하면서 주변을 두리번거립니다. 그런데 마음속에는 여전히 전에 쓰던 핸드폰의 이미지가 들어 있습니다. 수년간 썼던 이 핸드폰은 검은색이었지요. 머릿속에서 예전 핸드폰의 색상과 이미지를 형상화했기에 새로운 빨간 핸드폰을 바로 찾지 못합니다. 새로 산 빨간 핸드폰을 염두에 두었다면 찾아내는 게 훨씬 쉬웠을 텐데 말입니다.

버건은 심상과 같은 시뮬레이션simulation이 단지 시각에만 국한되지 않는다는 것을 강조합니다. 예를 들어 머릿속으로 농구 레이업 슛을 계속 연습하거나 태권도의 발차기 자세를 반복할 수도 있습니다. 이 경우는 시각 이미지가 아니라 근육운동을 마음속으로 시뮬레이션하는 것입니다. 소리도 마찬가지입니다. 자신이 좋아하는 교향곡의 한 소절이나 가수의 노래를 머릿속에서 반복해서 재생할 수 있습니다. '후크송' 혹은 '수능 금지곡'이라고 불리는 노래들의 경우 실제로 재생을 하지 않았는데도 귓가에 계속 맴돌게 되지요. 어떤 면에서 우리는 보지 않고 볼 수 있고, 듣지 않고 들을 수 있으며, 움직이지 않고 움직일 수 있습니다.

이러한 시뮬레이션의 힘을 가장 잘 보여주는 것은 바로 '이미지 트레이닝', '멘탈 트레이닝', 혹은 '상상훈련' 등으로 불리는 스포츠 훈련입니다. 운동선수들이 근육을 움직이지 않고 머릿속으로 해당 종목을 시뮬레이션하거나, 사고로 오랜 시간 근육을 사용하지 못한 환자들이 마음속으로 해당 부상 부위를 꾸준히 움직이는 방식입니다. 예를 들어 역도 선수라면 경기장에 올라 무대로 갈 때 몇 발자국을 어떤 속도로 움직일지, 역기를 들기 전에 호흡을 어떻게 조정할지, 들어 올릴 때 어떤 자세를 취할지 등을 매우 면밀히 시뮬레이션하는 것입니다. 놀라운 것은 이런 훈련방식이 실제로도 도움이 된다는 사실입니다. 어찌 보면 반복적인 '몽상'이 훈련이 되는 셈인데, 부상의 위험으로 무한정 몸을 사용할 수 없는 선수들과 특정 근육이 허약해진 환자들에게는 특히 효율적인 운동법이 될 수 있다고 합니다.

언어와 시뮬레이션 그리고 진화

그렇다면 언어와 다양한 정신적 시뮬레이션은 어떤 관계를 가질까요? 언어는 그저 명제적 의미만을 '건조하게' 전달할까요? 아니면 언어 또한 위에서 언급한 다양한 시뮬레이션과 함께 작동할까요? 말은 말 자체로 전달되는 것일까요? 아니면 말과 오감 그리고 기억이 순식간에 엮여 의미를 만들어내는 것일까요?

일련의 질문은 인간 진화의 역사에서 비교적 늦게 발전된 언어능력을 담당하는 뇌 영역과 시청각 및 운동을 관장하는 뇌 영역이 맺는 관계에 대해 의문을 제기합니다. 촘스키가 주장했듯 언어기능이 다른 인지, 정서, 운동기능과 비교적 독립적으로 존재한다면 언어와 다른 감각 시뮬레이션은 크게 관련을 갖지 않을 것입니다. 하지만 반대의 가능성도 있습니다. 말이 어느 정도 독립성을 가지고 있는 것처럼 보이지만 실제로는 다른 감각의 기초 위에서 움직이고 있을 수 있는 것입니다. 실제로 진화의 과정에서 언어는 시각이나 청각과 같은 기능보다 늦게 진화하였는데, 그렇다면 기존에 있는 시스템과 별개로 말을 담당하는 시스템을 만들기보다는 기존의 감각과 운동시스템을 최대한 재활용하는 방식을 취했으리라는 가설이지요. 이는 프랑스의 인지신경과학자 스타니슬라스 데하네Stanislas Dehaene가 《글 읽는 뇌: 읽기의 과학과 진화 Reading in the brain: The science and evolution of a human invention》에서 제시한 신경재활용 가설Neuronal recycling hypothesis과 일맥상통합니다. 언어능력이 하루아침에 하늘에서 뚝 떨어진 게 아니라면, 기존에 인간이 갖고 있었던 다양한 역량을 골고루 재활용하는 가운데 서서히 진화했다고 보는 것이 합리적이라는 주장이지요. 결국 언어는 추상적인 명제를 전달하는 단순 기호체계에 그치지 않습니다. 언어는 우리가 몸에 기반한 시뮬레이션을 통해 의미를 경험하도록 만드는 '기호-신체 통합 시스템'으로 작동하는 것입니다. 체화된 시뮬레이션 가설은 이렇게 몸과 말이 엮이는 방식을 규명하기 위해 새로운 연구 패러다임을 개척하고 있습니다.

체화된 시뮬레이션 가설(3):
몸의 기억으로 말을 이해하다

버건 박사는 다양한 실험을 통해 체화된 시뮬레이션의 구체적인 근거를 제시합니다. 우리가 단지 문장을 추상적이고 논리적으로 이해하는 것이 아니라 몸을 동원해서 이해한다고 주장하려 한다면 그에 대한 실험적 근거가 있어야 하겠죠.

언어의 의미가 우리 몸의 경험을 재료로 시뮬레이션된다면 인간이 가진 몸의 특성에 대해 생각해보아야 합니다. 첫 번째로 인간의 몸은 언제나 특정한 공간 안에 있습니다. 지금 제가 원고를 작성하고 있는 곳은 저의 방 안입니다. 오전에는 동네 개천을 따라 산책을 다녀왔죠. 여러분도 특정한 공간에서 이 글을 읽고 계실 것입니다. 이처럼 몸이 갖는 근본적인 특성 중 하나는 공간 안에 물리적으로 존재한다는 것입니다. 즉 몸은 어떤 공간의 안이나 밖에 위치할 수 있고, 특정한 지형지물을 따라 이동할 수도 있고, 높은 곳 혹은 낮은 곳에 있을 수도 있습니다. 두 번째로 생각할 수 있는 것은 인간이 늘 특정한 관점을 갖는다는 점입니다. 인간의 몸은 앞뒤 대칭이 아닙니다. 얼굴은 한 방향을 향하고 있죠. 따라서 앞뒤 방향이 존재하며 관점 즉 시각의 방향과 영역이 결정됩니다. 또한 인간은 자신과 가까이 있는 물체를 크게, 반대로 멀리 있는 것은 작게 인지합니다. 아래에서 이 두 가지 사실과 깊이 관련을 맺고 있는 실험 둘을 소개합니다.

첫 번째 실험은 이탈리아의 심리학자 안나 보르기Anna Borghi 와 동료들이 디자인한 실험입니다. 우선 다음 두 문장이 참여자들에게 제시됩니다.

○ You are <u>driving</u> a car. (당신은 차를 운전하고 있다.)
○ You are <u>washing</u> a car. (당신은 세차를 하고 있다.)

두 문장은 길이가 같습니다. 다른 점은 단 하나, 첫 문장에서는 driving이, 두 번째 문장에서는 washing이 사용되고 있다는 점입니다. 주의해서 봐야 할 것은 'You', 즉 '당신'이 문장의 주어로 사용되고 있다는 것입니다. 여기에서 체화된 시뮬레이션의 핵심 질문이 제기됩니다.

"그렇다면 이 문장을 읽는 사람들은 차를 몰거나driving 세차하는washing 것을 구체적인 경험처럼 시뮬레이션할까?"

이 질문에 대답하기 위해 연구자들은 영리한 꾀를 냅니다. 바로 운전할 때와 세차할 때 우리의 몸이 전혀 다른 공간에 위치한다는 점을 활용하는 것입니다. 운전할 때 우리의 몸은 운전석, 즉 차의 안에 위치합니다. 하지만 세차를 할 때는 차의 바깥에 있지요. 몸과 차량이 갖는 관계가 바뀌는 것입니다.

여기에서 심리언어학자들이 즐겨 사용하는 '반응시간reaction time'이 등장합니다. 만약 시뮬레이션을 통해 언어의 의미를 이해한다면 "You are driving a car"를 들었을 때 어떤 식으로든 차 안의 관점에서 상상할 것이고, 반대로 "You are washing a car"를 들으면 차 바깥쪽에 있는 자신을 상상할 겁니다. 그렇다면 'driving'을 들었을 경우에는 차 안쪽에 위치하는 '핸들' 같은 단어를 인식하는 것이, 'washing'을 들었을 경우에는 차량의 외부에 존재하는 '타이어' 같은 단어를 인식하는 것이 용이하겠지요. 결국 두 문장 중 하나를 듣는 조건 아래에서 실험에서 '핸들'과 '타이어'에 반응하는 속도, 즉 반응시간이 달라질 겁니다.

가설을 검증하기 위한 실험은 이렇습니다. 먼저 참여자들은 두 문장을 읽습니다. 이어서 핸들steering wheel이나 가속 페달 gas pedal 등 차량 내부에 관련한 단어들이나 타이어tire, 안테나 antenna 등 차량의 외부에 위치한 단어들을 보게 됩니다. 여기에서 핵심 과업이 주어지는데요. 최대한 빠르게 어떤 표현이 이전에 언급된 사물에 관한 단어인지를 고르게 됩니다. 앞의 두 문장에서 공통으로 나오는 사물은 차 즉, 'a car' 하나입니다. 고로 핸들과 안테나 중에 어떤 것이 차량의 일부인지에 대해 최대한 신속하게 판단해야 하는 과제가 주어지는 것입니다.

실험 결과는 체화된 시뮬레이션 가설을 지지합니다. 차량의 내부를 떠올리게 하는 "You are driving a car"를 들었을 때 "핸들"

이나 "가속페달"이 차의 일부라는 것을 비교적 빠르게 판단한 반면, 차량의 외부를 생각하게 하는 "You are washing a car"를 들은 경우 타이어나 안테나 같은 사물이 차의 일부라는 점을 더욱 빠르게 판단한 것이지요.

체화된 시뮬레이션 가설을 검증하기 위한 두 번째 실험은 시점viewpoint에 관련된 것입니다. 이 실험은 버건 박사와 그의 동료들이 직접 디자인했는데요. 우선 다음 두 문장을 보시죠.

○ You threw the baseball to the catcher. (당신이 포수에게 야구공을 던졌다.)

○ The pitcher threw the baseball to the catcher. (투수는 포수에게 야구공을 던졌다.)

두 문장에서 차이가 나는 것은 단지 'You'와 'The pitcher'뿐입니다. 'threw'부터 마지막까지는 두 문장 모두에 공통으로 나타나죠. 그런데 이 작은 차이가 의미에 큰 영향을 미칠 수 있습니다. 왜냐하면 두 문장에서 'You'의 시점과 "The pitcher"의 시점이 다르기 때문입니다. 첫 번째 문장에서는 문장을 읽고 있는 '당신'이 공을 던지기에 공이 자기 자신에게서 멀어지게 됩니다. 공이 멀어진다면 크기는 어떻게 될까요? 미세하게나마 작아 보이게 될 겁니다. 하지만 두 번째 문장에서는 공이 자기 자신에게서 멀어지는 것이 아니라 투수에게서 멀어지기에 "You"를 주어로 하는 문장과는 다른 시점을 택하게 되지요. 관중의 입장이라면 1루석이나 3루석에 있을 가능성이 높기에 공의 크기는 변하지 않습니다. 이렇게 판단하는 이유가 있는데요. 영어 원어민 화자의 경우 수평 운동을 상상할 때 좌우로의 움직임을 그리는 경향이 높다는 연구가 있기 때문입니다.

이제 문장을 들은 참가자들은 그림을 보게 됩니다. 그리고 "두 그림이 같은 종류의 물체를 표현하는가?"라는 문제가 주어지죠. 참가자들은 최대한 빠르게 이 질문에 답해야 합니다. 그런데 보기가 재미있습니다. 어떤 보기는 야구공과 신발처럼 서로 완전히 다른 물체입니다. 사실 연구자들은 이런 예시에 대한 반응에 관심이 없었습니다. 야구공과 신발을 구별하지 못하는 사람은 없으니까요. 그들이 관심을 가졌던 것은 야구공 두 개가 제시되는 경우였습니다. 물론 같은 물건이죠. 그런데 여기에 비밀이 숨어 있었습니다. 첫 번째 그림에서는 공이 빠르게 두 번 제시되는데 위치는 그대로이고 두 번째 공이 미세하게 작아집니다. 두 컷 만화처럼 자신에게서 멀어지는 공의 크기를 표현한 것이지요. 두 번째 그림에서는 공의 크기가 변화하지 않되 좌우로 살짝 움직였습니다. 투수와 포수를 측면에서 관찰했을 때의 공의 움직임과 크기를 표현한 것입니다.

만약 체화된 시뮬레이션 가설이 옳다면 "You threw the baseball to the catcher"를 들었을 때 연구 참여자는 머릿속에서 직접 야구공을 던지는 상황을 시뮬레이션할 것입니다. 이 경우 상상 속 야구공은 작아질 수밖에 없습니다. 이에 비해 "The pitcher threw the baseball to the catcher"의 시뮬레이션에서는 공의 크기가 그대로입니다. 하지만 공의 좌우 움직임은 좀 더 명확히 시뮬레이션될 겁니다. 이런 가설에 따라서 "You"를 주어로 하는 문장을 들은 사람은 공의 크기가 작아지는 그림에 좀 더 빠르게 반응할 것이고, "The pitcher"를 주어로 하는 문장을 들은 사람은 공의 위치가 좌우로 달라지는 그림에 좀 더 빠르게 반응하리라고 예상할 수 있습니다. 실험 결과는 예상대로였습니다. "You"가 주어가 되면 공이 작아지는 그래픽에, "The pitcher"가 주어가 되면 공이 좌우로 살짝 이동하는 그래픽에 더욱 빨리 반응을 했던 것이죠.

체화된 시뮬레이션 가설:
언어는 몸의 시뮬레이션을 인도하는 청사진이다

이상과 같은 실험들에서 알 수 있는 것은 우리가 그저 단어의 사전적 의미를 조합해서 문장을 이해하지 않는다는 것입니다. 우리는 문장을 읽거나 들을 때 그 문장이 발화되는 상황을 상상하고, 우리가 그 안에 있는 경우 어떻게 그 문장을 경험할지를 시뮬레이션합니다. 다시 말해서 말은 우리로 하여금 특정한 상황을 상상하고 시뮬레이션할 수 있도록 하는 일종의 청사진입니다. 우리가 상대에게 말을 하는 일은 단순히 정보를 전달하는 것이 아니라 상대방의 머릿속에서 나와 같은 장면을 상상할 수 있도록 청사진을 건네는 일입니다. 나아가 우리가 경험했던 바를 상대방이 간접적으로 경험할 수 있도록 초대하는 일이기도 합니다.

연구자 롤프 즈완Rolf Zwaan은 이러한 언어의 기능을 아래와 같은 문장으로 멋지게 표현합니다.

6장 영어와 생각은 어떤 관계를 맺고 있을까?

"Comprehension is the vicarious experience of the described events through the integration and sequencing of traces from actual experience cued by the linguistic input."

(이해란 언어입력에 의해 주어진 단서들에 기반해 실제 경험으로부터의 흔적들을 통합하고 배열함으로써 묘사된 사건들을 대리 경험하는 것이다)

이 말을 하나씩 나눠서 살펴보죠. 우선 우리는 말을 듣거나 문장을 읽습니다. 이것이 바로 언어입력linguistic input입니다. 언어입력은 일종의 단서 혹은 '큐'로 기능하여 관련된 경험들을 불러옵니다. 자동차를 몰아본 경험일 수도 있고 공을 던져본 경험일 수도 있습니다. 이런 경험들은 언어의 특성에 따라서 통합되며 배열됩니다. 이전에 살펴본 '백과사전적 지식'도 동원되지요. 우리가 세상에 대해 알고 있는 다종다양한 지식이 언어이해의 과정에 통합되는 것입니다. 즉, 언어가 흘러가는 동안 우리의 기억 속에 있던 경험과 지식들이 순식간에 조립됩니다. 언어라는 각본에 따라 시뮬레이션이 일어나는 겁니다. 그래서 이것을 "간접 경험vicarious experience"이라고 부를 수 있는 것이죠.

여기서 한 가지 더 짚고 갈 것이 있습니다. 언어가 지식과 경험을 불러내 시뮬레이션하게 돕는 청사진이라면, 지식과 경험에 따라 시뮬레이션이 달라질 수 있다는 점입니다. 악기를 배워본 분이라면 이것이 무엇을 의미하는지 직관적으로 이해하실 수 있을 것입니다. 예를 들어 피아노 악보가 있을 때 피아노를 오랜 시간 배우고 연주한 사람은 머릿속에서 또 손끝으로 풍부한 디테일을 담아 연주를 시뮬레이션할 수 있습니다. 빠르기와 강약, 왼손과 오른손의 조화, 특정 부분에서의 세세한 감정 표현, 이 모든 것이 만들어내는 곡의 느낌까지도 상상할 수 있는 것이지요. 하지만 피아노를 배운 지 얼마 되지 않는 초심자라면 음에 맞게 건반을 누르는 수준의 상상만이 가능할 겁니다. 사실 그것만으로도 벅찰 수 있습니다. 따라서 언어에 기반해 시뮬레이션이 일어난다고 해도 사람마다 조금씩 다를 수밖에 없지요. 이는 악보뿐 아니라 실제 연주에도 적용됩니다. 피아니스트 임윤찬 님의 실황 영상을 보는 경우 동료 피아니스트들이 경험하는 바와 저와 같이 피아노를 겨우 몇 해쯤 배운 사람이 경험하는 바 그리고 피아노를 아예 배워본 적이 없는 사람이 경험하는 바는 질적으로 다를 것입니다. 스포츠에 대한 묘사도 마찬가지입니다. "그 바이커는 산악을 도는 코너에서도 속도를 줄이지 않았다"라는 문장에 대해 산악 자전거 경주 프로선수가 시뮬레이션하는 방식과 이제 막 두발 자전거에 입문한 사람이 시뮬레이션하는 방식은 다를 수밖에 없는 것입니다.

자, 이제 처음 들려드렸던 문장으로 돌아가보죠.

"기온이 39도까지 올라가는 최악의 폭염, 40명이 넘게 모인 좁은 교실의 에어컨이 고장 났다. 사람들은 나누어준 팸플릿을 말아 연신 부채질을 하고 있었다."

이 문장을 이해하는 여러분은 단지 단어의 사전적 의미를 정렬하는 것이 아닙니다. 여러분은 문장을 단서로 삼아 '폭염', '비좁은 공간', '에어컨 고장', '팸플릿으로 부채질' 등의 경험을 통합하고 계십니다. 스무 개 남짓한 단어는 여러분이 관련된 경험과 지식을 순식간에 불러오도록 하고, 문장의 문법은 그 경험과 지식을 어떻게 조직해야 하는지를 지시합니다. 문장을 읽어가는 그 짧은 순간에 수많은 경험이 의식의 수면 위에 떠오르고 순식간에 배열되어 시뮬레이션됩니다. 이를 통해 우리는 화자가 그리는 세계를 간접적으로 경험하게 되지요.

이렇게 보면 우리가 대화를 나눌 때 단지 언어가 오가는 것을 넘어 경험과 지식, 세계가 오갑니다. 화자는 언어를 통해 상대방이 머릿속에서 경험을 시뮬레이션하도록 합니다. 경험을 지은 청자의 머릿속에서 다시 상대에게 전하고픈 경험의 청사진이 되는 언어가 탄생하지요. 그렇게 화자와 청자는 언어를 매개로 서로의 기억을 활성화하고 경험을 시뮬레이션하며 대화를 직조합니다. 결국 "대화를 나누는 동안 세계가 만들어진다"는 말이 과장만은 아닙니다.

깊고 차분히 언어의 마음을
읽어내는 삶에 대하여

정확성과 유창성. 외국어 학습의 성취 기준으로 자주 제시되는 개념입니다. 구어에서의 정확성은 실수하지 않고 말하는 능력으로, 발음과 단어, 문법 모두에서 오류 없는 수행을 강조합니다. 유창성은 자연스러운 속도로 끊김이나 불필요한 반복 없이, 적절한 어조로 말하는 능력을 가리킵니다. 정확하고 유창하게 말하는 능력을 갖추었다면 말하기 학습에서 성공을 거둔 것입니다. 이 두 개념을 외국어 능력의 시금석으로 삼는 관행에는 분명 효용이 있습니다. 학습자가 어떤 목표를 추구해야 할지 간결하고도 명확하게 알려주기 때문입니다.

하지만 이렇게 당연시되는 기준에도 여러 함정이 숨어 있습니다. 첫째, 정확성과 유창성을 누가 어떻게 정의하는가의 문제입니다. '실수'의 기준은 무엇인지, '자연스럽다'는 말은 누구의 자연스러움인지, '적절한 어조'는 또 어떻게 정의할 수 있는지 등 논점이 한두 가지가 아닙니다. 이런 의문은 손쉽게 "네이티브처럼 하면 되잖아"라는 답변으로 정리되곤 합니다. 결국 자신의 가치와 이야기, 소통과 협력을 만들어가는 활동이 아니라 어떻게든 다른 사람을 모방하는 훈련이 공부의 중심이 됩니다. 둘째, 언어능력을 가늠하는 기준이 표면적인 측면에 집중됩니다. '어떻게 말하는가'가 가장 중요한 기준이 될 때 '무엇을 말하는가'는 부차적일 수밖에 없습니다. 테크닉이 내용을, 세련됨이 태도를, 현란함이 진심을 가립니다. 상대를 온전히 이해하려 노력하기보다 '구린 발음'과 '콩글리시', '기본 어순도 안 맞는 문장'을 판별하기에 바쁜 자신을 발견합니다. 겉으로 드러난 빙산의 일각으로 빙산 전체의 역사와 무게를 판단하는 것입니다. 마지막으로 정확성과 유창성에 대한 집착은 외국어 학습에 있어서 과정의 중요성에 대한 간과로 이어집니다. 최소 시간 내에 최대의 입력에 노출되면 외국어를 성공적으로 학습할 수 있다는 믿음은 우리가 점수와 스펙을 추구하는 학습자이기 이전에 세계 안에서 타자와 공존하는 인간이라는 사실을 망각하게 합니다. 언어는 본래 삶에 복무했다는 사실도 함께 잊힙니다.

영어의 마음을 읽어내고 언어와 삶을 이어내는 소박한 여정을 마무리하는 지금, 동행해주신 여러분과 몇 가지 바람을 나누고자 합니다. 먼저 언어를 배움에 있어 깊이 생각하는 일의 중요성을 기억했으면 합니다. 말글은 단어 하나하나를 선택하고, 적절한 은유를 불어넣고, 의미구조로서의 문법을 고르는 데서 생겨납니다. 단어를 고를 때 '의식의 소우주'가 딸려 오고, 은유를 직조할 때 역사와 사회가 쌓아온 사고의 패턴이 배어들며, 문장의 구조를 지을 때 주인공과 지워진 이들, 전경과 배경, 나아가 화자의 의도와 관점이 드러납니다. 결국 말은 세계를 반영함과 동시에 생산합니다. 이 점을 인식한다면 언어를 공부하는 일이 정보의 습득을 넘어 자신과 시대를 엮어내는 일임을 깨닫게 됩니다. 결국 깊이 생각하고, 다르게 생각하고, 뒤집어 생각하는 노동만이 이제와는 다른 삶의 언어를 탄생시킬 수 있습니다.

다음으로는 기계번역을 필두로 하는 인공지능이 우리 삶 곳곳에 스며든 지금, 외국어 교수학습의 철학을 실질적으로 바꾸는 실천이 절실합니다. 교육의 키워드를 '효율성'에서 '깊이'로, '투자 대비 산출'에서 '생각하고 느끼는 언어'로, '외국어를 정복하려는 욕망'에서 '새로운 생각과 감정의 생태계에 대한 희망'으로 조금씩 옮겨가야 합니다. 얼마나 빨리 문제를 풀 수 있는가가 아니라 얼마나 오래 문장을 음미하는가가, 얼마나 많은 양의 지문을 소화하는가가 아니라 텍스트를 통해 어떤 세계와 만났는가가 수업의 중심이어야 합니다. 언어를 소유의 대상에서 비판적 성찰과 즐거운 창조의 재료로 변화시켜야 합니다.

마지막으로 외국어가 단지 도구에 불과하다는 생각에서 벗어나야 합니다. 영어교육의 이슈에 대해 논의를 하다 보면 "말은 그냥 도구일 뿐이죠"라는 말을 종종 듣습니다. 어떤 의도인지 짐작은 가지만 동의할 수 없는 명제입니다. 언어는 단지 다른 지식으로 가는 도구에 그치지 않습니다. 언어는 세계를 해석하고, 문명을 창조하고, 생각과 감정을 빚어내고, 정체성을 형성합니다. 한 언어를 통해 다른 세상에 접속할 수 있는 만큼 그 안에 깃든 문화와 사상을 탐험하며 더 풍성한 삶을 누릴 수 있습니다. 언어는 도구이면서 삶 그 자체입니다.

21세기에 들어 인지언어학은 심리학 및 신경과학과의 활발한 교류를 통해 지평을 넓혀가는 중입니다. 미학, 문학, 종교학, 인류학을 비롯해 인문사회과학 전반과 영향을 주고받고 있습니다. 영어교육을 비롯한 제2언어 교수학습에서의 적용 또한 활발해졌습니다. 응용언어학은 '다언어 전회multilingual turn'를 지나며 목표어의 정확성과 유창성을 넘어서 여러 언어의 '복수성plurality'과 '혼종성hybridity'을 끌어안는 언어교육을 탐색하는 중입니다. 모어를 비롯한 다양한 언어들 사이의 차이를 인식하고 이들이 터하고 있는 문화적 토양을 이해하는 언어문화적 감수성이 강조되고 있습니다. 이미지와 제스처, 사물과 공간, 다양한 디지털 리소스 등의 언어자원을 동원해 의미를 역동적으로 생산하는 '횡단언어적 실천translingual practice'이 학문의 핵심개념으로 자리 잡았습니다. 거대한 변화 속에서 《영어의 마음을 읽는 법》이 던진 메시지가, 독자 여러분의 실천이, 언어교육의 새로운 철학을 모색하는 학습자와 교사, 연구자와 교육과정 개발자의 노력에 귀한 마중물이 되기를 소망합니다.

참고문헌

○ 권연진. (2018). 미국 대통령 취임사에 나타난 '정치는 여행이다' 은유에 관한 연구. 코기토, 85, 291-318.

○ 김동환. (1999). 틀의미론과 의미구조. 언어과학연구, 16, 73-101.

○ 김동환. (2007). 영상도식과 대립관계. 현대영미어문학회 춘계학술대회 발표논문집, 59-70.

○ 김성우. (2019). 단단한 영어공부: 내 삶을 위한 외국어 학습의 기본. 유유.

○ 김현권, 김병욱. (2003). 어휘 의미 지식 표상의 방법: 한국어 '사다/팔다'의 프레임 의미론적 접근. 한글, 262, 171-214.

○ 마크 존슨, 조지 레이코프. (2006). 삶으로서의 은유(수정판). 노양진, 나익주 (번역). 박이정.

○ 박정운. (2000). Charles J. Fillmore: 틀의미론. 이기동(편), 인지언어학 (pp. 63-82). 한국문화사.

○ 송현주. (2010). 동기화를 고려한 어휘교육. 어문학교육, 41, 7-32.

○ 이기동. (2020). 영어 전치사 연구: 의미와 용법(4판). 교문사.

○ 이선화. (2022년 7월 14일). "역사는 우리를 저버렸지만"으로 바뀐 첫 문장··· '파친코' 개정판, 예약 판매, 종합 베스트셀러 1위. JTBC 뉴스. https://news.jtbc.co.kr/article/article.aspx?news_id=NB12066237

○ 이영의. (2015). 체화된 인지의 개념 지도: 두뇌의 경계를 넘어서. *Trans-Humanities, 8*(2), 101-139.

○ 이정모. (2011). 체화적 인지 접근: 몸에 바탕을 둔 심리학의 새 틀. *지식융합 2.0, 1*, 41-70. https://blog.naver.com/metapsy/40134486928

○ 이정우. (2022). 현대회화의 사유: 존재의 빛. 아트앤스터디. https://www.artnstudy.com/n_Lecture/?LessonIdx=jwLee03

○ 이종렬. (2003). 비유와 인지. 한국문화사.

○ 임지룡. (1996). 은유의 인지언어학적 의미분석. 국어교육연구, 28, 117-150.

○ 임지룡. (2000). 정신공간이론. 이기동(편), 인지언어학 (pp. 36-62). 한국문화사.

○ 임지룡. (2006). 환유 표현의 의미특성. 인문논총, 55, 265-300.

○ 조르주 이프라. (2011). *숫자의 탄생: 시대와 문명을 가로지르는 환상적인 숫자 여행*. 부키.

○ 최재영, 권연진. (2017). 정치담론에서의 도덕적 은유에 대한 연구. *새한영어영문학*, 59(3), 155-175.

○ 파커 J. 파머. (2012). *비통한 자들을 위한 정치학: 왜 민주주의에서 마음이 중요한가*. 김찬호(번역). 글항아리.

○ Vyvyan Evans (2012). *인지언어학적 어휘의미론*. 임지룡, 김동환(번역). 경북대학교 출판부.

○ Y. Tsuji 편저. (2004). *인지언어학 키워드 사전*. 임지룡 외(번역). 한국문화사.

○ Angier, N. (2010, Feb 1). Abstract thoughts? The body takes them literally. *The New York Times*. http://www.nytimes.com/2010/02/02/science/02angier.html

○ Barthes, R. (1984). *Mythologies*. Translation by Lavers, A. Hill and Wang. http://xroads.virginia.edu/~drbr/myth.html

○ Benczes, R. (2006). *Creative compounding in English: The semantics of metaphorical and metonymical noun-noun combinations*. John Benjamins Publishing Company.

○ Benderev, et al. (2016, Sep 13). When it comes to our politics, family matters. *NPR Podcast Hidden Brain*. https://www.npr.org/2016/09/13/493615864/when-it-comes-to-our-politics-family-matters

○ Bergen, B. K. (2012). *Louder than words: The new science of how the mind makes meaning*. Basic Books.

○ Bleakley, A. (2017). *Thinking with metaphors in medicine: The state of the art*. Routledge.

○ Boers, F. (2000). Enhancing metaphoric awareness in specialised reading. *English for Specific Purposes, 19*(2). 137-147.

○ Boroditsky, L. (2010). *How language shapes thought*. [Video]. ForaTV. http://fora.tv/2010/10/26/Lera_Boroditsky_How_Language_Shapes_Thought

○ Boroditsky, L. (2018, May 2). *How language shapes the way we think*. [Video]. TED Conferences. Youtube. https://www.youtube.com/

watch?v=RKK7wGAYP6k

○ Boroditsky, L., & Gaby, A. (2010). Remembrances of times East: Absolute spatial representations of time in an Australian aboriginal community. *Psychological Science, 21* (11), 1635-1639.

○ Bremer, K., & Lee, M. K. (1997). Metaphors in marketing: Review and implications for marketers. In M. Brucks and M. J. Deborah (Eds.), *NA - Advances in Consumer Research Volume 24* (pp. 419-424). Provo, UT: Association for Consumer Research.

○ Breslin, S. (2012, Jun 8). How to sell yourself. *Forbes.* http://www.forbes.com/sites/susannahbreslin/2012/06/08/how-to-sell-yourself/

○ Brooks, D. (2011, Mar 15). *The social animal* [Video]. TED Conferences. Youtube. https://www.youtube.com/watch?v=rGfhahVBIQw

○ Bybee. J. (2010). *Language, usage, and cognition.* Cambridge University Press.

○ Cloud, J. (2009, Sep 3). Problem with close-talking? Blame the brain. *Time.* http://content.time.com/time/health/article/0,8599,1919910,00.html

○ Dawkins, R. (1990). *The selfish gene* (2nd ed.). Oxford University Press.

○ Deutscher, G. (2010). *Through the language glass: Why the world looks different in other languages.* Metropolitan books.

○ Devrim, D. Y. (2015). Grammatical metaphor: What do we mean? What exactly are we researching? *Functional Linguist, 2* (1), 1-15. https://doi.org/10.1186/s40554-015-0016-7

○ Evans, V. (2009). *How words mean: Lexical concepts, cognitive models, and meaning construction.* Oxford University Press.

○ Evans, V., & Green, M. (2006). *Cognitive linguistics: An introduction.* Edinburgh University Press.

○ Fauconnier, G. (1994). *Mental spaces: Aspects of meaning construction in natural language.* Cambridge University Press.

○ Fauconnier, G., & Turner, M. (2003). Conceptual blending, form and meaning. *Recherches en Communication, 19,* 57-86.

○ Galactic Archive. (2009, Feb 6). *"The Matrix" (1999) - 'Construct' Scenes.* [Video]. Youtube. https://www.youtube.com/watch?v=AGZiLMGdCE0

○ Geeraerts, D. (1995). Cognitive Linguistics. In J. Verschueren, J.-O. Östman & J, Blommaert (Eds.), *Handbook of Pragmatics: Manual*. John Benjamins (pp. 111-116).

○ Gentner, D., Imai, M., & Boroditsky, L. (2002). As time goes by: Evidence for two systems in processing space→ time metaphors. *Language and cognitive processes, 17*(5), 537-565.

○ Goatly, A. (2007). *Washing the brain: Metaphor and hidden ideology*. John Benjamins Publishing Company.

○ Goldberg, A. E. (1995). *Constructions: A construction grammar approach to argument structure*. University of Chicago Press.

○ Goldberg, A. E. (2003). Constructions: A new theoretical approach to language. *Trends in Cognitive Sciences, 7*(5), 219-224

○ Goldberg, A. E., & Casenhiser, D. (2008). Construction learning and second language acquisition. In P. Robinson & N. Ellis (Eds.), *Handbook of cognitive linguistics and second language acquisition* (pp. 197-215). Routledge.

○ Goldberg, A. E., & Jackendoff, R. (2004). The English resultative as a family of constructions. *Language, 80*(3), 532-568.

○ Goodman, A. (2007, Apr 18). Zinn and Chomsky on patriotism in America. *Alternet*. https://www.alternet.org/2007/04/chomsky_and_zinn_on_patriotism_in_america/

○ Green, L. (2010, Dec 13). A debate on language and thought. *The Economist*. https://www.economist.com/johnson/2010/12/13/a-debate-on-language-and-thought

○ Hall, E. T. (1966). *The Hidden Dimension*. Anchor Books.

○ Hasson, U. (2016, Jun 4). *This is your brain on communication*. [Video]. TED Conferences. Youtube. https://www.youtube.com/watch?v=FDhlOovaGrI

○ Hermann, P. (1891). *Principles of the history of language*. Longmans, Green, and Co.

○ ICLA. (2018). *About cognitive linguistics: Historical background*. http://www.cognitivelinguistics.org/en/about-cognitive-linguistics

○ Johnson, M. (1987). *The body in the mind: The bodily basis of meaning, imagination, and reason*. University of Chicago Press.

○ Jue, X. (2009). Economic metaphors in English newspapers. *English Linguistic C-essay*. Kristianstad University College. https://www.diva-portal.org/smash/get/diva2:321193/FULLTEXT01.pdf

○ Kennedy, D., Gläscher, J., Tyszka, J. et al. (2009). Personal space regulation by the human amygdala. *Nature Neuroscience, 12*, 1226 – 1227. https://doi.org/10.1038/nn.2381

○ Khullar, D. (2014, Aug 8). The trouble with medicine's metaphors. *The Atlantic*. https://www.theatlantic.com/health/archive/2014/08/the-trouble-with-medicines-metaphors/374982/

○ Kövecses, Z. (1991). Happiness: A definitional effort. *Metaphor and Symbol, 6*(1), 29–47.

○ Kövecses, Z. (2000). *Metaphor and emotion: Language, culture, and body in human feeling*. Cambridge University Press.

○ Kövecses, Z. (2010). *Metaphor: A practical introduction* (2nd ed.). Oxford University Press.

○ Lakoff, G. (1995). Metaphor, morality, and politics, or, why conservatives have left liberals in the dust. *Social Research, 62*(2), 177–213. Retrieved from http://www.wwcd.org/issues/Lakoff.html

○ Lakoff, G., & Johnson, M. (1980). *Metaphors we live by*. University of Chicago Press.

○ Lakoff, G., & Johnson, M. (2003). *Metaphors we live by* (2nd ed.). University of Chicago Press.

○ Lee, H. W. (2012). *Concept-based approach to second language teaching and learning: Cognitive linguistics-inspired instruction of English phrasal verbs*. Unpublished doctoral dissertation. The Pennsylvania State University.

○ Lindstromberg, S. (2010). *English prepositions explained* (Revised edition). John Benjamins Publishing.

○ Littlemore, J. (2015). *Metonymy: Hidden shortcuts in language, thought and communication*. Cambridge University Press.

○ Lutz, W. (1989). *Doublespeak: From 'revenue enhancement' to 'terminal living': How government, business, advertisers, and others use language to deceive you*. Harper and Row.

○ Mallozzi, A., Vaidya, A., & Wallner, M. (2021). The epistemology of modality. In *Stanford Encyclopedia of Philosophy*. https://plato.stanford.edu/entries/modality-epistemology/

○ Markowsky, G. (2017). Information theory. In *The Encyclopedia of Britannica*. Retrieved from https://www.britannica.com/topic/information-theory

○ McNerney, S. (2011, Nov 4). A brief guide to embodied cognition: Why you are not your brain. *Scientific American*. http://blogs.scientificamerican.com/guest-blog/a-brief-guide-to-embodied-cognition-why-you-are-not-your-brain/

○ Miller, G. (2003). The cognitive revolution: A historical perspective. *Trends in Cognitive Sciences, 7*(3), 141-144.

○ Nicholls, D. (2004, Apr). What we talk about when we talk about anger. *MacMillan English Dictionary Magazine, 18*. http://macmillandictionaries.com/MED-Magazine/April2004/18-metaphor-anger.htm

○ Noble, D. (2008). *The music of life: Biology beyond genes*. Oxford University Press.

○ Okrent, A. (2014, Mar). Everybody in almost every language says "Huh"? HUH?! *Smithsonian Magazine*. https://www.smithsonianmag.com/science-nature/everybody-almost-every-language-says-huh-huh-180949822/

○ Radden, G. (2011). Spatial time in the West and the East. In M. Brdar, M. Omazic, V. P. Takac, T. Gradecak-Erdeljic, & G. Buljan (Eds.), *Space and Time in Language*. Peter Lang. Retrieved from https://www.researchgate.net/profile/Guenter-Radden-2/publication/265244639_Spatial_time_in_the_West_and_the_East/links/584afad708aed95c24fa72a9/Spatial-time-in-the-West-and-the-East.pdf

○ Radden, G., & Dirven, R. (2007). *Cognitive English grammar*. John Benjamins Publishing.

Radden, G., & Panther, K-U. (2004). Introduction: Reflections on motivation. In G. Radden and K-U. Panther (Eds.), *Studies in linguistic motivation (Cognitive Linguistics Research 28)* (pp. 1-46). Mouton de Gruyter.

Ramachandran, V. S. (2007, Oct 24). *3 clues to understanding your brain.* [Video]. TED Conferences. Youtube. https://www.youtube.com/watch?v=Rl2LwnaUA-k

Ramachandran, V. S., & Hubbard, E. M. (2001). Synaesthesia—A window into perception, thought and language. *Journal of Consciousness Studies* 8(12), 3 -34.

Roediger III, H. L., & DeSoto, K. A. (2016, Jun 28). The power of collective memory: What do large groups of people remember—and forget? *Scientific American.* https://www.scientificamerican.com/article/the-power-of-collective-memory/

Roy, D. (2011, Mar). *The birth of a word.* [Video]. TED Conferences. https://www.ted.com/talks/deb_roy_the_birth_of_a_word?language=en

Saussure, F. (1995) [1916]. *Cours de linguistique générale.* Paris: Payot [*English translation: 1968. Course in General Linguistics.* McGraw-Hill].

sclcr. (2013, Jun 9). *Conceptual blending.* [Video]. Youtube. https://www.youtube.com/watch?v=DJHjSJQ0afw

simpsonsmoviechannel. (2007, Jul 19). *Simpson Movie teaser trailer.* [Video]. Youtube. https://www.youtube.com/watch?v=rFwm5Xk1YUw

The front cover of the *Paris Match* magazine that Barthes analyzes. Wikipedia. https://en.wikipedia.org/wiki/Mythologies_(book)#/media/File:Paris_Match_-_child_soldier_cover.jpg

Szabó, Z. G. (2020). Compositionality. In *Stanford Encyclopedia of Philosophy.* https://plato.stanford.edu/entries/compositionality/

Thibodeau, P. H., & Boroditsky, L. (2011). Metaphors we think with: The role of metaphor in reasoning. *PLoS ONE, 6*(2): e16782. doi: 10.1371/journal.pone.0016782

Thornbury, S. (1999). *How to teach grammar.* Pearson.

Tomasello, M. (2005). *Constructing a language: A usage-based theory of language acquisition*. Harvard University Press.

○ Tomasello, M. (2009). The usage-based theory of language acquisition. In E. L. Bavin (Ed.), *Cambridge Handbook of Child Language* (pp. 69-88). Cambridge University Press.

○ tonyberber. (2009, May 27). *George Lakoff on how he started his work on conceptual metaphor*. [Video]. Youtube. https://www.youtube.com/watch?v=Eu-9rpJITY8

○ Turner, M. (2013, May 10). *The origin of ideas*. [Video]. Youtube. https://www.youtube.com/watch?v=Zv_Vu-eaZu0

○ Turner, M. (2014). *The origin of ideas: Blending, creativity, and the human spark*. Oxford University Press.

○ University of Oxford. (1988). *EAT: the Edinburgh associative corpus / Michael Wilson, George Kiss and Christine Armstrong*. Oxford Text Archive. http://hdl.handle.net/20.500.12024/1251

○ Vygotsky, L. (1934). *Thinking and speech*. Marxists Internet Archive. https://www.marxists.org/archive/vygotsky/works/words/ch07.htm

○ Williams, L. E., & Bargh, J. A. (2008). Experiencing physical warmth promotes interpersonal warmth. *Science, 322*(5901), 606-607.

○ Wu, H. J. (2008). *Understanding metaphor: Taiwanese students and English language metaphor*. Unpublished MA dissertation, University of Birmingham.

○ Zaltman, G., & Zaltman, L. H. (2008). *Marketing metaphoria: What deep metaphors reveal about the minds of consumers*. Harvard Business School Press.

○ Zhong, C. B., & Liljenquist, K. (2006). Washing away your sins: Threatened morality and physical cleansing. *Science, 313*(5792), 1451-1452

영어의 마음을 읽는 법

영어가
세계를 로딩하고
또 다른 세계로
접속하는 방식

1판 1쇄 펴냄 | 2022년 9월 20일
1판 4쇄 펴냄 | 2023년 8월 30일
지은이 | 김성우
발행인 | 김병준
편　집 | 정혜지
디자인 | 권성민
마케팅 | 김유정·차현지
발행처 | 생각의힘
등록 | 2011. 10. 27. 제406-2011-000127호
주소 | 서울시 마포구 독막로6길 11, 2, 3층
전화 | 02-6925-4183(편집), 02-6925-4188(영업)
팩스 | 02-6925-4182
전자우편 | tpbook1@tpbook.co.kr
홈페이지 | www.tpbook.co.kr

ISBN   979-11-90955-65-2 (03740)